从反危机到新常态

2008年以来中国宏观经济分析的逻辑

刘世锦　余　斌　陈昌盛　等◎著

中信出版集团 · CHINACITICPRESS · 北京

图书在版编目（CIP）数据

从反危机到新常态：2008年以来中国宏观经济分析的逻辑 / 刘世锦等著 . -- 北京：中信出版社，2016.12

ISBN 978-7-5086-6871-0

Ⅰ . ①从…　Ⅱ . ①刘…　Ⅲ . ①中国经济－宏观经济－研究　Ⅳ . ① F123.16

中国版本图书馆 CIP 数据核字（2016）第 256010 号

从反危机到新常态：2008年以来中国宏观经济分析的逻辑

著　　者：刘世锦　余　斌　陈昌盛　等
策划推广：中信出版社（China CITIC Press）
出版发行：中信出版集团股份有限公司
　　　　　（北京市朝阳区惠新东街甲 4 号富盛大厦 2 座　邮编　100029）
　　　　　（CITIC Publishing Group）
承 印 者：北京楠萍印刷有限公司

开　　本：787mm×1092mm　1/16　　印　　张：26.5　　字　　数：438 千字
版　　次：2016 年 12 月第 1 版　　印　　次：2016 年 12 月第 1 次印刷
广告经营许可证：京朝工商广字第 8087 号
书　　号：ISBN 978-7-5086-6871-0
定　　价：78.00 元

目　录

2011 年　中等收入陷阱与增长阶段转换

2012 年　“新常态”判断的提出与供给政策

2013 年　适应新常态　开启新阶段

2014 年　推动新常态下的转型发展

2015 年　全面提升要素生产率与转型再平衡

从反危机到新常态

刘世锦

本书由国务院发展研究中心宏观经济研究和中长期发展研究团队2008—2015年的研究报告汇编而成。主要有两个来源，一是此期间宏观经济研究团队的季度和年度经济形势分析报告，二是中长期发展研究团队关于经济增长阶段转换的研究成果，载于《陷阱还是高墙？——中国经济面临的真实挑战和战略选择》和连续四年出版的《中国经济增长十年展望》等专著中。作为此期间这两个研究团队的学术研究负责人，当我再次仔细阅读这些研究成果时，忽有一种感觉，这些算是发生不久的事情，似乎相当遥远了，有的已经被淡忘了。历史是容易被忘却的，但亦不应被忘却，否则，淡出记忆的不仅是曾经发生过的故事，更重要的是我们思考、讨论、纠结到释然的心路历程。于是，我们决定，收入本书的研究成果，全文照搬，原汁原味，只字不改。读者阅读本书时，权当是看一看、想一想中国经济发展一个特殊时期的历史，这正是我们出这个集子的初愿。

曾经有过的判断：对的、不对的或不全对的

说2008—2015年是中国经济发展的特殊时期，是因为此间发生了两件大事。一是国际金融危机，二是中国经济开始进入新常态。前一件事是显性的，至今全球经济仍能感其影响。后一件事也真实发生了，但人们理解分歧较大，至今尚难说达成共识。如果说国际金融危机属于“外部冲击”，新常态则是内生的结构性变化。这两件大事的出现，使中国经济不再可能延续以往三十多年的增长轨道。

经济形势分析紧密联系现实，还要有判断和预测。有的学者认为，经济学理论应当用于解释，而不应用于预测，因为未来是高度不确定的。然而，一种理论只能回顾过去，而不能面对未来，其解释力也将会很有问题。回到现实，社会存在着对经济走势判断和预测的大量需求，越是不确定的时候，这种需求就越强烈，人们总是试图在不确定性中找到某种方向。于是，越来越多的人进入或被卷入这个圈子，发表着各种各样的预测、观感或宏论。既已如此，言者需对己对人负责，特别对此类外部性效应突出的行为来说，对社会负责应为职业道德之一。在过去一些年的经济形势分析工作中，我们提出了这样一个要求：过一段时间，要对自己提出的判断和预测做一个回顾、梳理和检验，看看事后证明哪些是对的，哪些是不对的，哪些是不全对的。我以为这个要求不可或缺，也不算苛刻，对这个行业的“科学发展”很重要，理应成为一种“行规”。

按照这一要求，我们回顾一下本书研究成果中对2008年以来经济态势的分析判断。

关于国际金融危机

2008年一季度报告提出美国经济衰退对我国经济增长产生多方面影响。高度重视美国次贷危机对我国经济增长的不利影响。次贷危机发生后，美国领先指标综合指数已经从2007年10月开始连续下降五个月。据此可以判断，美国经济要么即将陷入衰退，要么已经处于衰退之中。美国经济衰退对我国经济增长的影响是多方面的：一是直接导致我国对美出口增速下降。二是美国经济衰退必然影响到欧盟、日本等其他主要经济体的经济增速，引发全球经济增速放缓甚至衰退，对我国出口会产生全面冲击。三是美国金融市场的大幅波动可能会通过传染效应（Contagion Effect）影响我国金融市场的稳定。

2008年三季度报告提出在外部金融风暴的冲击下虽难独善其身，但也有条件走出相对独立的增长路径。美国经济房地产泡沫化和缺乏监管的不当金融创新是造成此次危机的根源。模型预测结果显示，此次危机对美国经济的负面影响可能会持续到2013年，即便不考虑危机给美国金融业造成的巨大损失及其对美国GDP（国内生产总值）增速的影响，2009年美国消费、投资和进口增速也均将大幅度下降，GDP增速将回落到1.6%左右，2009年以后美国经济将进入低速增长状态，2010—2015 年间 GDP 平均增速只有 2.4%。如果考虑金融业损失的影响，2009 年美国 GDP 增速有可能回落到 1% 以下，2010—2015 年间 GDP 的平均增速将维持在 2% 以下。我国经济与包括美国在内的西方发达国家在发展阶段、动力和前景等方面具有实质性差异，推动经济中长期较快增长的基本面因素并没有改变。在外部金融风暴的冲击下虽难独善其身，但也有条件走出相对独立的增长路径。从国际分工格局看，我国在要素供给、基础设施、产业体系等方面的优势依然明显，“中国制造”短期内尚没有足够的国际替代力量，多元化的外向经济依然是推动我国增长的重要动力。

2011 年《本轮市场共振是“余震”还是“预震”》报告提出国际金融危机三阶段判断。标准普尔下调美国长期主权信用评级，引发国际金融市场剧烈震荡。这一事件，看似偶然，实则必然。2009 年下半年，我们曾提出国际金融危机的演变将呈现三个阶段的基本特征，即私人部门债务危机、主权债务危机和国际货币体系危机。政府大规模救市，由“政府高杠杆”替代“私人高杠杆”，私人部门债务危机转化为主权债务危机。主权债务危机进一步恶化和蔓延，政府不得不将债务货币化，靠多印票子来偿还债务。美元是主导性国际货币，美债危机以及美国债务的货币化必将对国际货币体系带来严重冲击，虽在短期内尚不足以从根本上动摇现有的国际货币体系，但这一体系的动荡、混乱和不确定性将大大增加。

关于经济增长阶段转换

2011 年在“陷阱还是高墙？——中国经济面临的真实挑战和战略选择”一文（研究成果在 2010 年已经完成）中提出了中国经济从 2013 年开始，有很大可能性明显下一个台阶。借鉴不同类型工业化国家经济增长的历史经验和呈现的规律，我们采用三种不尽相同但可相互印证的方法，对我国经济增长的历史进程和前景进行了分析，预计我国经济潜在增长率有很大可能性在 2015 年前后下一个台阶，时间窗口的分布是 2013—2017 年。如果我国的经济增长路径与成功追赶型经济体历史经验接近的话，那么，我国潜在经济增长率将有很大可能性在“十二五”末期放缓，在“十三五”时期明显下一个台阶。

提出我国经济高速增长所依托的基本面因素将发展重要调整和重新组合，已有的发展方式面临严峻挑战。总的来说，我国现有发展方式在工业化高速增长时期看起来是有效的，某些方面还有独特优势。增长速度下台阶所伴随的大幅度结构变动，表明三十多年来我国经济高速增长所依托的基本面因素将发生重要调整和重新组合。如果继续维持这种发展方式，在经济增速“自然回落”时，我国经济将面临两方面的严峻挑战。第一，与高速增长相伴的高流动性和规模经济收益，掩盖了为数不少的低效率问题。然而，一旦速度降低，与低效率相关的各种问题就会暴露，如企业盈利和财政收入下降、资产估值收缩、长期信贷回收困难等，甚至出现某种形式的财政金融等危机。第二，随着我国发展水平的不断提升，现行发展方式下的市场开拓受限、供给激励不足、人力资本积累缓慢、劳动者参与现代化的渠道不畅等问题将日益突出，在低成本要素优势逐步减弱后，能否形成以创新驱动为基础的新竞争优势，存在一定的不确定性。这两方面的问题将可能使我国在翻越“高墙”时面临严重困难。

2011 年一季度报告提出我国经济增速到 2015 年前后由 10% 左右降为 7% 左右，要防范增长减速可能给我国经济带来的系统性风险。目前我国经济发展方式正在经历重大转变，传统的竞争优势正在减弱，而以人力资本提升和创新为主的新的竞争优势尚未形成。根据我们的研究，在 2015 年前后，我国经济增速可能会下一个台阶，所以，要抓住“十二五”这个战略窗口期，着力推进体制改革，加快结构调整，提高产业和企业的竞争力，提高企业在较低增速环境下的盈利能力，提高财政、金融、就业及其他方面对较低增速环境的适应能力，防范增长减速可能给我国经济带来的系统性风险。

2012 年一季度报告提出我国经济将逐步由高速增长阶段转入中速增长阶段。我国经济保持年均 10% 的高增长已经三十多年。根据对国际经验和我国增长潜力的研究，我们认为我国经济潜在增长率有很大可能性在今后几年下一个台阶，逐步由高速增长阶段转入中速增长阶段。去年以来，东部发达省市经济增长速度开始明显回落，基础设施投资增长放缓，由投资潜力有限导致的金融财政风险显露。今年一季度，这一变动态势仍在延续。这些迹象表明，我国经济增长阶段的转换过程可能已经开始。毋庸置疑，我国经济增长仍有较大的潜力和空间，但由于经济规模快速扩张的基数效应，如果每年的新增量不能以更快的速度增长，增长速度将出现合乎逻辑的下降。比如，十年前能够支撑10%增长率的新增量，到现在只能支撑3%左右的增长率。随着时间推移，这种基数效应将会愈加明显。由于多重周期力量和多方面因素相互交织，目前我国经济运行呈现十分复杂的局面。总的来看，下半年我国经济增速有可能回稳，但不太可能回归到过去的高增长水平。

关于我国经济发展新常态

2012年二季度报告提出我国经济呈现三期叠加局面。本轮经济持续回调，已经超越了通常意义上的商业周期，是多重周期因素叠加和中长期增长潜力下降共同作用的结果。从短期看，我国正处于商业去库存和经济刺激计划的拉动作用减弱时期，也处于国际主要经济体大选的政治周期和国内换届时期。从长期看，全球都处在金融危机后新技术和新产业寻求突破的时期，新的技术周期尚在孕育之中，全球经济增长整体放缓；同时国内经济结构面临艰难调整，资产重组的阵痛会更加明显。经济增长减速、结构调整阵痛和外部需求长期低迷三期叠加，多重周期力量交织，使经济运行呈现十分复杂的局面。

2012年三季度报告提及新常态概念，其标题为“顺应新常态　寻求新平衡　培育新动力”。增长阶段转换实质是增长动力的转换，也是企业、政府和居民重新适应新常态的调整过程。未来一段时间，7%左右的增长将是一个新的常态。

2013年三季度报告标题为“努力促进经济运行向新常态平稳过渡”，对新常态含义做出了较系统的描述。展望2014年，国际经济总体趋稳，内需增长面临下行压力，预计经济增长略高于7%。在实施“双稳健”财政、货币政策的同时，坚持稳中求进、以稳促进的思路，努力释放改革红利，激发市场活力和社会创造力，切实降低企业运营成本，促进经济运行向新常态平稳过渡。

2014年3月出版的《中国经济增长十年展望（2014—2023）：在改革中形成增长新常态》一书，在其导言“争取平稳较快转入经济增长新常态”中明确提出新常态的概念和含义。力争今后一两年实现增长阶段的转换，进入一个新的稳定增长轨道或者状态。对此可以给出一个概念，比如“经济增长的新常态”，或者“中高速稳定增长期”。其含义是，中高速增长的“底”已经探明，比如说7%左右；这样一个速度能够稳得住，且能够持续较长一个时期，比如五年或者更长时间。

提出新常态的若干特征。这样一个经济增长的新常态，应具备若干特征，包括经济增长率从原来10%左右，逐步过渡并稳定在新的均衡点上，比如7%左右；经济结构呈现转折性变化，增长将更多依托消费、服务业和内需的带动；产业升级和创新驱动加快，资源环境压力舒缓，增长的可持续性增强，劳动生产率提升能有效抵减要素成本上升的影响；经济增长能够提供相对充裕的工作岗位，产业调整与人力资本结构基本适应；财政、金融、产业等方面的风险得到有效控制并逐步化解；企业总体上能够实现稳定盈利，政府财政和居民收入保持稳定增长，中等收入群体稳步扩大，等等。

提出新常态的“六可”目标。对这一增长新常态，还可以进一步提出“六可”的目标：企业可盈利，财政可增收，就业可充分，风险可控制，民生可改善，资源环境可持续。做到这六条都不容易，这里想强调一下“企业可盈利”。看起来这是一个常识性问题，但往往容易被忽视。实际上，这一条很关键，是其他几条的基础。如果企业盈利水平明显下降，甚至出现大面积亏损，财政收入将可能更大幅度下滑，财政、金融风险不可避免地加剧，企业也将难以通过扩大生产而增加就业，反而可能减少工作岗位，民生改善、资源环境可持续也无从谈起。所以，“企业可盈利”应被视为中国企业乃至中国经济转型成功的关键性指标。

关于转型期的经济政策

2011年在《陷阱还是高墙？——中国经济面临的真实挑战和战略选择》一文中提出不可强制性地试图继续保持高增长目标。预见到潜在增长速度将常态性回落，宏观调控目标的设定应顺势而为，不可强制性地试图继续保持高速增长期的增长目标，否则，增长目标超出潜力，将产生投资过度、产能过剩、资产泡沫、通货膨胀等问题。在这方面，需要研究和汲取日本20世纪80年代以后推行扩张性宏观政策，力图恢复以往的高增长速度，结果催生资产泡沫，并陷入长期经济萧条的历史教训。

2011年三季度提出保持经济持续增长，已经不是短期宏观经济政策和外延式增长所能解决的，必须加快我国增长动力从要素投入为主向创新驱动为主的转变。必须认识到，经济增长速度过高，不利于经济结构调整和发展方式转变；经济增长速度的适度回落，符合“十二五”规划确定的预期目标，也为结构调整创造了良好宏观环境。2012 年，在防范、化解风险的同时，把握好世界经济格局调整、国内物价下行的有利时机，积极推进改革和结构调整，提高增长的质量和效益，增强中长期发展的活力和动力，在结构调整和发展方式转变上取得实质性进展。经济增长重回“十一五”时期高增长，既不符合“十二五”转变发展方式的现实要求，也不应成为政策追求的目标。从日本、韩国的经验看，一旦潜在增长率下台阶，扩张性政策并不能拉高增长速度，反而会积累新的风险。从中长期看，保持经济持续增长，已经不是短期宏观经济政策和外延式增长所能解决的，必须从体制、机制等方面入手，通过改革的实质性推进，在有效防控风险的同时，加快我国增长动力从要素投入为主向创新驱动为主的转变。

2012 年二季度报告提出重点要防止过度刺激，使经济泡沫化。经济增长转换期，也是市场主体逐步调整经营模式，市场、制度等风险逐步暴露和修复的过程。短期宏观政策的重点是处理好经济趋势性下降中的周期波动问题，既要防止过度刺激，使经济泡沫化；又要防止经济短期内大幅下滑，风险和问题骤然集中爆发。从当前的情况看，重点要防止第一种倾向。由于本轮经济回调期较长，在政策逐步放松的过程中，要防止层层加码、过度刺激的风险。

2014 年三季度报告提出要防止犯速度依赖症，通过强力刺激使矛盾积累、拖延，甚至引发危机。经济增长速度高一点，还是低一点，本身并不重要，关键看经济运行的质量。从国际经验看，经历较长时期高速增长的国家，在转型期容易犯速度依赖症，不愿接受增速下降的事实，从而采取强力刺激，往往导致矛盾进一步积累和拖延，甚至最终引发危机。

关于改革导向的供给政策

2012 年二季度报告标题为“经济增长降中趋稳　供给政策大有可为”，提出供给政策要通过结构调整适应中速增长环境，通过价格、投资“双放开”强化竞争、提高效率、降低成本。报告中提出：2012 年经济运行中的不确定性和复杂性将大于以往，宏观政策选择也将面临新挑战。应当按照“稳中求进”的总基调，保持宏观需求政策的基本稳定，根据情况变化适时适度微调；同时更加重视改革导向的供给政策，加大结构调整力度。供给政策的一个目标，是加快产业结构和企业组织结构调整，提高政府、企业、市场和社会对新增长阶段的适应性，逐步做到在中速增长环境下“企业可盈利、财政可持续、风险可防范、民生可改善、就业可充分”。另一个目标是以价格、投资“双放开”为突破口，推动基础产业改革，短期内缓解某些领域的供给不足，增加投资需求，并通过强化竞争、提高效率、降低成本，有效减轻通胀压力；中长期则通过转变发展方式，促进基础产业和其他行业的平衡增长。

2013 年一季度报告提出产能调整既要关注“进入”，更要重视“退出”，从过去重点保护企业，转变为重点保护员工，做好失业人员的社保接续、转岗培训和就业服务工作。更多依靠市场经济办法调整过剩产能。用集中审批来管控竞争性行业发展的方式，难以真正抑制产能过剩。尽快创新行业规制方式，依照能耗、环保、质量等技术标准和规范，形成稳定、透明和可预期的政策和制度体系。政府权威部门定期公布主要行业和重要产品的国内外技术创新、投资、生产、需求变化等相关信息，发布行业发展指导报告，预警重大风险，引导社会形成合理预期。建立公平竞争的市场环境，约束地方政府以低地价、低环境标准、不适当税收优惠和财政补贴等手段过度刺激投资的行为。调节过剩产能，不仅要关注“进入”环节，更要重视“退出”环节，切实减少行政干扰，探索建立和完善企业退出政策体系。产能调整要从过去重点保护企业，转变为重点保护员工，做好失业人员的社保接续、转岗培训和就业服务工作。

关于新常态下增长质量导向的发展目标

2014 年三季度报告提出要关注经济运行的效益和风险指标，通过提升质量、降低成本、提高效率倒逼各项改革，最终可实现“速度下台阶、质量上台阶”。向新常态迈进的过程中，利用某些调控手段，平抑经济波动、防止短期过快下滑是必要的，但需要评估这些措施对经济运行质量、风险、长远发展潜力的综合影响。更多关注经济运行的效益和风险指标，通过提升质量、降低成本、提高效率倒逼各项改革，最终可实现“速度下台阶、质量上台阶”。在转型过程中，利用相关调控手段，平抑经济波动、防止短期过快下滑是必要的，但应坚持速度服从质量的原则，只要守住企业可盈利、就业总体稳定、不发生系统性风险的底线，经济增速低一点并不会引发严重社会冲击，反而有利于借助市场力量推动资产重组、结构调整和培育新增长动力。

概括地说，2008年以来的基本判断是：在国际金融危机冲击下，我国难以独善其身，但仍可走出独立的发展路径；经过三十多年的高速增长后，中国经济正在进入由高速增长到中速增长的增长阶段转换期；在此背景下，中国经济开始进入经济增长的新常态；这一时期要防止通过过度需求刺激政策重返高增长轨道的倾向；重点实施改革导向的供给政策，形成新的增长动力和发展方式；确立质量导向的发展目标和激励机制等。

这些大的判断，迄今为止应该说还是站得住脚的，部分已被实践证明是对的。这一阶段，处在改革开放以来又一个重大转型期，经济增长阶段转换、新常态、改革导向的供给政策、质量导向的发展目标等重要判断和政策取向，有一定前瞻性，对决策起到了积极作用，在社会上也产生了较大影响。也有的判断，现在看来不大准确，比如，在2010年前后，对通胀特别是成本推动型通胀压力强调较多。实际上，进入增长转换期后，随着需求相对收缩，通缩压力增强了。当经济进入中高速或中速增长平台后，或许通胀压力会上升，但在原有的高速增长“触底”前，看起来通缩的压力更为突出。又如，我们原来估计，美国在长期实施量化宽松货币政策后，美元的主导地位可能衰落。现在看来，对美国经济的自我修复能力和创新能力可能估计不足，美元的国际地位还需要进一步观察。

经济形势分析应当有框架、有逻辑

经济形势分析会出预测数字，有些预测数字已经到了相当精确的程度，有的机构甚至依次列出预测者排名。这些貌似精确的预测数字真的很重要吗？事实上，真正有意义的是这些数字出来的依据：是出自某种理论框架和逻辑，还是简单的趋势外推，抑或某种方式的猜测。经济形势分析需要框架和逻辑，如果一种框架和逻辑还算不错，至少是自洽的，能够描述经济增长的大体形态和路线图，尤其是能给出重要拐点和走向，应当说就足够好了。重要的是，解释了为什么会出现某种变化。过于精细的预测数字并无多大必要，还可能降低而非提高分析预测的可信度。

经济理论是为理解经济增长过程，包括历史、现状和未来，提供框架的。已有经济理论，如发展经济学、经济增长理论，较多关注落后国家如何摆脱低水平循环陷阱，进入快速增长轨道，即经济“起飞”问题，而对起飞以后的可持续性和“降落”问题关注不够，未能形成较为成熟、具有广泛解释力的理论框架。而后两个问题，对应的正是后起经济体若干年来所遇到的中等收入陷阱现象和高速增长后的减速现象。理论准备不足增加了对近年来中国经济减速性质的认知难度。

中国经济2008年遇到国际金融危机冲击，政府实施了事后称之为“四万亿”的刺激计划，2010年一季度经济增长达到高点，此后开始回落，迄今已有六年时间。对这一变化存在着不同解释。一种基于短期宏观分析架构的观点，把这种变化看成周期性波动，主张采取惯常的宏观反周期政策。但对为什么经济增长率由10%以上下降到7%，而且还可能继续下移，用维持既有结构的周期性波动显然无法解释。另一种观点则将增速下滑归结于外部冲击。2008年国际金融危机冲击后，全球经济放缓，一些新兴经济体的增长也低于以往。但这种观点无法解释为什么正是在外部冲击最严重的2009年、2010年，中国经济能够在全球率先回升，此后全球经济逐步复苏，而中国经济增速却出现持续回落。

还有一种国内外较为常用的“增长收敛”分析方法，即以全球经济领先国家，主要是美国作为标尺，计算中国人均收入与其的差距，然后倒推中国未来的增长速度。例如，目前中国人均收入相当于美国的20%，而20世纪50年代，日本与美国也是大体相同的差距，此后日本经历了长达20年的高速增长。由此推断，中国也还有20年的高速增长期。这种方法的主要问题，是混淆了收入差距与实际增长速度之间的区别。后起经济体的追赶过程，是一个动态的、分阶段的过程，在不同阶段，由于发展条件的差异，将会呈现不同的增长速度。举一个通俗的例子，当年日本人均收入相当于美国的20%，假设日本是一个20岁的年轻人，美国已有100岁。而20岁到40岁，是一个人精力旺盛、奔跑速度最快的时期，所以此后日本经历了20年的高速增长。而中国人均收入目前也相当于美国的20%，但中国已经40岁，美国也到了200岁了。中国已经经历了三十多年的高速增长，奔跑能力最强的那个时期已经过去。所以中国已经不大可能再重返高增长时期了。如果收敛方法可以成立，全球最落后的那些经济体，应当比中国有更快更长时期的高速增长。显然，这依然是发展理论研究中令人难解的问题。

我们对经济增长阶段转换的关注，是从国际经验开始的。2009年，我们开展了一项关于中等收入陷阱问题的课题研究。在研究中注意到，“二战”后一大批经济体进入了工业化过程，但不少经济体发展受阻，有些落入了不同类型的中等收入陷阱。只有13个经济体跨过中等收入阶段，进入高收入社会，其中典型的有日本、韩国、中国台湾、中国香港和新加坡等。这些经济体大都经历了20—30年的高速增长，当人均收入达到11000国际元（购买力平价，麦迪森1990年国际元）时，无一例外出现了增长速度的回落，回落幅度在50%左右，由高速增长转入中速增长。中国的增长路径与上述经济体较为相似。我们用三种不同方法对中国经济增长前景进行分析。一是把全国作为一个整体来分析；二是按照发展水平差异，把省级行政区分成若干组分别分析；三是测算了人均钢铁、人均发电量、人均汽车拥有量等实物量指标。其结果显示，中国经济将有很大可能性在2013年后出现增长速度的明显回落。由此，我们提出了中国经济将从高速增长转入中速增长的增长阶段转换的重要判断。这个判断提出后，认可者甚少。即使当增长速度明显放缓后，有的同志宁愿视其为短期波动，并不认为是大的结构调整。然而，经济规律不以人的意志为转移，增长阶段转换实实在在发生了。中央提出中国经济发展进入新常态的重大判断后，共识明显增加，但不理解、不适应新常态的问题并不少见，看来认识和行动上把弯子转过来需要一个过程。

以上我们对增长阶段转换的判断，首先是基于国际经验。同时也构造了一个包含初始条件、制度、战略等在内的分析框架。近年来，国内外对“降落”问题的关注和研究增多。这方面的研究文献，较多是从劳动年龄人口减少、老龄化、刘易斯拐点出现等角度展开分析，有一定的解释力。我们以为，重要工业产品长期需求峰值相继出现同样不能忽视。与短期的需求决定不同，长期需求峰值主要是由已有技术水平和人们的需求偏好决定，本质上是由技术或供给决定。这些需求峰值的出现，给定了工业化高速增长期比重较大部分的需求空间。即使人口结构不发生变化，这种需求空间仍然会出现。这是来自长期需求，确切地说，来自长期技术进步因素给出的约束。

除此之外，需要深究一些重要或基础性的问题。比如，开放对后起经济体发展的意义何在，出口和投资特别是设备投资在增长中的作用，产业结构、消费结构如何换代升级，不同增长阶段如何衔接，经济中可移动要素与不可移动要素如何结合，政府和市场在不同时期如何有效结合，收入分配和地区发展差距如何影响增长，是否存在理论上的最优增长区间或路径，等等。东亚诸多成功追赶型经济体的经验，尤其是中国独特的经验，加上其他落入中等收入陷阱的教训，对深入理解上述问题提供了丰富素材。在此基础上，有可能形成有意义的分析框架，对从起飞、持续推进再到降落的经济增长进程给出解释。

中国经济的“转型再平衡”

当前中国经济依然面临着下行压力，“底”在何处，从高速增长“降落”后前景如何，是国内外普遍关注的问题。

中国经济增速回落，直观地看，是由以往10%左右的高速增长转到中高速或中速增长，背后则是经济结构、增长动力和体制政策体系的系统转换，从大的增长过程看是增长阶段的转换，可称之为“转型再平衡”，也就是由高速增长时的平衡转向另一个中高速或中速增长的平衡。这一平衡的实现，将取决于三个条件。

第一，高投资触底。从需求角度看，以往的高增长主要依托于高投资，消费总体上是稳定的，净出口对GDP增长的直接贡献则是一个较小且不稳定的量。在过去较长一个时期，高投资主要由基础设施、房地产和制造业投资构成，这三项可以解释85%左右的投资变动。而制造业投资又直接依赖于基础设施、房地产和出口。高投资触底，我有一个通俗说法，主要取决于基础设施、房地产、出口三只“靴子”落地。基础设施投资占全部投资比重的高点出现在2000年左右。作为政府稳增长的主要抓手，这一指标波动较大，但总体上处在回落状态。出口已由以往20%以上的高增长转为2015年的负增长，可以认为大体触底。房地产投资在经历了较长时间的高速增长后，2014年触到历史需求峰值后开始快速回落，2015年下半年出现月度同比负增长，当回落趋稳，增速由负转正时，很可能成为房地产投资增速触底的信号。房地产投资增长触底，也意味着全部投资乃至从需求侧看的整个经济增速探明底部。

第二个条件：去产能到位。随着需求侧的高投资增速回落，供给侧开始相应调整，但部分行业，主要是重化工业调整较慢，于是出现了严重产能过剩。初步估计，钢铁、煤炭等行业的过剩产能在30%以上。尽管对产能过剩问题早有警觉，但幅度之大仍然超出预期。一个重要原因，是重化工业内部的“加速原理”在起作用。在这些行业的上升时期，由于“需要更多的钢就要新建钢厂，而建钢厂本身就要耗费钢”，这种“自我循环”带动了重化工业异乎寻常的快速增长。而到回落时期，“加速原理”在相反方向也起作用，使回落幅度超出预期。

严重过剩产能直接导致两个后果。一是PPI迄今四十多个月的负增长，幅度一度达-5.9%；二是工业企业利润持续负增长。分析表明，煤炭、钢铁、铁矿石、石油、石化五大行业的出厂价负增长幅度达20%左右，对全部工业PPI（生产者价格指数）负增长的影响达到80%左右，对工业利润负增长的影响则更为显著。走出这种困局的出路，重点是上述五大行业实质性去产能。产能下来了，供求趋于平衡，PPI才能恢复正增长，企业才能恢复盈利和再生产能力。

然而，严重过剩产能“退出难”也超出预期，原因大体有几条。一是减产能将会降低工业增速，在稳增长压力很大的情况下，难以落实。稳增长不能减产能，稳效益则要求减产能，在这里稳增长与稳效益是有矛盾的。二是有关地区都希望别人减自己不减，等减产能到位后坐收渔利，从而陷入“囚徒困境”。三是减产能后的职工安置、银行债务等问题处理难度很大，缺少配套政策支持。在这种情况下，多数地区采取了等、熬、拖的办法。这种局面显然不可持续。企业长期亏损，财政减收、债务违约、就业困难等问题不可避免，相关地区乃至经济全局可能出现更为困难的局面。

事实上，近些年供给侧大调整，除了重化工业外，还有出口行业。增速由 20%—30% 到负增长，出口行业受到的冲击并不亚于重化工业。出口行业也经历着艰苦调整，企业订单减少、负担加重，部分企业关闭破产，有些移至外地，还有的企业老板“跑路”，如此等等。但与重化工业形成鲜明对比的是，总体上似乎“声音”不大，也没有获得多少政策资源支持，堪称“静悄悄的变革”。重要的区别在于，出口行业主要以非国有的民营和外资企业为主，重化工业则聚集了众多国有企业，其中的大企业以国有为主。民营和外资企业调整较快，方式多样，不会久拖不决，因为它们拖不起。有的人实在经营不下去，解不开困局，可以“一跑了之”，而不会长期亏损、扭亏无望下继续经营。用工制度灵活，调整中的职工安置问题较易解决。而人、债、资产重组等问题，在国有企业中都成为难题。政府“大而不能倒”，“国企出问题，政府总要管”的显性或隐性承诺，使国企调整难有壮士断腕的决心和魄力。国企去产能的调整，很大程度上是一个国企、国资深化改革的问题。当然，也是一个被逼出来的难得改革契机。以上出口行业和重化工业在调整中的表现对比，提供了不同体制机制在结构调整差异的典型案例。

第三个条件：新动力形成。通常意义上的新动力，是指那些新成长起来的增长领域，亦可称之为“新经济”。主要可分为以下三类：一是新成长产业，主要是生产性服务业，如信息服务、物流、研发、金融等；与居民消费水平升级相关的服务业，如医疗、文化、体育等产业；制造业中的新技术产业，如大飞机制造等；二是产业转型升级，机器替代人工、绿色发展等；三是创新产生的新增长点，如网购等“互联网 +”所带动的有关行业。以上分类是相对的，往往相互交叉、相互融合。

这些“新经济”的一个重要特点是替代性增长，新的增长空间挤压了原有的增长空间，或者说，在原有的增长空间内换了一种增长方式。这种增长具有重分蛋糕的性质，不可避免地会引起利益关系的冲突和重组。例如，网购快速发展的同时传统商业放缓以致衰落，部分知名品牌商场关闭；打车软件与传统出租车的冲突；汽车行业中新能源汽车比重的上升；机器人上岗与人的下岗，等等。如果“新经济”确实拥有并有效运用了新技术、新机制、新商业模式，提高了生产率，终究是不可阻挡的，同时必须重视并妥善应对利益冲突引发的挑战。

新动力的另一个来源，是“老经济”加新机制，这方面的潜力往往会被忽视。美国研究竞争战略的迈克尔·波特教授在《日本还有竞争力吗?》一书中，认为日本高速增长期后存在着“二元经济”，一个是高度对外开放、竞争力很强的领域，另一个则是面对国内市场、封闭性强、竞争力差的领域，包括物流、电信等基础设施，加大了整个经济的运行成本。他提出，日本经济要提高竞争力，必须解决后一个领域的市场开放问题。中国这方面的问题更为突出，深化改革、纠正资源错配、提升效率大有文章可做。

例如，行政性垄断问题突出的行业，包括石油天然气、电力、电信、铁路、金融、医疗、教育、文化体育等领域，新增投资和改进投资效率的空间都很大。以电信为例，近期降低资费问题议论较多，但如果缺少足够竞争，社会对真正降低成本、改进服务信心不足。放一两个民营资本为主的新基础运营商进去冲一冲，局面就会大不一样。我国拥有世界上最大的电信市场，理应成为世界上电信资费最低的地方。前瞻地看，如果基础电信缺少竞争活力，互联网创新也难以走远。这些领域，看起来投资已经不少了，但有活力的新投资进去，可以提高整体效率。这种能够提高行业效率的投资，是我们最需要的，不是多了，而是少了。

又如，加快城乡之间土地、资金、人员等要素的流动和优化配置。中国城市化还有很大发展潜力，但重点不在现有的大城市，而在大城市之间。需要关注中国城市化格局的变动态势。以往在计划经济乃至久远的自然经济时期形成的城市，与市场经济、开放经济条件下形成的城市有实质性差异，前者的衰落与后者的持续成长，将会成为影响中国城市化格局的重要力量。要把以往孤岛型城市转变为网络型城市，进一步拓展城市带、城市圈，在大城市之间带动大量小城镇发展，推动互联互通和基本公共服务的均等化，带动人口居住和产业布局的再配置，由此将可引出可观的基础设施和房地产投资机会。农民要进城，城里的人员、资金等也有到小城镇和下乡的意愿，要下决心打破城乡间土地、人员、资金等要素流动、交易、优化配置的诸多不合理体制和政策限制。农民所拥有的资产只有在确权的基础上允许流动、允许交易，价值才能充分显现，利益才能得到真正维护。

还需要关注的一个问题是新旧动力的不对称性。忽视这种不对称性，容易对新动力的规模扩张产生过高期望。尽管还有新产业涌现，但像房地产、钢铁、汽车等能够将经济推向高速增长的大支柱产业基本上找不到了。新产业在规模上远不能对冲老产业减少的规模。例如，所谓“战略性新兴产业”占工业的比重，2015 年只有 8% 左右，其中有的也出现产能过剩问题。新经济的替代性增长，使之呈现“降成本、提效率，但对 GDP 增长贡献不大”的特点。加上新机制的老经济，也属于“后历史需求峰值期”的增长范围。概括来说，新动力能够提升增长水平，但远不足以抵消原有动力的下降，更重要的体现于发展模式、效率和质量的转换。

以上三个条件逐步形成后，中国经济这一轮大调整将可能呈现双重底部。一是“需求底”，随着房地产投资同比增速由负转正、全部投资增速趋稳，这一底部有可能在今后一两年内出现。另一个则是“效益底”，是从供给侧适应于需求侧来看的，主要指标是 PPI 止跌回升，工业企业盈利增速由负转正，并保持在适当水平。这个底何时出现，将直接取决于去产能的力度和进度，有一定的不确定性。如果“效益底”明显滞后于“需求底”，不难想象，经济有可能进入一个特殊困难期：增长速度相当低了，PPI 依然低迷，企业大面积亏损，部分地区的金融财政风险加大，甚至酿成某种形式的危机，从而落入一种可称之为“低效益、高风险”的陷阱。

避免这种不利局面，短期内的关键是加快供给侧结构性改革，在去产能上有实质性进展，促使 PPI 和工业企业利润止跌回升，“效益底”与“需求底”的时滞缩短。由此可见供给侧结构性改革的问题导向特性和必要性、紧迫性。

与此相关的一个理论问题是，回落到位后的中高速或中速增长均衡点是如何决定的。这里有两个重要变量。一是已经实现需求的维护或更新支出，如住房、汽车的维修和置换支出。这是美欧日等成熟经济体主要的需求支出。它能够支持经济多则 2%—3% 的增长，也就是美国经济增长较好时的水平。二是尚未实现的需求支出，如农民工进城后的住房需求、低收入者的首次购车需求等，这部分“追赶型”需求处在历史需求峰值与成熟期之间，将会以某种形态（如相当平衡的形态）分布在到达成熟期之前的区间内。整个经济回落到位后的均衡点，应当主要是这两项需求支出相加。

如果改革获得实质性进展，上述“需求底”和“效益底”相继出现，中国经济将会增速趋稳，逐步形成新的增长平台，呈现大 L 加小 W 的形态。这个底部是结构性变革的结果，是新增长阶段的平台，不会出现触底后 V 型或 U 型大幅反转。当然，也会出现周期性波动，但只是围绕着新平台展开，这时尤其要注意不能产生把周期性短期回升当成重返以往高增长轨道的错觉。

中国经济进入转型触底关键期，预期问题再次突出而敏感。近期股市、汇市的大幅波动，很大程度源于预期变动，而预期变动又与对中国作为一个后起追赶型经济体的转型规律和现实理解有关。在经历了长达六年的增速放缓后，目前中国经济正处在从某种意义上说最为困难、同时也最有希望看到转型成功曙光的时候。2010 年，在人们把高增长看成理所当然的时候，我们提出中国经济将要下一个较大台阶，由高速增长转入中速增长；而在目前，我们认为，如果供给侧结构性改革能够取得实质性进展，大的政策不出现颠覆性错误，中国经济有很大可能性在今后一两年成功触底，进入一个速度适当、更具有创造性和可持续性的增长平台。从国际经验特别是东亚成功追赶型经济体的经验看，中国经济转型成功、跨过中等收入陷阱、进入高收入社会增长轨道的概率还是比较高的。这个时候过度看空、看衰中国经济是没有依据的。当然，这个时候会有更多的不确定性，对政策选择有更高的要求，正确而有效地推进改革，尤其是供给侧结构性改革，无疑是稳定预期的关键变量。

供给侧结构性改革将是一场持久战。通过国企、土地、财税、金融、社保等领域的改革深化，应对一系列中长期挑战，包括进一步加快要素市场特别是中高级要素市场的开放和发展，发展股权融资、风险投资，有效保护和运用知识产权；推动创新要素的流动、集聚和优化配置，在全国形成若干个类似深圳这样的创新中心；更多地依靠更具前瞻性、进取心和侵略性的前沿创新型企业家而非眼光有限的套利型企业家；更多地依靠具有长期稳定预期、专业化、精致化、耐心与韧劲突出的企业体制和企业文化；减少泡沫和其他非生产性套利的诱惑、干扰，等等。更重要的是，政府管理经济方式必须有实质性转变。转型升级、创新发展中的一个最重要变化，是经济生活中的不确定性大大增加。应对这种不确定性的唯一办法，就是真正相信市场的力量，使市场发挥决定性作用，通过市场中的大量试错，在不确定性中寻找正确的发展路径。政府应当学会培育环境而非居高临下地指定技术路线，尤其是不能维护既得利益，制造新的寻租空间。从实际情况看，政府转型在理念、人员、方案上准备不足，虽有进展，但还有很长的路要走。

国务院发展研究中心宏观经济研究团队和中长期发展研究团队这些年的研究工作，得到中心领导，特别是中心前任主任张玉台同志、现任主任李伟同志、前任党组书记刘鹤同志的精心指导和大力支持；中心副主任金人庆、侯云春、卢中原、韩俊、张军扩、张来明、隆国强，党组成员蒋省三、余斌相继参加课题讨论，提出重要意见、建议。参加宏观经济研究团队研究工作的先后有张承惠、贡森、杨建龙、张立群、李建伟、陈昌盛、邓郁松、李佐军、吴振宇、张丽平、陈道富、秦中春、方晋、刘云中、何建武、吕刚、许召元、任泽平、伍振军、戴慧、王莹莹等。参加中长期发展研究的先后有侯永志、高世楫、贡森、刘培林、陈昌盛、吴振宇、张永生、马名杰、秦中春、王金照、张文魁、张丽平、陈道富、袁东明、李佐军、何宇鹏、刘云中、宣晓伟、吕刚、王青、王晓明、方晋、许伟、何建武、卓贤、张亮、陈健鹏、许召元、邵挺、刘涛、石光、罗涛、任泽平、喻东、周群力、伍振军、方圆等。中心各研究部所负责同志和其他研究人员也给予积极协助，学界同仁和有关方面亦多有关心鼓励，在此一并表示诚挚谢意。

2008 年

急转直下：从防通胀到反危机

2008 年物价走势与政策建议

（2008 年一季度报告）

国务院发展研究中心经济形势分析小组

2008 年 1 月和 2 月居民消费价格指数同比涨幅分别达到 7.1% 和 8.7%，引起了广泛关注。受多种不确定性因素的影响，经济运行中既有防过热、防通胀的压力，也有经济下滑的隐忧。在这种情况下，宏观经济政策应审时度势，相机抉择，在控制物价大幅度上涨的同时，保持国民经济稳定发展，防止经济大起大落。

对 2008 年物价走势的基本判断

我国居民消费价格在经过 2006 年 7 月以来的持续上涨之后，2008 年 1—2 月仍保持了较强的上升势头，其中 2 月份涨幅达到 1996 年 3 月份以来的最高水平。从推动价格上涨的因素看，上半年涨价压力明显大于下半年，考虑到供给刺激政策、紧缩性政策和全球经济增速减缓的影响，下半年涨价压力会减弱。即使如此，全年居民消费价格涨幅仍可能达到 5.5% 左右的较高水平。

雨雪冰冻灾害对 2008 年一季度物价上涨产生了明显拉动作用

2008 年初发生的特大雨雪冰冻灾害，不仅导致了巨额的直接经济损失，也对一季度居民消费价格上涨产生了重要影响。据估算，本次雨雪冰冻灾害将导致 2008 年全年食品价格涨幅提高 0.89 个百分点，进而导致全年居民消费价格涨幅提高 0.28 个百分点（按食品价格占居民消费价格权重为 31.96% 计算）。这一影响主要集中在一季度。一季度食品价格涨幅将因雨雪冰冻灾害提高 3.55 个百分点，居民消费价格涨幅将提高 1.13 个百分点。即 2008 年 1 月和 2 月的居民消费价格涨幅中，有 1 个多百分点是由雨雪冰冻灾害导致的。

生猪供应偏紧的局面还将持续一段时间，猪价仍将保持较高水平，但价格上涨将趋缓

2007 年我国猪肉价格上涨 48.3%，直接拉动价格水平上升 1.5 个百分点，对居民消费价格上涨的贡献度达到 31.3%，是物价大幅上涨的主要因素。2007 年以来，在市场价格刺激和国家扶持政策的支持下，生猪生产出现积极变化。2008 年 1 月农业部监测的 20 个生猪重点省统计生猪存栏增长 10.2%，出栏增长 15.5%。目前生猪价格居于此轮周期的顶部阶段。考虑到我国生猪养殖方式正处于从散户为主向规模化、集约化为主加快转型阶段，加上疫情影响、雨雪冰冻灾害冻死较多仔猪和饲料价格上涨等因素，预计 2008 年生猪供应偏紧的局面还将持续一段时间，猪肉价格仍将保持较高水平，但价格总水平将有回落趋势。

食用植物油价格仍将高位运行

我国食用植物油进口量，加上大豆、油菜籽等进口折油的数量，已经占国内消费量的 70% 左右。食用植物油价格主要受国际市场影响，国内调控困难。2008 年我国农民种植大豆的积极性有所提高，但油菜籽减产已成定局，预计油料缺口将进一步扩大。2007 年美国大豆产量骤减，造成全球油料供求矛盾加剧，价格暴涨。预计 2008 年食用植物油价格将在高位运行。

粮食价格存在很大的上涨压力

近四年来我国粮食生产连续丰收，粮食价格相对稳定，对抑制物价过快上涨起到了重要作用。但目前粮食价格上涨的压力很大。一是粮食生产成本上升。受化肥、种子、农膜、农用柴油、机械作业费和雇工费用等价格上升的影响，预计 2008 年每亩粮食总成本将达到 525 元，比 2007 年增加约 50 元，增幅达 10% 左右；每 50 公斤总成本为 62 元，比上年上升约 6 元。二是我国粮食价格明显低于国际市场，国际粮价会有很强的拉动作用。世界主要粮食生产国库存下降和全球粮食供应短缺表明，2008 年国际市场粮价将持续上涨。

由于国内市场粮价基本稳定，国内粮食价格与国际市场价格差距不断拉大。2008 年 2 月郑州粮食批发市场优质麦批发价稳定在 1660 元/吨，比同期美国硬红冬麦平均离岸价（509.4 美元/吨，折人民币 3570.9 元/吨）低近 2000 元；2 月我国主销区标一晚籼米的批发价为 2493 元/吨，比国际市场泰米到岸完税价（3900 多元/吨）低 1400 多元。2 月东北玉米平均价格为 1130 元/吨，比同期美国墨西哥湾 2 号黄玉米到岸税后价低 1000 多元。

国际市场原材料、石油价格上涨对国内物价上涨的推动作用依然很大

由于我国原材料和石油需求对国际市场的依存度不断提高，2007 年国际市场铁矿石、有色金属、原油等大宗商品价格大幅上涨，对国内原材料、原油及其相关产品的市场价格上涨起到了重要的推动作用。受供求关系、美元贬值等因素影响，2008 年国际市场原材料和石油价格仍将保持上涨趋势。石油输出国组织预计，2008 年原油价格将达到每桶 80—110 美元。受此影响，国内市场原材料、原油价格也将继续上涨。虽然原材料、原油价格上涨在加工生产环节被部分消化，但仍将会引致工业品出厂价格指数小幅上涨，并带动工业消费品及居民消费价格的上涨。

国内成品油、电力价格上涨压力明显加大

由于原油、煤炭价格大幅上涨，而成品油价格和电价受到管控，价格倒挂严重，生产、销售企业亏损，供给难以保障。虽然通过财政补贴可暂时缓解生产、销售企业的经营困境，但无法完全弥补企业亏损，要求提价的呼声不断增强。成品油、电力是基础产品，其价格的调整既会通过油气、水电等直接影响生活消费支出，也会通过产业关联导致工业制成品成本提高，并拉动居民消费价格和工业品出厂价格指数上涨。

翘尾因素对消费价格同比涨幅影响很大

根据我们计算，2008 年居民消费价格的翘尾因素全年平均为 3.4 个百分点，是 2007 年翘尾因素的两倍。全年各月消费价格的翘尾因素基本呈前高后低的态势，6 月份以前会超过 5 个百分点；6 月份以后，翘尾因素会逐月下降，9 月份以后会下降到 2 个百分点以下。

除上述涨价因素外，也存在稳定物价的因素。产业技术进步和加强成本管理的努力会支持成本不断降低；社会总供求关系继续改善将减轻物价上涨压力；资源价格改革也有促进节约、降低成本的积极作用；国际经济增速减缓能够抑制原油、原材料价格的上涨等。综合看，预计 2008 年居民消费价格仍将保持较强上升势头，全年物价走势将呈前高后低格局。

当前在抑制物价上涨的同时需要重视的几个问题

要客观分析短期内农产品价格上涨合理和有利的一面

当前农产品价格上涨是居民消费价格上涨的主要原因，但农产品价格上涨有其合理和有利的一面。一是在工业化、城市化过程中大量农业劳动力转移到非农产业，农业劳动力投入减少，雇工成本提高，必然导致农产品价格攀升。二是猪肉等农产品价格长期过低影响了种植与养殖积极性，导致生猪等农副产品生产入不敷出，供给相对减少，增加供给只能提高价格。三是生猪养殖从农户散养到规模化养殖的生产方式转换需要一定的时间，集中饲养对成本、价格反应敏感，抗风险能力下降，猪肉价格的稳定提高有助于加快生产方式转化。四是农产品价格提高可直接增加农民收入，部分抵消农业生产资料价格上涨对农民增收的不利影响。五是国际市场农产品价格上涨已成为长期趋势，且远高于国内价格。逐步释放国内农产品价格上涨压力，不断缩小与国际市场价格的差距，是全球化背景下的理性选择，也可以降低我国粮食等农产品资源外流的风险。因此，在短期内允许农产品价格一定幅度上涨，并接受由此带来的居民消费价格上涨，是理顺农产品供求关系、增加农产品供给和保护食品供给安全的必要措施，从长期看对国民经济是有利的。

把握好稳定价格与推进资源性产品价格改革的关系

目前国内原油、煤炭、矿石等资源性产品的价格已基本与国际市场接轨，但成品油和电力等次级资源性产品价格尚未市场化。这种状况不仅导致国内成品油价格和电价与生产成本倒挂，价格机制难以正常发挥作用，也使国内成品油供应出现问题，时常发生油荒。从理顺价格和提高资源利用效率看，成品油和电力价格改革势在必行。

在 2008 年物价上涨势头强劲的背景下，成品油和电力价格的市场化改革，在短期内必然进一步推动物价上涨。但目前我国经济仍处于高增长区间，企业对成本提高的消化吸收与承受能力，要强于经济增长陷入低谷时期。同时，成品油在我国主要用于交通运输，理顺价格后，对一部分农用和公共交通部门给予一定补助，不会对经济社会发展产生大的影响。合理的油价也有利于调整大众对车辆消费的合理需求。据我中心有关部门调研了解，多数用车户对理顺油价表示理解或可以接受。因此，应抓住时机，加快资源性产品价格的市场化改革进程，在下半年价格涨幅走低时，把握国际市场价格变化趋势，适时推出成品油和电力价格改革举措。

高度重视美国次贷危机对我国经济增长的不利影响

次贷危机发生后，美国领先指标综合指数已经从 2007 年 10 月开始连续下降五个月。据此可以判断，美国经济要么即将陷入衰退，要么已经处于衰退之中。美国经济衰退对我国经济增长的影响是多方面的：一是直接导致我国对美出口增速下降。按美国商务部统计，美国从中国月度进口总值同比增速已连续六个月下降到一位数，连续四个月低于美国进口总值的增速，中美双边贸易逆差总额连续两个月同比下降。二是美国经济衰退必然影响到欧盟、日本等其他主要经济体的经济增速，引发全球经济增速放缓甚至衰退，对我国出口会产生全面冲击。我国出口增速已连续五个月低于进口增速，这是多年没有出现过的情况。三是美国金融市场的大幅波动可能会通过传染效应影响我国金融市场的稳定。美国利率保持低位，中美利差不断扩大，人民币升值幅度加大，人民币可能成为一个主要的套利对象。1—2 月外汇储备的大量增长，可能有热钱流入的因素，与 1—2 月外汇贷款大幅增加 365 亿美元也有一定关系。从美国经济衰退对我国物价的影响看，一方面，美国经济衰退和世界经济减速，在一定程度上抑制了原油、原材料需求的增长和价格上涨；另一方面，石油、原材料、粮食等国际大宗产品主要以美元标价和交易，美元持续贬值导致国际市场大宗产品价格坚挺，对国内物价上涨起到重要推动作用。

要注意防止货币政策紧缩力度过大，加重经济增速下滑

2008 年我国经济运行中最突出的矛盾是经济增速下滑和居民消费价格较快上涨并存，稳定物价与保持经济较快增长是政府面临的两难选择。从我国经济运行的周期性波动规律看，2007 年我国经济增长已经达到本轮经济扩张的峰值，2008 年将进入周期性下降阶段。实际上，从 2007 年三季度开始，我国经济增长速度已小幅下降，加上美国次贷危机的影响，2008 年我国经济增速回落态势可能加大。根据模型预测，在考虑美国经济增速放缓的情况下，2008 年我国 GDP 增速将回落到 10% 左右。如果美国经济陷入严重衰退，我国经济增长有可能回落到 10% 以下。但在经济增速回落的同时，居民消费价格仍将保持较快上升势头，全年涨幅仍将在 5.5% 左右。如果再加入资源性产品价格改革因素，全年涨幅将在 6% 以上。目前价格上涨的推动因素主要是供给不足、成本推动和国际市场价格上涨的传导，货币供给的作用相对较小。工资上涨引致的成本提高有合理的一面，国际市场价格上涨难以控制，因此抑制物价上涨最重要的途径是增加农产品供给。限制消费需求的扩张和严厉的紧缩性货币政策控制物价上涨代价很大。模型测算显示，货币供给增速与居民消费价格上涨关联度很小。M1 增速每提高 1 个百分点，仅会直接引致居民消费价格涨幅提高 0.001 个百分点。依靠紧缩性货币政策控制物价涨幅，需要大幅降低货币供给增速。在经济增长进入周期性收缩阶段后，其代价必然是国内投资、消费需求及 GDP 增速深度回调。过度紧缩的货币政策也将导致中小企业融资困难，国内就业将出现严重问题。1998 年以来的经验表明，我国经济增长具有“刹车容易启动难”的特点，一旦经济增速低于 8%，恢复持续高速增长的良好势头需要相当长一段时间。

政策建议

综合上述分析，当前宏观经济政策重点宜放在两个方面：一是要努力增加供给，特别是要防止重要农产品生产出现较大波动，为稳定物价提供坚实基础；二是要合理调节各类需求，通过内需扩张弥补外需下降的缺口，保持总需求平稳较快增长势头。

保持宏观经济政策基调，增强灵活性和弹性

当前物价上涨的主要原因是国内供给不足和国际市场价格波动。因此，紧缩性财政货币政策在稳定物价方面的作用有限，而在抑制总需求扩张方面的效应则是直接的。在坚持既定的“两防”方针、实施稳健的财政政策和从紧的货币政策的同时，要留有一定的余地，增强政策的灵活性和弹性，尤其是应对外需可能出现的变化，要预做准备。财政政策方面，宜早做减税和增支方面的预案，如增值税转型、提高个税起征点、增加城市保障性住房建设、灾后重建的大型项目与资金安排、重大基础设施等，一旦情况有变，可以及时推出。货币政策方面，应更多依靠存款准备金率、公开市场操作等经济手段实现货币政策目标，并根据外汇收支及相应的人民币投放情况的变化、国内实体经济与虚拟经济发展的需要，适度扩大弹性，支持中小企业发展。汇率政策方面，美元持续贬值和利率下调后，人民币汇率升值压力加大，应根据外贸出口和资本流入情况的变化，择机调整利率政策，适当控制人民币升值步伐。

增加政府投入，稳定粮食生产和粮价

控制价格总水平过快上涨，关键是保持粮食价格基本稳定，而稳定粮价的关键是确保粮食丰收。在粮食连续四年丰收、粮食生产成本大幅上升的情况下，继续夺取粮食丰收的难度相当大。几年来，粮食最低收购价政策对保护农民种粮积极性、促进粮食生产发挥了重要作用。最近国务院宣布进一步提高稻谷和小麦最低收购价，但提价的幅度仍不足以抵消成本上涨的影响，国内主要粮食品种的价格仍显著低于国际市场水平。为防止国内粮食销价大幅上涨，同时保持农民种粮的积极性，扩大粮食种植面积，提高粮食产量，要切实落实各项支农惠农政策，大幅增加对粮食核心产区的投入，加强核心产区内的水利等基础设施建设；大幅提高农资综合直补标准，减轻农资价格上涨对农民收入的影响；根据国内粮食供求关系的变化，保持少量、适度的出口，把国内粮价稳定在合理水平，防止主产区粮价下跌；在坚持国内粮食基本自给的前提下，有选择地利用世界农业资源，防止我国农业资源的缩减和退化。

加大对低收入群体的补贴力度

本轮价格上涨对低收入群体影响较大，政府先后采取了增加对低收入者的转移性支付等措施，收到良好效果。目前要根据物价上涨的具体情况，加大对低收入群体的补贴力度，并把完善短期政策与建立长效机制结合起来，如加强农民工实用技能培训，努力促进农民工就业；强化企业社会责任，有效和妥善处理劳资关系；合理调整和严格执行最低工资制度，加强企业工资分配调控和指导；运用财税政策等手段，缩小地区、行业和居民家庭间的收入分配差距。

保持固定资产投资的合理增长

保持固定资产投资的合理增长，是应对世界经济波动的重要手段。在继续加强对新开工项目管理的同时，应按照区别对待、有保有压的原则，着力优化投资结构，保持合理的投资规模。在灾后重建中，应根据恢复重建项目的环保、资源利用、技术水平、安全等方面情况，结合当地经济社会发展的实际需要，严格选择项目，着力推进产业结构优化升级，防止地方政府借灾后重建之名盲目铺摊子、滥上项目。大力支持短缺产品供给能力建设，包括重要农产品生产能力、城市保障性住房、城市基础设施、关系全国中长期发展的重大基础设施等方面的建设。对符合要求的开发建设活动，在信贷资金等方面给予房地产企业必要的支持，保持房地产投资继续较快增长。鉴于外需变化存在一定的不确定性，增加城市保障性住房、重大基础设施等方面的项目储备，使合理的投资需求具备较大扩张能力。

积极扩大消费，合理引导住房、汽车需求

继续改善消费环境和消费预期，引导节能省地环保型的住房、汽车消费。当前应注意分析房价变化对预期和需求的影响，密切监测购房需求的变化，采取措施稳定预期，防止正常购房需求的过度收缩，积极形成稳定房价和购房需求的市场环境。

积极推进贸易自由化和多元化，稳定出口规模

在美国经济衰退、全球经济增长放缓的情况下，应积极推动贸易自由化、多元化，防范贸易保护主义抬头，敦促各国早日重启世贸组织多哈回合谈判，

并加快我国双边和区域自由贸易区进程，降低贸易壁垒，扩大我国出口产品的国际市场。积极推进贸易便利化，简化海关程序、加快货物流动、全面推进“大通关”制度建设。鉴于出口形势的变化，出口退税率不宜再下调，必要时可恢复性上调。对仅涉及贸易摩擦的一般贸易产品出口，其出口税收管理可考虑采取“不征也不退”方法，有效缓解劳动密集型出口企业面临的压力。

（执笔：刘世锦　余　斌　李建伟　陈昌盛　张立群）

2008年上半年物价、增长形势分析与全年展望

（2008年二季度报告）

国务院发展研究中心经济形势分析小组

2008年以来，经济运行朝着年初提出“双防”方针时所预期的方向发展。针对短期内物价上涨高位趋缓、经济增长可能回调过快的态势，宏观政策应相机调整。政策重点应当“缓通胀，稳增长，促转型”，把物价上涨控制在可承受的范围之内，保持经济平稳较快发展的可持续性，加快经济发展方式的转变。防止和化解新的显著涨价因素，引导对未来通胀的预期，力争把居民消费价格涨幅控制在7%左右；稳定内需，防止外需继续下滑，使年度内经济增速回调保持在两个百分点之内，确保全年增长不低于10%；积极推进体制改革和政策调整，促进经济发展方式的转变

当前物价上涨的主导因素与发展趋势

近期推动居民消费价格上涨的主导因素正在发生变化，能源、资源价格上升对居民消费价格上涨的作用加强。年内居民消费价格涨幅可能趋缓，但中长期通胀压力将会相当大。

居民消费价格涨势趋缓，价格上涨的主导因素从肉蛋产品向粮食和工业消费品转换

2007年5月以来的居民消费价格上涨，主要由食品价格上涨拉动，食品价格上涨对居民消费价格涨幅的平均贡献高达83%。随着肉蛋产品供给增加，价格涨幅回落，食品价格和居民消费价格涨幅也开始回调，分别从2008年2

月的 23.3% 和 8.7%，回落到 5 月的 19.9% 和 7.7%。此外，肉蛋产品之外的其他消费品和服务价格均出现明显上涨势头，居民消费价格上涨的主导因素正在发生转换。

一是受肉蛋产品价格上涨的比价效应影响，水产品价格涨幅提高，5 月同比上涨 18.3%，已部分抵消了肉蛋产品价格涨幅回落对居民消费价格上涨的抑制作用。

二是受国际市场粮食价格大幅上涨的影响，国内粮食价格持续上涨，5 月涨幅达到 8.6%。目前，除大豆外，国内粮食对国际市场依存度很低，国际市场粮价高涨尚无法直接传导到国内。但粮价国内外价差的不断扩大，国际市场高粮价的示范效应，很可能在今后一个时期推高国内粮价。粮价上涨及其对各类食品产生的成本推动效应，有可能成为食品价格和居民消费价格上涨新的重要推动因素。

三是由初级产品价格上涨推动的生产资料价格大幅上涨，正在向工业消费品及居民消费价格传导。由于工业消费品生产领域竞争激烈，以往大部分生产资料价格上涨带来的成本提高已在生产环节被消化吸收，只有 10% 左右传导到生活资料价格之中。但 2008 年以来生产资料价格的快速上涨，已明显推动部分生活资料，特别是工业消费品价格上涨。5 月，衣着和日用品出厂价、家庭设备用品及服务价格分别上涨 2.4%、3.9% 和 2.8%，是 1999 年以来的最高水平。如果未来生产资料价格涨幅过高，持续时间过长，加工制造业消化吸收上游产品涨价的能力不断弱化，工业消费品价格有可能出现较大幅度上涨，并推动居民消费价格再度攀升。

此外，受近年来房地产价格大幅上涨和水电价格提高等因素影响，居住服务价格也有较大涨幅。7 月开始上调的成品油价格和电价，也将成为下半年居民消费价格上涨的推动因素。

生产资料涨价机制发生变化，价格上升呈现加快态势

2007 年 9 月以来，生产资料价格持续攀升，2008 年 5 月上升到 9.2%，已接近 2004 年 10 月 10.9% 的近期高点。本轮生产资料价格上涨与 2002 年 1 月到 2004 年 11 月生产资料价格上涨存在明显差别。

一是价格上涨的推动因素不同。2002 年 1 月到 2004 年 11 月，生产资料

价格上涨主要是由投资需求快速扩张拉动的。但本轮生产资料价格上涨，是在投资需求实际增速持续下降的情况下，由铁矿石、煤炭和原油等初级产品价格上涨带来的生产成本提高所致。根据产业关联关系估算，进口铁矿石和原油价格上涨，推动2008年5月生产资料价格上涨2.36个百分点，占生产资料价格涨幅的25.65%；国内生产的铁矿石、煤炭和原油价格上涨，推动生产资料价格上涨3.93个百分点，占42.7%，即2008年5月份生产资料价格9.2个百分点的涨幅中，有6.29个百分点或涨幅的68.42%，是由国内外铁矿石和煤炭、原油价格上涨拉动的，属于典型的成本推动型价格上涨。

二是传导力度不同。2002年1月到2004年11月的生产资料价格上涨，从采掘业到原材料工业再到加工工业，价格涨幅基本同步，上游产品价格涨幅的49.3%传导到下游产品价格中，其余部分在生产环节消化吸收。在本轮价格上涨中，处于下游的加工工业价格提升幅度明显大于采掘业和原材料工业。采掘业价格涨幅中有28.6%传导到原材料工业价格之中，原材料价格涨幅中有68.6%传导到加工工业产品价格之中，传导力度明显大于以前。这也说明目前加工工业对上游产品涨价的消化吸收能力明显减弱。考虑到成品油价和电价调整后涨价的大部分将直接转嫁到原材料工业，特别是加工工业的生产成本之中，下半年生产资料价格涨幅有可能进一步提高。

下半年居民消费价格上涨可能趋缓，但中长期仍将面临持续较大的通胀压力

本轮物价上涨的直接原因是初级产品价格上涨形成的成本推动，实质上则反映了中国经济发展方式转型所面临的挑战。随着我国工业化和城市化进程的加快，收入水平的提高，土地、劳动力、自然资源等基本生产要素的价格将持续提升，粮食、农副产品、矿产品和原油等初级产品价格上涨将是长期趋势。特别是随着中国、印度、巴西等人口大国经济的崛起，对基本生产要素需求持续扩大，无论是国内市场还是国际市场，初级产品的低价格时代已经基本结束，今后相当长一个时期我国经济将面临持续较大的成本推动型通胀压力。

短期看，由于食品价格涨幅有所回落，生产资料价格上涨向居民消费价格传导尚较为有限，下半年居民消费价格上涨可能趋缓，但仍将处在高位水

平。综合考虑国内外粮食、铁矿石、原油、煤炭等初级产品价格上涨趋势，国内经济增速回落、成品油和电力价格调整、汶川地震灾害对生猪等农产品生产的影响，以及灾后重建产生的需求扩张效应等一系列因素，我们利用模型对下半年物价走势进行模拟预测，结果表明：下半年居民消费价格将继续小幅回落，从 5 月的 7.7% 逐步回落到 12 月的 5.9%，6—12 月平均水平为 6.6%，全年居民消费价格涨幅在 7.2% 左右；工业品出厂价格指数中，生活资料价格基本稳定，全年涨幅在 5.1% 左右；生产资料价格将维持小幅上涨趋势，6—12 月平均水平在 9.2% 左右，全年涨幅在 8.7% 左右。

针对短期内物价上涨高位趋缓、中长期较大的成本推动型通胀压力的物价形势，以及下半年经济增长可能回调过快的不稳定局面，下半年物价调控政策的要点宜为“缓通胀”，重点应为防止和化解新的显著涨价因素，引导对未来通胀的预期，力争把居民消费价格涨幅控制在 7% 左右。

当前经济增长面临的主要问题与政策建议

目前，我国经济运行中不确定、不稳定的因素比原来估计的要多，影响要大，出现了一些需要关注的新情况、新问题，经济增长面临外需下滑、内需不稳、困难增加等多重压力，存在回调过快的可能性。下半年宏观经济政策需要在稳定物价和保持经济平稳较快发展之间寻求新的平衡点，要点宜为“缓通胀，稳增长，促转型”。

净出口对经济增长的贡献明显下降

2000 年以来，进出口贸易对我国经济增长的贡献持续提高。出口总额与全社会消费品零售总额的比例，从 2002 年一季度的 45% 迅速提升到 2007 年的 103.8%。2005—2007 年净出口增量对经济增长的拉动分别达到 2.5、2.2 和 2.6 个百分点。如果没有出口快速增长带来的大量贸易顺差对经济增长的拉动作用，经济增速可能从 2006 年就开始进入回调状态。2008 年以来出口增速下降，贸易顺差缩小，进出口贸易，特别是出口对经济增长的拉动作用明显下降。1—5 月我国出口增长 22.9%，扣除美元贬值和国内通货膨胀因素，实际出口增速不足 10%，出口与国内消费的比例也已下降到 86%，是近年来的最低水平。1—5 月贸易顺差同比下降 77 亿美元，对 GDP 增长的净贡献已经为负。

从国内外环境与发展条件看，下半年出口形势不容乐观。首先，虽然美国次贷危机的影响基本触底，一季度经济增长高于预期，但这一增长是由美元贬值、出口产品竞争力提高带来的，危机引发的需求萎缩可能会持续更长时间。国际市场初级产品价格大幅上涨，全球通胀压力明显加大，欧盟、日本等主要经济体均面临严峻挑战。其次，国内众多企业特别是中小企业缺乏规避汇率风险的手段，人民币汇率调整的不确定性影响企业远期订单的签订。其中，劳动密集型和低附加值产业受影响更为突出，2008 年广交会订单数大幅下降。再次，企业运营成本显著增加，影响出口竞争力。由于原材料价格和用工成本上升，以及资源价格体系扭曲，能源供应不足，再加上信贷紧缩带来的资金短缺和成本提高，企业运营成本大幅攀升，出口竞争力削弱。

仅从净出口对经济增长的贡献看，如果没有适当的政策措施稳定或增加出口，全年贸易顺差将低于 2007 年，净出口对 GDP 增速的拉动作用归零，甚至为负。从 2005 年以来的情况看，如果净出口对当年增长没有贡献，增长率将下调两个百分点以上，2008 年 GDP 增速有可能因此而下降到 10% 以下。

国内需求存在下滑风险

2003 年以来，我国全社会固定资产投资名义增速持续下降，扣除价格因素，实际投资增速下降幅度更大。2008 年 1—5 月，城镇固定资产投资名义增长 25.6%，与 2007 年同期基本持平。但扣除价格因素后，实际增速只有 17%，同比下降 5.4 个百分点。投资增速下滑，是 2007 年下半年以来 GDP 增速回落的主要因素。鉴于我国经济已进入周期性回调阶段，国内外需求增速回落，不确定性因素增加，下半年投资增速继续回落的可能性很大，投资对经济增长的拉动作用将继续弱化。

2006 年 3 月份以后，我国消费需求进入加速增长状态。2008 年 1—5 月增长 21.1%，扣除价格因素，实际增长 13%，是 1997 年以来的最高增幅。但目前消费增速已接近顶峰，受周期性回调因素影响，再度提高的可能性很小。从国内经济运行规律看，消费增速维持在 13% 左右的状态，至多能持续到

2009 年上半年。特别是住房和汽车两大消费热点面临调整，下半年消费需求增速出现调整的可能性加大。

房地产需求进入调整期。经过连续两年的价格暴涨和需求扩张之后，2008 年房地产需求进入调整期。1—5 月全国住房销售面积下降 7.2 个百分点，房价也开始出现回调，深圳、武汉等部分特大城市房价出现了较大幅度下降。由于前两年住房需求中存在较大比重的投资需求，房地产市场的“繁荣”有投机因素推动的泡沫。房价回调的预期已迫使原来的投资需求转变为当前市场的供给，加上新上市房源，住房市场的供给量正在快速增加，但部分需求在前两年被提前透支，下半年住房市场供过于求的情形会日趋严重，房价有可能出现较大幅度回调。房价下调有利于促进房价理性回归和住房供应结构改善，但在买涨不买跌的预期因素作用下，住房需求有进一步收缩的可能。

在连续多年高速增长之后，2008 年汽车消费需求也开始回调，前 5 个月全国乘用车销量累计增速持续回落（依次为 20.53%、22.52%、18.53% 和 17.43%），5 月销量环比下降了 6.6%。成品油价格提高后，下半年汽车需求增速将进一步下降。

房地产业和汽车关联产业众多，是目前支撑消费与经济快速增长的关键行业。如果房地产和汽车市场出现巨幅动荡或收缩，下半年消费需求必将回调。在出口、投资增速下降，消费需求回调的共同影响下，下半年经济增长的稳定性将面临严峻考验。

经济增长减缓的负面作用开始显现

目前，经济增速减缓对经济社会发展的负面影响已开始显现。

一是中小企业经营困难。受经济增速回落和紧缩性货币政策影响，许多企业，特别是中小企业，融资困难、资金短缺的现象十分突出，加上受人民币升值、外部需求减少等因素影响，珠三角等地区不少出口导向型的纺织、服装、制鞋等劳动密集型中小企业已停产或倒闭。中小企业是吸纳社会就业的主力，也是科技创新的重要载体。在目前投融资机制不完善、社会资金偏好资质优良的大中型企业的环境中，如何解决货币政策紧缩情况下中小企业的融资与发展问题，需要高度关注。

二是"热钱"带来的不稳定风险加大。在人民币汇率单边升值预期、中美利差扩大形成的巨大无风险套利机会刺激下，大量热钱流入我国，以各种形式藏匿于我国商业银行存款、股市、房市等领域，并伺机而动，一旦国际市场预期变动，可能会给我国经济运行造成很大冲击。

三是股票市场深度下跌。与2007年底的最高点相比，沪深两市的跌幅已超过60%。股指下挫，一方面通过财富效应影响国内消费需求增长，另一方面股市的融资功能下降，进而影响企业的生产和投资规模，将整体抑制国内总需求增长。

四是企业市场预期不乐观。根据央行企业家调查系统的调查，上半年企业盈利能力指数和支付能力指数都低于前两年。5月，我国制造业采购经理指数、生产指数、新订单指数、原材料库存指数、供应商配送时间指数等都不同程度下降。

下半年经济增长面临诸多不利因素，增速回调过快的可能性很大。根据历史经验，我国经济运行存在"刹车容易启动难"的问题，经济深度下调的后续代价很大。经过多年高速增长，经济增速适当放缓是正常的，也有利于转变经济增长方式，但要防止经济增速回调幅度过大及其负面影响。

当前宏观经济政策的重点与若干政策建议

针对短期内物价上涨高位趋缓、经济增长可能回调过快的态势，宏观政策应相机调整。政策重点应当把物价上涨控制在可承受的范围之内，保持经济平稳较快发展的可持续性，加快经济发展方式的转变。简单地说，就是"缓通胀，稳增长，促转型"。防止和化解新的显著涨价因素，引导对未来通胀的预期，力争把居民消费价格涨幅控制在7%左右；稳定内需，防止外需继续下滑，使年度内经济增速回调保持在两个百分点之内，确保全年增长不低于10%；积极推进体制改革和政策调整，促进经济发展方式的转变。

确保粮食安全，增加农副产品供应，稳定通胀预期

作为人口大国，任何时候、任何情况下都不能放松农业生产。确保粮食安全，既是当前控制物价上涨的需要，也是减轻国际粮价波动冲击国内市场

的根本途径。鉴于国内粮价大幅低于国际市场价格，政府最低收购价也已低于国内市场价，为保护种粮积极性，在继续控制粮食出口的同时，适度增加粮食储备，提高粮食最低收购价格。继续增加农业综合补贴，把握好各项支农政策力度与效应的搭配，保持猪肉等农副产品供给恢复性增长势头，防止出现新的显著涨价因素。当前国际市场粮食和其他初级产品价格暴涨，既是长期趋势的反映，也有短期投机因素，要正确认识并妥善应对，稳定通胀预期。

稳定内需，防止外需继续下滑，避免总需求过度收缩

密切关注下半年投资和消费需求的动向，特别是房地产市场的动荡和汽车需求的持续萎缩，提前筹划好应对措施，防止房价出现非理性的大幅下跌，调整住房结构，促进汽车市场的稳定发展。根据国内外需求的变化，在灾后重建、保障性住房和重大基础设施项目建设等方面，适时适度地增加财政投入，发挥财政政策在稳定国内需求方面的作用。为防止外需继续下滑，下半年应在稳定人民币汇率的同时，采取多种有效措施，缓解出口企业面临的压力。针对劳动密集型企业在出口中遇到的诸多矛盾和困难，在税收、信贷资金等方面给予支持。

适度调整人民币汇率单边升值预期

人民币汇率单边升值和中美利差扩大所产生的无风险套利机会，是热钱大量涌入和我国外汇储备持续快速增加的主要原因。人民币快速升值和外汇储备大量增加，不仅增加了货币政策的操作难度，也会不合理地抑制出口产业的国际竞争力。为抑制“热钱”大量流入，降低未来国际资本外逃引发国内金融危机的风险，同时稳定出口，避免其过快下滑，目前应采取适当措施，稳定人民币汇率，调整对美元持续单边升值的趋势。

改善中小企业经营环境

信贷规模额度控制办法，导致了信贷资金紧张，资金市场扭曲，对中小企业的现金流产生了过度紧缩效应，尤其是对外向型、劳动密集型中小企业的影响更为突出。建议对中小企业加大政策支持力度，适度放宽信贷规模额度管理办法，改善融资环境；为中小企业提供必要的贷款担保、贴息；依托

科技创新体系建设，加大对企业技术研发的支持；进一步深化改革，为中小企业发展创造公平的体制环境。

积极推进有利于经济发展方式转变的改革和政策调整

治理成本推动型通胀的根本出路在于转变我国的经济发展方式。当前应抓住经济增速回调、财政收入连年大幅增加的时机，加快完善财税政策和理顺资源价格体系，促进经济结构调整和发展方式转变。可根据下半年物价走势，择机推出成品油价格与国际市场接轨的实施方案和燃油税改革方案，加快完善差别电价等促进节能的定价方式，积极推进资源税改革，引导形成符合我国基本国情的新型能源、矿产资源供给与消费模式。

（执笔：刘世锦　余　斌　李建伟　陈昌盛　张立群）

当前与2009年经济走势判断和政策选择

（2008年三季度报告）

国务院发展研究中心经济形势分析小组

2008年是国内外经济形势异常复杂、快速多变的一年。党中央、国务院加强宏观调控的预见性、针对性和灵活性，及时采取各种有效措施，使我国经济成功地抵御了雨雪冰冻、汶川大地震、美国次贷危机等严重不利因素的冲击和影响，物价涨幅逐月回落，国民经济保持了平稳较快增长态势。但伴随着经济增长的周期性回落，投资、出口增幅明显下降，房地产、汽车等先导产业出现调整，加上美国次贷危机演变为全面金融危机的影响，2008年和2009年我国经济增长下滑的压力在加大。为此，实施积极财政政策和稳健货币政策，加快推进改革和结构调整，通过“保一批、稳一批、改一批”来扩大国内有效需求，控制经济回调幅度和持续时间，防止经济增长严重偏离潜在增长率，应成为今年后几个月和2009年宏观调控的基本方针。

近期物价上涨明显趋弱，中长期通胀压力仍需警惕

2008年4月以来呈现的居民消费价格和工业品出厂价格反向变动的趋向正发生改变，全年居民消费价格涨幅有望降至6%左右，工业品出厂价格涨幅也将呈现高位回落态势，短期内物价上涨压力将明显减轻。世界经济减速、美元走弱，国际市场初级产品价格大幅下降，也会使我国的通胀压力一定程度上减弱。但受全球新一轮工业化浪潮和国内要素成本上升的拉动，中长期物价上涨压力依然不容忽视。

居民消费价格涨幅将继续保持回落态势

食品和居住价格大幅上涨，是2007年6月以来居民消费价格持续上涨的主要原因，二者对居民消费价格涨幅的平均贡献率达到94.5%。其中，食品价格上涨的平均贡献率高达82.2%。随着食品价格涨幅的持续回落，从2月的23.3%回落到8月的10.3%，食品对居民消费价格涨幅的贡献率已从2月的85.6%下降到8月的67.2%。8月，居民消费价格同比涨幅从2月的8.7%降至4.9%，这是近一年来单月同比涨幅的最低水平。

从全年走势看，随着供给刺激性政策效应的逐步显现，肉禽蛋、鲜菜供给改善，粮食连续第五年丰收已成定局，国际粮价高位回落，食品价格将继续保持回落趋势。同时，由于房地产市场进入调整期，房屋租赁价格下降，国际市场燃料、原材料价格高位回落，居住类价格上涨空间有限。预计居民消费价格将继续保持逐月回落态势，全年涨幅在6%左右。

工业品出厂价格涨幅已近峰值

在居民消费价格涨幅逐月回落的同时，工业品出厂价格涨幅持续攀升。8月同比上涨10.1%，达到1994年以来的最高水平。从工业品出厂价格上涨的结构因素看，金属制品、石油加工、化学原料及化学制品、煤炭及炼焦、石油及天然气开采等行业的产品价格上涨幅度较大。其中，钢铁、石油石化、煤炭产品价格上涨对工业品出厂价格涨幅的贡献度分别为2.4、3.4和1.2个百分点，这三大类产品价格上涨对8月工业品出厂价格涨幅的贡献率达70%。这些行业产品价格上涨的原因，除了因雪灾、运力瓶颈、产能控制等因素导致的国内煤炭供求短期失衡，国内油、电价格调整等外，主要是国际市场初级产品价格大幅上涨向我国的传导。

目前，推动我国工业品出厂价格上涨的因素正在发生变化。第一，近期国内外钢铁需求明显下降，市场供求格局发生变化，铁矿石和多数钢铁产品库存增加，价格逐步回落。第二，我国电力和煤炭需求增速在一段时间内将出现持续回落态势。8月份电力消费增速回落到较低水平，煤炭表观消费量下降，多数发电企业煤炭库存达到历史高位，煤炭现货价格明显回落。第三，国际原油价格从历史高位持续回落，带动相关能源和原材料价格明显下降。综合看，目前工业品出厂价格涨幅已基本处于本轮周期的峰值。

对中长期通胀压力仍要保持警惕

虽然世界经济短期内整体下调，总需求的收缩会使国际大宗商品价格回落，物价有持续下降的可能。但从国际看，一是以金砖四国为代表的新一轮全球工业化浪潮还将持续较长时间，形成了对大宗商品需求的重要支撑力量，由此决定了价格回调的幅度不会过大。二是美国金融危机全面爆发，伴随美国依赖政府信用采取的大规模救市行为，美元将再度走弱，同时部分国际游资将再次投机商品市场，国际大宗商品价格存在反弹的可能。

从国内看，一是国内国际粮食市场相对隔离，国内粮价与国际粮价存在较大差距，加上劳动力成本上升，国内粮价预期中长期看涨；二是要素市场价格改革势在必行，要素价格上涨长期趋势不变，成品油、电力及相关资源价格依然存在一定上升空间；三是发展中面临的环境约束加大，新一轮国际气候谈判中我国将面临较大压力，节能减排带来的成本上升也是推动价格上涨的因素。由此可见，我国中长期通胀压力依然存在，需要保持必要的警惕性。

经济增长周期性下调已确定，短期内下滑过快风险增大

从经济运行的周期性规律看，我国此轮经济增长在2007年二季度已达到峰值，从三季度开始步入周期下降阶段。第二产业和第三产业增加值增长率也分别在当年三季度和二季度达到波峰后，进入周期性回调状态。2008年以来，受一系列内外部因素的影响，经济运行的周期性下降特征日趋明显。

受全球经济周期性调整的影响，特别是美国次贷危机的冲击，美国、欧盟、日本等主要经济体整体低迷。我国主要贸易伙伴进口增速明显下降，外部需求增速持续走低。虽然受近期国际大宗商品价格下降的影响，我国进口增速逐步回落，外贸顺差逐月扩大，但前8个月累计贸易顺差仍比2007年同期下降6.2%。从净出口对经济增长的贡献看，2008年全年贸易顺差将与2007年基本持平或略低，净出口对经济增长的拉动作用归零，甚至为负。

固定资产投资的变化一般是判断经济增长起伏的先导指标。目前，我国

城镇固定资产投资名义增速保持在27%左右，但扣除价格因素之后，实际增速已呈较大幅度下降。从中短期波动看，城镇固定资产投资实际增速从2006年一季度开始已进入中短周期波动的下降阶段，目前仍处于回落状态，全年投资对经济增长的贡献可能略低于2007年。从支撑我国经济增长的产业因素看，房地产和汽车两大先导产业的加速增长，带动重化工业的快速发展，是本轮经济扩张的主要拉动力量。这些链条长、关联度高的产业回调，产生的投资收缩效应将沿着产业链条蔓延，进而放大对整体国民经济的负面影响。

消费是经济运行中最为稳定的因素。1—8月全社会消费品零售总额同比增长21.9%，对经济增长的贡献有所增加。但从中短期波动看，2006年三季度以后消费实际增速的提升幅度已开始缩小，实际增速在2008年三季度将达到高点，此后增速趋于下降。前7个月商品房销售面积同比下降10.8%，增幅同比下降37.2个百分点，房地产市场持续低迷；前8个月乘用车累计生产和销售虽然分别增长13.67%和13.15%，但进入三季度后销量增幅逐月下滑，8月份产销均呈现2004年以来的首次负增长。受房地产和汽车市场回调的影响，再加上股票市场的深度调整，消费需求面临回调压力。目前看，除局部结构性矛盾比较突出外，全国就业保持相对稳定，这也是短期内支撑消费稳定增长的有利因素。伴随经济增长下滑，如果就业形势出现逆转，则消费需求将面临更大考验。

从全年走势看，如果不采取进一步调控措施，净出口对经济增长的贡献接近于零，投资对经济增长的贡献略低于2007年，消费对经济增长的贡献略高于2007年，预计2008年经济增长率将回落至9.8%左右。

2009年经济增长形势分析与展望

由于我国本轮经济周期调整与全球经济的周期性调整相重叠，双重压力下内外需求都将萎缩，加上美国金融危机对世界金融体系和实体经济的严重冲击，如果不采取有效应对措施，2009年我国经济增长将面临加速滑坡的风险。

美国2007年爆发的次贷危机的危害比原来估计的要大，目前已经演化为全面金融危机，已给全球金融机构造成了超过5000亿美元的损失，美国多家金融机构破产倒闭，世界五大投资银行三家倒闭、两家转型，华尔街格局面临全面调整。

房地产泡沫化和缺乏监管的不当金融创新是造成此次危机的根源。据估计，随着房价继续下跌，美国金融机构面临的潜在损失将超过9000亿美元，次贷相关衍生工具发售者可能还面临超过1万亿美元的违约赔付损失。模型预测结果显示，此次危机对美国经济的负面影响可能会持续到2013年，即便不考虑危机给美国金融业造成的巨大损失及其对美国GDP增速的影响，2009年美国消费、投资和进口增速也均将大幅下降，GDP增速将回落到1.6%左右，2009年以后美国经济将进入低速增长状态，2010—2015年期间GDP平均增速只有2.4%。如果考虑金融业损失的影响，2009年美国GDP增速有可能回落到1%以下，2010—2015年GDP的平均增速将维持在2%以下。

虽然美国7000亿美元救市方案已经通过，而且美联储进一步降低利率，并绕开商业银行直接向企业提供融资支持，但市场信心尚不稳定，股市和商品市场连续下挫，危机对世界金融体系和实体经济的影响仍在扩展。由于我国经济已在相当大程度上融入全球经济，美国金融危机的进一步发展和政府救市措施的力度及其有效性，一定程度上将影响我国近两年经济增速的回调幅度。我们利用模型模拟了在两种不同情景下美国金融危机对我国经济增长的影响。

情景一：如果美国政府的救市措施能够保证金融业正常运转，其他政策保持不变，同时我国宏观调控政策也保持不变，且人民币不再升值，则2009年我国GDP增速将深度回调至8.5%以下。其中投资、消费的实际增速和出口增速将分别回调到20%、9.4%和28.7%，居民消费价格涨幅在1.9%左右。经济增长的回调趋势将延续到2011年一季度，从2011年二季度才开始恢复上涨。

情景二：如果美国政府在当前救市措施基础上，采取扩张性政策，包括将利率和个人税负降低到1991年以来的最低水平，美元贬值5%等，同时我国宏观调控政策继续保持不变，人民币不再升值，则2009年我国GDP增速将回落到9%，比美国政府保持政策中性情景下的增速高0.5个百分点。2009年以后的GDP增速也会有所提高，但2010年三季度以后仍会出现轻度下调现象。

当然，在高度关注美国金融危机的进一步发展态势，积极应对危机导致的世界需求大幅下滑对我国经济影响的同时，应该看到在相对严格的资本管制下，此次危机对我国的直接影响不会太严重。国内金融体系虽然问题不少，有些方面效率不高，但总体依然比较健康。我国经济与包括美国在内的西方发达国家在发展阶段、动力和前景等方面具有实质性差异，推动经济中长期较快增长的基本面因素并没有改变。在外部金融风暴的冲击下虽难独善其身，但也有条件走出相对独立的增长路径。从国际分工格局看，我国在要素供给、基础设施、产业体系等方面的优势依然明显，"中国制造"短期内尚没有足够的国际替代力量，多元化的外向经济依然是推动我国增长的重要动力。国际经验也表明，由内部需求结构升级拉动的重化工业化和经济快速增长，一般能够持续15—20年。我国作为发展中大国，地区发展很不平衡，重化工业化进程持续的时间可能会更长，2020年之前国民经济仍具有持续快速增长的潜力。

综合判断，如果不采取针对性调控政策，国际形势不出现重大意外变化，2009年我国经济增速将出现进一步回调，预计GDP增速将下滑到8%左右。如果善加利用当前国内良好的农业形势、相对稳定的就业所支撑的国内消费、民间资本对服务业和垄断行业的进入积极性，以及2009年将取消对我国的纺织品出口配额等有利因素，抓住时机加快推动结构改革，进一步提高政策调控的预见性和针对性，仍有可能较好控制本轮周期下调的幅度和持续时间，将2009年全年经济增长率控制在9%左右，将本轮经济周期下调谷底控制在8%以上，保持经济平稳较快增长。

政策目标与"保、稳、改"的扩大有效内需举措

针对国内、国际经济周期叠加回调的双重压力，以及美国金融危机的影响，我国宏观调控政策应相机调整。基本政策目标是扩大国内有效需求，防

止短期内经济下滑过快，在更长一个时期内保持经济平稳快速增长势头。根据近年我国经济结构特征发生的变化，本轮扩大有效内需的政策着力点应与 1998 年所强调的扩大内需的重点有所不同。在重视发挥财政政策和货币政策对增长的促进作用的同时，重点放在深化相关领域改革，加快结构调整，打破行业壁垒，放松市场准入，调整收入分配格局，完善社会安全网，以充分释放有效内需潜能。当前，扩大有效内需应着力“保一批、稳一批、改一批”。

保一批：确保农业生产稳定发展，激发中小企业活力，保持就业规模持续扩展

保增长、控通胀的重要基础是确保农业生产稳定发展和农产品供给稳定增加。应针对我国工业化、城市化进程中农业生产和农村经济出现的新情况、新问题，把强农惠农政策作为扩大内需的重点。在财政支出中适度加大农业基础设施、现代农业、农产品综合生产能力和主要农产品供应保障体系建设方面的投入，同时重视提高投入效率；加快重要农产品核心产区、现代化农村居民小区、农村工业及新兴产业集中发展区的建设；加快发展农村现代流通和服务网络等。此外，国际市场农产品价格上涨，提高了农业的比较效益，当前应鼓励民间资本投入农产品生产、加工、贸易等领域，促进农业规模经济效益的提高。

劳动密集型中小企业和外贸出口企业生产经营困难，对经济增长和就业都产生了不利影响。在财政政策中宜考虑进一步减轻企业税收负担，适当降低增值税“一般纳税人”认定标准和提高“小规模纳税人”的起征点；全面推进增值税转型，增加企业技术改造能力；加大对中小企业职工保险金账户的支持力度，减轻企业负担，提高保障水平，改善职工的消费预期。针对外贸企业的困难，宜考虑进一步提高劳动密集型产品的出口退税率，鼓励商业银行扩大对中小企业的贷款力度，放宽出口企业票据融资的条件，建立与完善中小企业贷款担保机制，对符合产业政策的出口企业提供贷款贴息等。密切关注外汇市场的变动，适时、适度予以必要的干预，控制人民币升值的节奏。

稳一批：稳定住、行等居民消费热点，控制房地产、汽车等先导产业的回调幅度

当前房地产行业正在从前期的价滞量减转向价格不同幅度下降，深度调整已显端倪。汽车工业发展也面临市场持续降温，产销量下降的困难局面。由于房地产、汽车产业是新一轮经济增长的先导产业，也是居民消费热点，其深度调整对国民经济稳定发展的影响不容忽视。

近几年房地产价格上升过快，形成较大泡沫，价格回调、释放泡沫有利于其长期健康发展。但也有防止短期内回调过快、过深，制约居民合理住房需求增长，对金融体系乃至经济全局形成显著不利影响。对房地产业应采取有保有压、结构调整、稳定增长的方针，一是提供必要的开发贷款，鼓励和支持保障性住房以及中小户型普通商品房开发建设；二是进一步规范房地产市场秩序，鼓励开发商适时调整营销模式，促进公平、合理竞争，引导房价合理调整；三是简化改善型住房享受首套住房购买办法的相关规定，减免购买首套小户型住房的税费，鼓励居民根据自己的支付能力适时购买住房，缓解持币待购心态；四是清理和减免住房市场流通环节的税费，增强存量住房资源的流动性，活跃二手房市场。

在节能、环保的原则下鼓励家庭买车，清理和取消如控制车牌发放等限制买车的措施，保持汽车需求的适度增长。适当提高用车用油成本，引导家庭汽车合理消费。加快城市交通系统建设，提高交通管理水平。

改一批：改革能源价格体系和基础产业、服务业投资模式，吸引和鼓励民间投资

深化经济体制改革，转变经济发展方式，充分发挥市场机制的作用，既是贯彻落实科学发展观的重要举措，也是扩大国内需求的有效途径。当前紧迫且可行的是改革能源价格体系和基础产业、服务业投资模式，打破壁垒，放松准入，吸引和鼓励民间投资。

世界经济增长减缓，石油需求和价格下降的可能性加大。国内电力需求下降，煤炭价格开始回落，上网电价进一步上涨的压力减小。这些将减轻居民消费价格和工业品出厂价格上涨的压力。总体看，推进能源价格体系改革

的时机趋于成熟。宜把握当前时机，在年内推出成品油价格改革方案，在政府指导下实现国内成品油价格与国际市场接轨，燃油税改革也可同步推出。同时可考虑适当调整销售电价，以释放上网电价上调的压力，促进电网建设和节能减排目标的实现。

基础产品供给不足，服务业发展滞后，与基础产业、服务业的若干领域"大一统"的投资运营模式和垄断经营方式有关。推动某些基础产业政企分开，放开市场准入；推动电网输配分开，允许地方政府投资城市配网建设和改造，完善输配电价，促进输电骨干网的建设；适度下放城市轨道交通的项目审批权，允许地方政府尝试多种投融资机制和运营模式，扩大城市轨道交通等基础设施投资，保障相关产品和服务能力的增长；进一步开放银行、保险、医疗、教育等领域的进入限制，参照入世条款，给予民营资本平等待遇。

（执笔：刘世锦　余　斌　李建伟　陈昌盛　张立群）

2009 年

“四万亿”后的强势回升

当前经济走势、问题与政策建议

（2009 年一季度报告）

国务院发展研究中心经济形势分析小组

2009 年前两个月，经济运行出现初步企稳迹象。随着政府一揽子经济刺激方案的实施和效应的逐步显现，经济发展环境有望继续改善。同时，经济运行中就业压力凸现、企业效益显著滑坡、信贷资金大幅增长所蕴含的未来通胀压力、海外资产和投资面临的风险与挑战等，需要引起高度重视。下一阶段，宏观经济政策在保持政府投入力度和有效性的同时，应着力促进市场驱动的内需的回升，避免出现二次探底，减少经济趋稳和回升中的波动。

当前经济运行出现初步企稳迹象

2008 年下半年以来，我国经济增长呈现加速滑坡趋势。GDP 增速从 2008 年上半年的 10.4% 回落到四季度的 6.8%。经济增长加速滑坡，既有国际金融危机、世界经济增长明显减缓对我国的影响，也与国内房地产、汽车等主导产业在经过了前一阶段的高速增长之后转入周期性回调阶段有关。同时，长期以来经济增长主要依靠劳动力、土地、资源等要素低价格、高投入形成的发展模式，在国内外环境发生重大变化时难以为继，也加剧了短期经济困难。

经济增长的大幅回落从 2008 年延续至今。1—2 月，工业生产增速创近十多年来的历史新低。除了上述因素的叠加效应外，还有以下几个方面的具体原因：首先是市场预期变化和企业库存调整的反映。在市场需求和价格不断下降的情况下，过度悲观预期逐步扩散和蔓延，企业停产、减产以消化、释放存货，导致市场进一步萎缩。其次，现阶段增长中比重较大的重化工业具有加速上行或下行的特征。由于产业链条长、中间产品多、自身投资需求大，最终需求一旦收缩，其效应将沿着产业链条蔓延，进而放大对整体国民经济的负面影响。再次，在对外依存度较高的情况下，国际上有金融炒作背景的大宗商品价格大幅回落，对国内价格体系形成严重冲击，一定程度上形成“超调”现象。值得指出的是，与以往调整不同，这次调整是在我国加入 WTO、市场经济体系基本形成的条件下出现的。一旦市场有变，企业减少库存和产量的反应速度和力度都大于以往。那种市场变了，企业照样生产和库存的现象大为减少。从中可看到我国经济微观机制已经发生的积极变化。

根据国内外经济形势的变化，中央和国务院陆续出台了一揽子经济刺激方案，包括大规模财政投入和结构性减税、大范围产业调整与振兴、大力度科技支持和大幅度提高社会保障水平等。从 1—2 月的经济运行状况看，政策效应开始显现，部分经济指标逐步回暖。一是信贷规模持续快速扩张。2008 年 12 月至 2009 年 2 月，累计新增贷款 3.46 万亿元。历史经验表明，M2 和贷款规模扩张是经济回升的重要先行指标。二是制造业 PMI 持续回升。从 2008 年 11 月达到 38.8 的最低点之后，已连续四个月反弹，3 月上升到 52.4。其中，新订单指数、从业人员指数等关键指标均有不同幅度的回升。三是固定资产投资增长达到较高水平。1—2 月，固定资产投资累计增长 26.5%。四是发电量、原煤、水泥、钢材、汽车、商品房等重要产品产销量降幅明显缩小。初步判断，2008 年四季度和 2009 年一季度，很可能是这一轮经济回调的低点。

另一方面，美国、日本和欧盟等主要经济体的状况尚不稳定，存在进一步恶化的可能；国内投资、消费需求也有待进一步启动，我国经济增长面临的下行压力仍未有根本性缓解。1—2 月，工业增加值增速仅 3.8%，规模以上工业企业利润同比下降 37.3%，外贸出口负增长 21.1%。近日，中国企业家调查系统对 1000 多位企业家进行问卷调查的结果显示，50% 以上的企业家对 2009 年的经济形势持有相对悲观的预期。因此，部分经济指标短期回暖，整体经济运行初步企稳，但可持续性仍需要进一步观察。

市场驱动的内需回升是整体经济持续回升的关键

影响全年经济增长的因素可以从外需、市场驱动的内需和政府投入三个方面观察。如果近期经济增长趋稳，并有一定幅度回升，主要是加大政府投入的效应。短期内难以期待外需对增长有积极贡献。因此，整体经济持续回升的关键是市场驱动的内需的回升。

出口跌幅趋于收窄，但不排除加大下滑幅度的可能

受国际金融危机和经济衰退的影响，外部需求显著下降，2009 年我国出口出现较大幅度负增长已成定局。一方面，为了降低市场风险和减少资金占压，国外进口商大规模压缩库存，导致出口订单明显减少。另一方面，部分国家汇率大幅贬值，侵蚀我国出口产品的竞争力。我国出口在 2008 年 11 月出现同比负增长以来，降幅逐月扩大。其中，以加工贸易为主的信息技术产品成为拖累出口下滑的主要因素，而服装、鞋类、箱包和玩具等轻纺产品出口额的降幅相对较小。

近期，国内外市场出现了一些积极变化。首先，在劳动密集型产品出口退税率连续提高之后，出口跌幅明显减小，并可能先于其他产品完成调整。其次，加工贸易回落态势趋稳。2 月，加工贸易出口降幅低于 1 月，也是 4 个月来首次低于出口整体降幅。由于加工贸易具有一定的先导作用，出口总额降幅在近期将有所收窄。再次，美国市场出现消费品需求企稳迹象。2 月，美国百货和其他日用品商店销售额环比增长 1.3%，服装专卖店销售额环比增长 2.8%，家具店销售额环比增长 0.7%，沃尔玛非燃料销售额增长 4.5%。此外，随着发达国家经济刺激计划的陆续实施，如果私人消费停止下滑，国外零售商的库存调整可能在二季度完成，从而逐渐增加订货。综合上述分析，在未来一段时期，我国出口增长在 1—2 月大幅回落之后，跌幅将逐渐缩小。预计 2009 年出口总额同比负增长 10%—15%。

同时也要看到，发端于美国的金融危机，已经演变为金融危机与实体经济衰退交互作用、危机中心国家与外围国家相互影响的恶性循环。危机尚未见底，有可能向新的领域和区域蔓延。一些国家采取的救市行动能否奏效尚

待观察。参加国务院发展研究中心主办的中国发展高层论坛的国际权威组织和人士普遍预期，全球经济最早要到2010年开始复苏，而且复苏将是一个曲折过程。在此之前，由于危机蔓延、外需继续收缩而使我国出口再次出现大幅下滑的可能性尚不能排除。

国内需求初步企稳，市场驱动的内需何时进入回升通道尚有较大不确定性

从国内需求走势看，近期出现了一些积极信号。第一，目前多数产品价格已接近十多年来的历史低位，部分行业价格与生产成本严重倒挂，进一步回落的空间有限；实际需求的回落幅度逐步减小，部分产品需求出现回升迹象。上述因素共同促使库存调整进入平稳回升状态。第二，气候回暖等季节性因素，投资项目前期准备工作逐步完成等，将促使二季度投资增速达到较高水平。3月，水泥、发电设备、环保设备、工业品订单指数和工程机械订货量等指标回升明显，预示着可能出现一个季节性投资高峰。第三，部分先导行业出现回暖迹象。汽车产销量已持续三个月回升。房地产业连续两个月销售回暖。随着4月和5月销售旺季的到来，需求回升态势可望延续。第四，从历史经验看，信贷变动是CPI和PPI的先行指标，一般有6个月或以上的时间差。1月和2月信贷的大幅增长，将可能带动二季度以后的需求回升。

面临的主要问题，一是最终消费需求仍然缺少有力的刺激措施。近期的信贷投放，主要进入生产领域，消费信贷占比很低。如果短期需求回升主要来自中间需求而非最终消费需求，将无法从根本上解决需求不足问题，还会加剧已经存在的产能过剩。二是房地产销售回暖尚不稳定，对其能否持续有较大意见分歧。房地产市场具有一定的区域性市场特征，不同区域传递的信息差别较大。一种乐观估计是，随着房地产销售回暖的持续，到2009年底，房地产库存将达到一个低点，刺激房地产投资显著回升。由于房地产行业在市场驱动的内需中占有重要而特殊的地位，其走势将对市场驱动的内需回升有关键性作用。

政府投资效应评估

2009年1—2月，经济运行出现初步企稳迹象。随着政府一揽子经济刺激

方案的实施和效应的逐步显现，经济发展环境有望继续改善。同时，经济运行中就业压力凸现、企业效益显著滑坡、信贷资金大幅增长所蕴含的未来通胀压力、海外资产和投资面临的风险与挑战等，需要引起高度重视。下一阶段，宏观经济政策在保持政府投入力度和有效性的同时，应着力促进市场驱动的内需的回升，避免出现二次探底，减少经济趋稳和回升中的波动。

根据已经公布的政府投资计划的跨年度资金分布，以及2009年财政预算安排，我们采用投资乘数法、投入产出乘数法以及可计算一般均衡模型（CGE）分别测算了政府投资的拉动效应。在不考虑结构性减税和短期挤出效应的情况下，政府投资乘数在1.1—1.25之间，即新增1元投资能拉动GDP新增1.1—1.25元。同时，投资资金落实到位的进度，也会对乘数产生影响。在此情景下，估算2009年新增政府投资对GDP的拉动作用为1.5—1.9个百分点。

综合分析，在政府投资的拉动下，二三季度经济增长将呈现一定幅度的回升态势。如果在房地产等行业的带动下，四季度市场驱动的内需转入回升通道，将可能实现整体经济的U型回升。在此情景下，不考虑政府投资的作用，GDP可保持6%以上的增长；加上政府投资的作用，全年有望实现8%左右的增长目标。另一种可能的情景是，市场驱动的内需未能及时接续，在政府投资的拉动作用减弱后（还可能叠加外需再次大幅下滑），将会出现二次探底，呈现所谓W型走势。关键是市场驱动的内需能否较快转入回升通道。我们应当努力争取的是第一种情景。如果出现第二种情景，应当及早为出台第二轮政府刺激方案做好准备。

当前经济运行中值得关注的几个问题

在遏制经济下行态势、努力保持经济平稳较快增长的同时，需要关注当前经济运行中的若干突出问题。

就业矛盾依然突出，社会不稳定因素增加

2008年下半年以来，随着经济增长的大幅回落，就业矛盾凸现。主要表现为新增就业人员就业率低、民工大量下岗等方面。据统计，截至2009年2

月底，广东地区高校毕业生的就业签约率不到10%；到2月中旬，7000万返乡农民工中有2300万没有找到工作。根据我们的典型调查，目前在岗农民工的收入同比下降15%左右，再加上下岗农民工的收入损失，估计2009年农民工群体的工薪收入同比减少5000亿元以上。“减薪不裁员”在中小企业没有得到积极响应，许多中小企业既减薪又裁员。同时，受劳动力供过于求的影响，劳动条件恶化、强度增加，一些农民工被迫忍受每天高达16小时的工作。在大量毕业生难以找到工作、农民工就业机会减少和收入下降的情况下，2009年我国劳资关系将十分脆弱，社会不稳定因素增多。

企业经济效益全面、大幅滑坡

2009年初以来，出口占比较高的外向型企业，经济效益比2008年四季度进一步下降。出口占比较小的内向型企业，经济效益也大幅回落。1—2月，美国、欧盟和日本等我国主要贸易伙伴的进口增速降幅超过了30%，出口导向型企业的经济效益受到严重冲击。通过产业关联和收入收缩效应，外向型企业效益下降，直接影响国内其他企业的生产经营和盈利状况。同时，部分外向型企业被迫转向内销，加剧了国内市场的产能过剩和竞争压力，企业利润空间被进一步压缩。企业经济效益的持续大幅滑坡，不仅会影响财政收入、企业自主投资能力和就业规模，还会造成企业还贷能力减弱、金融机构呆坏账增加等。

货币、信贷投放加快，潜在风险增大

2008年11月以来，金融机构贷款持续大规模增加，缓解了企业流动资金不足的困难，为企业增加投资、扩大生产提供了相对宽松的融资环境。但是，货币、信贷投放过快也存在一定风险。一是缺乏可持续性，一旦信贷规模大幅度收缩，实体经济的正常运行将受到影响。二是扩张性货币、财政政策相搭配，出现结构性通胀的风险增加，可能导致经济陷入增速偏低和通胀并存的滞胀局面。三是部分信贷资金并未进入实体经济领域，国际投机资本可能再度涌入我国，加上正在寻找出路的国内大量社会资金，将可能导致房地产、股票等资产价格再度泡沫化。四是救助陷入困境的企业，而不能扭转其经营状况，金融机构的政策性呆坏账将会增加。

海外资产与投资面临新的风险和挑战

国际市场初级产品价格大幅回落，各类资产价格显著缩水，降低了我国企业“走出去”的成本。但是，金融危机尚未见底，经济复苏还需时日，不排除国际金融市场再度出现大幅波动的可能性。与此同时，金融、贸易保护主义倾向在发达国家明显抬头，“去全球化”思潮也在蔓延。我国企业“走出去”面临的政治风险和市场风险不容忽视。此外，我国高额外汇储备过度集中于美元资产，随着美国开始实行“量化宽松”的货币政策，美元资产面临通货膨胀和汇率贬值的双重风险。其他主要经济体为了刺激国内经济，可能步美国后尘，采取债务货币化和竞争性汇率贬值等措施，使我国外汇储备多元化和保值增值面临困难和挑战。

若干政策建议

近期宏观经济政策在保持政府投入力度和有效性的同时，应积极稳定外需，把更多的注意力放到促进市场驱动的内需回升上。同时，应立足长远，抓住当前有利时机，深化若干重要领域的改革，推动经济发展方式转变取得实质性进展。

保出口企业生产能力和竞争力，保出口市场份额

美国、欧盟、日本等发达经济体同时陷入衰退，新兴市场国家和发展中国家经济也面临严峻挑战，稳定我国出口增长的难度加大。保出口企业生产能力和竞争力，保出口市场份额，则是通过政策调整相对容易达到的目标。一是针对国际金融、经济剧烈动荡和主要货币汇率变动频繁的外部环境，保持人民币实际有效汇率的基本稳定；二是加强国际对话与合作，依照WTO准则，有效遏制贸易保护主义行为；三是加大对出口企业的资金、技术支持，如增加出口信用保险资金、鼓励技术改造与升级、引导困难企业适度内销等。

引导房价回归真实供求水平，避免人为延缓房地产市场的调整和回升

房地产行业状况对市场驱动的内需增长至关重要。可以预期，房地产行

业明显回升，将是市场驱动的内需转入上升通道的标志。2009年1—2月，全国房地产开发投资同比仅增长1%，比同期城镇固定资产投资增幅低25.5个百分点。房地产投资增长的前提是库存下降，库存下降有赖于销售持续回暖，而销售状况直接与房价水平相关。必须认识到，在经历了一个包含一定泡沫的高速增长期后，即使长期增长潜力巨大，也应有必要调整，才能为后续增长积蓄动力。房地产行业虽有较高市场化程度，但同时受到多种人为因素影响，且区域特征明显。保房地产行业发展不等同于保高房价。事实上，由于人为因素使房价高于真实供求水平，将会延缓房地产市场的必要调整，使房地产行业回升推迟。政策上在降低房地产交易费用、支持合理需求的同时，要引导一些地方仍然偏高的房价向真正供求水平回归，从而使房地产行业在下一步经济回升中发挥应有的主导产业作用。

把握政府投资节奏，做好必要的项目储备

当前，部分经济指标短期回暖，整体经济运行初步企稳，表明政府前一阶段扩内需、保增长的一系列举措是及时和有效的。鉴于下一阶段经济运行仍然存在一定的下行风险，需要把握好政府投资增长的节奏，保持对经济增长的持续拉动作用。同时，应对可能进一步恶化的外部环境，需要提前做好投资项目储备，妥善安排2010年的项目部署，争取主动。

增加公共服务岗位，缓解就业压力

在认真落实好扩大就业的各项政策措施的同时，适当扩大政府公共服务预算开支，以增加公共服务就业岗位。当前，低保家庭收入动态核查、第六次人口普查基层调查、城市社区常规性人口登记管理、农村留守儿童义务教育等领域，都可以为高校毕业生和其他待业者提供就业机会。此外，应鼓励企业特别是国有企业为大学生提供实习岗位，工资支出可由财政给予一定支持。在提倡企业“减薪不减员”的同时，政府宜量力向企业特别是中小企业提供就业岗位补贴、社保补贴和培训补贴等。

有效控制海外资产面临的风险，积极而有重点地开展海外投资

针对美国经济和美元走弱的中长期态势，以及全球未来可能面临的通胀压力，在实施外汇储备多元化战略的同时，要有效控制美元利率、汇率变化

给我国外汇资产带来的风险。当前国际上大量资源和资产价格处在低位，机会难得，海外投资有重要机遇。在积极推进“走出去”战略，为各类有条件的企业对外投资创造有利条件的同时，要认真总结近年来我国企业海外投资的经验和教训，引导企业从各自实际出发，明确投资重点，着眼于扬长避短、发挥优势，加快企业和产业结构优化升级，有效利用和整合先进技术、优秀人才、知名品牌和重要能源资源等，逐步改变我国产业处于国际分工低端的不利局面。

在积极应对短期问题和风险、努力实现保增长预期目标的同时，应当利用当前改革共识增强、资源资产价格走低等有利条件，加快推进若干对经济发展方式转变有关键意义的改革，包括加快社会保障体系建设，建立起统筹城乡、覆盖全体居民的完善的社会保障制度；调整国民收入分配格局，提高居民收入比重；推进能源资源价格和财税改革，有效发挥市场在资源配置中的基础作用；稳步推进户籍制度改革，扩大公共服务的覆盖范围，加快城镇化进程。

（执笔：刘世锦　余　斌　杨建龙　陈昌盛　方　晋）

回升态势明朗　通胀预期加强
增强宏观经济政策的可持续性和灵活性

2009 年上半年形势分析及全年展望

（2009 年二季度报告）

国务院发展研究中心经济形势分析小组

党中央、国务院一揽子经济刺激计划取得显著成效，经济运行企稳回升态势基本明朗。但回升基础尚不稳固，资产价格上涨、通胀预期加强等问题应引起足够关注。从经济发展的内外条件看，下一步经济运行出现二次探底的可能性较小，但出现“低增长、高通胀”并存的中国式“滞胀”局面的风险有所增加。为使经济稳步回升，并在中长期保持平稳较快增长的势头，需增强宏观经济政策的可持续性和灵活性，并预留必要的调整空间。

积极因素增多，回升态势基本明朗

随着党中央、国务院一揽子经济刺激计划的政策效应逐步显现，扩内需、保增长取得积极成效。经济运行在第一季度初步企稳的基础上，积极因素增多，回升态势基本明朗。

政府投入力度大，政策执行力强

自 2008 年 11 月以来，在“出手要快，出拳要重，措施要准，工作要实”的总体要求下，政府投入力度大，政策执行力强。财政投资资金到位率高。2009 年中央投资安排 9080 亿元，新增 4875 亿元，目前半数以上已有序下达。第一季度，整体资金到位率超过 64%，中央预算投资到位率达到 94%。支农惠农、改善民生等领域增加投资，就业促进、产业振兴等一系列举措，为经济回升、社会稳定创造了必要条件。货币供应快速增长，1—5 月广义货币增长 25%，比 2008 年同期高出近 8 个百分点。上半年新增贷款累计超过 7 万亿元。财政政策与货币政策的有机配合，及时、有效地扩大了国内需求，弥补了外需大幅度下滑形成的需求缺口。

消费需求增速提高

通常情况下，经济危机和经济调整会影响居民的就业与收入预期，消费增速将出现一定程度的下降。但是，2009 年以来，城乡居民消费实际增速达到较高水平。一季度，城镇居民和农村居民实际消费支出分别增长 9.6% 和 10%，增幅高于 2008 年。1—5 月，社会消费品零售总额增长 15%，扣除价格因素，实际增幅比 2007 年和 2008 年同期高约 2 个百分点。这表明，在储蓄率较高的情况下，居民消费受短期收入变化的影响较小。只要政策调整得当，居民消费增长的潜力和空间很大。

社会投资开始回升

有效促进社会投资增长，既是政府增加投资希望达到的目的，也是经济持续回升的重要基础。1—5 月，不仅国有及国有控股企业投资增长较快，包括集体、个体、私营在内的其他企业投资增速也达到 33.6%。具有标志性的是房地产和汽车两大主导产业销售增长加快，投资回升。1—5 月，全国商品房销售面积同比增长 25.5%，比销售量最高的 2007 年同期高出 16.5%。房地产库存消化加速，投资增长逐月加快，5 月增幅从 1—2 月的 1% 提高到 12%。同期，汽车产、销分别达到 484 万辆和 496 万辆，同比增长 11% 和 14%。其中，5 月汽车产、销分别增长 29% 和 24%。

出口产品国际市场额稳中有升

1—5 月，出口下降幅度较大。但剔除价格因素后，实物量降幅相对较小。1—4 月，我国沿海规模以上港口外贸货物吞吐量同比下降 4.6%。在全球贸易大幅下滑的背景下，我国出口产品占主要国家和地区市场份额不降反升。1—4 月，我国对美出口占美国进口总额的比重为 18.4%，比 2008 年全年提高 2.3 个百分点；占日本比重为 24.4%，提高 5.6 个百分点。一季度，占欧盟市场份额 17.9%，提高 1.9 个百分点。份额上升表明我国出口产品是有竞争力的。

在上述因素的共同推动下，我国经济企稳回升态势基本确立。预计二季度GDP增速比一季度提高约2个百分点，上半年累计增速略高于7%。

资产价格上升、通胀预期增强应引起足够关注

1—5月，居民消费价格和工业品出厂价格同比分别下降0.9%和5.5%。受上年基数较高、产能过剩等因素的影响，这种负增长状态将延续到年底。应引起足够关注的是，近期资产价格大幅上涨，通胀预期加强，国际市场大宗产品价格重拾回升态势，输入型通胀压力也在加大。

资产价格大幅上涨

近期国内股指连续上扬。上证指数从2008年10月28日的1665点上涨到2009年7月3日的3089点，8个月上涨了85.5%。部分城市房地产价格在回调不充分的基础上再度反弹，土地成交价屡创新高。股市和房地产市场回暖，既有经济形势好转、投资信心增强、刚性购房需求逐步释放等正常因素，也是在通胀预期增强后大量资金流入股市、楼市的反映。

我国经济经过多年持续高速增长，已进入亚洲新兴工业化国家所经历的资金相对充裕、流动性过剩的特殊发展阶段。我国经济率先复苏，国际资本通过各种渠道再度涌入；信贷规模快速扩张，而实体经济领域面临产能过剩、过度竞争的压力，投资意愿减弱。在这种情况下，即使信贷资金没有直接流入股市和房地产市场，也会间接推动社会资金大量涌入资产市场，导致资产价格再度泡沫化。亚洲金融危机源于房地产和股市泡沫的破裂，本次金融危机则是美国房地产和基于房地产抵押贷款的金融衍生品泡沫破裂而引发的。两次危机的危害程度有目共睹。一旦我国房地产和股市泡沫化，其危害同样难以估量。

通胀预期增强

随着近期信贷规模的持续增长，社会上通胀预期逐步加强。目前，工业消费品仍存在一定的产能过剩，价格上涨空间不大；夏粮连续第六年丰收，为农产品价格基本稳定创造了条件；经济低迷时期货物周转速度下降、资金

占用增加，导致货币流通速度下降，部分抵消了货币供给的增加。但与此同时，随着经济回升，生产和流通活动的活跃将加快货币流通速度；国际市场粮食价格恢复上涨趋势，对国内粮价起助推作用；生猪价格止跌回升可能成为食品价格上涨的前奏。尽管短期内通胀尚不足以成为现实问题，但通胀压力的累积则不容忽视。

输入型通胀压力增大

国内通胀压力增加的另一个重要因素是国际初级产品价格上升。2008 年，因国际市场初级产品价格上涨，我国进口铁矿石、原油多支付了 632.87 亿美元，相当于 2008 年 GDP 增速降低 1.57 个百分点。由于我国铁矿石、原油等初级产品的对外依存度不断提高，其价格上涨也是推动工业品价格上涨的重要原因。

目前，国际金融危机尚未结束，世界经济衰退还未见底，初级产品需求扩张乏力，其价格在见底反弹后仍处于徘徊状态，短期内难以出现暴涨局面。但我国等新兴市场国家和地区良好的经济发展前景，预示着初级产品中长期需求旺盛，价格上涨趋势难以改变；大宗商品价格以美元标价和交易，美国经济复苏乏力、美欧政府为救市大量注入流动性，美元贬值预期不断增强，国际投机资本将会借助需求增长和美元贬值预期，再度大肆炒作初级产品价格。下一阶段原油、铁矿石等初级产品价格再次大幅上涨的可能性很大，我国将因此而面临很大的输入型通胀压力。

根据我们的初步预测，年底前后，CPI 和 PPI 将相继由负转正。2009 年之内出现较强实际通胀压力的可能性不大。但在 2010 年，如果通胀预期持续强化，物价在进入正增长后继续攀升，资产价格上升转化为要素成本上升助推物价水平，再加上输入型通胀压力的增大，原来预计较晚出现的通胀压力可能提前到来，对实体经济的回升和平稳较快增长带来不利影响。因此，通胀预期管理应成为宏观经济政策关注的一个重要问题。

增强宏观经济政策的可持续性和灵活性

从经济发展的内外条件看，下一步经济运行出现二次探底的可能性较小，但出现“低增长、高通胀”并存的中国式“滞胀”局面的风险有所增加。为使经济稳步回升，并在中长期保持平稳较快增长的势头，需增强宏观经济政策的可持续性和灵活性，并预留必要的调整空间。

下一步经济运行可能出现的三种前景

从上半年经济运行状况看，政府增加投资、刺激消费的一系列政策效应逐步释放，市场驱动的投资开始回升，消费需求增速提高。这是3月以后在外需持续、深度滑坡的情况下经济企稳回升的重要拉动力量。下半年，外需大幅度下降的趋势难以明显改变，市场驱动的企业投资、居民消费能否保持快速增长势头，成为推动经济增长的有效接续力量，则是决定经济走势的主要因素。

1. 外需大幅度下降的趋势难以明显改变

目前，全球金融市场初步企稳，但实体经济恢复缓慢。主要国家金融市场功能开始逐步恢复，流动性偏紧的状况初步得到改善。美国领先指数已经连续两个月上升，居民储蓄率5月达到6.9%，超过历史均值。4月以来，美国、欧盟、日本三大经济体消费者信心指数和全球PMI指数连续反弹。但是，美国、欧盟等失业率再创新高，房价继续下跌，实体经济恢复缓慢。美国等采取多项措施扩大出口、拉动经济增长，其衰退程度减轻并不意味着对我国出口产品需求的增加。考虑到外部需求转化为我国出口产品订单和实际出口的时滞，以及上年三季度出口基数较高等，下半年外需大幅度下降的趋势难以明显改变。预计全年出口下降20%左右，净出口拉动经济增长-1个百分点左右。

2. 市场驱动的投资和消费增长尚不稳定

目前社会投资呈现出良好的回升趋势。特别是商品房销售面积大幅度增长，库存逐步消化，房地产市场供求关系开始转变，占全部投资20%左右的房地产投资增长逐月加速。这对政府投资相对下降形成一定的补充和替代。但是，资产价格上涨，通胀预期增强，资金向股市和房地产市场分流，不利于实体经济投资的稳定增长。信贷规模持续扩张难度很大，但过度收缩又会产生紧缩效应，抑制投资扩张。高储蓄、低价格和刺激性政策三大因素的有机结合，促进了消费的稳定增长。另一方面，刺激性政策的边际效应逐步减弱，收入增长相对放缓，农民工就业机会减少，大学毕业生就业难等因素，也可能对消费稳定增长产生一定抑制作用。

3. 三种情景

综合上述分析，下一步经济运行可能会出现以下三种前景。

第一种情景：政策效应集中释放以后，市场驱动的社会投资和居民消费扩张步伐减缓，短期内总需求再度收缩，经济增长出现二次探底。

第二种情景：房地产、汽车市场持续回升，带动投资、消费需求合理释放，产能过剩压力逐步减轻，资产价格上涨得到有效控制，通胀预期有所减弱，经济运行在相对稳固、健康的基础上进入新一轮扩张周期。

第三种情景：因回升基础脆弱，经济增长徘徊在较低水平，与此同时，资产价格过快上涨，通胀压力持续增加，出现“低增长、高通胀”并存的中国式“滞胀”局面。

从经济发展的内外条件看，下一步经济运行出现第一种情景的可能性已经较小，但出现第三种情景的风险有所增加。应当积极创造条件争取第二种情景，避免其他两种特别是第三种情景。

增强政策可持续性和灵活性，突出“四个着力”和“两项改革”

2009年下半年，要继续抓紧落实中央保增长、调结构、扩内需、重民生、促改革的一揽子计划，保持积极财政政策和适度宽松货币政策的连续性和可持续性，同时根据新情况、新问题，增加政策的灵活性，重视通胀预期管理，并为今后必要的政策调整预留空间。下半年经济工作应突出“四个着力”，重点推进“两项改革”。

1. 着力引导资金流向实体经济领域，防止资产泡沫

在信贷规模适度扩张的同时，重点优化信贷结构，引导资金流向。加强货币政策与财政、产业、贸易等政策的协调配合，重点支持产业结构升级、企业技术改造、兼并重组、自主创新等领域的投资。扩大消费信贷，支持城乡居民以改善住、行为热点的消费结构升级。加强监管，防止信贷资金流向股市和土地交易环节，限制投机性购房。拓宽融资渠道，发挥资本市场的融资功能，适度扩大企业债发行规模，缓解银行放贷压力。积极而谨慎地支持企业走出去，吸引境外企业境内上市。

2. 着力支持社会投资增长，增强可持续性

充分利用房地产市场回暖和城市基础设施建设加快的有利条件，合理规划，增加土地供给，支持和引导房地产开发投资。进一步放宽市场准入，减少行业垄断，拓宽民间资本投资渠道，改善投资环境。加快推进金融体制创新，在审慎监管、有效控制金融风险的前提下，加快发展各类中小金融机构，改善中小企业融资环境。进一步完善和落实支持民间投资的贴息、担保等政策。

3. 着力推进产业结构调整和升级，加快培育新兴产业

在保持和加强我国产业现有竞争优势的同时，积极培育新兴产业，提升产业中高端环节的竞争力。引导资金、人才、创新资源等逐步转向产业链中高端，在研发、设计、供应链、分销渠道、品牌等方面，培育新的竞争优势，在新一轮全球产业竞争中积极抢占产业制高点。抓住当前世界经济结构和产业结构调整的机遇，积极发展新能源、节能环保等新兴产业，培育新的经济增长点。对那些有较大增长潜力的行业和领域，特别是基础设施和生产性服务业领域，要进一步放宽准入，鼓励竞争，给社会资本以更多的投资和创业机会。

4. 着力调整收入分配结构，扩大消费需求

在我国现行收入分配格局中，劳动者报酬占初次分配比重偏低、政府公共服务供给不足等，是制约内需扩张的主要原因。现阶段调整收入分配结构的重点，一是要提高农民和城市低收入群体的可支配收入水平，提高中高收入群体的边际消费倾向，扩大有效需求；二是要在二次分配中，调整政府支出结构，将政府支出重点逐步转移到向全体公民提供公共产品与服务上来；三是在国有垄断资源取得的收入中，通过再分配的方式，更多地向政府公共服务支出和居民可支配收入转移。

5. 加快推进社会保障制度改革，建立全覆盖、可流转、可接续的保障体系

建立健全社会安全网，保障和改善民生，既是经济发展的根本目的，也是促进消费需求的重要途径。在新型农村养老保险试点的基础上，不断积累经验，扩大试点范围。抓紧落实已出台的医疗卫生体制改革方案，健全城乡社会救助制度。通过政府补贴等多种途径筹措资金，有效扩大中小企业职工参保范围。进一步提高社保统筹的层次，加快推进社保账户跨区域迁转和接续工作，积极探索建立全覆盖、可流转、可接续的社会保障体系。

6. 加快推进资源性产品价格形成机制改革

当前资源性产品供求关系、国内外市场价格相对平稳，为深化资源性产品价格形成机制改革提供了难得契机。在进一步完善成品油定价机制的基础上，协调好政府价格管理与市场定价机制之间的关系，加快理顺煤、电价格，完善天然气价格形成机制，提高非农业用水价格等。加快研究出台资源税改革方案，理顺环境税费制度，研究开征环境税。

（执笔：刘世锦　余　斌　陈昌盛　李建伟　杨建龙　张立群　方　晋）

调控成效明显　经济稳定回升
宏观调控可取“双稳”方针

2009 年经济形势分析与 2010 年展望

（2009 年三季度报告）

国务院发展研究中心经济形势分析小组

2009 年以来，面对国际金融危机的严重冲击，党中央、国务院及时出台了一揽子经济刺激计划，经济增长在二季度初步企稳的基础上持续回升。随着市场驱动的投资和消费增长加速，经济运行的稳定性和可持续性逐步增强，“保增长”取得明显成效。预计全年经济增长率略高于 8%。在世界主要经济体普遍衰退的背景下，这一成绩来之不易，也是对新中国 60 周年华诞最好的献礼。2010 年经济运行有望在 2009 年的基础上保持平稳增长态势，但资产价格和物价过快上涨的压力较大，投资和出口波动的风险仍然存在，建议宏观调控采取经济增长和物价水平“双稳”方针，同时，加快推进关键领域改革，充分利用危机中潜藏的机遇，推动发展方式转变和结构调整取得实质性进展，为今后更长一个时期经济平稳较快和可持续发展打好基础。

经济回升的稳定性和可持续性增强

2009 年以来，政府一揽子经济刺激计划的政策效应逐步显现，经济运行在第一季度达到周期谷底后，开始企稳回升。在政府投资增长接替出口下降的“第一次接替”成功实现之后，市场驱动的企业投资和居民消费在政府投资扩张效应减弱后成为增长主导力量的“第二次接替”逐步形成。从近期数据看，“第二次接替”的态势得到加强，经济运行中的积极因素进一步增多。

投资持续高速增长

1—8月，城镇固定资产投资同比增长33%。近5个月来投资增速一直维持在30%以上的水平，其中新增部分增幅达到60%—70%。从行业看，除了政府投资集中的行业之外，房地产、汽车两大以市场驱动的先导产业的投资也在加速。房地产开发投资同比增速从1—2月的1%上升到8月的34.6%。1—8月，汽车产、销量累计分别达到825万辆和833万辆，同比增长高达26.6%和29.2%，并拉动汽车及相关产业的投资增长。从不同所有制企业看，除国有企业投资增长达到49.7%外，个体经营企业投资增速达到34%，外资企业投资也在逐渐恢复。8月中国实际利用外资同比增长7%，这是自2008年9月金融危机爆发以来首次出现的正增长。

消费增长达到历史最高水平

前8个月，社会消费品零售总额同比增长15.1%。其中，6—8月增速分别为15%、15.2%和15.4%，扣除价格因素，实际增幅达到历史最高水平。农村消费促进政策效果明显，县及县以下消费增长16.1%，比市级增幅高出1.5个百分点。分类别看，除汽车、家电等受政策影响较大的消费品外，家具、五金等增速持续回升，限额以上批发和零售额同比增长21.5%。中国居民的高储蓄和消费结构升级特征，与2009年的低价格和刺激性政策的有机结合，共同支撑了消费的稳步增长。

出口降幅收窄，国际市场份额提高

1—8月进出口总额下降22.4%，较上半年降幅缩小1个百分点。7月和8月两个月单月出口规模均超过1000亿美元，经季节调整后8月出口环比增长3.4%。但受2008年基数较高的影响，同比仍负增长23.4%。出口价格指数从1月的102.3降至8月的90.7，出口实物量降幅明显低于价值量降幅。同时，世界各主要经济体出口下降幅度超过中国，中国出口产品占主要贸易伙伴的市场份额有所上升。按照进口国统计，2009年上半年，中国占美国、日本和欧盟进口总额的比重分别为18.7%、22.3%和17.5%，比2008年底分别高出2.6、3.5和1.5个百分点。

工业增长稳步上升，效益逐步改善

1—8月，工业增加值增速呈持续回升态势，8月份增长12.3%。制造业采购经理指数8月达到54，其中生产指数、新订单指数和采购量指数上升幅度更大，分别达到57.9、56.3和58.1，制造业景气继续向好。值得重视的是，在本次危机中下滑幅度最大的重化工业开始迅速回升，成为近两个月工业增长的主要拉动力量。8月工业增加值增幅比7月提高1.5个百分点，其中1.3个百分点来自于重工业的贡献。工业企业营业收入同比增长已由负变正，8月增长2.3%。虽然实现利润仍负增长，但降幅已大幅收窄，经济效益逐步好转。

农民工向城市回流增加，就业状况有所改善

截至6月底，农村外出务工劳动力达到15097万人，创历史新高，比2008年末净增加1059万人，目前97%左右的农民工已经找到工作。制造业从业人员指数连续3个月超过50，8月已经达到51.4。就业形势的稳定和改善，将为下一阶段经济的健康运行奠定较好基础。

总体而言，与上半年相比，三季度以来经济回升的稳定性和可持续性增强，出现二次探底的风险已经很小，宏观调控政策取得了阶段性成功。预计2009年全年有望实现略高于8%的经济增长。

2010年有望争取经济平稳增长和物价温和上升的较好局面

增长相对平稳，但不排除总需求波动的风险

2010年经济增长在2009年稳步回升的基础上，有望保持平稳增长态势。除了消费将保持稳定增长外，主要支撑因素还包括：

第一，投资保持较快增长。一方面，2009年新开工的众多投资项目属于中长期大型项目，建设和投资周期长。另一方面，虽然政策效应在递减，但尚有释放空间。根据4万亿经济刺激计划安排，2009年公共投资增加的4875亿元中，前三季度投放了2800亿元，尚有2075亿元需要在第四季度投放。2010年增加的公共投资预算是5885亿元，若按计划实施，将会发挥明显的乘数拉动作用。值得重视的是，以房地产为代表的市场驱动的投资活力趋于增强。根据土地购置情况测算，1—8月房地开发商累计囤地约12亿平方米，为近年新高。房地产开发投资周期往往跟随信贷投放周期变动，目前企业资金

供给明显改善，自6月起单月新开工面积已开始超过2008年同期水平，预计未来一段时间新开工面积将继续保持较快增长。

第二，出口增长将由负变正。国际经济环境趋于改善，8月全球PMI达到53.1，为26个月以来的新高；新订单指数达到58.2，创62个月以来新高。OECD地区及其他重要经济体的宏观经济先行指数都在持续回升，金融产品的风险差价在缩小，金融市场功能逐步恢复，国际经济整体已经企稳并逐步复苏。继日本、德国和法国在第二季度出现正增长后，美国也有望在第三或第四季度实现单季正增长。虽然全球需求在较长时期内尚难快速回升，但恢复性增长已经开始，预计2010年世界主要经济体将实现正增长。中国出口市场预期开始转好，8月中国PMI出口新订单指数提升为52.1，连续4个月超过50，而且订单开始由短变长。随着中国刺激出口政策效应的进一步发挥，加上年底往往是全年出口高峰，不排除2009年11月或12月单月出口出现同比正增长的可能。预计2009年全年出口仍负增长16%—20%，但2010年有望实现8%—10%的正增长，净出口对GDP增长的贡献也将由负变正。外需的适度恢复，不仅会适当减轻对内需的压力，一定程度上也有利于内外需关系的调整。

第三，经济运行步入周期上升阶段。经济周期波动存在不确定性，但也有其自身的运行规律。从1995年以来中国经济增长经验看，经济周期运行从谷值到下一轮峰值平均持续时间在20个月以上。中国本轮周期的谷值已经在2009年一季度（具体为3月左右）出现，经济开始进入回升阶段。考虑到2009年四季度和2010年一季度基数较低，今后一段时间经济增长可能达到较高水平。

在以上因素的支撑下，2010年的增长态势和动力格局总体将好于2009年，但仍不排除由投资或出口波动带来的风险。特别值得关注的是，由于前期国内信贷的空前宽松，房地产市场未经实质性调整就开始再度走高。如果房价继续过快上升，则存在泡沫化风险。房价等资产价格泡沫一旦形成，将对市场真实需求形成抑制，进而制约实体投资增长。“价涨量跌”将使房地产商的资金再度紧张，金融体系风险增加，信贷会被迫加速紧缩。“资产泡沫→需求萎缩→金融风险加剧→市场进一步萎缩”的恶性循环一旦形成，将会使已有的稳定回升局面受到冲击，并可能使经济运行面临新的困境。另外，出口也存在变数。美国经济当前的复苏主要靠极度宽松的货币政策和财政政策刺激，这些政策预计从2010年初开始将逐步退出，美国经济能否凭借内在力量维持复苏势头也有不确定性。

物价存在过快上涨的压力

相对经济增长，物价水平是2010年更大的不确定因素，也是2010年经济运行中诸多问题的焦点。

第一，物价触底回升态势已经确定。尽管CPI、PPI当前维持双降格局，但降幅明显收窄，环比出现持续回升态势。其中，CPI回升主要受食品和住宅价格增速由负转正拉动，8月二者对CPI回升的贡献超过90%。由于生活资料价格回升以及部分生产资料价格上涨，PPI降幅也在收窄。CPI和PPI在7月均达到本轮最低点，结合当前经济稳步回升态势，未来价格继8月后将呈稳步回升态势。综合考虑基数和新涨价因素，预计CPI将在2009年11月转正，PPI将在年底前后转正，通货紧缩状态将随之结束。

第二，物价存在上涨过快的压力。危机以来，物价水平走低，主要是受需求下降和企业“去库存”的双重影响。目前，企业去库存已经结束，“再库存化”持续进行，加上经济整体企稳回升，需求在逐步恢复，预期日渐改善，价格进入稳步回升通道，此其一。其二，中国物价对食品价格波动十分敏感，随着猪肉、粮食等农产品价格恢复性上涨，将带动食品价格上涨，进而推高物价。其三，受国际经济企稳复苏影响，大宗商品价格逐步回升，输入性涨价因素成为物价上涨的又一力量。2009年初至今，原油价格上涨63%，主要金属价格涨幅超过60%，金价攀升到1000美元左右。其四，物价终究是货币现象，根据狭义货币供应量（M1）与CPI之间的长期关系，一般CPI走势滞后M1约6—8个月。M1和CPI分别于2009年1月和7月触底，预计CPI将持续回升。

第三，物价涨幅存在不确定性。中国在本次经济危机中率先复苏，也将较早面临通胀压力。2010年物价适度上涨是否会演化为明显的通胀，关键看三个因素：（1）货币向物价的传导速度。当前中国M1增速达到1997年以来新高，并将在短期内超过M2增速，货币活期化和流动性在明显提高。如果货币流向引导不好，将推动物价过快上涨。（2）美元贬值及大宗商品价格上升的程度。根据美国历次危机经验，随着美国国债规模攀升，当10年期与3个月期国债收益率差再度缩小时，美元汇率将呈持续贬值趋势。由于美元为主要结算货币，国际大宗商品价格走势与美元走势高度负相关。美国国债规模短期内难以下降，美元可能会步入新一轮贬值周期，相应大宗商品价格可能会持续上升，甚至少量的增量需求都可能快速推高其价格。（3）资金转移及热钱流动的速度和规模。危机爆发后，国际资金出于避险的目的，美国国债、黄金等具有避险特性的资产具有很强的吸引力，呈现持续升值态势。当经济形势开始好转，为了获取更大收益，这些资金将转入大宗商品或者高成长的新兴市场。最近几个月中国外汇储备中不明资金流入在增加，一定程度上反映了这种趋势。以上三个因素如果发生快速变化，则资产价格和物价上涨的压力将明显增加。

当然，由于当前总需求仍然相对不足，粮食持续丰收，而且国际总需求恢复缓慢，加上产能过剩的抑制，总供求格局决定2010年的物价走势会与2007年的情况有所不同，通胀压力最有可能通过资产价格向要素价格传递。所以，关注2010年是否会发生明显通货膨胀，要优先关注资产及大宗商品价格过快上涨的风险。

积极争取经济平稳增长和物价温和上升的有利情景

基于以上分析，由于存在总需求波动风险和物价过快上涨压力，2010年的经济增长和物价水平可能会出现不同组合。经济运行主要有三种情景：

第一种情景：经济适度增长，GDP增长8%左右；物价适度上涨，CPI涨幅3%左右。

第二种情景：经济增长和物价水平都高位运行，GDP增长10%左右，CPI涨幅高于5%。

第三种情景：经济增长放缓，GDP增长7%甚至更低；物价水平明显上涨，CPI涨幅达到5%甚至更高，出现“低增长、高通胀”局面。

我们应该积极争取的是第一种情景，尽力避免第二和第三种情景。在2009年经济稳步回升的基础上，针对国内外条件的变化，预先做好应对投资大幅波动、资产价格和物价过快上涨的准备，并前瞻性地进行预期调整和政策引导，2010 年有条件争取实现经济平稳增长和物价温和上升的较好局面。

实施增长与物价“双稳”方针，着力提升增长质量和效益

经济稳步回升态势基本确立，今后一段时间的重点在于进一步增强经济运行的稳定性和可持续性。2010 年是“十一五”最后一年，也是为启动新一轮增长周期奠定基础的关键年，建议宏观政策采取经济增长和物价水平“双稳”方针，即稳定增长，既要防止增长速度再次下滑，也无必要简单追求更高的速度；稳定物价，使消费物价保持在 3% 左右、不高于 5% 的水平，防范物价和资产价格的过快上涨。同时要把更多的空间和精力放在发展方式转变和结构调整上，加快推进关键领域改革，切实扩大对内开放，充分利用危机中潜藏的机遇，培育新的经济增长点和竞争优势，防范和化解短期与中长期潜在风险，进一步降低发展的经济成本和社会成本，在提高增长的质量、效益和可持续性上取得显著进展。

保持货币政策的灵活性

货币政策既要保持一定的连续性，也要具有足够的灵活性。2010 年要将货币供应和信贷投放控制在合理水平，既要避免信贷规模大幅度缩减，又要防止流动性过于充裕。加强资金流向监管，引导资金及其他资源更多地流向实体经济；流向市场驱动的投资领域，特别是中小企业；流向有利于扩大居民消费的领域；流向有利于产业结构、企业结构、产品结构调整和中长期竞争力提高的领域。积极应对美元汇率波动风险，防范国际资金异常流动的冲击。

继续实施积极的财政政策

鉴于 2009 年财政增收压力较大，需关注为完成增收任务层层压指标，加大企业实际税负的倾向，以免给尚未摆脱困难的企业增加新负担，阻碍市场力量恢复的进程。2010 年要继续实施积极财政政策，落实预定的公共投资计划，保持投资稳定增长；要着力完善结构性减税政策，将减税负与促就业有效结合起来；进一步优化财政支出结构，继续加大公共服务领域投入，不断提高基本公共服务的可及性和均等化程度。

加强供给管理，维护房地产市场稳定

根据工业化、城市化长期趋势，加快制定面向长远的国土资源规划和城市、产业布局规划。统筹城乡发展，积极推进农村土地流转与宅基地置换方式创新。协调好农业用地与城市建设用地间的关系，保持城市建设用地合理增长，不断提高土地利用效率。加快城市廉租房等保障性住房建设，创造条件逐步将农民工纳入住房保障体系。同时，注意引导和保护好房地产市场需求，保持相关政策的连续性和稳定性。进一步完善金融、财税政策，加大对居民合理购房需求的支持。

扩大对内开放，激活内需潜力

在中国不断提高对外开放水平的同时，对内开放不足问题日益突出，成为抑制内需增长的重要因素。必须冲破现有利益格局制约，真正推倒社会资本和民营经济面前的“玻璃墙”。继续推进国有企业和国有垄断行业改革，加快放宽铁路、电信、电力、石油、金融等基础产业，教育、医疗、文化、出版等服务业，以及部分城市公共事业的准入管制；既要有大的原则，也要有可操作的实施办法，真正做到公平准入、公平竞争，充分发挥地方、企业、民间投资的积极性，缓解结构性供给不足矛盾，满足居民不断扩大的需求，提升内需对经济发展的驱动力。

创新体制机制，积极推进节能减排

充分发挥市场机制作用，加快理顺煤、电价格，完善天然气定价机制，深化资源性产品价格形成机制改革。加快研究出台资源税改革方案，理顺环境税费制度，研究开征环境税。加大对节能环保技术研发的支持，积极引进节能环保先进适用技术。探索建立适合中国现阶段实际的节能减排交易体系，利用市场机制提高节能减排效能。积极发展新能源、节能环保等新兴产业，培育新的经济增长点。

继续稳定出口，实施多元化“走出去”战略

危机不大可能使全球化进程停顿或倒退，反而有可能在全球性结构改革的基础上得到深化。国际经济在危机后将逐步恢复，但并不是回到几年前的原样，而是一种结构变迁后的新格局。协调内外需比例，与利用好两个市场、

两种资源将长期并行不悖。要保持政策连续性，继续稳定出口。珍惜危机中潜藏的机遇，要在重视开发海外能源矿产资源的同时，通过合作并购等多种渠道，挖掘人才、核心技术、品牌、渠道等优势资源，提升中国企业在产业链中的高端系统集成能力，提高产业在国际产业中的竞争力和控制力。积极实施多元化战略，理顺机制和政策，加强沟通协调，为企业“走出去”营造宽松有利的国际环境。

（执笔：刘世锦　余　斌　陈昌盛　李建伟　杨建龙　张立群　方　晋）

2010年

危机应对型向常规型回归

努力在稳增长与防泡沫、抑通胀间寻求平衡

2010年一季度经济形势分析与全年展望

（2010年一季度报告）

国务院发展研究中心经济形势分析小组

2010年一季度，我国经济增长继续保持了2009年二季度以来的持续回升态势，但投资增速下降、贸易顺差收缩和“招工难”蔓延等新情况、新问题值得关注。受投资增速回调和出口波动的影响，进入二季度以后经济增长面临的下行压力明显增大。同时，资产价格泡沫正在集聚，输入型通胀因素加重。宏观经济政策需要在保持经济平稳较快发展和防泡沫、抑通胀之间取得平衡，根据经济增速回调状况和通胀压力适时调整，增强灵活性，并加快推进关键领域改革、结构调整和发展方式转变，为中长期经济平稳较快发展奠定良好基础。

经济增长下行压力加大，“招工难”影响深远

投资增长大幅度回落，财政、货币政策扩张力度明显收缩，对投资的刺激作用逐步消释；贸易顺差进一步收缩，目前我国进出口贸易的快速增长存在不稳定性；“招工难”再度显现，农业劳动力转移面临新困难，对依靠低成本优势的劳动密集型、出口导向型企业将构成巨大生存压力。

由于外部环境改善，出口增长达到较高水平，国内消费需求平稳增长，再加上2009年同期基数较低，2010年一季度经济增长将达到近期新高。但是，投资增长大幅度回落，贸易顺差进一步收缩，经济增长面临的下行压力明显增大。同时，“招工难”反映了我国劳动力供求关系的趋势性变化，对经

济社会发展具有深远的影响。

投资增长大幅度回落

2010年1—2月，城镇固定资产投资增长26.6%，比2009年全年增速（30.5%）下降3.9个百分点。扣除生产资料出厂价格因素之后，1—2月，城镇固定资产投资实际增速仅为19.33%，比2009年全年实际增速（40.45%）下降21.12个百分点。

投资增长大幅度回落，主要表现为政府投资和国有单位投资增速的下降。1—2月，中央项目和地方项目投资增速分别为14%和28.1%，比2009年全年增速分别下降4和3.9个百分点；国有及国有控股单位投资增长27.41%，比2009年全年下降7.53个百分点。非国有单位投资，特别是民营经济投资（非国有单位投资扣除港澳台和外商投资）下降幅度较小。2010年前两个月，非国有单位投资和民营经济投资分别增长26.06%和31.84%，仅比2009年全年下降1.12和0.75个百分点。

财政、货币政策扩张力度明显收缩，是政府投资及国有单位投资增速回落的主要原因。2009年，在扩张性财政、货币政策的刺激下，投资增速大幅度提高，但7月以后政策力度逐步减弱。2009年上半年，新增信贷规模月均12341.91亿元，下半年仅为3706.45亿元；财政支出累计增速从2009年9月的24.1%持续回调到全年的21.2%。受此影响，投资名义增速从2009年9月的31.15%回调到全年的30.1%。2010年2月，金融机构贷款增速比2009年增速下降4.5个百分点；累计财政支出仅增长7.7%，比2009年2月和全年支出增速分别下降29.3和13.5个百分点。财政、货币政策扩张力度明显收缩，对投资的刺激作用逐步消释，投资增速回落到2007年和2008年的平均水平（26.03%）。

贸易顺差进一步收缩

由于外部需求反弹，2010年前两个月我国出口增长达到31.4%。美国、欧盟和日本经济自2009年三季度开始企稳回升，进口需求强劲反弹。2010年1月，美国、欧元区16国和日本进口分别增长11.8%、1.4%和9.1%，2月日本进口增速进一步提高到30%。

受我国经济率先复苏和进口价格大幅度上涨的共同影响，2010年前两个月进口增长高达63.6%。与美欧日等主要经济体相比，我国经济回升时间早、力度大，进口数量增速在2009年9月以后大幅度提高。2010年1—2月，总进口数量、初级产品进口数量和工业品进口数量分别增长42.9%、43.6%和41.4%。同时，在国内外经济企稳回升、需求恢复较快增长的刺激下，国际市场初级产品价格再度大幅度上涨，我国进口价格也同步快速上涨。2010年1—2月，总进口、初级产品和工业品进口价格分别上涨了14.4%、37.5%和4.7%。

由于我国进出口价格存在巨大反差，1—2月贸易顺差同比下降50.4%，降幅比上年进一步扩大。2010年1—2月，我国出口数量增长38.8%，仅比进口数量增速低4.1个百分点，但出口价格下降5.4个百分点，比进口价格低19.8个百分点，导致贸易顺差大幅度缩小。鉴于进口价格特别是初级产品进口价格呈上涨趋势，出口价格仍在下跌，3月我国进出口贸易有可能出现逆差。

目前我国进出口贸易的快速增长存在不稳定性。前期进口，特别是进口数量的持续高速增长，国内库存水平提高，对后期进口产生抑制作用，2月初级产品和工业品进口数量增速均已大幅度下降。外需的强劲反弹很大程度上也是由“补库存”拉动的，美欧日消费与投资需求尚未真正启动，当库存达到合理水平后，“补库存”需求会迅速回落，我国出口增速也将随之大幅度回调。近期我国出口企业所接订单主要是短单、急单，也说明目前出口和外需增速的强劲反弹存在不稳定性。

“招工难”再度显现，农业劳动力转移面临新困难

“招工难”现象从2003年开始出现，至今已经持续了7年。目前“民工荒”的发生范围已从东部沿海蔓延到了内陆地区，缺工类型也从技工扩大到了普工。“招工难”反映了我国劳动力供求关系的趋势性变化，对经济社会发展具有深远的影响。

随着我国经济规模的快速扩大与持续高速增长，劳动力需求旺盛。近年来城镇就业年均增长率接近4%，每年新增就业岗位与新增城乡劳动力供给大体相当，劳动力供给总量过剩的局面已基本结束。人口自然增长率的下降，也意味着后续劳动力供给规模收缩。

同时，农村存量劳动力向非农产业转移的难度提高。据估计，当前全部农村劳动力有4.7亿人，已转移从事非农产业的有2.3亿人，继续从事农业的劳动力存量有2.4亿人。在现有农村存量劳动力中，50—64岁的中老年劳动力有1.3亿人，5000万是承担重要家庭责任的女性，3000万为难以外出打工的少数民族劳动力以及相当数量的慢性病患者和有劳动能力的残疾人。现行条件下，这部分存量劳动力很难从农业转向非农产业。2006年我们对全国2749个行政村的调查也显示，75%的村已经没有青壮年劳动力可以转移，目前的比例应该更低。

此外，农民工城市生存条件的相对恶化，也加重了“招工难”的程度。近年来大中城市住房、食品等价格大幅度上涨，但农民工收入增幅很低。根据全国农村固定观察点系统的调查，2004—2006年农民工工资增长分别为2.8%、6.5%和11.5%，2009年增长5.7%，均低于城乡居民平均收入增速。另外，农民工缺乏必要的社会保障，部分企业采用“招之即来、挥之即去”的用工方式，农民工就业缺乏安全感与稳定性，也加大了现阶段农村劳动力向非农产业转移的难度。

劳动力供求关系的趋势性变化，意味着工资上涨将成为持久性成本上升因素，对依靠低成本优势的劳动密集型、出口导向型企业将构成巨大生存压力。

2010年经济发展趋势的基本判断

财政支出增幅下降，内需增速趋于回调；外部环境改善，但仍可能出现反复；资产价格泡沫化趋势依然严重；输入型通胀因素加重，物价存在上涨压力。2010年全年我国PPI将维持在较高水平，预计全年涨幅5%左右。预计全年CPI涨幅能够控制在3%—5%。2010年GDP增速将达到10%左右。

目前，我国经济仍处于中长期回调阶段，2009年二季度以来经济增长的持续回升，很大程度上是在扩张性调控政策刺激下，经济增速从2008年四季度和2009年一季度的“超跌”状态回归到正常回调轨道。内外需求持续增长的基础尚不稳固，资产价格泡沫正在集聚，输入型通胀因素加重等，都将对下一步经济发展产生影响。

财政支出增幅下降，内需增速趋于回调

2010 年我国财政支出预算增长 11.4%，比 2009 年财政支出增速下降 9.8 个百分点，比 2005—2008 年财政支出平均增速（21.8%）下降 10.4 个百分点。扣除价格因素后，2010 年财政支出的实际增速可能不足 7%，仅相当于 2009 年财政支出实际增速（24.1%）的 30% 左右，为 2005—2008 年间财政支出实际增速均值（14.4%）的 50% 左右。财政支出增速大幅度下降，加上货币政策紧缩，将对 2010 年的投资和消费需求产生明显紧缩效应，投资和消费实际增速将会持续下降，部分抵消贸易环境改善、出口恢复快速增长对经济增长的拉动作用。

外部环境改善，但仍可能出现反复

美国、欧盟和日本等世界主要经济体经济从 2009 年三季度开始企稳回升，其进出口从 2009 年 11 月以后均已恢复较快增长，2010 年我国经济发展的外部环境将好于 2009 年，但仍可能出现较大反复。

一是美欧日就业状况没有明显改善，失业率居高不下。2010 年 2 月美国、日本和欧盟失业率仍处在 9.7%、5% 和 9.6% 的较高水平。消费者信心指数低迷，2010 年前两个月仍维持在 2009 年 8 月以来的低水平。消费是支撑发达经济体经济增长最重要的需求因素，美欧日个人或家庭消费支出增速在经过 2009 年 7—11 月的短期反弹后，从 2009 年 12 月份开始增速再度下降，经济复苏的内需基础不牢固。二是美欧日库存已达较高水平。3 月美国企业自有库存指数已达到 2005 年以来的最高水平，由“补库存”带来的经济复苏潜力日渐弱化。三是希腊等中小发达国家财政与债务危机有可能会对发达经济体的经济复苏产生负面冲击。

发达经济体经济复苏前景的不确定性，有可能会导致我国主要贸易伙伴进口增速在 2010 年一季度或上半年快速回升之后再度下滑。同时，各国经济复苏乏力，贸易保护主义不断蔓延，我国与发达经济体之间的贸易摩擦将进一步增加。

资产价格泡沫化趋势依然严重

1990 年以来历次全球性金融、经济危机，均是经济泡沫特别是房地产泡沫破灭的结果。2000年以来我国房地产价格持续大幅度上涨，股市在2005年以后也一度暴涨，我国经济的泡沫化成分正在集聚。经过持续调控，2008年3月以后我国房价涨幅开始下降，但2009年为应对国际金融危机采取的扩张性调控政策，抵消了前期紧缩性政策对房价的抑制作用，2009年下半年房地产价格再度出现非理性暴涨局面，商品房和住宅空置面积也同比大幅度增加，房地产价格泡沫化程度再度加重。近期政府采取的一系列抑制措施尚未遏止房价的泡沫化趋势。如果调控不力，在我国经济增速回升幅度与发展前景明显优于其他国家和地区的情况下，热钱流入加快、国内过剩资金增加，将进一步推动我国资产价格泡沫化。在2009年我国成功应对美国房地产泡沫破裂引发的金融危机冲击之后，我国自身的房地产泡沫化趋势已成为威胁未来经济健康发展的重大不稳定因素。

输入型通胀因素加重，物价存在上涨压力

受初级产品价格大幅度上涨影响，2010年2月我国PPI上涨5.4%。国内初级产品价格的大幅度上涨与季节性因素有关，但主要影响因素是输入型通胀因素明显增强。2009年12月以来进口价格特别是初级产品进口价格大幅度上涨，2010年2月涨幅分别高达15.7%和40.5%。鉴于目前全球经济已企稳复苏，铁矿石、原油等对我国物价影响较大的初级产品价格将再度大幅度上涨，2010年全年我国PPI将维持在较高水平，预计全年涨幅在5%左右。

2010年2月CPI上涨2.7%，但这一上涨主要由食品价格上涨拉动。2月食品价格上涨6.2%，拉动CPI涨幅提高2个百分点，非食品价格涨幅只有1%。从2010年粮食和农副产品生产情况看，CPI大幅度上涨的可能性较低。预计全年CPI涨幅能够控制在3%—5%。

从全年经济发展趋势看，由于财政支出增速大幅度下降，投资和消费实际增速将保持回调趋势；受外需不稳定影响，出口增速也可能回落。内需增速下降和出口增速回落，将会导致我国GDP增速在二季度再度回调，回调幅度取决于国际经济的复苏状况和国内调控政策的收缩力度。我们利用"季度经济增长周期模型"模拟预测的结果表明，在全年财政支出达到11.4%的预算增长目标情况下，2010年GDP增速将达到10%左右。

第一种情景：美欧日等我国主要贸易伙伴经济恢复稳定增长，2010年进

口增速稳步回升，全年进口增长7%。在人民币名义汇率稳定的情况下，2010年我国出口增长20%左右，但投资和消费需求实际增速将大幅度回落到19%和11.3%左右，2010年一季度、上半年、前三季度和全年GDP增速分别为10.7%、7.6%、8.7%和10.1%。

第二种情景：2010年美欧日等我国主要贸易伙伴进口恢复快速增长，但下半年进口增速回调，全年进口增长18.5%。在人民币名义汇率稳定的情况下，2010年我国出口增长26%左右，进口增长24%左右，投资和消费需求实际增速仍将大幅度回落到19%和12%左右，2010年一季度、上半年、前三季度和全年GDP增速分别为11.1%、7.5%、8.8%和10.3%。

宏观调控政策应适时微调

财政政策预留必要的支出空间；货币政策应保持相对稳定；鉴于2010年出口增长可能呈现前高后低走势，要努力稳定出口，积极转变外贸发展方式；着力改善农民工的基本生存条件，缓解“招工难”；完善房地产调控机制，弱化地方政府“土地财政”倾向，逐步化解房地产市场泡沫；加快经济结构调整，促进发展方式转变。

当前，经济运行的基本矛盾集中表现为内、外需求持续增长的基础尚不稳固，以及资产价格泡沫正在集聚和输入型通胀因素加重。为此，宏观经济政策需要在保持经济平稳较快发展和防泡沫、抑通胀之间取得平衡。在财政支出增速大幅度下降的情况下，应继续实施适度宽松的货币政策，积极扩大内需，努力稳定出口增长。根据经济增速回调状况和通胀压力，适时调整政策力度，增强灵活性，并加快推进关键领域改革、结构调整和发展方式转变，为中长期经济平稳较快发展奠定良好基础。

财政政策预留必要的支出空间

2010年初以来，在非国有经济投资保持较快增长的同时，政府投资和国有单位投资增速下降幅度较大。在经济增长内生动力尚不稳固的情况下，保持政府投资特别是地方政府投资项目的连续性和适度规模，是必要的。以“十二五”规划为基础，积极增加新的项目储备。财政预算预留必要的支出空间，一旦社会投资增速出现大幅度回调势头，应适度加大政府投资力度。同时应密切关注科教文卫、社会保障等民生性财政支出大幅度收缩对消费需求的负面影响，防止消费增速深度回调。

货币政策保持相对稳定

目前商业银行利润水平较高，资本充足率相对较低，在市场风险增大的形势下，扩大信贷的动力不会十分强劲。由于经济增长面临的下行压力明显增大，货币政策应保持相对稳定，不宜加大紧缩力度。加强金融风险防范，调整信贷结构，对银行体系的高风险环节实施有效监控，抑制资产价格泡沫化趋势。同时，对可能出现的大规模资本跨境流动加强跟踪监控，多部门协同合作，打击以投机套利为目的的跨境热钱流动。

努力稳定出口，积极转变外贸发展方式

目前人民币对美元、欧元、日元的实际有效汇率（平均实际汇率）已回到1990年的水平，2008年以来实际有效汇率基本处于合理、均衡状态。鉴于2010年出口增长可能呈现前高后低走势，近期人民币名义汇率宜保持相对稳定，防止人为的汇率波动加大出口波动幅度。应主要通过资源价格改革、落实劳动合同法等举措，还原出口产品的真实成本，促进出口产品结构升级和发展方式转变。

着力改善农民工的基本生存条件，缓解“招工难”

劳动力供求格局的改变是未来中长期经济发展面临的重大挑战。现阶段劳动力供求基本平衡，政府应着力改善农民工在城市的基本生存条件，缓解“招工难”。一是逐步消除户籍限制，提高农民工的社会保障水平，鼓励农民工市民化，让农民工获得与当地市民同等的社会经济权利，稳定已进城农民工队伍。二是着力帮助农业剩余劳动力克服转移中面临的特殊困难，增强转移能力和意愿，缓解企业招工难问题。应重视将少数民族中的农业剩余劳动力纳入西部大开发活动中，帮助一定比例的少数民族劳动力参与西部公共工程和项目建设。此外，应继续坚持就业优先，大力扶持中小企业、服务业等劳动密集型产业发展。

完善房地产调控机制，弱化地方政府“土地财政”倾向，逐步

化解房地产市场泡沫

加快制定面向长远的国土资源规划和城市、产业布局规划。协调好农业用地与城市建设用地间的关系，保持城市建设用地合理增长，改革和完善土地供给方式，通过税制改革（如开征物业税）增加地方政府收入，弱化地方政府“土地财政”倾向，抑制地价过快上涨。严格控制房地产信贷风险，提高房地产开发项目自有资金比率，抑制房地产投资需求。加快城市廉租房等保障性住房建设，创造条件逐步将农民工纳入住房保障体系。

加快经济结构调整，促进发展方式转变

抓住2010年外部环境改善、经济形势良好的机会，加快经济结构调整，促进发展方式转变。通过加大国内收入分配结构调整力度，稳定并扩大消费需求。深化资源性产品价格形成机制改革，加快研究出台资源税改革方案，理顺环境税费制度，研究开征环境税。加大对节能环保技术研发的支持力度，积极引进节能环保先进适用技术。探索建立适合我国现阶段实际的节能减排交易体系，利用市场机制提高节能减排效能。

（执笔：刘世锦　余　斌　陈昌盛　李建伟　张立群　方　晋）

经济政策由危机应对型向常规型回归

2010年上半年经济形势分析及全年展望

（2010年二季度报告）

国务院发展研究中心经济形势分析小组

2010年上半年，宏观经济保持了回稳向好的态势。经济增长高位回调，物价涨幅处于合理水平，资产泡沫化风险降低，经济运行整体上朝着宏观调控预期方向发展。但受欧洲主权债务危机拖累，世界经济复苏进程放缓，国内投资也不排除因房地产市场调整出现较大幅度下滑的可能性。因此，下半年宏观经济政策应以稳步微调为基调，在稳定上半年防泡沫、抑通胀成效的基础上，增强政策的针对性和灵活性，化解诸多矛盾和风险，逐步实现经济政策由应对危机型向常规型的平稳过渡，为“十二五”开局奠定良好基础。

经济运行朝着宏观调控预期方向发展

2010年初以来，随着一系列宏观调控措施的实施，经济增长动力结构改善，资产泡沫化风险明显降低，经济运行整体上呈现出“高增长、低物价”格局。

经济增长动力结构改善

与应对金融危机初期相比，经济增长的动力结构发生了积极变化，市场驱动的投资、消费和出口共同拉动经济增长的格局初步形成。

首先，投资增长主要靠政策推动逐渐向市场驱动转变。2009年我国能迅速扭转经济大幅下滑势头，在世界主要经济体中率先复苏，主要得益于一揽子经济刺激计划，其中政府驱动的投资发挥了关键作用。自2009年四季度以来，政府主导的投资逐步下降，市场驱动的投资成为增长的主要动力。2009年1—5月，固定资产投资中政府预算内资金累计增长86.2%，而2010年同期仅为10.1%；房地产开发投资2009年1—5月增长仅为5.8%，2010年则高达38.2%。

其次，出口增长由负转正，绝对水平超过2008年同期。2009年上半年，单月出口金额均在900亿美元以下，增速累计降幅超过20%；而2010年3月份以来单月出口均超过1100亿美元，1—5月累计达到5677亿美元，同比增长33.2%，绝对水平超过了2008年同期。

再次，消费需求高位稳定增长。在应对危机过程中，我国政府实施的诸多刺激消费的政策取得了较好成效。在汽车、家电、旅游等消费热点的带动下，消费需求呈现稳定增长态势，实际增速处于历史高位。

资产泡沫化风险降低

房价过快上涨得到一定控制。国务院出台的房地产市场调控措施效果初步显现，房价过快上涨的局面得到抑制。目前房地产市场呈现量缩价稳态势，预计三季度商品房销售面积将出现同比负增长，房价也将逐步回落。

股票市场持续回调。在全球主要经济体股市中，沪深两市调整幅度最深。上证综合指数年初以来累计下跌了27%，沪深300累计下跌了29%，股票市场整体估值水平基本与2008年底和2009年初持平。

此外，货币信贷增速得到一定控制，信贷投放节奏较为均匀。而且随着汇率弹性机制的恢复，外汇占款造成的货币投放压力有所减小，有利于流动性的控制和引导。经济过热和通胀的预期下降，一定程度上也有利于抑制泡沫形成。

经济运行呈现“高增长、低物价”格局

上半年，经济运行总体上呈现“高增长、低物价”格局。国务院发展研究中心宏观经济景气指数显示，宏观经济主要领先指标在2009年11月达到峰值后持续回调，但仍高于100的正常水平。这种回调除了基数因素外，政策调整效果显现是主要原因，回调幅度基本处于正常范围。受特殊天气和翘尾因素的影响，上半年CPI呈上升趋势。但从国内看，农产品批发价格指数在2月达到108.1，创2008年以来新高，此后呈持续回落态势，6月已经降为

98.6。从国际看，受世界经济复苏进程放缓和美元升值影响，大宗商品价格大多已经走低，短期内通胀压力将有所减轻。

与此同时，经济运行效益明显提高。1—5月工业增加值增长16.5%，规模以上工业企业实现利润累计达到1.54万亿元，同比增长81.6%；财政收入累计达到3.55万亿元，同比增长30.8%。这既有2009年同期基数低的原因，也是高增长、低物价下经济运行整体效益改善的直接体现。

经济增长降中趋稳，但要警惕风险因素叠加引发增长滑坡的可能性

从下半年走势看，受欧洲主权债务危机拖累，世界经济复苏进程放缓，国内投资因房地产市场调整也存在较大幅度下滑的可能。预计全年经济增长降中趋稳，但不排除风险因素叠加引发增长滑坡的可能。

世界经济复苏进程放缓，我国出口增长呈下降趋势

世界经济复苏进程放缓。受希腊主权债务危机拖累，发达国家普遍面临削减财政赤字、化解债务风险的压力，加上刺激性政策的力度和效果明显减弱，世界经济复苏进程放慢。进入6月以来，美国、欧元区、日本、英国、澳大利亚等经济体的制造业采购经理指数都出现下滑。大宗商品综合指数（CRB）和波罗的海干散货指数（BDI）也分别在5月和6月出现明显回落。德国和日本短期经济增长相对强劲，但主要得益于欧元贬值和美元升值带动的出口增长，国内需求增长动力仍显不足。欧债危机改变了市场的整体预期，加上由此引发的金融市场波动，下半年世界经济复苏步伐将放慢。

二次衰退的可能性不大。主权债务问题由来已久，其成因复杂，解决也将是一个长期过程。主权债务危机与银行危机不同，拥有国际流通货币发行权的主权国家出现资不抵债的可能性很小，最坏时可通过“债务货币化”的方式还债。政府高杠杆率的传染性小于私人部门，在短期内可能会因为某些突发事件或投机性冲击给金融市场带来间歇性动荡，但不至于演变为如同雷曼兄弟倒闭所引发的信用危机、金融体系功能停滞和严重经济衰退。虽然各国经济复苏放缓，但总体经济景气明显好于2009年。除非欧债危机进一步恶

化、蔓延，特别是西班牙、意大利债务危机全面爆发，投机者攻击欧元和欧元区国债，引发金融市场大幅波动，甚至欧元区外围国家和地区的主权债务问题也逐步暴露，否则世界经济出现二次衰退的可能性较小。

下半年我国出口增速将有所回落。由于新兴经济体复苏强劲，降低了我国出口对发达国家市场的依赖。2010 年 1—5 月，我国对东盟、巴西、俄罗斯、印度出口同比增长率分别为 46.2%、98.4%、53.8%、38.1%，新兴市场和发展中国家已占我国出口市场的半壁江山，达到 51.4%。考虑到发达经济体需求放缓及其对新兴经济体的影响，国内劳动力成本上升、出口退税率下调及人民币汇率弹性机制重启，以及 2009 年前低后高的出口基数效应，预计三季度出口增速维持在 20% 左右，四季度降至 10% 左右，全年出口增长 20% 左右，出口总值将超过 2008 年的 1.4 万亿美元。

投资增长将随房地产市场调整出现一定幅度回调

现阶段投资是影响我国经济增长速度重要乃至主要因素。2000—2009 年资本形成对我国 GDP 增长平均拉动 4.85 个百分点，而 2009 年更是拉动了高达 8 个百分点。年初以来，受信贷增速放缓和政府投资逐步退出的影响，固定资产投资出现小幅下滑趋势。政府主导的交通运输、电力燃气和水、公共设施等基础设施投资，占固定资产投资比重为 25% 左右。2009 年上半年这三类投资增速分别为 56.5%、28.7% 和 52.1%，而 2010 年 1—5 月则降低到 27.5%、11.3% 和 24%。中西部地区，2009 年 1—5 月投资累计增长 41%，2010 年同期增速回落至 27%，也是政府驱动的投资减缓的反映。占固定资产投资比重 30% 左右的制造业，2010 年 1—5 月累计增速为 24.8%，较 2009 年同期也下降了 5.1 个百分点。前 5 个月固定资产投资增速能实现 25.9% 的增长，房地产开发投资高速增长是重要支撑。

值得注意的是，如果房地产投资大幅下降将引发投资整体滑坡。根据住房销量与房地产投资的历史关系，投资一般要滞后销量变化 3—6 个月。受房地产调控和基数影响，年底前后房地产投资将呈下降趋势。2000—2009 年房地产开发投资平均名义增速为 23.3%，其中 2009 年最低为 16.1%。2010 年 1—5 月房地产开发投资增长 38.2%，如果下半年房地产投资增速回落至平均水平，则全年固定资产投资有望实现 20% 左右增长。但房地产开发投资占城镇固定资产投资比重约为四分之一，拉动行业多，若下半年销量和房价大幅度调整，加上信贷紧缩，也不排除房地产投资大幅下滑并对增长形成较大冲击的可能。

通胀压力无近忧但有远虑

2010 年下半年翘尾因素减弱，新涨价因素不多，短期通胀压力将逐步减轻。从基数看，翘尾因素将在 6 月和 7 月达到 2.1 个百分点的年内峰值，8 月降低到 1.6 个百分点，以后各月进一步降低。因此，短期 CPI 走势主要看新涨价因素。虽然 2010 年粮食产量受气候影响，可能较 2009 年略有减产，但粮食储备充裕和调控能力强，部分农产品价格已接近或高于国际市场价格，粮价大幅上涨的可能性不大。2010 年来猪肉价格偏低，加上玉米价格上涨幅度较大，猪粮比持续走低，养猪亏损问题一度突出，1—5 月生猪存栏量一直呈小幅下降态势，5 月存栏量为 4.34 亿头，累计跌幅 4.7%。但 6 月以来猪肉价格在淡季出现止跌回升，养猪达到盈亏平衡点以上，养猪户已经略有微利，预计存栏量降幅将趋小。下半年猪肉价格虽看涨，但涨幅对 CPI 的拉动应不会超过翘尾因素的减小幅度。

同时，从历史规律看，货币供应量（M1）走势一般领先于物价走势 6—8 个月。当货币供应量增长较快（超过 20%），如果此时经济增长也偏热，则一般会出现明显的通胀（5% 以上）；反之，则货币高速增长短期内不一定会导致高物价。由于下半年经济增长趋降，因货币供应量快速扩张对物价产生的上涨压力减小。

需要引起重视的是，物价终究是货币现象。由于全球性货币供应的空前宽松，随着经济预期的改善和流通速度的提升，过多的流动性必将释放出来。如果欧债危机影响逐步减弱，出口和投资进一步活跃，则 2011 年下半年物价的上涨压力将再度突出。

总体上看，下半年，我国宏观经济形势将继续保持回稳向好态势，经济增长短期回调是复苏过程中的高位调整，也是政策主动调整的预期结果，出现典型意义二次探底的可能性不大。预计二季度 GDP 增长 10.5%，三四季度和 2011 年一季度经济将延续回调态势，但单季度 GDP 增长低于 8% 的可能性不大。CPI 也将在 7 月左右达到年度峰值。预计全年经济增长为 9.5% 左右，物价涨幅3%左右。

需要警惕和防止一种可能性不大又不能完全排除的情景：房地产价格在经过一段时间僵持后出现明显回落，进而带动房地产投资出现大幅度回落；欧债危机恶化和扩散，加上人民币升值及有关政策因素的影响，外贸增长也出现大幅下滑。若出现这种内外风险因素“双碰头”的情况，则经济增长短期可能出现大幅度滑坡。对这种小概率事件应有必要的政策工具储备，预留一定的政策空间，做到有备无患。

需要关注的几个问题与政策建议

当前我国经济增长的内在动力结构已经发生积极变化，市场驱动的投资、消费和出口共同拉动经济增长的格局初步形成，但基础尚不稳固。内需增长尤其是投资增长对政府力量仍有一定依赖，房地产投资存在较大的回调风险，影响外贸出口的不稳定性因素较多，经济运行尚未进入新一轮平稳可持续增长轨道。下半年宏观经济政策应以稳步微调为基调，在稳定上半年防泡沫、抑通胀成效的基础上，增强政策的针对性和灵活性，化解诸多矛盾和风险，防止出现大的起落，逐步实现经济政策由应对危机型向常规型的平稳过渡。在不断增强内生性增长动力的同时，加快结构调整和发展方式转变，为“十二五”开局奠定良好基础。

保持宏观经济政策基本稳定，增强针对性和灵活性

下半年财政、货币政策应继续以微调为基调，警惕国内外不利因素产生的叠加效应，防止经济运行出现较大波动。财政政策在逐步收缩政府投资规模的同时，预留必要的回旋余地，包括储备一批可供选择的投资项目、保持一定规模的国债和地方政府债券的发行空间等，为应对需求较大幅度下滑做好准备。货币政策方面，2010年以来控制新增贷款的力度较大，数量型货币调控措施比较集中，基于资产泡沫风险缩小、通胀压力减轻，以及企业融资难问题有所增加等情况，下半年货币政策不宜继续加大收缩力度。

保持房地产投资稳定增长

抑制房地产泡沫与保持房地产业平稳较快发展并不矛盾。事实上，抑制

泡沫正是为了保障房地产业的健康发展。近期控制投机性需求、稳定房价的措施取得了一定成效，下一步即使出现房地产投资明显回落的情况，对已经出台的抑制投机的政策措施也不能松动。同时要注意做好三个方面的结合。一是抑制投机与鼓励自住和改善性住房需求相结合。应加快房产税实施步伐，从制度上抑制投机性买房需求，同时适度调整按揭贷款控制措施，支持自住性和改善性住房需求。二是市场驱动的商品房增长与政策驱动的保障性住房增长相结合。应加快落实已经出台的保障性住房政策，目前保障性住房投资占房地产投资比重约为5%左右，这一比例太小，应有较大幅度的提高，使之在稳定房地产投资增长中发挥重要作用。合理配置政策资源与市场资源，商品房发展需要政策规范引导，保障性住房建设也可以大量引入市场机制。三是需求管理与供给促进相结合。总量和结构供给不足也是引起房价上涨和投机性买房活动增加的重要原因。应统筹城乡土地利用，有效盘活城乡存量建设用地，增加城市建设供地数量和住宅建设用地，加快城镇住房建设。

积极应对劳动力成本上升的挑战

2010年连续出现的“招工难”，富士康“跳楼”、广州本田“罢工”等事件，反映出我国劳动力供求关系正在发生重要变化。虽然目前这种变化主要还是结构性、区域性的，但可能会形成一种趋势，并对我国经济增长和企业竞争力的“基本面”形成冲击。这种变化的好处是有利于提高劳动者收入，改善收入分配结构，有利于扩大居民消费和内需。同时需要密切关注和研究“加薪潮”可能引发的一些新问题：一是在我国如何着力培育形成一种和谐、合作的劳资关系。国际经验表明，长期对抗性的劳资关系，不仅有损于经济竞争力，也会严重影响社会稳定。二是平衡工资增长与产业竞争力的关系。最低工资增长过快，企业和产业竞争力可能会下降，产业亏损、企业倒闭，反而不利于工人就业和生活改善。三是在企业增加职工工资的同时，需要政府加快健全和完善社会保障体系。四是改善劳动者状况，不仅要增加工资、改善福利，更重要的是要提高劳动者素质和岗位转换能力，努力把改善民生、维护劳动者权益、提高劳动者素质与增强劳动力市场流动性、竞争力有机结合起来。

引导资金支持实体经济发展、创新和产业升级

在应对金融危机的过程中，全球流动性过剩问题进一步突出。从巩固经济内生性增长动力看，需要继续实施适度宽松的货币政策；从控制通胀和资产泡沫看，则需要收紧货币，控制流动性过剩。处理这一矛盾需要综合考虑以下因素：一是当前市场需求仍处于恢复过程中，至少在 2011 年上半年前不会出现市场需求快速扩张；二是我国国际收支正在向均衡方向发展，结汇导致的人民币投放明显减少；三是证券市场规模较快扩大，金融深化继续发展，对流动性的吸收能力提高较快；四是 2009 年下半年以来基于控制货币数量的调控措施收到明显成效，流动性过剩问题渐趋缓解。处理流动性过剩与支持经济增长之间的关系，当前的重点是优化信贷结构，引导资金流向有增长潜力的实体经济领域。加强货币政策与财政、产业、贸易等政策的协调配合，积极推进金融体制改革和金融创新，拓宽融资渠道，充分发挥资本市场融资功能，重点支持产业结构升级、企业技术改造、兼并重组、自主创新等领域的投资。深化垄断行业改革，扩大市场准入范围，降低行业准入门槛。加大对中小企业转型升级的支持力度，减轻中小企业税负，加强和改善针对中小企业的金融服务。

健全防止农产品价格大幅波动的长效机制

农产品需求在一定时期内存在刚性，但影响农业生产和农产品供给的因素较多，短期内容易发生较大变化。受成本提高的推动，我国农产品价格将呈现持续上涨态势。要使这一过程相对平稳，最重要的是深入实施强农惠农政策，促进粮食和重要农产品的生产稳定发展，协调好主要农产品的供求关系。稳定最低收购价及各类市场调控措施，加强农产品市场流通和价格管理，防止因政策调整因素导致供求失衡，引发市场波动。鉴于当前农产品供求形势及其发展趋势，要继续加强国家临时储备的精细化管理，落实取消粮食及制品出口退税政策；发挥中储粮及地方储粮公司的积极作用，针对市场供求关系变化灵活调整各项收储措施。扶持生猪生产发展，落实和加强冷冻猪肉收储工作，引导生猪生产结构调整和发展方式转变。建立健全国内外市场监测体系和农产品供求信息发布制度，有效防范国际农产品市场的负面冲击，努力发挥其积极作用。

巩固节能减排成果和工作基础

节能减排面临“时间紧、任务重”的局面。“十一五”前四年全国单位GDP能耗累计下降14.38%，要在最后一年实现累计降低20%左右的目标，任务非常艰巨，必须在余下的时间里加大节能减排力度。但目前经济增速已有所下降，必须注意处理好节能减排和稳定增长的关系。在继续贯彻2010年5月国务院关于严控高耗能、高排放行业过快增长，加大淘汰落后产能力度等节能减排措施的同时，2010年节能减排工作应着重从增量和结构上下功夫。通过政府鼓励和开放民间资本等措施，促进新能源和服务业领域投资加快增长，让节能减排成为新的经济增长点，改变长期以来节能减排与经济增长相冲突的格局。与此同时，节能减排要改变偏重依靠行政手段的方法，积极创造条件开展排放权交易试点，加快建立起节能减排的长效机制。

（执笔：刘世锦　余　斌　陈昌盛　李建伟　张立群　方　晋）

经济增长降中趋稳，宏观政策重在稳定

2010 年前 8 个月经济形势分析及全年展望

（2010 年三季度报告）

国务院发展研究中心经济形势分析小组

2010 年以来，宏观经济保持了回稳向好的态势。经济增长高位回调，物价涨幅处于合理水平，资产泡沫化风险降低，经济运行整体上朝着宏观调控预期方向发展。但受欧洲主权债务危机和高失业率的拖累，世界经济复苏进程放缓，国内投资也不排除因房地产市场调整出现较大幅度下滑的可能性。因此，宏观经济政策应以维持稳定为基调，在稳定上半年防泡沫、抑通胀成效的基础上，增强政策的针对性和灵活性，化解诸多矛盾和风险，逐步实现经济政策由应对危机型向常规型的平稳过渡，为“十二五”开局奠定良好基础。

经济运行朝着宏观调控预期方向发展

2010 年初以来，随着一系列宏观调控措施的实施，经济增长动力结构改善，资产泡沫化风险明显降低，经济运行整体上呈现出“高增长、低物价”格局。

经济增长动力结构改善

与应对金融危机初期相比，经济增长的动力结构发生了积极变化，市场驱动的投资、消费和出口共同拉动经济增长的格局初步形成。

首先，投资增长主要靠政策推动逐渐向市场驱动转变。2009 年我国能迅速扭转经济大幅下滑势头，在世界主要经济体中率先复苏，主要得益于一揽子经济刺激计划，其中政府驱动的投资发挥了关键作用。自2009年四季度以来，政府主导的投资逐步下降，市场驱动的投资成为增长的主要动力。2009年1—8月，固定资产投资中政府预算内资金累计增长82.7%，而2010年同期仅为11.5%；房地产开发投资2009年1—8月增长仅为12.5%，2010年则高达36.7%。

其次，出口增长由负转正，绝对水平超过2008年同期。2009年前8个月中有6个月单月出口金额均在1000亿美元以下，只有7月和8月两个月超过1000亿美元，累计增速为-22.21%；而2010年仅2月受春节因素影响，单月出口低于1000美元，其余月份平均超过1100亿美元，1—8月累计达到9897亿美元，同比增长35.5%，绝对水平比2008年同期多出口504亿美元。

再次，消费需求高位稳定增长。在应对危机过程中，我国政府实施的诸多刺激消费的政策取得了较好成效。在汽车、家电、旅游等消费热点的带动下，消费需求呈现稳定增长态势，虽然较2009年有所减缓，但实际增速处于历史高位。

资产泡沫化风险降低

房价过快上涨得到一定控制。国务院出台的房地产市场调控措施效果初步显现，房价过快上涨的局面得到抑制。目前房地产市场呈现量缩价稳态势，如果政策得以继续贯彻，加上房地产市场库存明显增加，短期市场供给充裕，预计四季度商品房销售面积将出现同比负增长，房价也将逐步有所回落。此外，货币信贷增速得到一定控制，信贷投放节奏较为均匀。而且随着汇率弹性机制的恢复，外汇占款造成的货币投放压力有所减小，有利于流动性的控制和引导。经济过热和通胀的预期下降，一定程度上也有利于抑制泡沫形成。

经济运行呈现“高增长、低物价”格局

前8个月，经济运行总体上呈现出“高增长、低物价”格局。国务院发展研究中心宏观经济景气指数显示，宏观经济主要领先指标在2009年11月份达到峰值后持续回调，但仍高于100的正常水平。预计GDP三季度当季增长将回调至9.7%左右。这种回调除了基数因素外，政策调整效果显现是主要原因，回调幅度基本处于正常范围。受特殊天气和翘尾因素的影响，前8个月CPI呈一定上升趋势。从国际看，受世界经济复苏进程放缓和美元升值影

响，大宗商品价格大多已经走低，短期内通胀压力将有所减轻。从国内看，农产品批发价格指数在2月达到108.1，创2008年来新高，此后呈持续回落态势，6月已经降为98.6，随后7—8月又有所回升，但回升动力已经不强。

与此同时，经济运行效益明显提高。1—8月工业增加值增长16.6%，其中国有及国有控股企业实现利润累计达到1.26万亿元，同比增长为46.7%；全国规模以上工业企业利润总额1—7月达到1.88万亿，同比增长61.1%。1—8月财政收入累计达到5.7万亿元，同比增长23.6%。这既有2009年同期基数低的原因，也是高增长、低物价下经济运行整体效益改善的直接体现。

经济运行态势总体降中趋稳

从四季度走势看，虽然欧洲主权债务危机有所缓和，但世界经济复苏进程总体放缓，国内投资因房地产市场调整也存在较大幅度下滑的可能。预计2010年全年经济增长降中趋稳，但不能完全排除风险因素叠加引发增长滑坡的可能。

世界经济复苏进程放缓，我国出口增长有所下降

世界经济复苏进程放缓。受希腊主权债务危机拖累，发达国家普遍面临削减财政赤字、化解债务风险的压力，加上刺激性政策的力度和效果明显减弱，世界经济复苏进程放慢。进入6月以来，美国、欧元区、日本、英国、澳大利亚等国的制造业采购经理指数都出现下滑。大宗商品综合指数（CRB）和波罗的海干散货指数（BDI）也分别从5月和6月出现明显回落。德国和日本短期经济增长相对强劲，但主要得益于欧元贬值和美元升值带动短期出口增长，国内需求增长动力仍显不足。高额的债务和高企的失业率改变了市场的整体预期，下半年世界经济复苏步伐将放缓。

二次衰退的可能性不大。主权债务问题由来已久，其成因复杂，解决也将是一个长期过程。主权债务危机与银行危机不同，拥有国际流通货币发行权的主权国家出现资不抵债的可能性很小，最坏时可通过“债务货币化”的方式还债。政府高杠杆率的传染性小于私人部门，在短期内可能会因为某些

突发事件或投机性冲击给金融市场带来间歇性动荡，但不至于演变为如同雷曼兄弟倒闭所引发的信用危机、金融体系功能停滞和严重经济衰退。虽然各国经济复苏放缓，但总体经济景气明显好于2009年。除非欧债危机进一步恶化、蔓延，特别是西班牙、意大利债务危机全面爆发，投机者攻击欧元和欧元区国债，引发金融市场大幅波动，甚至欧元区外国家和地区的主权债务问题也逐步暴露，否则世界经济出现二次衰退的可能性较小。

出口增速有所回落，但将超过危机前水平。由于新兴经济体复苏强劲，降低了我国出口对发达国家市场的依赖。2010年1—8月，我国对新兴市场和发展中国家出口一直保持较快增长，同比增长38.6%，市场份额已占我国出口市场的半壁江山，达到51.1%。同期，我国出口对发达经济体同比增长32.3%，占我国出口总额比重从2009年同期50.2%，下降为48.9%。即便考虑发达经济体需求有所放缓，及其对新兴经济体的影响，国内劳动力成本上升、出口退税率下调及人民币汇率弹性机制重启，预计三季度出口增速将维持在30%左右，四季度会有所下降，全年出口增长28%左右，出口总值将比2008年高10%左右。

投资增长将随房地产市场调整出现一定幅度回调

现阶段投资是影响我国经济增长速度重要乃至主要因素。2000—2009年资本形成对我国GDP增长平均拉动4.85个百分点，而2009年更是拉动了高达8个百分点。2010年初以来，受信贷增速放缓和政府投资逐步退出的影响，固定资产投资出现小幅下滑趋势。政府主导的交通运输、电力燃气和水、公共设施等基础设施投资，占全社会固定资产投资比重为25%左右。2009年1—8月这三类投资增速分别为61.2%、28.4%和48.5%，而2010年1—8月则降低到22.8%、10.5%和26.8%。中西部地区，2009年1—8月投资累计增长38%，2010年同期增速回落至27%，也是政府驱动的投资减缓的反映。占固定资产投资比重30%左右的制造业，2010年1—8月累计增速为24.9%，较2009年同期也下降了3个百分点。前8个月固定资产投资增速能实现24.8%的增长，房地产开发投资高速增长是重要支撑。

值得注意的是，如果房地产投资大幅下降将引发投资整体滑坡。根据住房销量与房地产投资的历史关系，投资一般要滞后销量变化3—6个月。受房地产调控和基数影响，年底前后房地产投资将呈下降趋势。2000—2009 年房地产开发投资平均名义增速为 23.3%，其中 2009 年最低为 16.1%。2010 年 1—8 月房地产开发投资增长 36.7%，如果今后一段时间房地产投资增速回落至平均水平，则全年固定资产投资有望实现 20% 以上增长。但房地产开发投资占城镇固定资产投资比重约为四分之一，拉动行业多，若下半年销量和房价大幅度调整，加上信贷紧缩，也不排除房地产投资大幅下滑并对增长形成较大冲击的可能。

通胀压力无近忧但有远虑

下半年翘尾因素减弱，新涨价因素不多，短期通胀压力将逐步减轻。从基数看，翘尾因素将在 6 月和 7 月达到 2.1 个百分点的年内峰值，8 月降低到 1.6 个百分点，以后各月进一步降低。因此，短期 CPI 走势主要看新涨价因素。虽然 2010 年粮食产量受气候影响，可能较 2009 年略有减产，但粮食储备充裕和调控能力强，部分农产品价格已接近或高于国际市场价格，粮价大幅上涨的可能性不大。2010 年来猪肉价格偏低，加上玉米价格上涨幅度较大，猪粮比持续走低，养猪亏损问题一度突出。但 6 月以来猪肉价格在淡季出现止跌回升，养猪达到盈亏平衡点以上，养猪户已经略有微利，预计存栏量降幅将趋小。四季度猪肉价格虽看涨，但涨幅对 CPI 的拉动应不会超过翘尾因素的减小幅度。

同时，从历史规律看，货币供应量（M1）走势一般领先于物价走势 6—8 个月。当货币供应量增长较快（超过 20%），如果此时经济增长也偏热，则一般会出现明显的通胀（5% 以上）；反之，则货币高速增长短期内不一定会导致高物价。由于下半年经济增长趋降，因货币供应量快速扩张对物价产生的上涨压力减小。

需要引起重视的是，物价终究是货币现象。由于全球性货币供应的空前宽松，随着经济预期的改善和流通速度的提升，过多的流动性必将释放出来。如果欧债危机影响逐步减弱，出口和投资进一步活跃，则 2011 年下半年物价的上涨压力将再度突出。

总体上看，下半年，我国宏观经济形势将继续保持回稳向好态势，经济增长短期回调是复苏过程中的高位调整，也是政策主动调整的预期结果，出现典型意义二次探底的可能性不大。预计三季度 GDP 增长 9.7%，四季度和 2011 年一季度经济将延续低位调整态势，但单季度 GDP 增长低于 8% 的可能性不大。预计全年经济增长为 9.5% 左右，物价涨幅 3.2% 左右。

需要关注的几个问题与政策建议

当前我国经济增长的内在动力结构已经发生积极变化，市场驱动的投资、消费和出口共同拉动经济增长的格局初步形成，但基础尚不稳固。内需增长尤其是投资增长对政府力量仍有一定依赖，房地产投资存在较大的回调风险，影响外贸出口的不稳定性因素较多，经济运行尚未进入新一轮平稳可持续增长轨道。四季度宏观经济政策应以维持稳定为基调，在稳定前 8 个月防泡沫、抑通胀成效的基础上，增强政策的针对性和灵活性，化解诸多矛盾和风险，防止出现大的起落，逐步实现经济政策由应对危机型向常规型的平稳过渡。在不断增强内生性增长动力的同时，加快结构调整和发展方式转变，为“十二五”开局奠定良好基础。

保持宏观经济政策基本稳定

四季度财政、货币政策应继续以微调为基调，警惕国内外不利因素产生的叠加效应，防止经济运行出现较大波动。财政政策在逐步收缩政府投资规模的同时，预留必要的回旋余地，包括储备一批可供选择的投资项目、保持一定规模的国债和地方政府债券的发行空间等，为应对需求较大幅度下滑做好准备。货币政策方面，2010 年以来控制新增贷款的力度较大，数量型货币调控措施比较集中，基于资产泡沫风险缩小、通胀压力减轻，以及企业融资难问题有所增加等情况，货币政策既不宜加大收缩力度，也不宜再度放松。考虑实际负利率的负面影响，择机适当提高基准存款利息。

保持房地产投资稳定增长

抑制房地产泡沫与保持房地产业平稳较快发展并不矛盾。事实上，抑制泡沫正是为了保障房地产业的健康发展。近期控制投机性需求、稳定房价的措施取得了一定成效，目前出现了一些房地产的新动向，要坚持既定方针，继续落实已经出台的抑制投机的政策。同时要注意做好三个方面的结合。一是抑制投机与鼓励自住和改善性住房需求相结合。应加快房产税实施步伐，从制度上抑制投机性买房需求，同时适度调整按揭贷款控制措施，支持自住性和改善性住房需求。二是市场驱动的商品房增长与政策驱动的保障性住房增长相结合。应加快落实已经出台的保障性住房政策，目前保障性住房投资占房地产投资比重约为5%左右，这一比例应有较大幅度的提高，使之在稳定房价地产投资增长中发挥重要作用。合理配置政策资源与市场资源，商品房发展需要政策规范引导，保障性住房建设也可以大量引入市场机制。三是需求管理与供给促进相结合。总量和结构供给不足也是引起房价上涨和投机性买房活动增加的重要原因。应统筹城乡土地利用，有效盘活城乡存量建设用地，增加城市建设供地数量和住宅建设用地，加快城镇住房建设。

积极应对劳动力成本上升的挑战

2010年连续出现的“招工难”，富士康“跳楼”、广州本田“罢工”等事件，反映出我国劳动力供求关系正在发生重要变化。虽然目前这种变化主要还是结构性、区域性的，但可能会形成一种趋势，并对我国经济增长和企业竞争力的“基本面”形成冲击。这种变化的好处是有利于提高劳动者收入，改善收入分配结构，有利于扩大居民消费和内需。同时需要密切关注和研究“加薪潮”可能引发的一些新问题：一是在我国如何着力培育形成一种和谐、合作的劳资关系。国际经验表明，长期对抗性的劳资关系，不仅有损于经济竞争力，也会严重影响社会稳定。二是平衡工资增长与产业竞争力的关系。最低工资增长过快，企业和产业竞争力可能会下降，产业亏损、企业倒闭，反而不利于工人就业和生活改善。三是在企业增加职工工资的同时，需要政府加快健全和完善社会保障体系。四是改善劳动者状况，不仅要增加工资、改善福利，更重要的是要提高劳动者素质和岗位转换能力，努力把改善民生、维护劳动者权益、提高劳动者素质与增强劳动力市场流动性、竞争力有机结合起来。

引导资金支持实体经济发展、创新和产业升级

在应对金融危机的过程中，全球流动性过剩问题进一步突出。从巩固经济内生性增长动力看，需要继续实施适度宽松的货币政策；从控制通胀和资产泡沫看，则需要收紧货币，控制流动性过剩。处理这一矛盾需要综合考虑

以下因素：一是当前市场需求仍处于恢复过程中，至少在2011年上半年前不会出现市场需求快速扩张；二是我国国际收支正在向均衡方向发展，结汇导致的人民币投放明显减少；三是证券市场规模较快扩大，金融深化继续发展，对流动性的吸收能力较快提高；四是2009年下半年以来基于控制货币数量的调控措施收到明显成效，流动性过剩问题渐趋缓解。处理流动性过剩与支持经济增长之间的关系，当前的重点是优化信贷结构，引导资金流向有增长潜力的实体经济领域。加强货币政策与财政、产业、贸易等政策的协调配合，积极推进金融体制改革和金融创新，拓宽融资渠道，充分发挥资本市场融资功能，重点支持产业结构升级、企业技术改造、兼并重组、自主创新等领域的投资。深化垄断行业改革，扩大市场准入范围，降低行业准入门槛。加大对中小企业转型升级的支持力度，减轻中小企业税负，加强和改善针对中小企业的金融服务。

健全防止农产品价格大幅波动的长效机制

农产品需求在一定时期内存在刚性，但影响农业生产和农产品供给的因素较多，短期内容易发生较大变化。受成本提高的推动，我国农产品价格将呈现持续上涨态势。要使这一过程相对平稳，最重要的是深入实施强农惠农政策，促进粮食和重要农产品的生产稳定发展，协调好主要农产品的供求关系。稳定最低收购价及各类市场调控措施，加强农产品市场流通和价格管理，防止因政策调整因素导致供求失衡，引发市场波动。鉴于当前农产品供求形势及其发展趋势，要继续加强国家临时储备的精细化管理，落实取消粮食及制品出口退税政策；发挥中储粮及地方储粮公司的积极作用，针对市场供求关系变化灵活调整各项收储措施。扶持生猪生产发展，落实和加强冷冻猪肉收储工作，引导生猪生产结构调整和发展方式转变。建立健全国内外市场监测体系和农产品供求信息发布制度，有效防范国际农产品市场的负面冲击，努力发挥其积极作用。

巩固节能减排成果和工作基础

节能减排面临“时间紧、任务重”的局面。“十一五”前四年全国单位GDP能耗累计下降14.38%，要在最后一年实现累计降低20%左右的目标，任务非常艰巨，必须在余下的时间里加大节能减排力度。但目前经济增速已有所下降，必须注意处理好节能减排和稳定增长的关系。在继续贯彻2010年5月国务院关于严控高耗能、高排放行业过快增长，加大淘汰落后产能力度等节能减排措施的同时，2010年节能减排工作应着重从增量和结构上下功夫。通过政府鼓励和开放民间资本等措施，促进新能源和服务业领域投资加快增长，让节能减排成为新的经济增长点，改变长期以来节能减排与经济增长相冲突的格局。与此同时，节能减排要改变偏重依靠行政手段的方法，积极创造条件开展排放权交易试点，加快建立起节能减排的长效机制。

（执笔：刘世锦　余　斌　陈昌盛）

2011 年

中等收入陷阱与增长阶段转换

陷阱还是高墙？

中国经济面临的真实挑战和战略选择

刘世锦　张军扩　侯永志　刘培林

2010年我国GDP总量已超过日本，成为全球第二大经济体，而我国人均收入水平依然处于中等收入国家行列。根据国际经验，处于中等收入阶段的国家，有可能面临经济增长趋缓、社会矛盾加剧等一系列挑战，有些国家因此而落入“中等收入陷阱”之中，发展长期处于停滞状态。作为一个发展中的大国，我国既有其他中等收入国家所不具备的某些发展条件，也面临与多数发展中国家不同的挑战。我国是否会落入拉美等地区一些国家曾经遇到过的“中等收入陷阱”？如何才能顺利跨越中等收入阶段而进入现代高收入社会？这些都是国内各界人士和国际社会普遍关心的问题。正确理解和回答这些问题，有助于我们制定和实施符合实际且具前瞻性的长期发展战略，少走或不走弯路，较为顺利地进入高收入国家行列，并对全球经济的稳定和繁荣做出应有贡献。

本文以工业化能否顺利推进为主线，通过搜集整理大量的历史数据①，总结了曾经启动工业化进程、目前人口超过千万的三十多个较大经济体的经验，

---

* 本文为《陷阱还是高墙？——中国经济面临的真实挑战和战略选择》一书的总论，北京：中信出版社，2011年。

① 可用于经济增长国际比较的数据来源较多，如麦迪森的世界经济史数据、帕尔格雷夫世界历史统计、世界银行的WDI数据库、国际货币基金组织WEO数据库、OECD的国民账户数据等。从不同国家、不同发展阶段比较的需要来看，数据至少需要满足两个条件，第一，连续且时间跨度足够长；第二，尽可能避免汇率、价格等因素的影响，使得不同国家、不同发展阶段之间具有可比性。而同时满足这两个条件的只有麦迪森（Maddison，2003）的世界经济史数据。其计价单位是1990年价格衡量的G－K国际元。国际元并不是一种现实的货币，而是根据一定的方法计算出来的虚拟计价单位。以下除特殊情形外，不再另行说明。

归纳了它们相互之间的共同点与不同点。在理论分析的基础上，通过将国际上正反两方面的经验与中国的情形相比较，我们认为，在工业化高速发展阶段结束之前，中国落入与拉美国家类似的“中等收入陷阱”的可能性较小；中国面临的真实而严峻的挑战，是在工业化高速发展阶段结束之后，能否有效化解该阶段积累的各种结构性矛盾和财政金融风险，并将低成本要素驱动为主的增长转变为创新驱动为主的增长，进而顺利跨越高收入国家门槛。应对这些挑战，要以“参与促进型改革”推动发展方式转变的实质性进展。

“陷阱”与“高墙”：工业化不同阶段面临的性质不同的挑战

纵观全球经济史，可以发现，尽管不少国家曾启动工业化并实现了早期的经济起飞，但是，成功应对各个阶段的风险和挑战，顺利完成工业化并最终走进高收入社会的国家并不多。我们根据起飞的先后、发展战略、经济体制、发展的型式和轨迹等，把相关国家分为五类，分别是：（1）英美等先行发展、始终处在技术前沿的国家；（2）曾长期奉行进口替代战略并创造增长奇迹，但后来一度落入“中等收入陷阱”的拉美和类拉美东南亚国家；（3）曾长期实行计划经济体制并实现快速增长，一度也落入“中等收入陷阱”的前苏联和东欧诸国；（4）成功追赶技术前沿国家的欧洲后发国家；（5）发挥后发优势，实现“压缩式”增长，并在创新驱动型增长方面取得长足进展的东亚新兴工业化国家和地区。通过分析这些国家的发展历程，可以比较准确地把握“陷阱”与“高墙”的实质与内涵。

英美等先行发展、始终处在技术前沿的国家：经济增速不高，但实现了长期持续增长

这些国家是工业革命的发端国，率先突破“马尔萨斯陷阱”进入现代经济增长阶段，开启了人均收入持续增长的新纪元。它们始终处于全球技术前沿，没有多少成熟的技术机会可供选择，需要将大量资本投入高风险的创新活动中，以此不断发明新技术、创造新产品、孕育新产业。由于创新活动具有技术和商业上高成本、高风险的特征，它们的增长速度并不太高。然而，凭借几次大的创新浪潮，它们实现了持续而又相对平稳的增长。虽然受经济

周期影响，其增长也有波动，但除大的战争和大萧条期间外，它们并未遭遇长时期停滞或衰退。其GDP年增长率长期保持在4%左右。长期持续增长使这类国家得以跨越中等收入阶段，率先成为高收入国家。

拉美、类拉美东南亚国家和前苏东国家：高速增长一段时期后一度落入“中等收入陷阱”①

拉美国家和类拉美的东南亚国家的典型特点是，具备技术上的后发优势，大多还有广袤而肥沃的土地，以及丰富的高品位矿产资源。凭借这些有利条件，这类国家曾经实现了一段时间的快速经济追赶，特别是“二战”后还创造了世界广为关注的拉美奇迹。但在20世纪70年代末期，其人均GDP仅仅达到4000—5000国际元、尚远离高收入国家门槛时，这些国家的工业化就陷入困境，经济增速明显下降，大部分落入了“中等收入陷阱”之中。例如，1950—1980年期间，巴西、阿根廷和墨西哥的GDP年均增速分别为6.8%、3.4%和6.5%，而在1981—2000年这20年间，则分别降至2.2%、1.7%和2.7%。印尼、菲律宾也曾实现了一段时期的快速增长。1970—1980年，印尼GDP年均增长8%，菲律宾GDP年均增长6.6%。在随后的10年里，印尼经济的年均增长率跌至5.5%，菲律宾的增长率甚至跌至1.6%。同时，由于这些国家未对历史遗留的严重不平等的土地制度进行根本改革，大量无地而又无业的人口涌入城市，城市人口比重远远高于处在同等发展阶段的其他国家的水平，贫困现象在城市地区聚集，形成了所谓的“贫困的城市化”。

前苏联和东欧国家的特点是，凭借后发优势与计划体制的资源动员体系，

---

① “中等收入陷阱”的概念最早较为正式地见诸世界银行2007年发表的《东亚复兴：关于经济增长的观点》（Gill and Kharas，2007）的报告。报告指出，许多经济体常常都能非常迅速地达到中等收入阶段，但只有很少的国家能够跨越这个阶段，因为实现这一跨越所必需的那些政策和制度变化，在技术、政治和社会方面更复杂、更具挑战性。报告认为，一个国家或地区能够打破最初的贫困陷阱、实现起飞，但却落入“中等收入陷阱”的根本原因在于，一国从中等收入向高收入迈进的发展机制，与实现起飞的机制有着根本的区别。

对比曾经落入“中等收入陷阱”的国家和成功跨入高收入行列的追赶国家的增长轨迹，我们发现，前者在高速增长阶段的速度就比后者低。我们认为，这可能意味着，拉美国家落入中等收入陷阱的根本原因，与其说是制度和政策未能适应跨入高收入社会的要求而转变，倒不如说其在进入中等收入阶段之初所选择的发展战略和体制原本就存在严重缺陷。

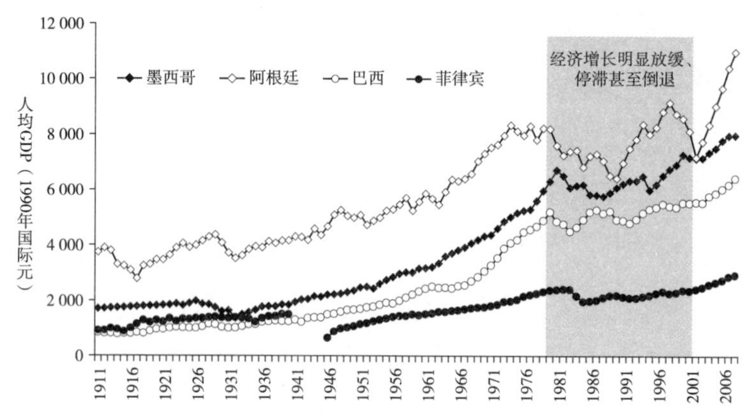

图1　拉美国家和类拉美东南亚国家落入“中等收入陷阱”时期

资料来源：Maddison（2010）

在工业化早期曾实现高速经济增长。但是，苏联在20世纪70年代中期人均GDP达到5500—6500国际元时，经济增速开始出现严重波动和明显下降；东欧国家也在大致相同的时期、人均GDP达到4300—5800国际元时，陷入经济停滞。1950—1975年期间，苏联、匈牙利、罗马尼亚、波兰GDP年均增速为4.8%、4.1%、6.5%和4.6%，而1976—2000年期间，上述国家的年均增速分别降至-0.6%（苏联解体后的数据为各成员国加总数）、0.7%、-0.6%和1.5%。

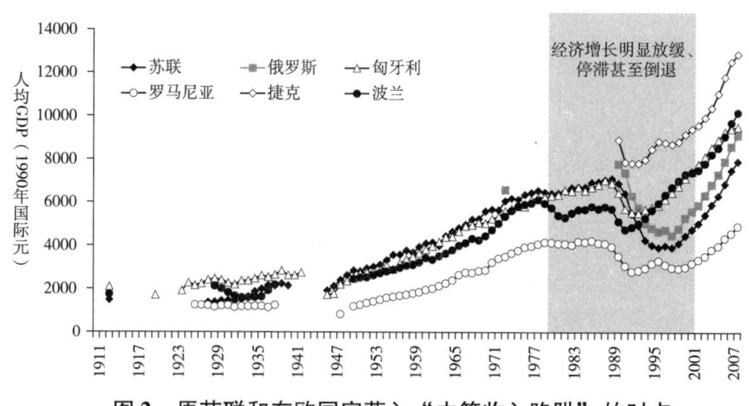

图2　原苏联和东欧国家落入“中等收入陷阱”的时点

资料来源：Maddison（2010）

需要指出的是，落入“中等收入陷阱”，并不意味着发展陷入持续停顿。

事实上，在上述国家中，有的在进入本世纪以后取得了较好的发展绩效，经济增长呈现加快态势。

欧洲后发国家及东亚新兴工业化国家和地区：追赶阶段结束后，成功转为创新和服务驱动型经济

欧洲的德国、法国、意大利、西班牙诸国，虽然属于老牌资本主义国家，但大多也经历过一个追赶技术前沿国家的过程，尤其是在“二战”之后的恢复重建期间，都经历了一个高速发展的“补课”阶段，其中以德国最为典型。其特点是：凭借技术上的后发优势和雄厚的人力资本，在战后经历了一个“压缩式”的快速追赶阶段。在20世纪60年代末人均GDP达到10500国际元左右时，经济增速开始放缓，并逐步接近和达到前沿国家的水平。德国（当时为联邦德国）1947—1969年期间GDP年均增长率为7.9%。在1969年人均GDP达到10440国际元之后，经济增长率下台阶，1970—1979年GDP年均增长速度降至3.1%，进入中低速增长阶段。

20世纪50年代以后，日本、韩国、新加坡、中国香港和中国台湾地区等几个亚洲经济体经济持续增长，逐步进入高收入行列。其特点是：充分发挥低成本模仿的后发优势，经历了30年左右“压缩式”高速增长，在人均GDP达到10000国际元左右的发展阶段上，经济增速下台阶；之后，又经历了一个时期的中速增长，稳定跻身高收入行列。在高速增长转入中速增长的过程中，这些经济体也曾遇到某些经济、社会、生态环境等危机，但通过努力，在中速状态下又保持了一个时期的持续发展。

国际上有学者提出“高收入之墙”的概念（Fatás and Mihov，2009），用以指与跨入高收入行列对应的人均收入门槛水平，并意指要越过这个门槛，必须具备一系列制度条件。① 我们借用“高收入之墙”的概念，旨在刻画这

① Fatás和Mihov（2009）以一个坐标系提出了“高收入之墙”的概念，其横轴是按2007年价汇率法衡量的人均GDP（美元），其中，“高墙”指的就是人均GDP 8000—13000美元的收入门槛；纵轴是世界银行2005年发布的制度质量指标，反映各国的政治稳定、政府效率、法制建设、腐败状况与管制质量等社会因素，以制度质量指数是否大于零，将各国分为两类。这样该坐标系分为四个区域：凡是人均GDP超过13000美元的国家，制度质量指数都很高（除沙特外），集中分布在右上区域；而绝大部分人均GDP低于8000美元的国家，制度质量指数的水平都较低，集中分布在左下区域。

样一种现象，即在人均 GDP 达到 10000 国际元左右的发展阶段上，由于后发优势基本释放殆尽，以能源重化工产品大规模生产和消耗、社会生产主要满足居民基本消费需求为特征的工业化和城市化阶段大体结束，经济潜在增长率将显著回落，并由此带来一系列困难、矛盾和挑战。只有进行相应的制度变革和政策调整，形成新的增长模式，才能有效应对各种挑战，实现中速条件下的持续发展；否则，发展将倒退或处于徘徊状态。能够成功实现转型的国家我们可称之为成功跨越“高收入之墙”的国家。①

分析表明，曾经落入“中等收入陷阱”的国家的增长型态和轨迹与越过“高收入之墙”的国家有相似之处，比如都曾经历过时期长短不等的高速“压缩式”增长，并继而发生了经济增速的回落。但深入分析不难发现，这两种类型增长回落的性质、原因与含义大不相同（见图 3）。

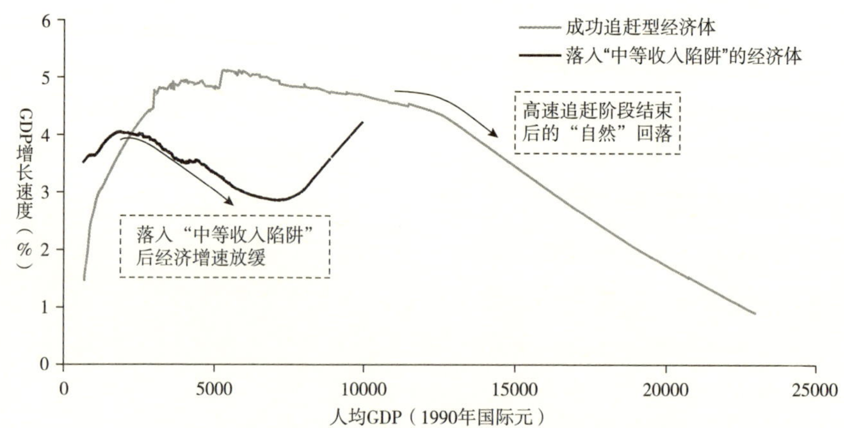

图 3　落入“中等收入陷阱”经济体和成功追赶型经济体的增速回落

注：图中曲线为拟合曲线。

资料来源：根据 Maddison（2010）数据整理

① 世界银行最早从 1987 年开始，按收入高低把各国分为低收入、中低收入、中高收入和高收入四类。按照本文的定义，日本 1974 年前后翻越了“高墙”。由于世行没有 1987 年之前的收入分类标准，此时日本是否进入高收入国家行列无法直接判断。为此，我们根据世行的收入划分的具体办法进行了推算，结果表明，按世行标准 1974 年日本已进入高收入行列。对韩国的具体测算也表明，1994 年左右翻越本文定义的“高墙”之时，按世行标准，韩国也进入了高收入行列。

首先，发生的阶段不同。落入“中等收入陷阱”而出现增速回落的时间窗口，大约是在人均 GDP 达到 4000—7000 国际元的发展阶段；但跨越“高收入之墙”后增速回落的时间窗口，则是在人均 GDP 达到 11000 国际元左右的发展阶段。

其次，性质和原因不同。落入“中等收入陷阱”的增速下滑是在工业化中期后发优势尚未完全释放的前提下发生的，是“非正常回落”。其根本原因是相关国家的工业化基本架构存在重大缺陷，以致工业化进程无法持续，特别是高速增长过程无法顺利完成。而成功翻越“高墙”之后的增速下降发生在后发优势基本释放、工业化高速发展阶段基本结束之时，是一种“自然回落”。

由此可以看出，一方面，在工业化进程中落入“中等收入陷阱”，并非后发者的宿命，如果战略、政策得当，是可以避免的。另一方面，后发国家成功翻越“高收入之墙”以后的经济增速回落则是规律性的、无法避免的。其根本原因是，在后发国家的发展水平接近前沿国家时，在供给方面，其低成本技术模仿的空间缩小，技术进步的速度放缓，进而使得后发国家的经济增速逐渐与前沿国家水平接近；与此相对应，在需求方面，工业化、城市化快速推进中大规模建设的需求潜力基本释放，加上经济总量规模的扩大，保持同样增长速度要求具有比以往更大规模的需求，而新增需求显然无法与之相适应。

还需要指出的是，落入“陷阱”和翻越“高墙”后的增速下滑，都不同于经济周期运行中的衰退和萧条。衰退和萧条是在经济基本面未根本变化的情况下发生的，通过反周期政策可以使经济摆脱衰退和萧条状态。而落入“中等收入陷阱”之后的增速下滑则是由于工业化基本架构存在重大缺陷而导致的，反周期政策无力扭转其下滑趋势。成功翻越“高收入之墙”以后的增速回落，则是在经济增长基本面已然发生结构性变化的情况下发生的，反周期政策同样无力把增长速度保持在以往的高水平之上。

体制和战略：决定工业化能否顺利完成的关键因素

一国工业化进程能否顺利推进，取决于一系列因素和条件及其相互作用。

这里提出一个关于工业化的“六要素分析框架”，用以归纳成功进入高收入阶段国家的经验，总结曾经落入“中等收入陷阱”国家的教训。

关于工业化进程的一个“六要素”分析框架

在总结以往文献的基础上，我们扩展性地提出了解释工业化进程的“六要素分析架构”，包括三个基本构成要素和三个基本影响要素。三个基本构成要素形成了工业化进程的基本状态，三个基本影响要素则对工业化进程的方向和绩效具有重大乃至决定性的作用。

1. 工业化的三个基本构成要素及其相互关系

不断扩大的市场空间、持续增强且不断释放的技术潜力和物质资本积累，以及不断提高的资本特别是人力资本参与率，是工业化过程的三个基本构成要素。三个基本构成要素相互推动、不断提升，共同推进工业化不断发展。

工业化是市场空间持续拓展的过程，是国内消费和投资品市场持续扩大和结构升级的过程，在经济全球化日益深入的背景下，也是深度参与国际分工并占有日益扩大的国际市场份额的过程。

工业化是技术进步、技术潜力释放、生产率不断提升的过程。工业化过程是人类通过开辟知识和技术新领域不断创新产品和工艺、实现产业升级的过程。通过创新或吸收新技术，物质资本和人力资本的质量得到提高，进而促进生产率的不断提升。

工业化是城乡二元差距逐步缩小、人力资本参与逐步扩大、收入持续增长的过程。在这个过程中，现代部门规模不断扩大，传统部门比重逐渐下降并在现代技术和生产方式基础上得以改造升级。随着全社会产出水平上升，人力资本参与的广度和深度增加，劳动者报酬和其他生产要素收益水平相应提高，并带动消费市场规模的扩大。

成功的工业化是上述三个构成要素动态平衡的过程。首先，要求市场容量与主导技术所支撑的产业规模相适应。工业化的一种显著特征是规模经济，包括生产的规模经济和市场的规模经济等。如果市场容量不足以支持产业及技术发展所带来的规模经济效应，则会出现市场缺口。其次，要求人力资本数量特别是质量提高与技术深化程度相适应。随着工业化推进，使用新技术的现代部门陆续出现，传统部门也通过引入新技术得到改造提升。新的生产方式和管理方法在各领域逐步应用和普及。人力资本的数量和质量必须与技术进步、生产方式变革的要求相适应，否则将会出现人力资本供给的缺口。最后，要求收入增长与市场需求扩张相适应。人力资本对工业化进程参与的广度和深度，决定了收入增长水平和分配形态。收入增长直接与市场需求容量扩张相关。如果收入增长无法达到市场需求容量扩张所要求的水平，将会观察到收入增长缺口的出现。

工业化的成功推进，表现为上述三个要素在一个适当长时期内的某种水平上的平衡。而工业化进程出现波动或受挫，则往往表现为三个要素之间出现缺口。如果缺口持续且在相当长时间内难以弥补，将会出现工业化进程的停顿乃至倒退。

2. 三个基本影响要素及其作用

工业化历史经验表明，上述三个构成要素之间能否达到动态平衡，受到以下三个基本影响要素的制约。

首先是一国初始条件。既包括人口、区位、矿产资源、生态环境等自然条件，也包括工业基础、交通通信、国际环境、教育科研等非自然条件。良好的初始条件有利于工业化的启动和推进，然而，并非必须具备这些条件，才能顺利推进工业化；另一方面，这些条件都具备，也未必能顺利推进工业化。一些初始条件较差的国家，借助合理的制度、战略和政策，弥补自身不足，成功实现了工业化。形成对比的是，也有一些初始条件较好的国家，由于制度落后或战略、政策失误，出现所谓“资源诅咒”等现象，工业化进程未能启动，或启动后难以持续。

其次是基础性的经济制度。包括产权保护制度、市场竞争机制、政府治理架构等。严格而有效的产权保护，为各种要素参与生产活动和技术创新提供激励。竞争性市场体系激发各类主体的创新活力，带动生产率提高。统一市场为以主导技术为基础的产业发展提供所需的市场规模。较高的政府治理水平，政府和市场的良性互动，根据发展阶段变化提供相应的公共服务，都能促进市场容量扩展、技术进步、物质和人力资本积累，以及各类要素对现代部门的参与。当然，不同的工业化阶段，对经济制度有不同的要求（Gill and Kharas，2007；Rodrik，2007）。

最后是发展战略和政策。不同的发展战略会影响发展政策的设计，进而对市场容量、技术进步和人力资本的积累与充分参与产生重大影响。例如，在进口替代战略之下，国内产业往往会受到保护。这虽然在初期有利于产业的发育，但长期看不利于技术创新，且会催生利益集团，排斥更多的人力资本参与到现代部门。而在出口导向战略之下，虽然本国企业可能得到一定补贴，但通过参与国际竞争，本国企业技术进步活力会不断增强，本国企业和产业体系面对的市场容量会不断扩大，从而使更多的人力资本参与到工业化进程之中。

发展战略的优劣不是绝对的，关键是能否根据国内外环境和条件的变化及时调整和优化。在工业化初期，许多国家都曾经实施过进口替代战略，但随着发展阶段的提升，有的国家转而实施出口导向战略，顺利推进工业化；而有的却固守进口替代战略，导致工业化进程受阻。

综合起来看，正是在经济制度安排和发展战略选择等方面的差异，加上初始条件的不同，使得市场空间、技术潜力与物质和人力资本参与率这三个工业化的基本构成要素形成了不同的互动格局，从而决定了各国工业化的绩效。

成功实现工业化国家的典型经验

1. 实施竞争性的供给政策，激发微观主体的创新活力，改善资源配置效率

保持供给的竞争性将为效率提高和技术创新提供重要动力。成功的工业化国家十分重视建立竞争性的企业制度，特别是在保护产权、公平准入和反垄断等方面，不断改进制度，以鼓励企业家积极创新和创业；注重发挥价格机制在资源配置中的基础性作用，引导资源配置到更有效率的地方。例如，英国早在1623年就设立专利权，保护新发明的权利。美国则在宣布独立后不久就开始筹建专利制度，1790年国会通过了《专利法案》。为维护市场竞争，美国于1890年制定了第一个反托拉斯法——《谢尔曼反托拉斯法》，有效地规范了市场竞争秩序，维护了竞争性的自由企业制度。

2. 推动市场的统一和开放，保障不断升级的主导产业能够获得规模经济

工业化的成功国家都重视拓展市场空间。在国内，重点是打破地理、社会和制度等方面的制约，适度优先发展基础设施等，促进人口和其他生产要素自由通畅流动与聚集，以深化产业分工，形成统一的国内市场。例如，英国在1707年为统一国内市场，取消了英格兰与苏格兰之间的关税；并以内河和沿海水运为依托，在18世纪末和19世纪初形成了一个沟通各大内河、连接内地各大经济区并通向海外市场的国内水运网，形成了统一内部市场和联通国际市场的基础架构。又如美国十分重视铁路发展，到1888年铁路里程比全欧洲的铁路里程多2.6万英里。得益于铁路的大发展，运输成本大幅下降，使边远地区纳入国内统一市场，大大增加了国内贸易机会，促进了工业标准化生产和企业规模的扩展，引发了美国重要的商业组织革命。

对外部，按照比较优势的动态变化，不断提升自身在国际分工体系中的地位，使本国资源优势能够在全球市场范围发挥作用。特别值得指出的是，发达资本主义国家在经济发展的早期，往往长期保持商品贸易和经常账户的顺差。如1870—1969年的100年间，美国的商品贸易账户仅有五年是逆差，其余年份皆是顺差；而在1900—1969年的70年间，仅1935年为商品贸易逆差，其余69年均为顺差。可见，积极争取外部市场，大力发展国际贸易和投资，是发达国家产业不断升级的重要支撑。

3. 重视人力资本积累和充分参与，从供需两方面促进现代部门扩展，在现代化过程中实现了有效的社会整合

发达国家的另一条重要经验是高度重视人力资本积累，并拆除制度壁垒，使得人们能够顺畅地参与到现代化进程之中。例如美国在立国后长达一百多年时间内，一直积极鼓励移民，并在南北战争后废除了黑人奴隶制度等。德国在世界上开创了实施《义务教育法》的先河。另外，成功国家也非常重视保持社会阶层之间的流动性，以防止工业化进程中收入差距过大，更重要的是避免利益格局在人群间固化、贫富格局在代际锁定。英美等国在工业化进程中，也曾经历过收入分配差距拉大的阶段，但是由于具有较强的社会流动性，经济社会总体保持发展活力。

4. 适时调整政府和市场的关系，培育接续增长动力

东亚成功国家和地区在工业化高速增长阶段，政府都较多地参与了资源配置。但随着发展阶段的提升，政府在鼓励企业创新、改善公共服务、营造有利外部环境方面发挥了更加积极的作用；同时，也逐步放松政府管制、创新管制方式、减少政府干预、改革金融体系、精简政府机构。政府在经济领域中的角色有进有退，职能有伸有缩，注重发挥市场在资源配置和技术创新、产业升级方面的基础性和决定性作用，以形成以创新驱动为主的增长模式，也是这些国家和地区成功翻越“高墙”的重要经验。

曾经落入“中等收入陷阱”的国家的教训

1. 拉美国家的教训：长期僵化地实施进口替代发展战略

实施进口替代战略并不是拉美国家特有的现象，除了英国以外，几乎所有的工业化国家都在工业化早期实行过一定程度的进口替代战略。然而，没有一个成功的国家是一直靠这种战略进入高收入行列的。拉美国家落入“中等收入陷阱”的原因是多方面的，如原有土地制度的极度不平等，收入分配问题长期得不到解决等，但更多的是长期僵化地实行进口替代战略。

拉美国家国内市场空间狭小，受保护的产业难以形成规模经济；奉行进口替代战略，又使国内产业缺乏创新动力。受保护工业的规模难以扩大，无法创造足够的非农就业机会，大量劳动人口长期滞留在传统经济部门，没有持续增收的渠道。这反过来进一步影响国内需求和市场空间的扩大。由于土地高度集中于少数人手中，大量无地农民不得不涌入城市，但他们与工业化没有直接联系，成为城市的边缘阶层。

劳动参与率不足、土地制度改革滞后等导致收入差距过大，众多人口无法分享发展的成果，而且还使得利益格局在人群和代际锁定，引发了一系列严重的社会矛盾和问题。

另一方面，在进口替代战略之下，进口替代部门大量进口资本品和机器设备，所需的大量外汇靠初级产品出口难以满足，不得不大量对外举债，国际收支平衡具有内在脆弱性。加之在进口替代战略之下，企业效益偏低，政府财政收入必然匮乏，入不敷出，使政府宏观调控能力也明显下降。随着债务规模持续上升，长期性债务越来越难以筹措，不得不借入大量短期债务，导致宏观经济的不稳定性日趋加剧。20 世纪 70 年代后国际经济环境发生变化，短期资金出现异常外流，继而发生债务危机。

综合来看，这类国家凭借技术上的后发优势，通过进口替代战略在工业化初始阶段实现了快速增长，甚至在 20 世纪下半叶还创造过短暂的拉美奇迹。但正是这种战略的僵化实施，破坏了工业化持续推进的条件，在20世纪80年代人均GDP仅达到4000多国际元的阶段就陷入了债务危机，经济社会发展长期停滞，落入了“中等收入陷阱”。

2. 前苏联和东欧国家的教训：长期实行僵化的计划经济体制

前苏联和东欧国家凭借计划经济体制的超强资源动员能力，采取“重积累、轻消费，重重工业、轻轻工业”的发展战略，使工业化率短期内快速提升，但是扭曲了各部门之间的内在关系。长期的矛盾积累最终导致经济发展停滞甚至倒退。

这些国家依靠中央计划机构安排生产和消费，使资源要素严重错配。在这种体制下，私有经济被基本消灭，竞争性企业制度难以建立；市场调节作用基本被排斥，价格机制在资源配置中几乎不起作用。在产供销、人财物统一调配的体制之下，企业缺乏有效的激励改进管理和技术；上下级之间缺少畅通的信息沟通渠道。这些导致了资源配置的低效率、经济增长的低质量和经济结构的严重扭曲。

这些国家市场比较封闭，市场空间比较狭窄。受斯大林“两个平行的世界市场”理论的影响，苏联经济一直处于半封闭状态。对外经贸合作主要在“经互会成员国”之间进行，且这种合作实际上是苏联国内指令性计划经济体制的延伸。因此，没有真正国际市场竞争的激励，企业和产品都缺乏真实竞争力。在这种情形下发展起来的经济，基本以国内需求为依托，与整个世界经济的发展、国际大市场的变化和科学技术的进步关系不大。政府在不掌握真实信息的情况下，不断地对那些过时的项目追加投资，投资收益自然江河日下。

这些国家人力资本参与不足，经济结构严重扭曲。一方面，大量劳动力在行政限制和集体农庄制度下，不能向非农产业正常转移。虽然工业产值在总产值中的比重不断提高，但在军事工业超前发展原则之下，农业和轻工业部门的资源和有限剩余被强制占用，轻工业发展不足，重工业过度发展，致使就业不足的矛盾持续加剧。

总起来看，前苏联和东欧国家凭借计划体制的资源动员能力，实现了一定时期的高速增长。但因长期实行僵化的计划经济体制，经济结构严重失衡，在不触动计划体制根本框架的前提下，20 世纪 70 年代提出的社会生产向集约化转变的战略落空，最终在人均 GDP 为 6000 国际元左右的发展阶段，经济增速明显下降，同样落入了“中等收入陷阱”。值得一提的是，增长速度的大幅下滑并非发生在苏东剧变之后，而是发生在计划经济体制和苏联政治军事霸权依然强盛之时。这就表明，增长速度的下滑在原有体制架构内是可以得到解释的。

2015 年左右我国将进入增长速度“自然回落”的时间窗口

借鉴不同类型工业化国家经济增长的历史经验和呈现出的规律，我们采用三种不尽相同但可相互印证的方法，对我国经济增长的历史进程和前景进行了分析，预计我国经济潜在增长率有很大可能性在 2015 年前后下一个台阶，时间窗口的分布是 2013—2017 年。

第一种方法是直接用我国国民经济的总体数据，参照日本、韩国和德国等成功追赶型经济体的经验进行分析。按照 1990 年国际元计算，2010 年我国人均 GDP 达到 7864 国际元①。假定今后几年我国 GDP 还能延续过去 30 年高速增长的态势，并结合联合国对我国人口增长的预测，那么到 2016 年我国人均 GDP 将达到 11608 国际元，与国际上成功追赶型经济体增长速度普遍下台阶时的发展水平大体相当。2016 年之后，比照成功追赶型经济体经验，如果我国经济潜在增长率与过去高速增长期相比降低 30% 左右，则 GDP 增长率降低约 3 个百分点。这样，预计 GDP 增速“十二五”期间为年均 9.7%，“十三五”期间降至 6.5%（我国官方统计口径）。

第二种方法是，考虑到我国大部分省级行政区从人口规模上看与国际上一个大国或中等规模国家相近，把我国每个省级行政区作为一个单独经济体，根据不同的省情选定国际上不同经济体的历史经验和规律做比照，预测各省级行政区潜在经济增长速度的变化，之后再进行加总，推算出全国经济增长

① 由于编制方法有所差异，需要把我国统计局发布的 GDP 增长率进行一定的缩减和调整，以便得到和麦迪森 1990 年价格的国际元可比的数据。

速度。京津沪三个直辖市比照香港和新加坡两个城市经济体的经验；另外22个省份比照日本、韩国、德国等成功追赶型经济体的经验，并根据人均生产总值、产业结构、城市化、分工专业程度、资源禀赋和外向型程度等因素做适当调整；其余六个自然地理条件不适宜大规模工业化和城市化的省份，则比照国际上若干曾经有过较高速度增长但未跻身高收入行列的经济体的历史经验。

以各省份目前人均GDP水平为基数，假定各省生产总值保持其过去30年的平均增长率，并结合各自的人口预测，估算出各省人均GDP达到所比照经济体增长率下台阶水平时的时间；之后，假定各省GDP增长率降低30%左右；最后加总测算全国的经济增长速度。结果表明，我国GDP潜在增长率大约在2014年后降低到8%以下；“十二五”期间GDP潜在增长率为年均8.2%，“十三五”期间为年均7.3%（我国官方统计口径）①。

第三种方法是通过大宗商品的消费量（或产量）和人均GDP水平之间的关系，预测我国经济增长率下台阶的时间点，以便与前两种方法的结果相互印证。具体方法是：（1）以2009年我国人均电力消费量（2742度/人）、千人汽车保有量（48.7辆/千人）、人均累计钢铁产量（3.9吨/人）、人均汽车年产量（10.3辆/千人）、人均钢铁年产量（0.5吨/人）五个实物量指标为基数。（2）假定今后这些指标仍能按其过去十年的年均增速继续增长，测算出我国这些指标达到日本、韩国、德国等经济体GDP增长率下台阶时对应水平的时间点，以此作为我国GDP潜在增长率下台阶的时间点。（3）进一步假定我国增长率下台阶之后，也如日本、韩国和德国那样降低30%左右，即降低3个百分点左右。估计结果如表1所示。

---

① 第一种方法和第二种方法测算结果有两个差异，即增长率预测的具体数值不同；增长率转折的形态不同，第一种方法是台阶式下滑，第二种方法则是较平稳地下滑。这有两个原因。一个是方法的差别，第一种方法把中国视为一个经济体，而第二种方法中由于各省份独立计算，相互的影响有一定程度的抵消，使得全国增长率下台阶的过程较为平滑。二是设定的比照对象不同，在第一种方法下，全国所有地区都以成功追赶型经济体为参照，而第二种方法下，有一些省份考虑到其自然地理和资源条件，设定了增长水平较低的比照对象。

表 1　我国经济潜在增长率展望：三种方法的测算结果

<table>
<tr><th colspan="2" rowspan="2">测算方法</th><th colspan="4">GDP 年均增速（%）</th><th colspan="2">GDP 增速趋势性下降的拐点</th></tr>
<tr><th>2001—2005</th><th>2006—2010</th><th>2011—2015</th><th>2016—2020</th><th>对应年份</th><th>对应的人均 GDP（1990 年国际元）</th></tr>
<tr><td colspan="2">基于全国数据测算</td><td>9.8</td><td>11.2</td><td>9.7</td><td>6.5</td><td>2016</td><td>11608</td></tr>
<tr><td colspan="2">基于省际数据测算</td><td>9.8</td><td>11.2</td><td>8.2</td><td>7.3</td><td>2014</td><td>10680</td></tr>
<tr><td rowspan="5">用实物量测算</td><td>基于用电量</td><td>9.8</td><td>11.2</td><td>9.0</td><td>7.2</td><td>2013</td><td>9853</td></tr>
<tr><td>基于汽车保有量</td><td>9.8</td><td>11.2</td><td>9.4</td><td>7.0</td><td>2017</td><td>12967</td></tr>
<tr><td>基于钢铁累计产量</td><td>9.8</td><td>11.2</td><td>8.2</td><td>7.3</td><td>2017</td><td>12514</td></tr>
<tr><td>基于汽车产量</td><td>9.8</td><td>11.2</td><td>9.4</td><td>7.2</td><td>2017</td><td>12320</td></tr>
<tr><td>基于钢铁产量</td><td>9.8</td><td>11.2</td><td>9.7</td><td>6.7</td><td>2013</td><td>10145</td></tr>
<tr><td colspan="2">均值</td><td>9.8</td><td>11.2</td><td>9.1</td><td>7.1</td><td></td><td>11441</td></tr>
</table>

资料来源：本文的测算

三种方法的分析结果表明，如果我国的经济增长路径与成功追赶型经济体历史经验接近的话，那么，我国潜在经济增长率将有很大可能性在“十二五”末期放缓，在“十三五”时期明显下一个台阶。

翻越“高墙”：中国经济发展面临的真实挑战

综合分析我国工业化的历史进程和发展前景，并与有借鉴意义的其他国家相比较，可以发现，我国有可能较为顺利地跨过拉美和前苏东国家曾经遭遇过的那种含义上的“中等收入陷阱”，但在翻越“高墙”进入高收入社会时将面临严峻挑战。这是中国的独特之处，既与拉美、苏东国家不同，也与德国、日本、韩国不同。

我国落入“中等收入陷阱”的可能性较小

1. 目前我国人均 GDP 已超过了拉美、苏东国家出现“中等收入陷阱”时的水平

根据前面的分析，按照 1990 年国际元计算，2010 年我国人均 GDP 已经达到7864国际元，超过了落入“中等收入陷阱”时拉美国家人均GDP 4000国际元和苏东国家人均GDP 6000国际元的水平。按照目前的增长态势，再过3—5年，我国人均GDP将会达到成功追赶型国家翻越“高墙”时所达到的11000国际元的水平。由此可以看出，除非出现重大挫折或反复，我国落入拉美和苏东国家曾经经历的那种含义的“中等收入”陷阱的可能性已经很小（见图4）。

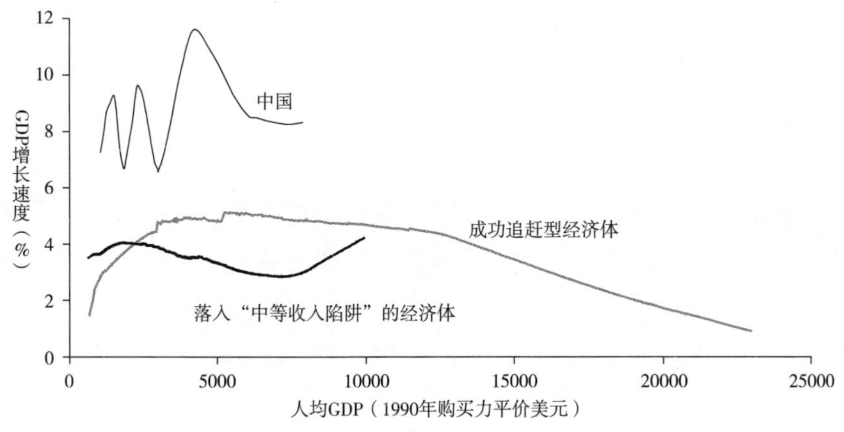

图4　中国落入“中等收入陷阱”的可能性较小

注：（1）图中曲线为拟合曲线；（2）中国GDP增长速度根据Maddison 1990年购买力平价美元数据计算。

资料来源：根据Maddison（2010）数据整理

2. 与落入“陷阱”的国家相比，我国具备一系列支持跨越“中等收入陷阱”的有利条件

第一，不同于拉美国家的是，我国是在人均GDP水平很低[①]的时候，就实施对外开放和出口导向的发展战略。虽然我国在改革开放之前也曾长期实行进口替代战略，但是，改革开放后迅速转变发展战略和政策，实行了注重出口导向的开放战略。这既扩大了我国产品的市场空间，也给我国企业带来了国际竞争的压力，还给我国带来了大量的适用技术和管理经验。沿海地区出口加工部门的高速增长也有效带动了我国城市化的发展。

① 显著低于拉美国家落入“中等收入陷阱”窗口期的水平。

第二，不同于前苏东国家的是，我国在发展还处于较低阶段时[1]，就启动了市场化改革，工业化的快速发展与市场化改革相伴而行。主动而积极的市场化改革，有效促进了国民财富存量增长和物质与人力资本有效配置，使我国在工业化追赶阶段较为顺畅地实现了 30 多年的“压缩式”快速发展。

第三，我国市场潜在空间巨大，发展要素组合条件好。我国人口规模全球最大，比高收入国家总人口还要多，是美国人口的 4.3 倍、欧元区人口的 4.1 倍。某种意义上可以说，中国本身就是一个“世界”。如此多人口生活在统一的制度、同一个市场环境下，其可能产生的市场规模效应，是世界上其他国家难以比拟的。通过持续的改革开放，我国产品和要素的流动性增强，市场一体化程度逐步提高。需要指出的是，国内发展不平衡本来是一个缺点，但在客观上形成了要素供给和产业发展中的互补性，增加了我国经济增长的回旋余地和可持续性。总之，我国的市场优势不仅超越了拉美和前苏东国家，也在一定程度上超越了那些跨国形成的地区统一市场。

在供给方面，我国也有独特优势。首先，我国劳动力数量巨大，成本较低，受教育水平提高，健康状况改善，且勤奋而守纪律。其次，我国在计划经济时期建成了比较完整的工业和国民经济体系。这一时期所积累的产品设计、制造和管理经验，首先外溢到非公有制企业，成为后者的技术、管理经验等的最初来源。而经过改革的国有企业，技术进步意愿和能力也有所增强。再次，人民的节俭传统使得我国和其他成功追赶型国家一样，能够在较长时期内保持高储蓄率，从而为工业化提供源源不断的物质资本。

尤为重要的是，我国的政治体制有利于保持政治和社会稳定，始终注重处理好改革、发展和稳定的关系。改革开放开始后，及时将党和国家的工作重心转到经济建设上来，全党和全国上下广泛凝聚发展共识，齐心协力形成发展合力，避免了一些落入“中等收入陷阱”国家长期存在的社会动荡、政治分裂局面的出现。

---

① 那时人均 GDP 明显低于前苏东国家落入“中等收入陷阱”窗口期的水平。

与成功翻越“高墙”的工业化国家相比，我国面临更为严峻的发展方式转型挑战

人均GDP达到“高墙”水平、后发优势基本释放完毕之后的增速自然回落，是一种规律性现象。中国的经济增长进程也将遵循这一规律，难以例外。一定意义上说，是我国成功度过经济高速增长期的重要标志。然而，尽管中国与成功翻越“高墙”的高收入国家在增速“自然回落”的时间窗口上有相似之处，但能否成功翻越“高墙”，在增速回落后能否在新的增长平台上继续保持较长时间的稳定增长，则存在着一定的不确定性。发展方式能否随着增长环境的变化而适时调整，成为一个关键性因素。

成功追赶型国家在经济增速“自然回落”窗口期到来时，主动或被动地对原有增长模式进行了调整，逐步形成了以创新驱动为特征的新增长模式。这些国家在创新能力最强的领域，特别是在技术密集的制造业领域，通过市场竞争形成了以本国民营大企业为主的格局；提高制造业和服务业领域的开放度，鼓励和保护市场公平竞争；建立有利于创新的学历和职业教育体系以及基础科学、应用技术研究体系等。在高速增长期结束后，政府注重鼓励企业面对市场环境的变化进行持续创新，培育新的经济增长点。在石油危机爆发、经济增速回落和接连遭遇若干重大环境事件的背景下，日本政府鼓励和引导企业大力发展节能环保产品，不仅提高了能源资源利用效率，同时也培养出了后来在全球最具能效竞争力的汽车产业。德国注重坚持在自己的传统优势产业——制造业领域持续创新，很多大企业都是“百年老店”，至今仍然很有竞争力。德国大量中小企业在众多产品领域掌握核心技术，占有市场的大部分份额，被称为“隐性冠军”。尽管劳动力成本很高，但直到20世纪90年代德国还是世界第二大服装出口国。1997年亚洲金融危机之后，韩国成立了知识经济部和文化产业局，颁布了《创新企业培育特别法》《文化产业促进法》，大力发展知识密集型产业，努力从制造型国家转向设计和创新型国家。

与成功追赶型国家相比，我国现有发展方式具有某些其不具备的或者虽具备但不突出的特征。

- 政府主导的地区竞争。和其他国家一样，我国实行的也是各级政府之

间逐层分权的治理模式。在我国现行财政体制和政绩考核制度下，地方公共服务可用财力和就业机会等，均与本地生产规模紧密相关；各地经济增长事实上成为选拔任用干部最受重视且最易测度的指标。在这种情况下，各级地方政府具有强烈的促进本地经济增长的冲动。另一方面，在现有体制之下，各级政府掌握着相当大的资源配置权和影响力（如配置土地资源的权力，通过放松环境监管降低本地投资成本等）。改革开放使产品和要素大规模地跨地区流动，参与全球分工体系和国内统一市场的形成与扩展，使各级地方政府能够通过改善本地投资环境，吸引外部资源促进本地经济发展。可以观察到的事实是，有一级地方政府，就是一个特定意义上的市场竞争主体，它们之间为争取资源、促进发展而相互竞争。这种我们可以称之为“地方竞争型”市场经济，或许是中国的市场经济最显著的特色之一，在为中国经济增长提供基本动力的同时，也带来了“逐底竞争”、粗放发展、财政金融风险积累等诸多问题。

• 政府集中力量办大事的机制作用突出。在现有体制下，政府仍然拥有相当大的资源直接掌控和间接干预的权力，使之可以在较短时间内动员和使用大量资源，以达成某个战略目标。这种集中力量办大事的机制在应对突发事件、实施某些重大工程项目时具有独到优势，但如果不适当扩展使用范围，或目标有误，就可能适得其反。此外，如何改进资源配置效率，改进与市场经济的适应性，也是这种机制需要解决的问题。

• 国有经济在基础部门仍有很强的控制力。随着改革的深化，国有经济已从许多领域退出，非公有制经济和外商投资经济的产出已明显超过公有经济。不过，国有经济在能源、重大基础设施、金融等领域的控制地位并未有大的变化，在有些领域还有所加强。一些省级国企在产业行政性整合中重新回到龙头或控股地位，引发了“国进民退”的争议。这些年来大型国企的盈利状况好转，企业股权结构和治理结构也有不同程度的改进，但若除去资源占有、行业垄断等因素，经营效率是否已经发生了实质性进步尚难肯定。此外，国有企业能在多大程度上承担起创新驱动的重任，仍有待观察。

• 市场开放和竞争秩序水平仍有待提高。改革开放以来，我国的市场开放取得长足进展，市场竞争日趋激烈，市场秩序逐步好转。但目前在许多领域仍然存在不合理的进入管制，一些行业特别是服务业对内、对外开放程度还比较低，市场竞争还受到各种不合理因素的干扰。一些企业出于自身利益影响公共政策，以获取或巩固垄断地位。一些在市场竞争中建立起优势地位的企业，也利用其市场支配力，通过策略性行为打压排挤竞争对手。市场诚信水平总体上较低，整个社会不得不付出相当高的交易成本。

• 法治建设不适应市场经济发展的需要。改革开放以来，我国出台和完善了一批涉及市场经济体系的基本法律，如《公司法》《民法通则》《刑法》《合同法》《物权法》《反垄断法》等，但与“法治的市场经济”还有相当大的距离。与市场经济和开放型经济相适应的法律体系需要进一步健全和完善，但突出的问题依然是行政权力对法律的制约和干扰，“有法不依”的现象仍较普遍。

• 财政金融风险的积累和后摊。在过去一些年经济高速增长过程中，由于体制机制的缺陷，积累了某些财政金融风险，如地方融资平台风险、长期贷款风险和资产泡沫风险等。如有高速增长为支撑，这些风险有可能在后来的发展中逐步消化（所谓“风险后摊”）。但若经济增速“自然回落”，不排除这些风险集中显露并对宏观经济运行形成重大冲击的可能。

• “半截子”城市化问题突出。改革开放以来，大量农村劳动力进入非农产业和城镇。但受土地政策、社会保障政策、人口流动政策等制约，较大比例的农民工并不能真正地融入城镇。这种“半截子”的城市化，不仅制约着劳动力等要素的优化配置，还制约着消费需求增长和人力资本质量的提升。

• 社会纵向流动不畅。改革开放以来，上学、外出就业、自主创业等渠道拓宽，社会各阶层实现自我发展的机会日益增多。但社会纵向流动的渠道还不够通畅，家庭出身、社会关系等对就业、创业的不合理影响仍然存在，有些方面还在扩大。“贫二代”“富二代”现象的出现，表明社会利益格局和社会阶层呈现固化之势。这种局面如果持续，不仅会制约社会活力和创造力，而且会直接影响社会稳定。

总的来说，我国现有发展方式在工业化高速增长时期看起来是有效的，某些方面还有独特优势。增长速度下台阶所伴随的大幅度结构变动，表明 30 多年来我国经济高速增长所依托的基本面因素将发生重要调整和重新组合。

如果继续维持这种发展方式，在经济增速“自然回落”时，我国经济将面临两方面的严峻挑战。第一，与高速增长相伴随的高流动性和规模经济收益，掩盖了为数不少的低效率问题。然而，一旦速度降低，与低效率相关的各种问题就会暴露，如企业盈利和财政收入下降、资产估值收缩、长期信贷回收困难等，甚至出现某种形式的财政金融等危机。第二，随着我国发展水平的不断提升，现行发展方式下的市场开拓受限、供给激励不足、人力资本积累缓慢、劳动者参与现代化的渠道不畅等问题将日益突出，在低成本要素优势逐步减弱后，能否形成创新驱动为基础的新竞争优势，存在一定的不确定性。这两方面的问题将可能使我国在翻越“高墙”时面临严重困难。

以“参与促进型改革”推动发展方式转变取得实质性进展

“高墙”的临近对经济发展方式转变提出了明确而紧迫的时间要求

根据前面分析，中国经济潜在增速在未来5年后将进入自然回落的“时间窗口”。在经历了30多年的高速增长后，中国经济将有很大可能性触到高增长的边界。中国经济发展方式或增长模式的转型进入了一个特定时机。

发展方式（也称增长方式、增长模式等）转变在中国已经提出20年左右的时间了。人们经常提出的问题是，为什么经历如此长的时间还没有转过来？除了体制惯性、“认识”问题外，一个基础性的原因是，既有的增长模式与相应发展阶段上的经济增长还有一定的适应性。否则，我们将无法解释为什么在一个“不好”的增长模式下出现了举世瞩目的发展成就。在年均增长10%的背景下，要求大幅度地改变增长模式，事实上是很困难的。然而，一旦增长速度常态性而非短期性地回落，以往维持高速增长的基本面因素发生重要变化需要重新组合，增长模式或发展方式的转变将势在必行。由此可引出的一个重要结论是，一定的发展方式与特定的发展阶段相匹配，或者说，某种发展方式都具有阶段性。我们需要历史地看待某一特定的发展方式。由此可以引出的另一个结论是，增长速度自然回落“时间窗口”的临近，是既有发展方式转变的必要条件。

这个条件的出现，对“转方式”形成了直接压力，提出了具体的时间要求，即在经济潜在增速回落之前，发展方式转变应有实质性进展。但要成功实现转型，更重要的是形成“迎接挑战”的机制，明确需要解决的主要问题，提出并实施“转方式”的路线图乃至时间表。中国落入拉美、苏东式“中等收入陷阱”的可能性已经很小，但在翻越进入高收入社会“高墙”时，仍然面临着两种可能性。

一种可能性是预见到增速回落的“时间窗口”，在此前有限的时间内采取切实有效的措施去解决转型中的重大问题，在防控风险的同时形成新的增长动力，将来速度回落，但降幅不大，比如由10%左右降到7%左右，尤其是避免大的起伏，在新的增长平台上，争取一个较长时间，如10年或更长一个时期的稳定而质量较高的发展。根据成功追赶型国家的历史经验，这种前景是有可能争取到的。

另一种可能性是对高增长仍有过于乐观的估计，比如认为“中国的高增长仍会持续30年”，不重视未来可能出现的增速回落；或者认可增长将会回落，但以为回落中问题不大，将会平稳转入中速增长；或者虽认为回落中会有大的问题，但“走一步、看一步”，“到时候再说”。事实上，我们现有经济发展方式对增速下滑冲击的抵御能力是相当脆弱的。以2008年二季度到2009年一季度为例，当GDP同比增速受国际金融危机影响从10.7%降至6.5%时，财政收入和企业利润的同比增速就从2008年二季度的31.4%和22.4%，分别骤降至-8.3%和-37.1%，非农就业也减少了2000万左右。在上述几种情况下，一旦经济增长速度不是一两个季度而是常态性地回落，由于准备不足很可能陷入严重困境，而且速度回落幅度可能较大，比如降幅达一半以上，并引发某种形式的财政金融危机乃至社会动荡，在较长时间内难以回到稳定增长的轨道。

第一种可能性可称之为“主动转型”，第二种可能性则可称之为“被动转型”。“被动转型”的代价很大，失败的概率较高。显然，我们应当争取主动转型，避免被动转型。为此，应当明确转型中需要解决的主要问题，以及为解决这些问题而展开的改革重点。

成功转型需要解决的重要问题

中国经济发展方式成功转型，主要应解决好防控风险和形成新的增长动力两方面的问题，具体而言，应着力解决好如下一些重要问题。

（1）能否在增速下台阶时有效防范和化解高速增长期所积累的财政、金融风险？长期以来，诸如产能过剩、政策性不良贷款等风险，依赖高速增长创造的高流动性与规模经济得以化解，但地方政府融资平台债务、银行信贷扩张、资产价格泡沫等方面的隐患犹存。从拉美、东南亚乃至韩国的经验看，财政金融风险既是经济停滞的直接原因，也是经济发展方式内在矛盾的综合体现。能否成功化解这些风险，是跨越“高墙”所面临的最直接的挑战。

（2）企业能否适应较低的增长速度环境，逐步改变“速度效益型”的盈利模式？中国经济的高速增长掩盖了企业在效率与效益方面存在的问题：大企业在流动性过剩形成的金融支持中以规模扩张实现盈利，中小企业在高速流转的商品贸易中依赖快进快出的现金流谋求利润。高速增长带动的需求扩张以及由此引发的过度乐观预期，在企业盈利中起着重要作用。一旦经济增速常态性地回落，整个社会的预期和投资意愿将发生逆转，企业的生产经营将面临严峻考验。特别是在增速回落的初期，社会预期往往会“过度逆转”，局面可能更为棘手。

（3）能否随着增速回落而相应调整宏观经济调控目标？预见到潜在增长速度将常态性回落，宏观调控目标的设定应顺势而为，不可强制性地试图继续保持高速增长期的增长目标，否则，增长目标超出潜力，将产生投资过度、产能过剩、资产泡沫、通货膨胀等问题。在这方面，需要研究和汲取日本20世纪80年代以后推行扩张性宏观政策，力图恢复以往的高增长速度，结果催生资产泡沫，并使经济陷入长期萧条的历史教训。

（4）能否形成充分有效的市场环境，在竞争基础上产生一批创新型大企业和大量的创新型中小企业，培育出具有长期国际竞争力的技术、知识密集型制造业与服务业？在高速增长和不充分竞争“呵护”下形成的产业，缺乏创新动力。能否形成竞争充分、激励有效、创新导向的市场环境，能否促使企业由依靠要素投入转向依靠创新实现发展，能否培育出一批创新型大企业和大量的创新型中小企业，进而形成技术和知识密集型高端制造业和服务业的国际竞争优势，是翻越“高墙”所面临的根本性挑战。

（5）能否进一步开放市场，放宽垄断行业特别是服务业准入限制，为服务业的大发展提供空间和动力？目前电信、铁路、电力、石化、金融、教育、医疗以及文化等行业的市场准入管制依然较多，垄断程度依然较高，投资主体依然较少。对这些行业设置过高的进入门槛，不利于技术创新与扩散，不利于市场竞争与规模经济发展，不利于全社会就业和创业机会的扩大，不利于经济增长成果的全民分享。从产业角度说，服务业与制造业的一个重要区别，是大部分服务业有较高程度的个性化，需要人对人、面对面的服务，从而对调动人的积极性、能动性较制造业有更高的要求。服务业市场开放不足，将会严重制约未来中国服务业发展的空间和动力。

（6）能否在城乡统筹的基础上，加快进城农民成为完整意义上的“市民”的进程，促进农民承包土地在保障权益的前提下优化配置？“三农”问题是中国工业化和现代化过程中的核心问题，而解决这一问题的根本途径在于大多数农民进入非农产业和城镇，留在农村的农民的生产方式和生活方式的现代化。解决好当前城乡统筹发展中的突出问题，如消除事实上存在的对进城农民的身份歧视，使之与城市居民享有相同的公共服务；在保障农民合法权益的前提下，促进农民承包土地等生产要素的合理流动和优化配置，使农民更多地分享资产收入等，不仅有利于缩小收入分配差距、促进社会和谐，对促进人力资本积累、改善土地等要素使用效率也至为重要。

（7）能否通过改革开放形成适应创新型社会建设需要的大学和科研体系？富有活力和创造力的大学和科研体系是高收入现代化国家的重要标志，是创新型经济和社会的基础所在。目前我们的大学和科研体系仍有相当突出的行政化、官僚化倾向，不能适应创新型社会的需要，必须通过大力度的改革和开放，在这个领域取得突破。

（8）能否通过促进就业、创业与收入分配制度改革，使中等收入群体快速成长？中等收入群体通常具有专业知识和技术特长，具有稳定收入和较强消费能力，注重人力资本投资，注重道德修养和社会责任。因此，加快中等收入群体成长，使之逐步占到人口的大多数，对促进创新、内需增长、缩小收入差距、社会长治久安，都具有根本性意义。但就业机会不足、创业机会受限、收入分配制度不合理等，不利于中等收入群体扩大，不利于形成稳定的“橄榄型社会”。

(9) 能否建成适应新阶段发展和创新需要、有效分散和防范风险的现代金融体系？资源优化配置和风险分散，是现代金融体系的两大功能。在现有金融体系下，我国金融资源较多流向基础设施和基础产业、房地产开发、大型企业以及地方融资平台等，而对创业和创新活动，特别是中小企业的创新支持不足。从长期看，如果我国的金融体系发展不能与实体经济的迅速增长相适应，我们就将长期面临资源配置低效率与高风险的问题。

(10) 政府能否由增长主导型向公共服务主导型转变？增长主导型政府是解释中国经济30多年高速增长的一个重要的体制因素。但在转入创新驱动的新发展阶段后，增长主导型政府行为中不利于提高效率、促进创新的弊端逐步突出。另一方面，新发展阶段要求政府在改善民生、更好地提供基本公共服务上发挥主导作用。由增长主导型向公共服务主导型的转变，合乎逻辑地成为政府职能转变的重要标志。

着力推进“参与促进型改革”

解决上述经济转型中的诸多问题，根本上说，有赖于相关领域的改革取得实质性突破。而改革重点的选择，取决于我们对上述问题及其相互联系的理解。如果撇开表象，在深层次上看，可以观察到一条主要线索，即提高社会成员参与工业化、现代化进程的广度和深度。有两个目前社会上关注程度很高、同时与以上转型中诸多问题直接或间接相关度较高的问题，一是缩小收入差距，二是实现创新驱动。这两个问题看起来似乎相对独立，关系并不很紧密，但深入分析不难发现，二者一定意义上可以说是同一个问题。现阶段严峻的收入分配差距问题虽然可以通过再分配政策得到一定程度的缓解，但釜底抽薪之策仍然是改善一次分配。就先天能力而言，不论是城里人，还是农村人，人们之间的差距并不会像收入差距显示的那么大。收入差距拉大的主要原因，在于后天的环境、条件、制度和政策等因素。解决收入分配差距问题的根本之道，是为社会成员，特别是原来差距较大的不同阶层的成员，创造大体相同的生存和发展环境，提供大体相同的受教育机会，就业、创业和创新的机会，或者说，要给社会成员创造尽可能多的参与工业化、现代化的机会。而创新驱动问题，说到底也是要使全体社会成员的积极性特别是创造性充分发挥出来。一个全体成员积极性、创造性得到充分发挥的社会，也将会是一个收入增长较快而分配差距较小的社会。日本、韩国等成功追赶型国家的历史经验也证明，收入差距缩小与创新能力增强之间具有内在的一致性。

因此，围绕解决经济转型中的重要问题，应当着力推动“参与促进型改革”，其要点可概括为：扩大参与机会，提升参与能力，完善鼓励创业、创新的制度和政策，创造稳定参与预期的法治环境。

第一，为社会成员提供尽可能多的公平就业机会。一要消除对农民工的就业歧视。同时创造条件，让尽可能多的进城务工人员成为完整意义上的“市民”。要允许那些已经在城市长期就业和居住的外来务工人员及其家庭成员，在自愿基础上获得所在城市的市民身份，享受与城市其他居民同样的教育、医疗、住房与社会保障服务。二要更加重视就业机会均等，打破在一定程度上存在的“没有关系，就没有机会”的格局。建立公开透明的招聘录用机制，尤其要打破某些公有部门中关系决定机会的格局。三要进一步开放市场，降低准入门槛，鼓励自主创业，健全对中小企业的支持体系。进一步落实“非公36条”，激发民间投资热情，健全支持民营企业和中小企业发展的政策和服务体系，吸纳更多的人就业；要完善个人创业扶持政策，充分发挥创业促进就业的倍增效应和创业促进创新的带动效应。

第二，完善公共服务体系，为国民提供积累人力资本的机会。一要完善医疗卫生体系，提升国民健康素质。改革医疗卫生服务体制，促进医疗资源合理配置；加强公共卫生服务体系建设，落实预防为主的卫生工作方针；加强医疗卫生知识普及，倡导健康的生活方式，改善全民体质。二要赋予人人公平受教育的机会。要促进基础教育资源等均衡配置，采取多种措施，不让任何一个孩子因贫困而失学，防止素质和能力差异在代际传递。三要加强职业教育，特别是对农民工的培训。加强实习、培训基地建设及职业教育专职教师的培养，鼓励采取校企联办、订单式培养等方式，为不断升级的产业培养高水平的专业化人才。完善职业教育的政府补贴机制，提高职业教育特别是对农民工培训的实际效果，提高农民工的就业和创业能力。四要对贫困阶层实施有针对性的扶贫政策。把贫困阶层纳入普惠的养老、医疗、住房等社会保障制度中，帮助贫困家庭通过自身努力提高受教育水平和职业技能，防止贫困的循环锁定。

第三，建立健全鼓励创业和创新的制度，为社会成员提供尽可能多的创业和创新机会。一要打破垄断，鼓励竞争。对垄断行业和领域，一方面要放宽准入限制，支持和促进各种所有制企业公平竞争；另一方面，要打破行政性垄断，促使企业在竞争中通过创新提升企业活力和生产效率。二要推动大学教育和科研机构改革。扭转目前科研教育机构的行政化、官僚化倾向，创造科研教育领域民主、平等、开放的氛围，创造条件让专业人士主导科研教育活动，改变由行政机制主导科研资金分配、科研人才聘任和升迁的格局。三要建立支持创新的现代金融体系。鼓励和引导金融机构加快建立支持创新活动的专业信贷管理制度、专业金融机构、专项激励考核机制和差别化的监管政策，积极推进知识产权质押融资等金融创新，多方面拓宽创新活动的市场化融资渠道，积极发挥多层次资本市场的融资功能。四要深化政府职能改革，改善政府服务。对于创业和创新活动，要减少准入管制，缩减审批环节，优化受理流程。同时，要保障共性关键技术的有效供给，搭建创新和创业的信息交换平台，为创业者和创新者优化组合资金、技术、人才等生产要素提供支撑。

第四，完善法治环境，加强产权特别是知识产权的保护。产权保护制度能为创业者和创新者提供稳定的产出预期，激发其投资热情，增强其创新动力。进一步完善我国民商法律体系和产权保护制度，尤其要建立完善的知识产权法律体系，加强执法监督，改善执法效果。

以控物价为中心，注重稳增长、提效益

2011年一季度经济形势分析及全年展望

（2011年一季度报告）

国务院发展研究中心经济形势分析小组

2011年初以来，全球经济复苏进程不平衡、各国面临的主要问题和突出矛盾不同，经济政策相互影响相互制约，加上自然灾害和地缘政治动荡的影响，经济形势更趋复杂，但整体复苏向好的趋势没有逆转。国内经济运行中，物价上涨压力依然较大，出口、消费增长下降对经济增长形成一定下行压力。宏观经济政策要坚持以“控物价”为中心，同时兼顾“稳增长”，正确对待适当的经济增速下降，着力推进体制改革和经济结构调整，提高我国经济在相对低速增长下的质量和效益，为“十二五”开好局、起好步。

经济平稳运行，通胀压力依然较大

2011年初以来，世界经济保持了复苏势头。日本地震灾害的直接冲击有限，间接影响值得关注。我国出口、消费增长回落，但仍处合理、正常范围。物价上涨的峰值和拐点尚未出现，通胀压力依然存在。

世界经济持续复苏，但复苏进程不平衡

2011年以来，世界经济保持了复苏势头。全球制造业采购经理指数呈现强劲上升态势，2月达到57.9，为2005年以来的最高水平。经合组织国家领先指数上升到103.1，表明发达经济体整体回升向好。其中，美国不仅增长速度较快，而且2月失业率降低到8.9%，“无就业增长”状况得到一定程度缓解。在德国经济增长的带动下，欧盟地区总体较为平稳。

全球经济复苏进程不平衡，表现为发达国家与发展中国家不平衡、发达国家内部不平衡。发展中国家基本恢复到危机以前的增长态势，当前面临的主要挑战是通货膨胀和资产泡沫化风险；发达国家经济复苏相对缓慢，政策重点仍为恢复增长。在发达国家内部，美国、德国增长强劲，日本、英国、意大利等则相对疲软；美国通胀压力较小，但欧元区 2 月 CPI 上涨 2.4%，英国已超过 5%。全球经济复苏不平衡，宏观经济政策的协调、配合难度加大。

日本地震灾害的间接影响值得关注

受日元升值和消费刺激政策退出的影响，日本经济在 2010 年四季度出现了环比负增长（-1.3%）。2011 年 3 月遭受地震、海啸和核辐射多重灾害影响，上半年日本经济可能持续负增长。世界银行和日本政府各自做出的评估认为，本次灾害导致日本经济增长降低 0.5 个百分点左右。

日本是我国的主要贸易伙伴，且贸易商品比较集中。我国对日出口占出口总额的 8%，从日本进口占进口总额的 12%。在对日出口中，机械、纺织、化工、基本金属和食品 5 类商品合计占出口额的 72.5%；在从日本进口中，机械、基本金属、光学设备、照相机和音乐器材 5 类商品合计占进口额的 85.3%。日本经济短期衰退，进出口贸易萎缩，对我国上述行业的生产、经营造成一定冲击。但灾后重建将会对我国建材、工程机械、食品等行业形成一定拉动作用。日本核事故导致的全球供应链、能源结构等方面的调整，可能对世界经济和我国经济产生中长期影响，值得进一步关注。

我国总需求增长有所放缓，但仍处正常范围

从外需看，2011 年头两个月，我国出口同比增长 21.3%，进口增长 36%，累计贸易逆差 8.9 亿美元。与 2010 年同期和全年相比，出口增长有较大幅度回落。2010 年出口高增长是在 2009 年负增长基础上实现的，2011 年出口增幅回落符合预期。实际上，1—2 月出口增速，与 2001—2010 年同期 21.9% 的平均增速基本持平。

从内需看，在投资增长保持相对稳定的同时，消费增长下降。1—2 月社会消费品零售总额同比增长 15.8%，比 2010 年 12 月和全年分别回落 3.3 和 2.6 个百分点。如果剔除价格因素，实际增长回落幅度更大。汽车销售增幅下降是其主要原因。1—2 月，汽车销售增长较 2010 年同期回落 31 个百分点，而近年来汽车销售占社会消费品零售总额比重平均为23%。应该注意的是，社会消费品零售总额和国民经济核算中的居民消费之间存在明显差别。在居民消费中，交通和通信支出占城乡居民消费比重平均分别为12.5%和11%。汽车销售增幅下降，对居民消费的影响并不像汽车销售占社会消费品零售总额比重所显示的那么大。

物价上涨的峰值和拐点尚未出现

经过2010年下半年以来宏观经济政策的持续调整，治理通胀取得了初步成效。连续提高存款准备金率和加息，以及信贷投放节奏控制，2月M2增速下降到15.7%，单月新增信贷明显放缓，治理通胀的货币条件得到一定改善。另外，“农超对接”、鲜活农产品运输“绿色通道”等举措，一定程度上从中间环节减轻了物价上涨压力。

但是，物价上涨的峰值和拐点还没有出现，压力依然存在。世界经济复苏不平衡，美国短期货币政策依然宽松，美元指数跌至70附近，且贬值预期不变，加上北非和中东政局动荡的影响，石油等大宗商品价格呈现震荡上行趋势。受国际原材料价格上涨影响，我国进口价格指数出现快速上升态势，2月达到116.6，比出口价格指数高5.2个百分点。自2009年11月以来，进口价格指数持续高于出口价格指数，贸易条件不断恶化，输入型通胀压力明显。

预计全年经济增长9%左右

2011年经济增长预期目标为8%左右。这既考虑了国际、国内复杂形势，又结合了我国自身改革和结构调整的需要，是一个切合实际并有望实现的目标。预计实际经济增长比2010年略有回落，全年可达到9%左右。

第一，投资有望保持稳定增长。从固定资产投资行业构成看，制造业、房地产、交通运输、采矿业、水利、环境及公共管理设施投资合计占固定资产投资总额的80%。1—2月，固定资产投资增长24.9%。其中，政府主导的水利、环境及公共管理设施投资增长有所放缓，制造业中的电力和热力行业投资出现负增长，其他行业投资增长总体稳定。电力和热力投资出现负增长，与2010年节能减排力度较大和电力行业利润持续下降有关。随着电力需求回升，投资将会逐步回暖。根据人民银行和国家统计局对5000家企业的调查，2010年一季度企业家信心指数上升到76.3，与2007年基本持平。预期改善，将促使各行业投资增加。

从占比达到25%的房地产投资看，1—2月房地产业新开工项目累计增速已跌至-23.6%，这是自2008年以来的首次下滑，预示市场主导的房地产投资增长将出现明显回落。2011年计划建设1000万套保障住房，加上2010年未完工的220万套，施工面积超过6亿平方米。保障房建设按计划实施，将有效弥补房地产调控引发的市场投资的下降，全年房地产投资增长有望达到20%以上。另外，前两年实施的4万亿经济刺激计划，部分投资项目的后续工程将继续实施；作为“十二五”开局之年，不少新开工项目也将启动；水利、高铁等基础设施建设投资将保持较快增长。预计全年固定资产投资增长稳定在24%左右。

第二，消费增速略有降低。受汽车消费刺激政策退出、一线城市治理交通拥堵等因素影响，汽车消费将从前两年的高速增长转入正常增长轨道。房地产市场调控及限购政策的实施，与房地产有关（如装修等）的消费需求也呈下降趋势。如果仅从社会消费品零售额看，2011年增速回落幅度较大。但是，社会消费品零售总额包括了销售给企业、事业、行政单位的零售额，以及销售给城乡居民建房用的建筑材料（属于投资），这些不属于居民消费内容；教育、医疗、文化、艺术、娱乐等服务项目的居民消费则不在社会消费品零售总额的统计范围。综合考虑，预计城乡居民消费波动幅度明显小于社会消费零售总额。

从国民经济核算看，居民最终消费与城乡居民消费支出更接近。历史经验表明，我国居民消费增长总体稳定。2001年以来8大类消费支出波动幅度都不大，即使在我国受到国际金融危机冲击时也是如此。考虑到政府转移性支出、补贴增加，劳动工资上升以及个人所得税改革等有利因素，城乡居民消费支出增长大幅下滑的可能性很小。预计全年城乡居民人均消费支出增长略低于近10年的平均水平。

第三，出口增长回归正常水平。随着欧洲稳定机制（ESM）的正式建立，欧洲债务危机失控风险进一步缩小。发达经济体经济持续复苏，失业率下降，居民消费有望进一步回升。我国已成为全球产业链不可或缺的一环，出口产品竞争力和议价能力都有所提升。新兴经济体已经成为我国出口增量部分的主要来源。2011 年 1—2 月，新兴经济体和发展中国家占我国出口总额的比重上升到 52.6%，比 2010 年全年提高了 1.3 个百分点。新兴经济体增长比发达经济体更为强劲，有利于我国出口的稳定增长。

受基数影响，出口增速与 2010 年相比会有所降低。同时，国际市场大宗商品价格高企，进口商品价格涨幅高于出口商品，贸易条件继续恶化，净出口规模将有所降低。预计 2011 年出口增速在 17% 左右，比进口增速低 5 个百分点左右，贸易顺差有望收窄至 1400 亿美元左右，延续过去两年贸易更趋平衡态势。去年我国贸易顺差占 GDP 比重为 3.1%，已处于相对合理水平。预计 2011 年将下降到 2% 左右，国际收支状况进一步趋于合理。

第四，生产侧反映经济增长依然强劲。1—2 月我国工业增加值增长 14.1%，考虑统计口径调整因素，比 2010 年同期上升了 0.6 个百分点。由于企业对经济前景预期总体乐观，前两个月工业产成品库存同比增长 22%，这是金融危机以来的最高增速。根据发展研究中心对 39 个行业景气跟踪监测，2 月行业总景气有所降低，但仍达到 104.3，与 2006 年基本相当。人民银行的企业调查也显示，2011 年一季度企业经营景气指数为 71.1，达到三年来新高。应该看到，生产侧反映的强劲增长态势，与企业库存增加有直接关系。

总体而言，由于核算口径原因和短期库存调整，从需求侧和生产侧观察到的经济运行态势存在差异。这与 2009 年一季度出现的总需求回升、经济增长下降的情况刚好相反。虽然需求增速有所放缓，但经济运行总体平稳，预计经济增长比 2010 年有所降低，全年仍可达到 9% 左右。经济增长的小幅回落在正常、合理范围，且各季度之间增速落差较小，经济运行的平稳性有所提高。

物价涨幅呈现前高后低特征

未来一段时间影响我国物价走势的因素较多。国内主要是食品、居住及货币条件；国际主要是大宗商品价格、热钱和美国货币政策。

从国内看，猪肉和水产品价格存在上涨压力

经过前一段时间的持续收紧，我国货币条件已经发生了重要变化。但是，综合货币发行量、利率、汇率等因素，目前我国货币条件仍然比2007年宽松。在连续提高存款准备金率以后，近期银行同业拆借市场利率反而走低，也说明银行流动性并不是很紧。如果通胀压力继续增加，货币政策特别是价格工具仍有进一步收紧的空间。

在影响CPI的几类消费品中，蔬菜价格已开始进入季节性回落阶段，并将持续到7、8月份。由于粮食连年丰收，特别是储备较为充足，市场调节能力较强，如果不出现极端气候变化，短期内粮价不具备大幅上涨的条件。居住类价格中，租金在经过前一段时间的上涨后趋于稳定，建材装修涨价的幅度不会太大；由于存在价格管制，水电燃气调价的主动权掌握在政府手中，因此居住类价格大幅上涨的可能性在降低。未来一段时间可能给CPI造成较大冲击的是猪肉和水产品价格。

近两年来生猪价格持续回落。在2010年6月下降到保本点后，价格有一定回升，但幅度有限，猪粮比价目前在7左右，养猪的比较效益偏低。2010年底全国生猪存栏4.54亿头，同比下降1.2%，2011年1月份进一步下降到4.45亿头。生猪存栏量决定下一时期的出栏量。目前存栏量下降幅度不大，但反映了生猪生产增长势头出现转折性变化。2006年底生猪存栏量下降，2007年就出现了猪肉价格持续高涨。同时，与养猪密切相关的玉米、豆粕等价格，对国际市场价格波动十分敏感，国际粮价变动对养猪成本有较大影响。当前受“瘦肉精”事件影响，加上正处消费淡季，猪肉价格涨幅不大，但下半年上涨的可能性增加。

福岛核泄漏事件对我国海产品生产、消费将产生冲击，部分需求可能转向淡水产品。淡水产品供给量的稳定增长，是平衡供求关系、抑制价格上涨的主要途径。此外，福岛核泄漏事件对我国粮食、蔬菜、水果及防辐射用品价格的影响，也需要密切关注。

从国际看，不确定性源自美国货币政策调整

受国际经济继续复苏，需求增加，美国宽松货币政策和美元持续贬值，北非、中东地缘政治等多重因素影响，大宗商品价格震荡上涨。我国进口产品价格和PPI涨幅提高，进而加大了向CPI传导的压力。伴随人民币持续升值和加息预期，热钱流入规模扩大。1—2月扣除贸易和外商投资因素后，外汇占款明显增加。

从本轮大宗商品涨价特征看，金属、农产品价格涨幅高于石油。目前农产品和金属价格涨幅出现一定调整，但石油价格继续攀升。在正常情况下，由于原油质量差异，美国西得克萨斯（WTI）原油价格高于OPEC原油一揽子价格，但2010年底以来，OPEC原油价格明显高于西得克萨斯原油价格，这说明近期油价上涨主要是中东局势不稳。

欧元区通胀压力已经明显增加，加息的可能进一步增强。美国由于通胀压力尚小，就业压力比较突出，四季度前加息的可能仍然较小。值得关注的是，受油价和通胀预期影响，美国3月消费者信心指数已下降到67.5，低于2月的77.5。如果欧元区加息启动，考虑债务融资和风险升水变化，美国宽松货币政策退出的可能性也随之增大。

综合而言，如果中东、北非的地缘政治形势趋于缓和，加上美国宽松货币政策的适时退出，大宗商品价格上涨态势有望阶段性缓解。如果能够适时适度控制好国内新涨价因素，全年CPI涨幅有望控制在4.5%左右，并呈现“前高后低”态势，单月峰值超过7%的可能性较小。

需要指出的是，高物价将是全球经济今后两年的重要挑战。在经济复苏未能取得长足进展的情况下，即使意识到某些刺激政策的负面效应，也不得不坚持实行这些政策。而在全球经济增长的稳定性增强后，就必须更多地考虑和控制刺激政策的负面效应，适时调整政策重点，加强各国政策调整中的协调，并对政策调整的时间和代价有足够估计。

宏观政策要以控物价为重点，兼顾稳增长

当前，我国物价上涨压力仍然较大，经济增长也面临一定下行压力，宏观经济政策在“控物价”与“稳增长”之间的回旋余地缩小。一定意义上可以说，2011年宏观经济运行的复杂性和可预见性，宏观政策选择的难度，都

可能大于应对国际金融危机冲击的前两三年。但应该看到，我国经济基本面仍然较好，经济增长的适度降低，有利于控制总需求和抑制通胀。宏观政策重点应继续以“控物价”为中心，特别是上半年相关政策不能放松，下半年则应视物价水平与经济增长变化，注意做好“稳增长”方面的政策储备。特别是要利用好经济的适度回调期，着力推进体制改革和经济结构调整，提高我国经济在增速降低条件下的质量、效益和整体适应能力。

把握好货币政策调控的节奏和力度

货币政策适时适度调整，无论对“控物价”还是对“稳增长”都至关重要。2011 年以来货币政策实际紧缩力度较大，货币供应量增速明显下降，控物价的货币条件得到一定改善。鉴于存款准备金率已达 20% 的历史高点，应更多采用利率、再贴现率等政策工具。同时，保持合理的社会融资规模，引导资金流向战略性新兴产业、生产性服务业、公共事业等发展潜力大的领域，有利于促进经济平稳较快发展和结构调整。现阶段，可通过增加企业债券（包括短期融资券和中期票据）发行规模、支持优质企业发行中长期商业承兑票据、选择部分省市政府开展市政债试点工作、加快推进场外资本交易体系建设等，进一步拓宽直接融资渠道，扩大直接融资规模。

保持政策基本稳定，促进出口较快增长

针对出口增长高位回调、贸易顺差持续减少的趋势，应继续稳定各项出口支持政策，巩固扩大国际市场份额，支持出口产业转型升级。对加工贸易企业的相关财税政策调整，不宜操之过急，应等待条件成熟时再择机推出。考虑美元呈贬值趋势，新兴经济体通胀压力加大、货币升值要求比较迫切等因素，根据出口企业相对竞争力评估，可考虑适度加快人民币汇率升值步伐，进一步理顺人民币与其他货币的比价关系，促进我国国际收支状况改善，提高我国对外经济综合效益，减轻输入型通胀压力。

引导住、行为主的消费结构升级，积极扩大消费

针对消费增幅下降，应继续采取切实措施，稳定和扩大居民消费。近年来，我国居民消费增长表现出以改善住、行为主的结构升级特征。在社会消费品零售额中，50% 以上的部分与住、行消费相关，而且增长最快。在控制

商品房价格过快上涨的同时，对不同的购房需求应区别对待，打击投机性活动，控制投资性需求，支持居住性购房需求的合理释放。轿车进入家庭是消费结构升级的重要方面。解决城市拥堵问题，“限购”只是权宜之策，特别是二三线城市不宜跟风推进。根本出路还是要改进城市规划，加快城市基础设施建设，加快发展智能交通，提高城市交通系统能力和效率。以鼓励购车、限制排量和排放、合理使用为原则，进一步完善家庭汽车消费政策，引导购车需求合理稳定增长。

努力稳定投资增速，着力提高投资效益

在出口与消费增速出现不同程度下降时，稳定投资增长是稳定经济增长的关键环节。2010 年以来，政府投资总体呈逐步退出态势，市场投资则不够稳定。当前，一方面应在改善结构、防控风险的前提下适度稳定政府投资；另一方面应积极鼓励企业投资，提高投资增长的内生动力。围绕保障房和“十二五”规划的重点项目，精心选择一批政府投资项目，充实项目储备；进一步落实放宽市场准入、减轻税负、加大融资支持等多方面的政策，促进企业特别是中小企业投资增长；与房地产市场调控结合，促进房地产投资合理增长，稳定城镇住房供给。

积极稳定食品价格，防止猪肉价格上涨推高物价

进一步落实 2010 年以来稳定食品价格的各项政策措施。密切关注福岛核泄漏事件对我国粮食、蔬菜、水果、水产品价格的影响，提前做好预案。2011 年猪肉价格变化可能成为影响 CPI 的一个突出的新涨价因素，需要考虑适度超前的政策干预措施。进一步完善生猪产业发展扶持政策，通过市场价格和政府支持的综合作用，促进生猪生产基本稳定，提高猪肉供给保障水平。要严密防控重大动物疫情疫病，避免不利影响相互叠加。及时发布生猪产品供求及价格信息，防止市场不当炒作，误导消费者。加强生猪市场流通体系建设，提高市场流通效率和产销一体化水平，完善生猪储备调控措施，加强市场流通管理，保障市场均衡供应。

加快完善保障性住房管理体系

多渠道筹措资金，促进保障性房建设按计划、进度、高质量推进。在保

障性住房大规模建设的同时，根据各地具体情况加快建立、完善保障性住房管理体系，制定合理的保障房准入和退出标准，严格管理，合理回收建设资金，切实发挥好保障房的保障功能。各地应根据自身情况，合理界定保障房体系与商品房体系之间的关系，使市场化住房体制与政府主导的保障房体制既有清晰界限，又能相互补充，实现全面覆盖，发挥好两种机制在城镇住房供给方面的作用。

加快推进体制改革，提高对增长速度降低的整体适应能力

我国经济已经保持了三十多年的高速增长，创造了举世瞩目的“中国奇迹”。长期的高速增长，使企业具有明显的“速度型效益”特征，即只有在较高增速条件下，才可以获取较好收益，一旦经济增长下降，则出现大面积亏损。这在近两次金融危机中都表现得十分突出。目前我国经济发展方式正在经历重大转变，传统的竞争优势正在减弱，而以人力资本提升和创新为主的新的竞争优势尚未形成。根据我们的研究，在2015年前后，我国经济增速可能会下一个台阶，由10%左右降为7%左右。所以，要抓住“十二五”这个战略窗口期，着力推进体制改革，加快结构调整，提高产业和企业的竞争力，提高企业在较低增速环境下的盈利能力，提高财政、金融、就业及其他方面对较低增速环境的适应能力，防范增长减速可能给我国经济带来的系统性风险。

（执笔：刘世锦　余　斌　陈昌盛　杨建龙　张立群　方　晋）

总量政策以稳为主　着力推进结构调整

2011 年上半年经济形势分析及全年展望

（2011 年三季度报告）

国务院发展研究中心经济形势分析小组

2011 年以来，世界经济呈现发达经济体与新兴经济体“双轨增长”格局，二者在宏观政策上明显分化。发达国家政策持续宽松，进一步加大了发展中国家面临的通胀压力。党中央、国务院坚持把控物价作为宏观调控的首要目标，采取了一系列政策措施，物价快速上涨态势有所缓解，居民消费价格指数峰值临近，年内压力趋减。同时，经济增长出现一定幅度回调，但总体处于正常范围内。短期宏观经济政策应以稳为主，不宜放松，审慎观察。在巩固控物价效果的同时，加快结构调整，化解潜在风险，同时因势利导，着力谋划和推动相关重要领域的改革，为我国争取更长时期的平稳较快发展创造条件。

物价上涨压力趋减，经济增长短期调整处于正常范围

CPI 峰值临近，但下半年降幅有限

2010 年四季度以来，物价上涨压力明显增强，CPI 涨幅不断提高。2011 年上半年平均上涨 5.4%，6 月达到 6.4%，创 2008 年三季度来新高。本轮物价涨幅和持续时间超出预期，并呈现以下新特点：

一是货币供应量与物价上涨之间的时滞关系明显改变。从历史经验看，狭义货币供应量（M1）增速与 CPI 之间存在相对稳定关系，即 M1 平均领先 CPI 约 8—10 个月。在本轮物价上涨过程中，M1 峰值出现在 2010 年 1 月，目

前已降低到12.7%的较低水平，但CPI峰值尚未确定，二者之间的时滞关系明显改变。因前两年累计货币投放较多，市场流动性规模大，货币流向出现结构性变化，同样的紧缩力度，对物价上涨的抑制作用有所减弱。

二是食品与非食品价格同步上涨。2004年和2008年的物价上涨，主要表现为食品价格大幅上涨，而非食品价格相对稳定，二者相对价格水平明显拉大。本轮则有所不同。虽然食品价格上涨仍是推动物价上涨的主要因素，但非食品价格也出现较大幅度上涨，二者相对价格变动幅度小于前两次。近年来，制造业工资上涨逐步向服务业等领域传导，劳动力成本普遍上升已经通过价格调整在各个行业都有所体现。

三是上游产品价格向中下游传导力度加大。2010年8月以来，因大宗商品价格上涨，工业企业原材料燃料动力购进价格涨幅回升，很快导致原材料工业、加工工业、生活资料以及非食品消费价格较大幅度上涨。由于企业原材料库存调整速度加快、劳动力等生产要素价格上涨，中下游产业及流通环节对上游产品价格上涨的消化吸收能力明显下降。

对于本轮物价上涨，党中央、国务院预见早、行动快，自2010年四季度以来相继采取了一系列调控措施，效果逐步显现。CPI峰值有望在近两个月出现，下半年物价上涨压力将逐步减弱。首先，通过连续上调存款准备金率、加息和优化信贷投放结构，从当前货币信贷、汇率和资金供需情况综合看，货币条件已经由“宽松”转入“适宜”，控制物价上涨的货币条件明显改善。其次，基数效应逐步减弱。在前5个月CPI涨幅中，翘尾因素推动了3.05个百分点，贡献率达到58.7%。6月和7月翘尾因素分别为3.7和3.3，8月后明显回落。第三，随着蔬菜、水果等价格的季节性回落和流通环节的综合治理，3—5月食品价格环比连续下降，食品价格过快上涨态势得到一定遏制。2011年夏粮再获丰收，特殊灾害天气对食品价格的影响总体可控。第四，受世界经济增长放缓、美元短期反弹等因素影响，大宗商品价格有所回落，我国工业生产者价格指数和进口商品价格指数下降，输入性因素对物价上涨的推动作用有所减弱。

在看到上述有利因素的同时，一些持续推高物价上涨的因素依然存在，下半年CPI降幅有限。目前国内多数农产品价格低于国际市场，随着生产成本的不断提高，农产品价格温和上涨将常态化。5 月猪肉价格同比上涨 40.4%，肉禽及其制品上涨 24.3%。近期生猪和鲜肉价格已经超过 2008 年高点，6 月第四周猪粮比价达到 8.16∶1。考虑基数影响，下半年猪肉价格涨幅或略有回落，但全年将维持上涨态势。仅猪肉价格一项，对全年 CPI 上涨的拉动将超过 1 个百分点。下半年食用油也面临较大涨价压力。从国际看，美国虽然暂没推出第三轮量化宽松政策（QE3），但由于增长低于预期，失业率仍处高位，美联储继续维持低利率。第二轮量化宽松政策（QE2）虽退出，不少到期资金还将用于购买债券，继续向市场投放流动性。因此，美元指数短期并无持续反弹动力，大宗商品价格也将维持高位。

经济增长的短期调整处于正常范围

2010 年三四季度以来，受国际市场大宗商品价格上涨和国内通胀、增长预期推动，各行业增加原材料储备，扩大生产，工业企业产能利用率明显上升。2010 年 12 月一度达到 84.5%，超过了危机前的峰值水平。但 2011 年以来，总需求增长低于市场预期，产能利用率高位运行与销量增速放缓并存，逐渐推高库存。前 5 个月，工业产成品库存同比增速一直在 22% 以上。企业为消化前期累积的库存，逐步降低产能利用率。4 月份后工业增加值增速下降，正是工业企业降低产能利用率的直接后果之一。

如果说 2010 年下半年是预期主导下的“主动增库存”，当前则是内需增长放缓下的“被动去库存”。在出口保持较快增长的同时，消费增长放缓和投资结构性分化是导致需求下降的主要原因。消费需求前两年保持较高增长，2011 年以来呈放缓态势。1—5 月，社会消费品零售总额实际累计增长 11.7%，低于 2001 年以来 12.3% 的平均水平。其中，在限额以上社会消费品零售总额中占比高达 26% 的汽车销售，回落最为明显。5 月增速仅为 13.6%，比 2001 年以来平均水平低 22.6 个百分点。

固定资产投资内部结构发生明显分化。在制造业投资保持较快增长的同时，房地产业进入“库存高企、量缩价滞”阶段，新开工面积明显收缩，投资开始有所回落。如果这种局面持续，市场主导的房地产投资回落幅度可能加大。交通运输及仓储、电力热力燃气、水利环境及公共管理等投资持续下滑。从近五年平均水平看，这三项基础设施投资占固定资产投资比重达到

26.2%，而5月这一比重已下降到22.2%。其中，仅电力热力行业投资占比就下降了近3个百分点。对于基础设施投资增长下降及其影响，需要高度关注，并进一步观察研判。

在通胀压力较大的背景下，经济增长适度放缓，有利于市场供求关系调整，减轻物价上涨压力。短期库存调整和需求适度放缓，既是各类微观主体寻求平衡、促进结构调整的良性反应，也是宏观政策调整效果的初步显现。总体看，当前我国经济运行的支撑因素依然较强，经济增长的短期调整处于正常范围。

出口增长将达到20%左右。国际金融危机爆发以来，我国对外贸易结构发生积极变化。2010年1—5月，对发展中国家出口占比进一步上升，达到53.6%；一般贸易累计占比51.4%，超过加工贸易；集体和民营企业出口占比，达到32.2%。在应对危机过程中，我国的国际市场份额不降反升，成为全球第一大货物出口国。这些都说明，我国出口贸易结构调整加快，竞争力进一步增强。目前世界经济有所放缓，新订单增速下降，进出口增速较上半年可能出现一定回落。但全球经济二次探底可能性很小，对我国对外贸易冲击有限。预计我国全年出口增长20%左右，贸易顺差1400亿美元左右，占GDP比重下降到2%左右。

内需增长相对稳定。我国居民消费增长总体稳定，即使在国际金融危机时期也是如此。目前我国就业状况总体良好，近两年工资上涨幅度较大，个人所得税免征额提高，社会保障覆盖面扩大，居民支付能力有所提高、消费意愿趋向改善，居民消费支出增长大幅下滑的可能性很小。下半年商业性房地产投资会继续回落，但保障房建设可多渠道筹资，为其按计划推进提供资金支持，将弥补市场主导的房地产投资下降缺口。全年投资增长将达到23%左右。

我中心经济形势分析小组对39个行业的景气监测表明，目前景气回调幅度不大，尚高于2002年以来的平均水平。2011年1月以来，我国工业行业产能利用率持续下降，但目前仍维持在2003年以来的平均水平。在汽车、纺织等行业产能利用率明显下降的同时，钢铁、水泥等重要工业产品产能利用率仍处高位，并未出现系统性回调的迹象。

全年 CPI 上涨 5% 左右，经济增长 9% 左右

在宏观经济政策效应逐步显现和世界经济增长放缓的双重影响下，物价短期上涨压力有所减缓，CPI 峰值有望在 6—7 月出现。但受猪肉价格上涨、美国宽松货币政策及大宗商品价格高位震荡等因素影响，物价涨幅也难以出现大幅下降。CPI 下行更多是由于上年翘尾因素变化，环比增速仍将保持高位。综合判断，全年 CPI 涨幅可控制在 5% 左右，略高于预期目标。必须认识到，在应对危机过程中，世界主要经济体货币超量投放，为了处理好过量资金，要么采取超常规的紧缩政策，要么通过更长时间寻求平衡。显然，为了避免对经济形成过大冲击，多数国家选择了第二种方式。随着劳动力供求关系的逐步转变和国民收入分配结构的调整，工资水平的上升也将成为中长期趋势。这就决定了在较长时间内物价将维持相对较高水平，通胀压力仍将是未来相当长一个时期宏观经济面临的重要挑战。

我中心宏观经济景气指数显示，经济运行仍会在 2011 年三季度后重拾小幅上行态势。预计全年经济增长 9% 左右。但必须客观认识到，由于我国需求结构、人口结构、劳动力供求等经济基本面因素正在发生变化，经济增长重回“十一五”时期高增长的可能性已经不大，也不应成为政策追求的目标。

当前值得关注的几个问题

世界经济将延续“双轨增长”格局

近一段时期，全球经济增长出现放缓迹象。主要发达经济体和新兴经济体 PMI 均出现一定幅度回落。美国经济增长低于预期，债务高企，就业增长缓慢，房地产市场依然低迷，美联储调低了全年增长预测。欧债危机再度恶化的风险依然较大，经济复苏前景存在隐忧。作为欧洲经济火车头的德国，近期也出现回调迹象。日本灾后重建进展缓慢，企业利润还在恶化，商业投资继续放缓。特别是电力供应不足，成为短期制约经济回升的重要因素，对全球供应链的不利影响难以迅速改观。新兴经济体为应对通胀，纷纷采取紧缩政策，各国内部需求均有所放缓。

由于美国经济增长不乐观，货币政策关注的核心通胀相对较低，加上国内政治周期作用，美联储短期加息的可能很小，美元持续反弹缺乏动力。国际能源署（IEA）抛售石油、短期打压油价，但难以长期维持，尚不排除欧佩克对此采取报复性减产措施的可能性。这都可能成为下半年再次推动石油等大宗商品价格上涨的因素。

总体看，美国经济虽然复苏进程呈缓慢态势，但也没有大幅下行的可能，这也是美联储暂没推出 QE3 的原因。对希腊的救援，欧盟最终也将达成共识，IMF 有望延续对欧洲债务纾困的既定措施。部分企业为减轻日本地震对全球供应链的影响，已经采取了一些替代性调整措施。新兴经济体下半年的通胀压力有所减弱。因此，全球经济放缓，属于一次幅度不大的短期调整，世界经济有较大可能性延续"双轨增长"格局。

中小企业资金紧张日益显现

中小企业"融资难""融资贵"，一定意义上说是全球性问题。由于多层资本市场不健全，以大银行为主导的金融体系难以满足中小企业的贷款需求，这一问题在我国更为突出。一旦宏观经济政策紧缩，中小企业往往承受更大压力。

据我们近期调查，受原材料涨价、劳动力成本提高、电力紧张等因素影响，企业流动资金需求增加较多。在信贷总量控制情况下，银行普遍"保大压小"，导致中小企业申贷批准率大幅下降，等待时间进一步延长，融资难问题明显加剧。此外，在信贷总量控制措施下，市场资金价格大幅提高，对中小企业成本形成较大压力。目前银行对中小企业的贷款利率普遍上浮 20%—70%，民间借贷利率折年率高达 15%—20%，有的过桥贷款利率甚至达到 30% 以上。

由于中小企业涉及大量就业，其"融资难"问题目前已经引起各方面关注。一些关于中小企业因资金紧张出现倒闭的报道或传闻，使人们更担心其对整体经济运行的影响。据我们调查，在宏观政策收紧的背景下，中小企业资金紧张日益显现。特别是在民营经济发达、制造业中小企业集中的地区，以及"短贷长用"、前期投资规模过大和偏离主业、介入房地产行业的中小企业，表现得更加明显。

经济结构调整刻不容缓

我国人口众多、就业压力大，宏观经济政策强调稳增长，其实就是稳就业，而稳就业就是保稳定。近年来，农业劳动力向非农产业转移速度明显下降，劳动力供求格局正在发生转变，就业压力有所减轻。一方面，宏观经济政策为保就业而保增长的压力明显缓解；另一方面，当前世界经济所处的复苏与调整并行的态势，以及国内经济增长的适度下降，为转变经济发展方式、调整经济结构创造了一次难得的机遇。作为“十二五”开局之年，抓住当前有利时机，积极推进结构调整，具有现实紧迫性。在淘汰落后产能和企业的同时，需要按市场原则加快重点行业、优势企业的兼并重组步伐，大力促进产业结构调整升级和战略性新兴产业发展。

从中长期来看，我国以快速推进工业化、城镇化为主的高速追赶进程即将结束，未来面临着潜在增长速度下降的挑战，这对经济结构调整提出了新的要求。为尽快适应相对较低的增长环境，微观主体需要改变“速度效益型”盈利模式，重塑运营机制和增长动力，实现由低要素成本驱动为主向以创新驱动为主的转变。

从世界格局看，经过这次国际金融危机的冲击，发达经济体开始积极调整各自的经济结构，正在酝酿新一轮技术革命和产业转型升级。在这一背景下，我国应加强技术创新，积极抢占新一轮技术创新的前沿阵地，着力推进经济结构调整，为实现国民经济持续健康发展打下坚实基础。

财政金融风险开始显露

我国财政赤字占 GDP 比重、中央政府债务余额占 GDP 比重，都处于正常范围。但是，如果加上地方政府债务和其他或有债务，情况将会有所不同。由于地区、结构及偿债来源上的不平衡，潜在风险不容忽视。根据国家审计署的审计公告，截至 2010 年底，在全国 10.7 万亿元的地方政府性债务余额中，79% 的债务来自银行贷款，24% 的债务偿还直接依赖土地出让收入，有 78 个市和 99 个县级政府负债率超过 100%。

目前这种债务模式和结构，很大程度上依赖于经济高增长和房地产业持续繁荣、土地出让收入持续增加。由于地方债务与银行系统高度关联，一旦局部发生偿债危机，可能会通过金融系统传导感染，引发系统风险。由银行提供的面向政府、企业和个人的贷款，相当部分与土地、房产直接或间接相关，一旦房地产市场出现大的波动，财政危机和金融风险会同时暴露。当前，经济增长小幅下降，房地产调控政策效应逐步显现，地方政府税收和土地出让金收入下降，而财政支出具有刚性。据我们调查，前期建设规模过大的一些地区开始显露财政金融风险。国际金融危机发生以后，一些欧洲国家正是由于收入下降、支出难以削减，从而引发主权债务危机的。对此，必须予以高度重视。应在规范地方举债和强化风险管理的同时，制定危机应对方案，建立政府资产负债管理制度，完善我国宏观风险管理框架。

总量政策以稳为主，着力化解潜在风险

2011 年以来，党中央、国务院把控物价作为宏观经济政策的首要目标，采取了一系列针对性措施，政策效果逐步显现。综合货币条件已经从“宽松”转入“适宜”阶段，预计物价峰值临近，年内压力趋减。经济增长虽出现小幅下行态势，但仍处于合理范围内。下一阶段，宏观总量政策要突出以稳为主，不宜放松，审慎观察；同时采取结构性政策，着力防范和化解潜在风险，推动经济结构调整优化。与此同时，应根据当前经济运行中暴露出的突出问题，因势利导，谋划和推进相关重要领域的改革。

近期政策调整和推进改革应重点考虑以下几个方面：

宏观政策保持连续性、稳定性，提高针对性、灵活性

保持财政、货币政策的连续性和稳定性，意在巩固控物价成果，保持经济平稳运行；提高灵活性和针对性，则是通过结构性调整，化解经济运行中存在的矛盾和问题。当前数量型货币政策的边际成本已经明显上升，大型金融机构的存款准备金率已经攀升至 21.5% 的历史高位。但另一方面，在物价上涨过程中，自 2010 年 2 月以来实际利率一直为负。6 月份，CPI 和一年期存款利率的差距已经扩大到 3.15 个点。未来可以考虑一到两次的非对称性加息操作，缩小存贷利差。同时，物价上涨对低收入人群、弱势群体、特殊行业等造成一定不利影响。在财政支出中，应加大对低收入人群的补贴、提高城镇低保水平等，以保障其基本生活需要。

深化能源供给体系改革

近年来油荒、气荒、电荒等现象频繁发生，凸显了我国基础产业领域市场化改革滞后对宏观经济运行的冲击。问题既然出来了，不必回避和推后，而应因势利导，在充分调研的基础上，提出我国能源市场化改革的系统方案，并抓紧实施。近期可采取的措施包括：一是切实加快投资体制改革，将电力、炼油等生产能力建设选择权还给市场，减少因审批限制导致的供给冲击；二是鼓励成品油生产和销售市场的竞争，提高对内对外的开放度，可考虑逐步放开成品油进口限制；三是加快输配电价改革，推进竞争性电力市场建设和大用户直接交易，对垄断性电网企业在可能范围内增加竞争因素，提高其运作透明度，并改善政府管制方式；四是进一步完善水电、核电、可再生能源发电价格形成机制；五是调整销售电价分类结构，居民电价以目前已被多数地区采用的阶梯电价为主，生产电价上调应在已经形成的差别电价格局基础上，以基准电价的系统调升为主要方式。

加快完善保障房相关政策和制度

加快保障房建设，是我国完善住房保障体系、着力改善民生的重大战略举措，客观上也是2011年稳定投资增长和经济运行的重要手段。在推行保障房项目发债融资的同时，建议中央财政支持资金从支付本金重点转作财政贴息，积极引导各类社会资金参与保障性住房建设；研究设立城市住房银行的可行性，为住房建设提供比较稳定的资金来源；加快完善保障房运营管理制度，尽快建立全国性住房信息系统及个人信用、收入信息系统，对住房保障对象的家庭收入状况、住房困难程度和住房保障面积等进行动态跟踪；加强保障性住房分配、使用的体制机制建设，制定合理的准入和退出标准；加快研究制定《住房保障法》，为居民享受住房权益提供法律保障，进一步明确各级政府部门的责任；合理回收建设资金，切实发挥好保障房的保障功能，要重点关注“十二五”期间社会保障房建设的可持续能力。

有针对性地解决中小企业融资困难

进一步加大对中小企业的贷款倾斜力度，在现有基础上，适度放宽中小银行存款准备金率、拨备覆盖率、存贷比等方面的要求，鼓励各类中小金融机构积极开展面向中小企业的金融创新。对向中小企业提供的贷款业务，适当降低银行营业税率。加强财政对中小企业的支持，建立财政对小型和微型企业的扶持制度，重点支持中小企业技术创新、转型升级、节能减排和专业化发展。进一步完善中小企业融资担保制度，引导信贷资金支持中小企业技术进步和结构调整。清理市场进入障碍和对中小企业的乱收费问题，营造有利于中小企业发展的市场环境。从根本上解决中小企业资金紧张问题，需要深化金融体制改革，大力发展适应中小企业特点的中小金融机构。

继续稳定出口政策

在内需放缓的情况下，更应促进出口稳定增长。作为基本的贸易制度，出口退税和相关加工贸易政策是国际贸易规则允许的通行做法，应长期稳定下来，不宜作为短期的调控手段频繁使用。鉴于当前出口形势良好，中央财力相对宽裕，应抓住机遇，彻底理顺出口退税机制和加工贸易政策。一是将目前中央和地方按92.5%和7.5%比例分担出口退税改为中央全额负担，以减轻地方财政负担，同时提高出口大省进一步扩大出口的积极性。二是目前“来料加工”方式下国内采购部分出口后不予退税，而“进料加工”方式下国内采购部分可以退税，导致“进料加工”国内采购比例远高于“来料加工”。应考虑将加工贸易中来料加工采购的国内料件，在产品出口后予以退税，促进企业扩大国内采购。此外，为减轻输入型通胀对我国物价的压力，需要进一步完善人民币汇率形成机制。

（执笔：刘世锦　余　斌　陈昌盛　邓郁松　方　晋）

本轮市场共振是“余震”还是“预震”

对美债危机前景的判断和应对策略

国务院发展研究中心经济形势分析小组

美债危机是次贷危机的延续，是信心危机的征兆

标准普尔下调美国长期主权信用评级，引发国际金融市场剧烈震荡。这一事件，看似偶然，实则必然。2009 年我们曾提出国际金融危机的演变将呈现三个阶段的基本特征，即私人部门债务危机、主权债务危机和国际货币体系危机。政府大规模救市，由“政府高杠杆”替代“私人高杠杆”，私人部门债务危机转化为主权债务危机。主权债务危机进一步恶化和蔓延，政府不得不将债务货币化，靠多印票子来偿还债务。美元是主导性国际货币，美债危机以及美国债务的货币化必将对国际货币体系带来严重冲击，虽在短期内尚不足以从根本上动摇现有的国际货币体系，但这一体系的动荡、混乱和不确定性将大大增加。此次美国信用评级下调或许就是向这个方面演变的重要信号，标志着危机正在从第二阶段向第三阶段过渡。评级下调看似针对美国国家信用，实质是对美元主导的国际货币体系和美国经济复苏信心的动摇，是一场信心危机。

美债危机短期内对实体经济影响有限

美债危机对实体经济的影响，主要通过以下两个渠道传导。一是风险和

---

* 本文为 2011 年 10 月撰写的专题研究报告。

价值重估。信用等级下调，引发风险重估，推动国债收益率提高（尚未发生）。美国国债作为众多金融资产定价的基础，将引发一系列金融资产价值重估。相应的，银行系统风险资本的要求提高，企业融资成本上升，进而影响金融体系对实体经济的资金支持。二是信心和财富效应。美国信用等级下降，金融市场出于对其他资产风险的担忧，竞相抛售风险资产，引发市场恐慌性暴跌（已经发生）。资产缩水又会通过财富效应影响企业投资和居民消费，使实体经济受到冲击。

由于美国经济、美元在全球经济、金融体系中的特殊地位，当国际市场风险加剧时，美债依然是相对安全和流动性较好的资产。在避险情绪推动下，投资者选择增持美债，减持其他风险资产，再加上政府的市场干预，短期内美债收益率不升反降。目前美国企业和银行手中现金较多，流动性比较充裕，美债信用下调促使金融市场价值重估，进一步加大美元贬值压力，但短期内尚不至于对实体经济造成重大冲击。

欧洲的情况则有所不同。由于欧洲银行系统持有大量政府债券，欧债的避险功能较差，如果欧洲某主要经济体（如目前传闻较多的法国等）信用等级也遭下调，则以上两个传导渠道都会相对顺畅，对实体经济将产生严重冲击，并形成目前难以预料的其他影响。应对美债危机的重点，应是美元持续贬值和欧债危机的系统性爆发。

美欧经济陷入长期低迷的可能性加大

经过这次信心危机的冲击，世界经济复苏前景变得更加暗淡。发达经济体扩张性政策的底线已经出现，可作为空间已极为有限。受债务规模高企、削减财政赤字压力增加和政治因素的影响，财政政策实际上处于紧缩状态。目前市场流动性充裕，即便再度实施宽松货币政策（如美国延长低利率时间或推出第三轮量化宽松措施），在信心缺失和具有增长潜力投资领域不足的情况下，效果十分有限。而且，当前发达国家的通货膨胀已经开始抬头，货币政策也面临着物价上涨压力的约束。更为重要的是，发达经济体重启新一轮增长周期，需要重大的结构调整和新增长动力的出现。然而，到目前为止，实质性的结构调整并没有发生，新能源和低碳、信息技术、生物等新兴产业发展缓慢，新增长点至今尚不明朗。美债危机发生后，市场信心动摇，即便短期不出现二次探底或深度衰退，发达经济体复苏期将会拉长，可能陷入类似日本的“失去的十年”。

对我国短期冲击有限，但需警惕中长期影响

美债危机对我国巨额外汇储备资产的保值增值和安全性将产生影响。短期内，由于美国国债收益率下降、价格上升，我国持有的美债账面上不仅没有损失，反而会产生一定盈利。但是，需要警惕评级机构下调其他美元资产和其他发达国家主权债务的评级。这将会引起金融市场间歇性波动，并导致主权债务危机向纵深发展。

美债危机导致的股市暴跌、信心下滑、经济放缓，对我国的外部需求将产生直接影响。但只要欧美经济不出现深度衰退，我国对其出口可以保持一定增长。如 2011 年上半年，美国经济仅增长 0.8%，但我国对美出口仍增长 16.9%。从长期来看，美欧等发达经济体陷入长期低迷，我国“入世红利”正在逐步消退，出口对经济增长的拉动预期将相应下调。

近期金融市场波动导致以石油为代表的大宗商品价格大幅下跌，这有利于减轻我国面临的输入型通胀压力。但未来西方国家通过债务货币化的手段化解债务危机的可能性很大，长期通胀压力仍将是严峻挑战。

总体上看，本次美债危机，短期影响主要表现为金融市场震荡，对实体经济的冲击不大。但对欧债危机的恶化，需要高度警惕。从中长期看，美元走上逐渐衰弱道路，国际货币体系的稳定性下降，已是大势所趋。因此，在做好必要政策预案的同时，应立足长远，积极抢抓外部机遇，加快推进改革，增强抗冲击能力。

宏观政策短期宜保持基本稳定

2011 年以来，我国控物价的政策成效逐步显现，7 月应为本轮 CPI 涨幅

的峰值，下半年物价上涨压力趋减。受国际经济放缓和国内需求增速下降的影响，经济增长有所回落，但尚处正常、合理范围，全年增长将达到9%左右。在这次调控过程中，微观主体正在做出积极调整，资产泡沫化风险也得到一定挤压，结构调整出现一些积极变化。为巩固已经取得的成效，在美债危机向实体经济传导短期尚不明显的情况下，不需要政府进行大规模的干预，宏观政策不宜进行方向性调整。但对美元持续贬值、欧债危机恶化的风险，应提前做好应对预案。

长短有别，多管齐下，化解外汇储备风险

双边贸易和巨额外汇储备，使中美利益紧密联系，金融市场稳定也符合我国自身利益。基于此，短期内可考虑公开采取适当支持美元、美债策略，少量增持美国国债，并以此为筹码，争取我方经济、政治上的利益。中长期则以应对美元地位下降为重点，一是继续采取外汇储备多元化战略，增持优质外国企业债券和股票，增持部分增长前景较好、投资收益较高的新兴经济体债券；二是“藏汇于民”，加快个人对外投资试点工作，开通“港股直通车”，逐步取消个人对外投资限制；三是采取积极措施支持企业“走出去”，提高对外投资额审批上限，取消不合理、不必要的外汇管理要求；四是加快人民币汇率形成机制改革，积极推进人民币区域化。

积极抢抓外部机遇

西方国家金融市场持续动荡，经济长期低迷，国内矛盾日益激化，意味着国际经济政治力量对比进一步朝有利于新兴大国的方向倾斜。应抓住这一战略机遇，积极争取对我国长期发展有利的外部资源，为和平发展打下坚实基础。加强资金、信息、管理、人才、外交等方面的综合服务，鼓励、支持企业特别是按市场规则运作的民营企业“走出去”，主动整合全球资源；加强与新兴大国和周边国家经贸合作，积极开拓新兴市场；着力打造具有国际竞争力的投资环境，大力吸收国际高端产业与生产要素；加快制度建设，多种

方式灵活吸引海外高层次人才；进一步提升参与全球经济治理的层次和水平，在未来国际经济秩序的变革当中抢占有利位置。

加快推进重大改革，在防控风险的同时推动增长动力转换

2011 年上半年，东部发达省市经济增长开始回落，很可能预示着我国潜在经济增长率出现下降。在应对外部风险冲击的同时，对国内潜在增长率下降可能带来的风险应有足够重视。从日本等国的经验看，一旦潜在增长率下台阶，扩张性政策并不能拉高增长速度，而且会带来新的风险。从中长期看，保持经济平稳持续增长，化解经济和社会风险，应对外部环境急剧变化的挑战，已经不是短期宏观经济政策和外延式增长所能解决的，必须从体制、机制等方面入手，推进全面深入的改革，包括要素价格、国有企业、金融体制、财税体制、科研和教育体制、户籍制度、土地制度、人口政策等多方面的改革。通过这些改革的实质性进展，在有效防控风险的同时，加快我国增长动力从要素投入为主向创新驱动为主的转换。

（执笔：刘世锦　余　斌　陈昌盛　方　晋）

增强政策弹性　防范化解风险
加快转变经济发展方式

2011 年经济形势分析及 2012 年展望

（2011 年三季度报告）

国务院发展研究中心经济形势分析小组

在国内物价上涨压力较大、国际经济持续动荡的背景下，党中央、国务院坚持既定宏观调控方针，提高前瞻性和针对性，在控物价、稳增长和调结构中寻求平衡，既有效遏制了物价过快上涨，又保持了经济平稳较快发展。展望2012 年，受美、欧债务危机冲击，世界经济形势趋于复杂，加之美、德、法、俄等大国面临政府选举，各种不确定性因素明显增加；国内需求也存在放缓压力，房地产市场、投融资平台、民间借贷等领域潜在风险增大。在继续实施积极财政政策和稳健货币政策的同时，需要增强宏观经济政策的弹性与灵活性，进一步释放微观主体的活力和潜力，努力防范和化解各种风险，积极推进体制改革和结构调整，力争在转变经济发展方式上取得实质性进展。

2011 年经济运行特点和发展态势

2011 年以来，宏观调控坚持把控物价作为首要任务，政策效果逐步显现，经济运行总体较为平稳，并呈现以下特点和发展态势。

物价涨幅见顶回落，全年 CPI 上涨 5% 左右

居民消费价格指数在 7 月达到 6. 5% 的峰值后，受基数效应减弱、货币条件改善和大宗商品价格下降等因素影响，涨幅呈现回落趋势，全年 CPI 上涨

5%左右。首先，控物价的货币条件持续改善。9月广义货币（M2）同比增长13%，狭义货币（M1）同比增长仅8.9%，信贷余额同比增长15.9%，全年货币、信贷调控目标将如期实现。其次，输入型通胀压力有所减弱。受美、欧债务危机冲击，全球经济增长明显放缓，加上市场避险情绪影响，美元短期反弹，大宗商品价格有所回落，进口价格指数趋降。第三，食品价格涨幅企稳回落。猪肉价格同比涨幅下降，目前猪粮比已回落到8以下。粮食产量“八连增”，有利于稳定粮食和食品价格。

经济增长小幅下降，全年增速略高于9%

前三季度，制造业、房地产业投资高速增长，但交通、电力等基础设施投资增速明显放缓，固定资产投资增长25%。由于汽车、住房等与住、行相关的消费增长明显下降，累计社会消费品零售总额实际增速比2010年同期回落3.75个百分点。目前世界经济放缓，对我国出口已经开始产生影响，前9个月出口增长22.7%。预计全年出口增长20%左右，贸易顺差1600亿美元左右。

从内外需求综合看，2011年以来总需求增长的适度回落，主要是宏观政策主动调控的结果，有利于控制物价涨幅和实现经济运行的综合平衡。GDP增速在上半年达到9.6%的基础上，三四季度将小幅下降，预计全年增长略高于9%。

房地产调控初见成效

前9个月，全国商品房销售面积同比增长12.9%，销售额增长23.2%，房地产市场运行总体平稳。保障房建设按计划推进，一定程度上弥补了商品房投资下降缺口，房地产开发投资增长32%，对于稳定整体投资增长和抑制商品房价格上涨均发挥了积极作用。特别是，“限购”措施的落实和实施范围的不断扩大，以及开展房产税试点等，房地产投资需求得到一定抑制。一线城市房价有所松动，并出现局部下降，二三线城市房价上涨趋于温和，房价过快上涨态势得到初步遏制。对地方投融资平台的摸底和整顿，使正在上升的与土地、房地产相关的信贷风险和地方财政风险有所抑制，对防范系统性财政金融危机的爆发具有重要作用。

区域、城乡、内外平衡状况有所改善

中西部地区经济发展明显加快。上半年，18 个省区 GDP 增速超过 13%，但东部省市仅有 3 个。除天津外，增速排前 10 名的全部来自中西部省区。得益于农民工工资上涨、农产品价格上升和各项惠农政策的实施，上半年农村居民人均现金收入增长 20.4%，明显高于城镇居民人均可支配收入 13.2% 的增速。应对危机以来，我国对外贸易出现积极变化，国际市场份额进一步提高，对发展中国家出口占比超过 50%，一般贸易规模超过加工贸易。在出口稳定增长的同时，进口保持更高增速，贸易顺差规模减小，全年占 GDP 比重将下降到 2.3% 左右，内外平衡状况改善。

2011 年以来，党中央、国务院积极应对国际环境的剧烈变化，在控物价、稳增长和调结构中寻求平衡，进行了不少探索，积累了一些经验。一是注重保持经济平稳增长与调整经济结构相结合。调结构是为了持续健康的增长，平稳的经济增长也有利于结构调整的实施，二者并不矛盾。“好”不一定会必然导致“慢”，但不能为了求“快”而牺牲“好”。二是高度重视保障和改善民生。始终把改善人民生活作为经济发展的根本目的，着力解决人民群众最关心、最直接、最现实的利益问题。三是注重推进内外平衡。着力扩大内需，提高消费对经济的贡献；妥善处理国际经贸关系，坚持“引进来”和“走出去”同时并重，提升价值链和扩展贸易增长点并举，增强汇率弹性，不断提升国际竞争力。四是更加注重系统性风险管理，增强忧患与风险意识。土地、房地产与我国金融、财政风险高度关联，整顿地方投融资平台、调控房地产市场、建立预警机制和风险显示机制，有利于降低系统性风险。

在世界经济大幅波动、增长低于预期的国际环境下，我国经济保持了平稳较快发展的良好局面，成绩来之不易。但也要看到，作为“十二五”开局之年，消费占 GDP 比重偏低、服务业发展相对缓慢、高耗能行业快速扩张等问题依然存在，转变经济发展方式的任务依然艰巨。

2012 年在防控风险中积极把握结构调整有利机遇

受美、欧债务危机冲击，市场信心动摇，金融市场持续大幅波动，大宗

商品价格明显下跌，全球制造业活动收缩，国际经济环境有所恶化。2012 年，我国出口、投资需求面临下行压力，潜在风险也在增加，需要在防范、化解风险中把握机遇，积极推动结构调整，保持国民经济平稳较快发展。

主权债务危机影响加深，国际经济环境有所恶化

2012 年，世界经济格局呈现出三个显著的特点：一是政治周期与商业周期叠加。美国、德国、法国、俄罗斯等多个主要经济体将面临政府选举。面对经济下滑、债务高企、失业增加等问题，政治家为了迎合选民需要，可能不顾客观经济现实，发表偏激言论和难以兑现的承诺，上台之后也可能对现行经济政策做出不合时宜的调整，使脆弱复苏进程雪上加霜。二是国际协调与合作更加困难。发达经济体与新兴经济体面临的短期挑战不同，政策取向也存在明显差异，政策协调与国际合作变得更加困难。同时，发达国家转嫁危机，可能加深与新兴经济体之间的矛盾。三是结构调整与短期目标冲突。国际金融危机是发达国家过去几十年积累的结构性问题的总爆发，需要重大结构调整才能出现转机。但是，当前的政治氛围和面临的短期风险，使其无法实施真正有利于经济长期增长的结构性调整。

从目前情况看，欧债危机的发展态势，是决定 2012 年国际经济形势的关键因素。希腊违约风险较高，欧盟救援进程有提速的可能，但总体上发达经济体陷入中长期低迷的可能性增加。

希腊违约风险较高，但引发欧元解体可能性小。因削减债务行动迟缓，加上对欧盟救援力度的担心，希腊国债收益率飙升。其中，一年期国债收益率超过 16%，10 年期国债收益率超过 20%。在基本丧失了市场融资能力以后，以债务重组方式进行部分技术性违约的可能性加大。希腊债务持有者已组成债权人委员会，并初步接受 21% 的违约率，但暂时反对更高的违约重组方案。若希腊债务违约 50%，会造成德、法银行业损失 140 亿美元左右，尚在可承受范围内。伦敦银行间市场利率与美国短期国债的利差，近一段时间虽然有所上升，但目前只有 60 个基点，不仅远低于 2008 年危机时的高点（457 个基点），也低于 2010 年 5 月希腊债务危机首次爆发时的水平。这说明，市场并不认同欧债危机会引发银行危机。当前的关键是如何重建欧元信心，而不必过度担心欧元解体。

德法自保有利于加速救援进程。欧元区主权债务总额为6.5万亿欧元，其中“欧猪五国”（希腊、爱尔兰、西班牙、葡萄牙和意大利）为3.1万亿欧元（意大利和希腊分别为1.8万亿和3280亿欧元）。“欧猪五国”债务主要由德国和法国银行持有，分别持有其债务总额的26.4%和38.5%，其中，持有希腊主权债的比重分别达到32.8%和31.2%。因此，救助希腊一定程度上也是救德、法自己。如果债务规模较小的希腊陷入危机，并进一步向西班牙、意大利等国蔓延，则欧元区必将遭受重大冲击。这正是欧盟核心国采取救援行动的原因所在。继续救助希腊，扩大欧洲稳定基金规模，并通过杠杆机制发挥更大支撑作用等，都是现实的选择，欧债危机存在转机的可能。

发达经济体可能陷入中长期低迷。经过美、欧债务危机的冲击，世界经济复苏前景变得更加黯淡。受债务规模高企、削减财政赤字压力增加和政治因素的影响，发达经济体财政政策实际上处于紧缩状态。目前市场流动性充裕，即便再度实施宽松货币政策，在信心缺失和具有增长潜力的投资领域明显不足的情况下，效果十分有限。更重要的是，发达经济体重启新一轮增长周期，需要重大的结构调整和新增长动力的出现。然而，到目前为止，实质性的结构调整并没有发生，新能源和低碳、信息技术、生物等新兴产业发展缓慢，新增长点至今尚不明朗。可以说，如果没有实体经济的新突破，发达经济体可能陷入类似日本“失去的十年”。

我国总需求增长将有所回落

出口增长难以达到2011年水平。发达经济体结构调整无力，受主权债务危机拖累，财政刺激空间压缩，而私人部门需求迟迟不能接替公共需求，经济增长失去动力。2012年，虽将维持宽松的货币政策，财政政策则着眼于中长期整顿，即便不爆发深度危机，发达经济体增长也将处于2%以下。新兴经济体经济增长虽然好于发达国家，但由于国际市场动荡，出口条件恶化，资本流动的冲击正在加大，新兴经济体并不能真正“脱钩”。在全球需求放缓背景下，2012年我国出口增长难以达到2011年水平。考虑发达国家的刚性需求，必需品无法替代，而且入世以来我国在全球产业链中地位的提升、出口结构优化和竞争力提高等因素，预计出口增长15%左右。

消费增长预计稳中有升。由于农产品价格高企，2011年食品类消费明显高于近年平均水平，前9月平均增速达到24.6%，比2001年以来平均水平高6个百分点。受汽车限购、油价上涨等因素影响，汽车类销售则大幅下降，比新世纪以来平均增速低22个百分点。目前，汽车销量处于底部回升阶段，考虑到汽车消费自身的更新置换周期，明年增速将会有所提高。在收入差距较大的特定发展阶段，部分高收入群体奢侈性、炫耀性消费将持续扩张。同时，部分保障房建成入住和农村居民收入增长，家电类消费增速也有望小幅回升。预计社会消费品零售总额增长17%左右，实际增长略高于2011年。

固定资产投资增速将有所回落。2011年投资能保持较快增速，主要得益于制造业和房地产业投资高增长，这两大行业占固定资产投资的比重达到60%。我国制造业投资与出口有很强的正相关性。一般情况下，出口增长10%，会拉动制造业投资增长4个百分点左右。2012年出口增速回落5个百分点左右，将在一定程度上抑制制造业投资扩张。从房地产投资看，既定调控政策尚不能马上放松，否则政策效果将大打折扣；由于目前房地产开发企业待售房面积处于历史同期最高水平，且资金链趋紧，融资难度加大，未来一段时间商品房投资进度将会放缓；2012年保障房投资新开工面积有较大下降，公租房和廉租房融资难的问题尚未根本解决，投资增速也可能回落。从有利因素看，受既定项目开工和需求缺口推动，明年电力、水利、交通等基础设施投资增速有望明显回升，这三项占投资比重接近25%；随着劳动力成本上升，“机器替代劳动”推动的设备更新改造，对投资增长也会形成一定支撑；在五年规划周期中，第二年往往是规划项目落地开工较集中的年份。综合上述因素，预计2012年固定资产投资增长20%左右，比2011年回落4个百分点。但考虑价格因素影响，投资实际降幅小于名义降幅。

在保持经济平稳运行、小幅回落中力争结构调整取得积极进展

综合上述分析，预计2012年我国总需求增长将出现一定幅度的下降，在现有政策条件下，经济增长将回落到8.5%左右。在经济增长下行过程中，贸易顺差规模缩小，内外平衡进一步改善；伴随着出口、投资增长的下降，消费增速回升，对经济增长的贡献有所提高；受产业转移和能源资源需求增加等因素拉动，中西部地区将保持较快速度增长，有利于地区差距的缩小；农民收入增速有望继续高于城市居民，有利于遏制城乡差距拉大；由于劳动力

供求关系的转变，工资水平上升有利于收入分配格局的改善。总体上有望呈现增长速度平缓回落、结构调整取得积极进展的格局。

必须认识到，经济增长速度过高，不利于经济结构调整和发展方式转变；经济增长速度的适度回落，符合“十二五”规划确定的预期目标，也为结构调整创造了良好宏观环境。2012 年，在防范、化解风险的同时，把握好世界经济格局调整、国内物价下行的有利时机，积极推进改革和结构调整，提高增长的质量和效益，增强中长期发展的活力和动力，在结构调整和发展方式转变上取得实质性进展。

在全球需求下行背景下，我国物价上涨压力将有所减弱，2012 年 CPI 涨幅将回落至 4% 左右。但全球性宽松货币政策还在持续，大宗商品价格高位震荡，以及我国经济正处在成本上升阶段，决定了反通胀仍具有长期性。尤其重要的是，控通胀应更多采取市场手段，充分发挥市场机制调节供求的作用。推进资源要素和公共服务价格改革，短期内会增加物价上涨压力，但中长期有利于保障供给和提高资源配置效率。因此，抓住通胀压力趋减的有利时机，理顺价格机制十分重要，并通过增加对低收入群体补贴等方式提高社会承受能力。为此，建议将 2012 年 CPI 的预期目标设定为 5% 左右，为推进价格改革预留一定空间。

要把防范化解风险放到重要位置

经过三十多年的高速增长后，中国经济已经进入了高速增长的后期。本轮增长速度回调，是短期的周期性波动，还是中长期潜在增长率下滑，需要进一步观察。就明年而言，国际经济态势、国内房地产市场走势和基础设施投资增长，都存在较大的不确定性，风险积累和引发的可能性增大。需要高度关注如下几个领域的现实或潜在风险。一是 2012 年投融资平台将迎来集中还款高峰，局部地区可能面临一定偿付压力；二是我国经济具有明显的速度效益型特点，当增长放缓后，产能过剩问题凸显，部分行业可能出现较大面积亏损；三是房地产市场风险加大，如果房价较大幅度下降，银行、地方政府都面临巨大资金压力；四是不规范的民间借贷和泡沫经济结合，一旦出现资金链断裂，可能引发较大冲击和群体事件。

值得关注的几个问题

正确看待经济增速小幅下降

经济增长受宏观政策和短期需求变化影响，更取决于特定发展阶段的潜在增长水平。我国“十一五”时期经济年均增长达到11.2%，即便是国际金融危机冲击较为严重的2009年也超过了9%。部分人因此认为，我国经济增长处在10%以上才是正常的。其实，我国需求结构、人口结构、劳动力供求等经济基本面因素正在发生变化。上半年，东部发达省市经济增长明显回落，基础设施投资的潜力和空间也在缩小，这很可能预示着我国潜在经济增长率开始下降。经济增长重回“十一五”时期高增长，既不符合“十二五”转变发展方式的现实要求，也不应成为政策追求的目标。从日本、韩国的经验看，一旦潜在增长率下台阶，扩张性政策并不能拉高增长速度，反而会积累新的风险。从中长期看，保持经济持续增长，已经不是短期宏观经济政策和外延式增长所能解决的，必须从体制、机制等方面入手，通过改革的实质性推进，在有效防控风险的同时，加快我国增长动力从要素投入为主向创新驱动为主的转变。

促进房地产市场回归正常发展轨道

2011年以来，房地产市场运行出现了一些积极变化，但潜在风险也在增加。一方面，房屋新开工面积增速已连续18个月高于商品房销售面积增速，待售房销售压力不断增加；另一方面，企业资金状况总体趋紧，房地产开发投资增速已连续15个月高于商品房销售额增速，且融资难度增加。目前全国城镇房价收入比低于1998年以来的均值水平，部分房价明显偏高、商品房供应量较大的城市，房价可能会出现一定幅度的下降，但出现全国性房价大幅回落的可能性较小。另一方面，目前已经形成了地方财政高度依赖、银行较大程度依赖土地、房地产行业的格局，以及民间信贷介入房地产业很多，短期内房价如大幅下降，将会打破财政、金融系统的脆弱平衡。国内外房地产市场大幅波动的教训表明，宽松的货币政策和投机性购房占比过高，是房地产市场积累泡沫的深层原因。促使房地产市场回归正常发展轨道，切实发挥住房居住性功能，需要实行中性的住房金融政策，需求与供给有机结合管理，严格限制投机、投资性住房比例。在调控政策上，可采取“稳供给、抑投机、重自住”的政策组合，即稳定商品房供给、限制投资投机性购房，鼓励自住型需求；以时间换空间，房价不涨其实就是下降；以房价稳中有降为目标，争取用3—5 年的时间，使房价回归社会基本可承受的水平。

财政超收与可持续性

近年来财政超收问题引起广泛关注。2000—2010 年，财政收入年均增长达到20%，前三季度同比增长29.5%。在看到财政增收形势喜人的同时，应该看到背后的隐忧。一是大量超收资金游离在预算监督之外，影响了资金使用的规范性和效率。二是伴随着收入的快速增长，财政支出扩张也十分迅速，刚性支出一旦形成难以压缩。三是财政收入高增长与劳动收入占比下降并存，不利于国民收入分配结构的调整。更重要的是，这种高增长不可持续。经济增长一旦下降，财政收入增长随之下降，高增长时期形成的刚性支出将难以为继。从国际经验看，发展阶段和税制特点，决定了发展中国家税收对经济增长的弹性明显高于发达国家。但随着工业化逐步完成，税收弹性会明显下降，财政超收现象随之结束。同时，在人均收入达到1 万美元阶段，政府公共服务支出往往会明显增加。收入放缓而支出增加，财政可持续性将面临考验。对此，应早做准备，在不断优化、调整税制结构的同时，一方面着力涵养税源，壮大税基，另一方面切实量入为出，福利体系的建设要与财政能力相适应。

竞争性实体经济利润偏低

2011 年以来，在原材料价格上涨和资金偏紧背景下，行业间利润出现不合理的挤压分配。主要表现为：一是金融类企业利润增长相对较快。在货币政策收紧背景下，金融企业定价能力明显增强，对非金融类企业利润形成一定挤压。上市公司中报显示，金融类企业净利润同比增长27.3%，与2010 年全年水平基本持平，而非金融类企业净利润同比增长17.9%，显著低于2010年全年水平。二是上游行业相对于下游行业利润增长较快。大宗商品和原材料价格上涨，上游行业具备更强的成本传导能力，对中下游行业利润产生挤压。三是随着信贷规模收缩，市场资金成本上升，更容易获取金融资源的大企业，部分发挥了“影子银行”的作用，对中小企业利润形成一定挤压。在资金要素价格改革不到位的背景下，这种利润挤压使虚拟或垄断部门受益，而竞争性实体经济，民营和中小企业受损，导致经济运行活力下降。推动国有企业和垄断部门改革，鼓励金融创新，大力发展“草根金融”，是减少这种扭曲的治本之策。

国际压力明显增加

首先，发达国家经济增长放缓，为转嫁危机和转移国内矛盾，可能会实施更多的贸易保护主义措施，如美国国会再度提出要求人民币汇率升值的法案，力图对我国施压。其次，发达国家面对债务危机，可能要求中国无条件地、大幅度地参与救援行动，并在其他方面要求中国承担更多的国际义务。如果我国不同意或者提出条件，就可能被贴上“不负责任的大国”标签。再次，发达国家试图把金融危机爆发的原因和全球经济再平衡的责任推到我国身上。在世界经济放缓和大宗商品价格下调的情况下，发展中国家对我国带动其经济增长也持有较高期望。如果这种期望得不到满足，可能就会转化为不满。另外，如果我国经济能够保持稳定增长，而西方国家经济低迷，我国崛起的势头将更加明显，可能引发西方国家有意识、有组织的打压，并分化利用其他发展中国家给我国制造麻烦，我们将面临更加错综复杂的外部环境。

宏观政策取向与相关建议

2012 年，受美、欧债务危机冲击，世界经济形势趋于复杂，不确定因素明显增加，国内需求也存在放缓压力，各种风险恶化的可能性有所增加。在继续实施积极财政政策和稳健货币政策的同时，应更加注重宏观政策的前瞻性及中期效果，增强弹性和灵活性，视条件变化而相机决策，努力化解各种风险。加快完善货币政策微观机制，更加重视价格工具的运用；发挥财政政策在结构调整中的优势，积极推进结构性减税。政策导向上，在抑制资产泡沫的同时，着力支持实体经济发展；在深化垄断行业改革的同时，着力改善中小企业的生存和发展环境；在调整和优化结构的过程中，着力推进各种类型的创新活动；在促进内外平衡的过程中，着力利用外部资源提升我国产业的长期竞争力，切实将经济工作的重点放到调结构、促改革、转方式上来，稳步朝“十二五”预定目标迈进。

以结构性减税提高经济活力

面对更加复杂的国际环境，财政政策需要保持一定的支出弹性。加大结构性减税力度，增强经济内生性增长动力，是应对总需求收缩的重要举措。进一步加大对小微企业技术创新和改造的财税支持力度；加快落实农产品增值税进项税额核定扣除办法，减轻农产品加工企业税收负担，促进食品生产和价格稳定；加快增值税扩围改革试点，解决现行营业税重复征税问题；降低服务业特别是生产性服务业的营业税税负水平，促进专业化细分与结构升级；扩大资源税改革试点范围，由原油、天然气扩大到煤炭等重要资源品种；研究建立资本利得税，尽快对房地产增值收入开征资产所得税，并实行累进税率，从制度上控制不合理买房需求。

改善货币政策及其微观机制

把握国际资金避险回流美国、人民币远期无交割汇率贬值的时机，采取非对称加息操作，在维持贷款利率不变的前提下，小幅提高存款利率，适当缩小利差。虽然这会在一定程度上减少银行业存贷利差的盈利空间，但这不仅有利于减轻长期负利率对居民消费的影响，也有利于促进银行业改善管理、增加竞争、提高效率。积极推进利率市场化改革，改变贷款利率与民间借贷利率，存款利率与理财产品利率间的巨大差距，促进“双轨”利率价格逐步并轨。中小企业“融资难”“融资贵”是全球共性问题，没有国家可以通过货币政策的松紧来解决这一问题，关键还在于深化金融体制改革，大力发展适应中小型企业特点的小微金融机构和债券市场。为提高金融监管效率，在大力发展小微金融机构的同时，可借鉴现行农村信用合作社的监督、管理模式，在加强银监会行业监管的同时，充分调动地方政府的积极性，落实管理责任，使省级政府逐步成为小微金融机构的管理主体。

加快能源供给体系改革

近年来油荒、气荒、电荒等现象频繁发生，预计2012年电力供应仍会紧张，基础产业领域市场化改革滞后对宏观经济运行的冲击十分突出。应抓住物价压力下降机遇，研究制定我国能源市场化改革的系统方案。切实加快投资体制改革，将电力、炼油等生产能力建设选择权还给市场，减少因审批限制导致的供给冲击；鼓励成品油生产和销售市场竞争，提高对内对外的开放度，可考虑逐步放开成品油进口限制；加快输配电价改革，推进竞争性电力市场建设和大用户直接交易，对垄断性电网企业在可能范围内增加竞争因素，提高其运作透明度，并改善政府监管方式；进一步完善水电、核电、可再生能源发电价格形成机制；调整销售电价分类结构，居民电价以目前已被多数地区采用的阶梯电价为主，生产电价上调应在已经形成的差别电价格局基础上，以基准电价的系统调升为主。成品油价格调整，要尽快从目前22个工作日缩短到5个。相关改革要抓住时机，小步快走，力争在2011年四季度适时启动。

稳定农业生产，深化农村改革

维护生猪生产基本稳定，建立政府对生产者的直接补贴制度。为避免放大周期波动，补贴时机上，应选择生猪价格大幅下降时启动。进一步完善农业补贴政策，逐步将粮食直补转变为脱钩补贴，纳入“绿箱”直接支付，新增农资综合补贴主要向粮食主产区倾斜。完善最低收购价格，将玉米纳入国家最低收购政策范围。推进农民土地确权，深化以两种所有制平等为核心的土地制度改革。深化城乡分治体制改革，以公共服务均等化为核心，推进农民工在城市定居落户。创新农村投融资体制机制，加大农村水利建设投资支持力度，建立健全对农业支持保护的制度化机制。积极培育新型农民和农业经营组织，促进农业发展方式转变。

着力改善民生和稳定就业

为顺利推进资源要素改革创造良好社会条件，在抗通胀过程中，应积极稳定居民消费，加大对低收入人群的实物补贴力度。结合国际经验，针对我国目前社会保障个人账户存款利率定得过低（住房公积金按3月存款利率计息，养老保险按1年期定期存款计息，医疗保险按活期计息），不仅增值保值能力不足，也损害了入保者利益，应适当提高各类账户计息标准。近年，社保基金收入增长较快，而支出相对稳定，可考虑对中小企业实施社保基金按比例返还制度。经综合测算，按中小企业实际缴费人数，每人每月返还50—

80 元，既不会冲击基金收入稳定增长，又有利于稳定就业和支持中小企业发展。可根据一定时期社保缴纳标准，加快实行农民工随读子女异地高考政策，促进劳动力进一步有效转移，缓解局部民工荒。遵循逐步、弹性的原则，积极研究出台提高退休年龄制度。

以适当方式参与欧债救援

作为全球最大的区域经济体，欧洲经济的表现直接影响世界经济的复苏进程。而作为全球第二大流通和储备货币，欧元的稳定有利于国际货币体系向多元化方向发展。如果欧元解体，美元独大的局面将得到强化，不利于国际货币体系的健康稳定运行。欧洲和欧元的稳定关系到我国的切身利益，有必要以适当的方式给予援助。时机选择上，最好等希腊违约问题明朗之后。此时，如果欧洲国家决定在意大利债务问题上建立防火墙，我方应积极参与。作为救援条件，要求欧洲取消对我国在对外贸易和投资中的歧视条款。在方式上，可以直接购买部分欧洲国家的主权债务、欧洲金融稳定基金（EFSF）增发的债券，还可以选择一些优质企业和金融机构的股票和债券。另外，可以要求对方发行特别国债，并置于优先偿还等级，目前 IMF 对欧元区国家的救助资金就有这样的安排。在购买欧元区金融资产时，要注意化整为零，除了国家级投资机构之外，可以考虑让部分国有企业和金融机构分散。

（执笔：刘世锦　余　斌　陈昌盛　邓郁松　方　晋）

2012 年

“新常态”判断的提出与供给政策

经济增长降中趋稳　供给政策大有可为

2012 年一季度经济运行分析及全年展望

（2012 年一季度报告）

国务院发展研究中心经济形势分析小组

新年以来，我国经济增长延续了小幅下行态势，并创 1992 年以来季度累计同比增速回调时间最长纪录。这既是多重周期因素交织、内外需求下降叠加的结果，也在一定程度上反映了我国经济由高速向中速增长阶段的转换。当前世界经济出现某些积极变化，内需增长降中趋稳，预计 2012 年全年经济运行呈“前降后稳”态势。应注意到，本轮经济回调已经超出了一般意义上的周期波动范畴。处理好稳增长、调结构、控物价三者关系，需要在保持总需求政策基本稳定的同时，重点推行改革导向的供给政策，促进经济结构调整；着力消除体制障碍，纠正扭曲性资源配置，有效提高运行效率；积极推动基础产业改革，释放被抑制的增长潜力，增强我国经济可持续发展能力。

经济增长有望降中趋稳

一季度，我国出口增幅明显回落，投资、消费增速放缓，企业去库存尚未结束，经济增长呈小幅下行态势。伴随着增速回调，物价上涨压力趋减。从发展态势看，世界经济出现回稳迹象，内需增长潜力依然可观，一些积极因素正在积累，经济增长有望降中趋稳。

外部环境趋于改善，出口增速将有所回升

一季度，我国进出口增长均出现较大幅度回落，累计同比降幅分别达到 26.1 和 18.8 个百分点。其中，对美、欧、日出口累计同比增长 12.8%、

-1.8%和10.3%；对拉美、东盟、非洲和大洋洲，分别增长17.4%、13.2%、2%和11.9%，增速均明显下降。在全球化和国际分工不断深化的背景下，国家和地区间的经济相互影响深刻，特别是主要经济体之间难以真正“脱钩”。同时，随着经济规模扩大及其对全球增长贡献的上升，我国经济发展状况已成为推动世界经济变化的重要因素，内需与外需的关联度已经明显增强。当我国进口减速后，其他国家的出口、消费和就业将受到影响，并最终反馈到我国出口增长上来。

近两年，我国贸易结构不断改善，对发展中国家出口占比超过50%，一般贸易规模超过加工贸易，民营企业出口增加，内外平衡状况改善，贸易顺差占GDP比重已经下降到3%以内。近期我国出口地区分布发生变化，在外向型产业密集地区出口下滑的同时，一些中、西部地区出口高速增长，例如河南、重庆、安徽、湖南等省的出口均实现了两位数以上的增长。2月单月贸易逆差创新高，既与外贸企业春节后出货少、进货多的惯例有关，也与国际市场价格走势有关，并不意味着趋势性变化。

与几个月前相比，世界经济出现了若干积极变化。美国经济呈现温和复苏态势。失业率下降，家庭负债率进一步降低，个人消费支出持续上升，房地产市场基本企稳，住房销售和新开工均有所回升。3月密歇根大学消费者信心指数达到76.2，三个月平均值创2008年以来最高水平，消费信心提振。欧债危机处置取得阶段性进展，金融市场初步企稳。随着新一轮希腊救助计划的通过，财政巩固行动持续推进，欧洲央行通过长期再融资计划（LTRO）注入流动性，以及防火墙等各项长期防范机制的建设，银行系统流动性改善。电力短缺和日元升值仍在影响日本经济复苏，但灾后重建的拉动作用逐步释放，目前日本经济基本恢复到震前水平。随着新兴经济体通胀压力减轻，各国宏观政策开始明显放松，因政策收缩导致增速下滑的状况有望改善。同时也要看到，全球经济复苏进程仍然曲折，存在较大不确定性，不宜有过于乐观的估计。发达经济体受债务规模高企、削减财政赤字压力增加的影响，财政政策实际上处于紧缩状态；在具有增长潜力的投资领域明显不足的情况下，宽松货币政策效应有限；结构调整、新兴产业发展、实体经济增长等基本问题短期内难以取得实质性进展，在可预见的将来依然是“好也好不到哪里去”

的态势。

综合考虑国内外环境的变化，预计我国出口增长将逐步回升，全年增幅有望接近15%。

内需短期收缩，年中有望逐步企稳

内需收缩是当前我国经济回调的重要原因。首先，投资增速稳中略降。1—3月，扩建、改建项目投资增速有所提高，但新建项目增速比2011年同期回落9.1个百分点。从构成看，受前期开工项目建设时滞支撑，房地产投资保持了较快增长，但待售房面积处于历史同期最高水平，新开工面积下降，商业性地产投资增速有可能明显下滑；制造业投资增长24.8%，比2011年有所回落；基建投资负增长，下滑幅度超预期。这三项投资平均占整个固定资产投资比重近85%，决定了投资的总体走势。

其次，消费增速有所放缓。前3个月，社会消费品零售总额同比实际增长11.3%，比2011年全年下降0.8个百分点。其中，金银珠宝、家用电器、体育娱乐用品、石油及其制品类等弹性较大的消费品，增速降幅明显。在限额以上消费品零售额的构成中，食品、纺织等占比上升，汽车、家电、石油制品等占比下降。

再次，去库存导致存货需求减速。自2011年三季度以来的去库存过程尚未结束，产成品去库存压力仍在。2月工业产成品库存增长18.4%，比2011年平均增速回落4.3个百分点。其中，耐用品库存指数下降明显，2月环比下降6.5%。受预期和PPI持续走低影响，企业原材料采购进度放慢。商务部监测的企业生产资料库存，环比由2011年4月来的负增长转为正增长，但增速仅为1.8%。PMI原材料库存指数已经连续多月处于50分界线以下。

虽然出现经济减速现象，但从发展趋势看，内需增长有望逐步企稳。我国仍处消费快速增长期，消费的稳定性总体较高。受居民收入增长、公共服务改善及汽车销售回稳等因素支撑，以及住房刚性需求的逐步释放，消费实际降幅有限。企业去库存也有望在年中前结束。2000年以来的经验表明，企业库存周期大致为38—40个月。据此推算，本轮库存低谷应该在二季度。根据PPI与原材料库存的历史关系，PPI止跌后，原材料库存将逐步增加。而PPI在上半年止跌并小幅回升的可能性也在增加。

短期需求下降的最大风险来自于投资。随着销售下降和新竣工项目投放，估计房地产库存将在三季度达到峰值，而且前期房地产企业通过信托渠道获取的资金，还款期也将集中在三季度到来，房地产企业特别是中小房地产企业的资金链更趋紧张。但在商业性地产投资下降的同时，2012 年保障房在建规模大，超过全年在建住房面积 30%，中央财政也加大了资金支持力度，有利于稳定投资增长。近年来推动制造业投资较快增长的因素仍在，如产业转移、设备更新、机器替代劳动等，特别是随着出口增长的回升，对制造业投资将产生一定拉动作用。另外，考虑政策时滞，2011 年四季度以来宏观调控效应逐步显现，高速公路、铁路、水利、电力等基础设施投资有望从二季度开始出现一定回升。

国务院发展研究中心景气监测指数显示，我国宏观经济同步指数有望在年中前筑底回升。所监测的 39 个行业的景气状况显示，在经过 11 个月持续回调之后，目前行业运行整体呈现出逐步企稳迹象。

物价上涨压力趋减

CPI 涨幅延续 2011 年 7 月以来的下行态势。CPI 同比涨幅在下降通道中出现小幅反弹，1 月主要是春节因素，3 月主要是受部分蔬菜价格出现较大上涨推动。在食品、居住和翘尾因素的带动下，在 CPI 短期有望继续下行。3 月 PPI 出现负增长，延续了自 2011 年四季度以来的加速回落态势。

从短期看，受需求回落、狭义货币（M1）增速偏低、全球粮食丰收预期等因素影响，抑制物价上涨的短期因素增加，预计上半年物价涨幅将继续回落。受企业去库存影响，PPI 可能维持 1—2 个月的负增长。但欧、美继续实施宽松货币政策，全球流动性总体过剩；伊朗局势不明，国际油价震荡走高，布伦特原油的政治风险溢价持续攀升；加之我国正处于要素成本上升阶段，中低端劳动力成本和基础性资源价格的上涨压力不减，农产品价格也处于上升通道，推动物价上涨的中长期因素依然较多。

综合判断，2012 年我国经济运行将呈现“前降后稳”的态势，投资增速降幅有限，消费总体稳定，出口增长高于 2011 年底的预期，预计全年 GDP 增长在 8% 以上。CPI 和 PPI 涨幅将随经济回稳而有所回升，但全年压力较小，预计 CPI 上涨 3. 5% 左右，PPI 涨幅在 4% 以内。同时需要高度关注房地产下行和油价上涨可能引发的风险，做好必要的应对预案。

正确认识和把握当前我国经济运行特征

从 GDP 季度累计同比看，本轮经济回调从 2010 年二季度开始，已经持续了 8 个季度，这是我国自 1992 年开始发布该指标以来，回调持续时间最长的一次，超过 2008 年国际金融危机爆发时 6 个季度的回调期。在本轮回调过程中，我国经济运行出现了一些新现象、新问题，特别是一季度数据发布以后，引发了很多争论。恰当的宏观决策前提，必须正确认识和把握当前我国经济运行特征。

需求下行与供给不足并存。2010 年以来，在总需求下行、经济增长回调的同时，电力短缺问题严重，很多地方拉闸限电，部分工厂出现了“停三开四”现象；煤炭等重要原材料和产品铁路运力紧张的问题在部分地区依然存在；东部地区和部分中部地区在一定程度或一定范围内出现用工荒。在需求下行过程中，既存在普遍的供大于求和产能过剩，也存在某些供给不足和短缺现象。

流动性充裕与资金成本高企并存。2007 年底我国 M2 存量 40.3 万亿元，2012 年 2 月达到 89.5 万亿元，4 年间翻了一番多，M2 占 GDP 比重在世界主要经济体中最高。2011 年四季度以来，货币政策有所放松，银行同业拆借利率走低，市场资金比较充裕。但调查显示，企业融资成本依然很高，很多企业的实际资金利率高达 15% 以上。企业财务费用和利息支出大幅上升，银行业则凭借高利差和各种收费获取非正常的高利润。如此高成本的资金，超出了实体经济的承受能力，只能流向资金链紧张的领域，或用于投机炒作，这无疑放大杠杆效应，积累着金融风险。

增长放缓与资源要素价格上升并存。通常情况下，在经济增长放缓时，由于需求不足，资源要素价格会下降。近年来，全球经济不景气，中长期增长乏力，但石油、煤炭、食品等大宗商品价格高位震荡，甚至逆市而上。全球流动性过多、美元贬值是其原因之一，但也有来自供给方面的冲击，特别是中东、北非持续动荡，逆市推高油价。在国内，因体制不顺，在资源价格上升的同时供给不足；实际工资与“80后”、“90后”新生代劳动力的期望差距较大，劳动力结构性供给不足和就业压力并存，劳动力价格持续攀升。

增速回调与企业效益下降并存。有一种观点认为，增速回落，结构和效益将会相应改善，并由此得出“速度慢一点，质量好一点”的判断。但近期和以往较长时期的经验表明，在现有增长模式下，我国企业具有典型的“速度效益型”特征，经济运行的质量和效益很大程度上依赖于速度与规模。在经营方式和盈利模式未能根本转变之前，增速一旦短期内明显回落，企业效益也会相应下滑，并将波及财政收入和金融资产质量。

产业转移加快和部分地区低效扩张并存。近年来，部分产业由东部向中西部转移呈加快态势，对产业升级、促进中西部发展和增加投资需求发挥了积极作用。但在这一过程中，有些地方政府过度介入，层层下达投资和招商指标，低水平过度扩张问题比较突出。随着我国众多工业产品需求峰值逐步临近，对东部增长模式的简单复制，可能潜藏着较大风险。

只有正确认识本轮经济增速回调的性质，才能更好理解目前出现的这些看似矛盾的现象，也才能更好判断未来走势。

第一，本轮回调是中长期增长潜力下降与多重周期因素叠加的结果。当前的经济增长受到多重因素影响，短期因素有需求变化、库存变化，还有国外大选、国内换届等政治周期因素；中期因素有10年左右的设备投资更新周期等；更重要同时也是更值得关注的，是属于“长周期因素”的特定发展阶段的潜在增长水平。我国经济保持年均10%的高增长已经30多年。根据对国际经验和我国增长潜力的研究，我们认为我国经济潜在增长率有很大可能性在今后几年下一个台阶，逐步由高速增长阶段转入中速增长阶段。2011年以来，东部发达省市经济增长速度开始明显回落，基础设施投资增长放缓，由投资潜力有限导致的金融财政风险显露。2012年一季度，这一变动态势仍在延续。这些迹象表明，我国经济增长阶段的转换过程可能已经开始。毋庸置疑，我国经济增长仍有较大的潜力和空间，但由于经济规模快速扩张的基数效应，如果每年的新增量不能以更快的速度增长，增长速度将出现合乎逻辑的下降。比如，10年前能够支撑10%增长率的新增量，现在只能支撑3%左右的增长率。随着时间推移，这种基数效应将愈加明显。由于多重周期力量和多方面因素相互交织，目前我国经济运行呈现十分复杂的局面。总的来看，下半年我国经济增速有可能回稳，但不太可能回归到过去的高增长水平。

第二，供给冲击改变了要素价格趋势。新世纪以来，一些新兴国家进入快速工业化阶段。中国、印度、巴西、印尼、南非、越南等国家，人口规模相当于已经实现工业化国家的两倍多，其工业化进程已经并将继续改变全球重要能源资源的供求格局。以原油为例，2005 年以前国际原油价格长期低于 40 美元/桶，随后大幅攀升，2008 年一度超过 140 美元/桶，目前仍高于 100 美元/桶。油价涨幅呈倍数增长，而其间美元平均贬值也仅 11% 左右。从国内看，随着资源环境约束增加、要素市场化推进和劳动力供求格局的转变，能源资源、土地、劳动力等要素价格进入了较快上升阶段。供给能力缺少足够弹性是客观现象，它不能适应需求的粗放增长，这正是当前需求回调而资源要素价格高企的重要原因。

第三，体制障碍扭曲资源配置。我国市场化改革进展并不平衡，部分基础行业和要素领域价格不顺、放开不够、竞争不足的问题依然突出，市场机制难以发挥基础性作用。例如，有的地方发电能力利用不足，有的地方却严重缺电；有的行业债务负担沉重，投融资能力下降，而大量行业外部资金难以进入；土地价格偏离均衡水平，一方面，城市商业性地价被一再推高，成为部分地区房价暴涨的主因，另一方面，优惠地价甚至实质上的零地价，成为地方招商引资、争夺投资项目的重要手段。这些问题的存在，在微观上导致资源错配和低效利用，在宏观上则出现了产品或能力供给不足与投资需求不足并存，能源资源和要素价格不合理上涨等现象。

总之，当前我国经济运行已经呈现出与以往高增长时期大不相同的特征，宏观决策所需要的信息和知识也会超越以往的经验。经济增长阶段的转换，表面上看是增长速度的调整，实质上则是经济结构、增长动力和发展方式的转变。就宏观政策与增长阶段转换的关系而言，宏观政策要顺应增长阶段的转换，特别要防止过度放宽宏观政策而使经济重回以往高增长轨道的倾向。同时要看到，增长阶段转换也需要一个相对稳定的宏观环境，宏观政策也要防止在多重因素作用下短期内增长速度过快下滑。防止上述两种可能性，使经济在与增长阶段转换相适应的轨道上平稳运行，并促进经济发展方式取得实质性转变，应当成为今后较长一个时期宏观政策的重要取向。

需求政策基本稳定、适时适度微调，重视改革导向的供给政策，加大结构调整力度

由于以上讨论的特殊背景因素，2012 年经济运行中的不确定性和复杂性将大于以往，宏观政策选择也将面临新挑战。应当按照“稳中求进”的总基调，保持宏观需求政策的基本稳定，根据情况变化适时适度微调；同时更加重视改革导向的供给政策，加大结构调整力度。供给政策的一个目标，是加快产业结构和企业组织结构调整，提高政府、企业、市场和社会对新增长阶段的适应性，逐步做到在中速增长环境下“企业可盈利、财政可持续、风险可防范、民生可改善、就业可充分”。另一个目标是以价格、投资“双放开”为突破口，推动基础产业改革，短期内缓解某些领域的供给不足，增加投资需求，并通过强化竞争、提高效率、降低成本，有效减轻通胀压力；中长期则通过转变发展方式，促进基础产业和其他行业的平衡增长。

货币政策保持稳健

坚持货币政策的事实稳健，并适时适度微调。跟踪外汇占款变动，适时下调法定存款准备金率，确保银行流动性平稳。将同业存款纳入存贷比考核，以月为基础考核金融机构的存贷比指标，保证信贷的正常投放。加强对担保、典当、小额信贷公司、信托公司等的监管，规范银行理财业务，避免引发系统性风险和倒逼货币发行。保持汇率基本稳定，并引导汇率双向浮动。

创造良好的发展预期

受经济增长下行、民营经济发展困难和误言传播等因素影响，社会预期和发展信心受到冲击，由此导致的资本转移、财富转移等问题有所抬头，惜贷和“慎投”现象增加。需要采取必要措施，加大宣传力度，进一步重申我国基本经济制度不会变，改革开放的基本国策不会变，充分尊重和保护产权的法治取向不会变。不断完善宏观调控，给社会营造良好的发展预期，引导市场信心和需求恢复。

切实推进结构性减税

实行加速折旧，鼓励企业技术设备升级。进一步加大对中小企业技术创新的财税支持力度；调整完善“营改增”试点方案，切实减少重复征税和降低税负；加快落实农产品增值税进项税额核定扣除办法，减轻农产品加工企业税收负担；降低生产性服务业的营业税税负水平，促进专业化细分与结构升级；研究建立资本利得税，拓宽房产税试点范围并实行累进税率，从制度上控制不合理买房需求。

支持企业组织重构和中小企业发展

随着经济增长阶段的转换，简单的数量和规模扩张空间已经不大，调结构、转方式的紧迫性日益突出。要通过金融、税收等多种措施，支持企业通过关闭、并购、联合等途径加快组织结构调整，促进大企业集中度的提高和中小企业专业化分工的深化，逐步形成与中速增长阶段相适应的新盈利模式。进一步加大和落实对中小企业的支持政策，拓宽市场准入、缓解融资瓶颈、创造公平竞争环境，以创业促进和带动就业，确保我国就业水平总体稳定。

加快推进石油、铁道、电力等行业改革

适当放宽石油勘探开发领域的准入限制，优先放开边际油田和页岩气等非常规油气资源的勘探开发准入。按照“缩短调价周期、加快价格调整频率”的思路，推进成品油定价机制改革。适当放宽对进口油源的限制，加强石油炼制环节和终端批发零售环节的竞争。加快铁道政企分开，有关政府部门主要承担政策制定、安全监管、市场监管等职能。放宽新建线路的市场准入，允许不同企业以合意股比组建新的项目公司，有效推进投融资体制创新，拓展融资渠道，积极化解债务风险。适时调整电价并尽快改革电价形成机制，逐步实现大部分电量的上网电价和销售电价由中长期双边合同决定。探索建立省级电力交易平台，打破省间壁垒。尽快修订电力法，赋予电力监管机构价格监管权和市场准入核准权，构建权责对等、高效有力的电力监管体系。

积极稳妥地推进金融改革

加快制定并出台下一步金融改革的总体意见。允许商业银行存款利率上浮，逐步推进利率市场化。大力发展企业债券市场，开辟新的融资渠道。稳

步发展利率衍生产品，择机推出国债期货等利率衍生产品。股票发行从基于业绩的审批体制转向基于信息披露的体制。完善场外交易市场。尽快修改贷款通则或出台借贷人条例，引导民间借贷的规范发展，规范发展中小金融机构。推动金融基础设施升级，实施严格的信息披露制度。

（执笔：刘世锦　余　斌　陈昌盛）

经济运行初步企稳
注重短期与中长期政策衔接

2012年上半年经济形势分析及全年展望

（2012年二季度报告）

国务院发展研究中心经济形势分析小组

上半年，经济运行延续下行态势，并呈现起伏较大、效益下滑、风险上升、预期不稳等特点，宏观调控面临极为复杂的局面。这与欧债危机反复、国际经济动荡密切相关，更体现了国内企业短期去库存、去杠杆与中长期增长阶段转换的叠加效应。党中央、国务院审时度势，适时预调、微调，对稳定增长起到了积极作用。当前经济运行呈现初步企稳迹象，但支撑回升的力量脆弱，存在反复的可能。宏观调控应坚持稳中求进的总基调，既要防止过度刺激，增加经济泡沫化风险；又要防止短期大幅下滑，引发难以预料的系统性风险。同时，注重短期与中长期政策的衔接，通过体制改革和制度创新，激活和释放增长潜力，促进增长阶段的平稳转换，增强经济社会发展的可持续性。

上半年经济运行的新情况、新特点

2012年以来，内需和外需增速均有所放慢，生产活跃度降低，产能利用率不足，经济运行延续回落态势，并出现了一些值得关注的新情况、新特点。

出口短期内大幅波动

上半年，出口增速不仅明显下滑，而且出现大幅波动。1月出口负增长，2月增速达到18.4%，4月回落至4.9%，5—6月又有所回升，这是近年来少见的现象。除了春节、劳动节、端午节等季节性因素影响外，还有以下原因：欧洲经济剧烈波动，国际经济复苏进程波折，市场预期不稳，我国出口呈现短单化倾向，一定程度上导致出口增长的起伏；光伏、化肥、新电子产品等出口受美国“双反”、市场投放节奏等特殊因素的影响，波动幅度较大。此外，我国经济发展状况成为外部世界判断全球经济和大宗商品价格走势的重要依据，内需收缩、进口增幅下降也间接拉低了国际市场对我国出口产品的需求。

企业去库存、去杠杆并存

2012 年以来，生产侧的工业增加值、主要工业品产量、发电量等增速的降幅，总体超过了投资、消费和出口增速的降幅。生产侧与需求侧的偏离，主要是企业对未来经济增长和价格持悲观预期，调减原材料库存和产成品库存，降低产能利用率。在准备金率和存贷款利率下调之后，货币条件改善，市场利率持续走低，但信贷有效需求不足。在新增贷款中，中长期贷款占比明显低于历史平均水平，企业资产负债率也有所降低，表明企业投资意愿不足，去杠杆、去库存同时并存。

产能过剩突出，经济效益滑坡

在传统产业中，产能过剩已经从钢铁、电解铝、水泥和汽车等行业，扩展到焦炭、电石、铁合金、铜冶炼、纺织、化纤等行业。在新兴产业中，由于不少地区采用多种刺激政策推动投资，产能快速扩张，部分新兴产业，如碳纤维、风电、多晶硅、锂电池、光伏等，先后出现产能过剩。低水平同质化竞争和价格战，导致企业利润大幅下降，经营模式表现出明显的“速度效益型”特征。1—5 月，全国工业企业利润增速同比下降 2.4%，其中，国有企业同比下降 10.4%；规模以上工业企业亏损额同比增长 78.2%，亏损面同比增长 23.1%。

地区经济运行分化明显

1—6 月，东部、东北、中部和西部地区规模以上工业增加值分别增长 9.7%、10.6%、15.1% 和 15.5%。东部增速最慢，对整体经济的拉动作用明显减弱；中部增速延续下滑态势，已落后于西部。从近期召开的全国各省、区、市研究中心主任经济形势座谈会反映的情况看，不同区域经济运行状况、发展趋势出现明显分化。外向型产业集中的地区，由于出口增速回落，工业生产下降幅度较大；资源型产业和重化工业占比较高的省份，经济增速和效益均出现明显滑坡；承接产业转移较为集中的地区，经济活力较强；产业转型升级进展较快的地区，虽面临一定困难，但仍可承受，前景较为乐观。

房地产市场出现新变化，部分城市房价可能反弹

从全国看，房屋新开工面积增速已连续25个月高于商品房销售面积增速，房地产开发投资增速已连续20个月高于房地产开发企业资金来源增速，预计全国房地产市场继续呈现回落趋势。但近期出现了一些新情况。6月不少城市地价、房价出现上涨。贷款利率下调，在降低购房成本的同时，也在一定程度上改变了房价预期。北京等部分热点城市随着成交量的明显回升，待售房面积不足的问题逐步凸显，加之后续供应量下降，房价反弹的风险不容忽视。

就业约束有所缓解，财政金融风险约束上升

就业和通胀是宏观调控中两个重要的压力测试指标，就业状况明显恶化常常成为调整宏观政策的依据。在本轮持续较长的回调过程中，就业压力尚不突出。国家统计局调查失业率没有恶化，实际调研中也没有发现大量解雇职员的现象。就业对经济增长的约束有所缓解，一定程度上反映了我国劳动力供求关系的变化。但应注意就业指标是一个滞后指标，反映较为迟缓。如果短期内增长下滑过快，至少结构性就业压力仍会出现。另一方面，房地产市场、地方政府债务、银行资产质量、企业资金链等方面的风险开始显现，经济增速下降使得这些风险点（环节）的脆弱性增加，可能引发局部甚至系统性财政金融风险。

上述新情况、新特点，充分反映了当前我国经济运行的复杂性和不确定性。特别值得注意的是，从全球范围看，欧盟作为最大的经济体，我国作为经济增长的重要来源，其经济衰退和减速，导致内外经济传导途径更为复杂多样。总体看，上半年我国经济运行呈现初步企稳迹象，短期内大幅下滑的风险明显减少。随着需求约束增强，产业转型升级、兼并重组、优胜劣汰的加快，结构调整将会有所进展。

下半年经济运行的稳定性有望增加

下半年，欧元区经济处于轻度衰退状态，美、日经济温和复苏，新兴经济体下行趋势放缓，我国出口增长将有所回升；随着政策效应的进一步显现，经济运行的稳定性有望增加。

欧元区经济轻度衰退，美、日有望温和复苏

欧债危机可能反复，但短期不会引发全球性风险。欧盟内部防火墙尚未有效建立，任何负面消息都可能引发市场波动，欧债危机可能多次反复。近期，欧洲央行和救援基金采取了一系列救援行动，对稳定金融市场、舒缓债务危机将产生积极作用。欧元解体也不符合欧元区国家利益，危机会倒逼各方让步和协作，短期不会出现全球系统性风险。同时也应看到，欧元区发展不平衡的问题，需要进行深层次的结构调整和体制改革；建立财政联盟甚至在一定程度上达成政治联盟，其过程更为复杂持久。预计 2012 年欧元区经济处于轻度衰退状态。

美、日经济保持温和复苏。6 月，美国失业率和劳动参与率均与 5 月持平，就业状况没有恶化。6 月密歇根消费者信心指数为 74.1，达到 2008 年以来的较高水平。房地产市场回升态势基本确立，4 月新开工私人住宅同比增长 26.5%，成屋销售库存连续 14 个月下降，中位价同比上涨 4.8%。根据历史经验，美国大选年的宏观政策反应更加及时灵敏，货币政策仍有刺激空间。日本灾后重建效应继续显现，一季度 GDP 同比增长 2.8%。5 月家庭实际支出增长达到4%，新屋开工明显加快。虽然出口增长乏力，近期 PMI 指数也有所回落，但总体不改温和增长态势。

新兴经济体下行有望放缓。在主要新兴经济体中，一季度 GDP 增速印度为 5.6%，巴西为 0.75%，俄罗斯为 4.9%，土耳其为 5.2%，除俄罗斯外其他国家都明显放缓。如果国际经济不再恶化，大宗商品价格将逐步企稳，特别是随着我国经济运行状况的改善，新兴经济体下行态势有望放缓。但对印度的“双赤字”、经济降幅偏大问题及后续影响需要密切关注。

前 6 个月，我国进、出口分别增长 9.2% 和 6.7%，较 2011 年同期回落

14.8和21个百分点；广交会订单成交金额360.3亿美元，同比下降2.3%；全年出口增速降幅明显。同时也应看到，我国对主要贸易目的地增速有所下降，但仍高于其总进口增速，说明在全球需求下行背景下，我国出口相对竞争力没有恶化；在出口占比中，对美、日和东盟均有所上升；随着进口价格指数回落，我国贸易条件有所改善；汇率升值预期明显降低，也有利于稳定出口。考虑到上半年各项“稳出口”政策效应逐步显现，以及2011年8月之后基数偏低，下半年出口增长将好于上半年。预计全年出口增长可达10%左右的预期目标，进口增幅略低于出口，净出口对经济增长的贡献由负转正。

内需增长降中趋稳，投资仍是稳定的中坚力量

居民消费和政府消费增长总体稳定。继续实施积极财政政策，政府消费总体保持较快增长。受家电、汽车及石油制品等增速下降影响，居民消费增速略有下降。但考虑价格下降和居民收入增长，以及鼓励消费政策的实施，实际消费增速基本稳定。

内需短期内能否稳定关键在于投资。前6个月，固定资产投资同比名义增长20.4%，较前5个月上升0.2个百分点，剔除价格因素，二季度实际增长比一季度回升0.4个百分点。从构成看，制造业投资增长24.54%，略回升0.07个百分点，走势总体平稳；房地产开发投资增长16.6%，比前5个月下降1.9个百分点，依然延续下行态势；基建投资（含电力、热力、燃气和水的生产）增长8.2%，较前5个月上升3.6个百分点，回升比较明显。下半年，鉴于房地产库存较高和开发商资金偏紧，房地产投资增长动力仍显不足，但受目前市场销售回升的影响，加上保障房项目一定的补充作用，全年房地产开发投资增长仍可达到14%左右。基建投资将维持回升态势，一定程度上可以弥补房地产投资下降的影响。考虑到地区产业转移、机器替代劳动、地方政府换届效应等积极因素，全年固定资产投资增长有望达到18%左右。

当前经济运行仍然面临诸多不确定性，但积极因素正在逐渐积累。首先，工业增加值增速初步企稳，房地产销量回升，汽车等重要工业品产量增速明显提高。其次，根据库存调整38—40个月的周期规律，本轮库存调整已经接近尾声。再次，欧债危机的处置出现积极变化，美、日经济保持温和复苏，国际经济形势总体没有变得更坏，大宗商品价格有望逐步趋稳。另外，我国

近期降准、降息、支持民间投资等政策效应逐步显现，对稳增长将发挥积极作用。总体看，需求侧降中趋稳，生产侧传递出积极信号，二者之间的偏离将会缩小。我中心经济形势分析小组编制的 DRC 先行周期指数和同步周期指数 6 月均继续反弹，“中国经济时钟”也从衰退逐步走向复苏，给出了宏观经济企稳回升的初步信号。

综合判断，随着宏观政策效应的进一步显现，经济运行将初步企稳并可能有所回升，三四季度经济增长有望略高于二季度，全年 GDP 增速可达到 8% 或略高一点。但必须看到，目前经济回稳的基础仍不牢固，如果出现意外冲击，经济仍有可能重现下行态势。

注重增长阶段转换期短期与中长期政策的衔接

经济增长逐步从高速向中速增长阶段转换

本轮经济持续回调，已经超越了通常意义上的商业周期，是多重周期因素叠加和中长期增长潜力下降共同作用的结果。从短期看，我国正处于商业去库存和经济刺激计划的拉动作用减弱时期，也处于国际主要经济体大选的政治周期和国内换届时期。从长期看，全球都处在金融危机后新技术和新产业寻求突破的时期，新的技术周期尚在孕育之中，全球经济增长整体放缓；同时国内经济结构面临艰难调整，资产重组的阵痛会更加明显。经济增长减速、结构调整阵痛和外部需求长期低迷三期叠加，多重周期力量交织，使经济运行呈现十分复杂的局面。

经济增长既受宏观政策和短期需求变化的影响，更取决于特定发展阶段的潜在增长水平。近年来，我中心开展了关于中长期经济增长国际经验等课题的研究。“二战”后实现成功追赶的经济体，如日本、韩国、德国等，都经历了二三十年的高速增长，在人均 GDP 达 11000 国际元（购买力平价）时，无一例外地出现了经济增长下台阶的情况，降幅达到 30% 以上。其中，日本发生在 70 年代初期，韩国发生在 90 年代中后期，德国发生在 60 年代中后期。改革开放以来我国的经济增长路径，与这些成功追赶型经济体比较接近或相似。2011 年，我国人均 GDP 接近 9000 国际元。保持目前的发展态势，今后一两年，将达到 11000 国际元左右。此外，我们分别对全国和不同类型地区的经济增长以及电力、汽车、钢铁等重要工业品产量的峰值进行了测算。上述研究得到的基本结论是，在“十二五”后期，我国经济增长将从高速转入中速增长阶段，潜在增长率将下一个台阶，降幅可能达到 30% 左右。

近期经济运行出现的一些新变化，表明我国经济增长阶段的转换有很大可能性已经开始。一是基础设施投资的潜力和空间明显缩小。2010 年以来，基础设施投资增长明显回落，占固定资产投资比重从近十年来的接近 30% 下降到目前的 20% 左右。二是东部发达地区经济增长明显回落。广东、江苏、山东、浙江、北京、上海等省市，去年以来工业生产、投资增速均低于全国平均水平，而这些地区经济总量接近全国经济总量的一半。这些地区的人均 GDP 已经达到增速下降的时间窗口，增长阶段率先转换是符合逻辑的。三是地方融资平台、房地产市场风险明显增加。人们对这些领域投资回报率的担忧，实质上是对其增长潜力的担忧。另外，城市化尚有较大空间，但由于我国经济规模大幅提升的基数效应，即便城市化率每年提高 1 个百分点左右，对经济增长的拉动作用也在明显降低。这些都可能预示着我国潜在经济增长率开始下降，也预示着本轮经济调整不同于以往的短周期调整。即便下半年出现回升，经济增速不大可能也不宜回到原有高增轨道。在增长阶段转换期，GDP 增速维持在 7%—8% 是比较适宜的。实际上，从全球范围看这一速度并不低。

宏观调控要避免两种倾向

日本、韩国等国家的经验表明，经济增长阶段转换期的到来不以人的意志为转移，这一时期宏观经济政策的选择至为关键。特别要警惕并努力避免两种倾向：一是试图回到以往高增长轨道的倾向。长期以来，政府、企业、市场和社会适应或习惯于高速增长的宏观环境，短期内难以接受增速的趋势性下降。增速一旦回落，容易出现不顾潜在增长率下降的事实，试图通过政策刺激使经济回到高增长轨道的倾向，结果不但不能恢复高增长，反而推高通胀和资产价格，形成泡沫经济，引发更大的风险。二是放任经济自行下滑的倾向。进入增长阶段转换期后，由于原有预期被打破，新的稳定预期尚未形成，经济运行的不确定性和脆弱性明显增加。一旦遇到大的冲击，很可能短期内出现增长的大幅下滑或波动。对这种特点认识和重视不够，抱着对经济下滑不用过多担心的态度，忽视市场主体对经济减速需要逐步调整和适应的事实，政策应对不力，就可能由于经济增长短期过度下滑而引发系统性风险。

经济增长转换期，也是市场主体逐步调整经营模式，市场、制度等风险逐步暴露和修复的过程。短期宏观政策的重点是处理好经济趋势性下降中的周期波动问题，既要防止过度刺激，使经济泡沫化；又要防止经济短期内大幅下滑，风险和问题骤然集中爆发。从当前的情况看，重点要防止第一种倾向。由于本轮经济回调期较长，在政策逐步放松的过程中，要防止层层加码、过度刺激的风险。

同时，经济运行短期大幅下滑的风险也需要高度警惕。1996 年以来，经济增速最低的四个季度分别为 1998 年一二季度、2008 年四季度和 2009 年一季度，GDP 平均增长 6.9%，财政收入增长 2.4%，税收收入零增长，工业企业利润负增长 34%，亏损额增长 82.5%。由此可见，当经济增速降低到 7% 或更低水平时，企业亏损面和亏损额将大幅度提高，财政收支压力明显增强，经济稳定的基础十分脆弱。因此，需要正确认识经济增速与结构调整的关系，避免将速度和结构调整对立起来，忽视速度与效益、速度与风险之间的转化关系。速度下降本身会倒逼市场主体调整结构，但当增速短期过快下滑时，经济关系绷得很紧，风险陡增，也就失去了调结构的有利时机。特别是在速度效益型盈利模式没有根本改变的情况下，适当的经济增速显然是必要的。

还应看到，当前经济增速趋势下行，一定程度上也是在现有体制机制框架内，资源优化配置受到限制，增长潜力难以有效释放的结果。因此，短期政策应与中长期政策有效衔接，着力深化体制改革，释放新的制度红利，激活增长潜力。

“稳增长、防风险、调结构”并举，促进增长阶段平稳转换

当前经济运行呈现触底企稳迹象，但国际、国内支撑回升的力量仍然脆弱。宏观调控应坚持“稳中求进”的总基调，“稳增长、防风险、调结构”

并举，切实抓好已出台的各项政策措施的落实工作，积极谋划、启动中期改革，促进增长阶段平稳转换。稳增长，重点是保持经济增速处在与增长阶段转换相适应的合理区间，避免过度刺激和过快下滑两种倾向；防风险，重点是着力稳定市场预期，防范化解经济下行中显露的各种风险，防止部分热点城市房价明显反弹，防止资产质量差的地方融资平台风险进一步增加；调结构，核心在于转动力，着力推动体制改革和制度创新，积极推进改革导向的供给政策，加快基础产业改革，破除资源优化配置障碍，激发市场主体活力，释放我国规模依然可观的增长潜力，促进增长阶段的平稳转换，增强经济社会发展的可持续性。

坚持货币政策稳健基调，发挥积极财税政策作用

适度放宽贷款额度、存贷比等行政性控制措施，逐步取消贷款规模控制，积极推进利率市场化进程。跟踪外汇占款变动，适时下调法定存款准备金率，确保银行流动性平稳。支持信贷合理增长，实行中性的住房信贷政策。利用人民币贬值预期增强的时机，引导汇率双向浮动，并保持汇率基本稳定。切实避免因财税收入增幅下降而引起的征收力度加大、非税负担加重等对企业生产经营带来的影响。推行加速折旧，鼓励企业技术设备升级。调整、完善“营改增”试点方案，加大减税力度，降低生产性服务业的营业税，切实减轻税负。适当加大对低收入群体和困难家庭的救助力度。

维护真实住房需求，防范一线城市房价反弹

继续严格控制投机、投资等不合理买房需求，限购政策不能放松，还需要根据情况变化加以完善。在按揭贷款利率下调，对房地产调控政策出现多种误读时，要加强正面宣传，稳定预期，引导刚性、改善型买房需求平稳释放。实行首付与利率反向调整政策，即在贷款利率下调时，适当提高首付比例，使购房人的支付能力不因利率政策的变化而变化，防止短期内支付能力变化引发需求大幅波动。着力防止北京等部分一线城市房价反弹，加大商品房建设的土地供应，增加住房供给，改善市场供求矛盾。

保持基建投资合理增长

全面核查各级政府的在建项目，对符合经济社会发展要求、有助于增强

经济发展后劲、经济社会效益优良的项目，给予资金等方面的支持。在充分论证的基础上，加大基建等重大项目储备工作，按轻重缓急完善可行性研究，以备意外冲击之需。鼓励金融机构对地方融资平台进行分类评估，对资产负债优良的平台，给予必要的信贷支持。加强国土资源远景规划工作，对新城、新区建设给予指导。科学规划布局城市基础设施建设项目，加强城市排水体系、地下管廊体系、地铁等基础设施建设。在提高基建投资增速的同时，切实加强对地方政府债务风险的管理。

加快推进石油、铁道、电力、金融等基础行业改革

适当放宽石油勘探开发领域的准入限制，优先放开边际油田和页岩气等非常规油气资源的勘探开发准入。按照“缩短调价周期、加快价格调整频率”的思路，推进成品油定价机制改革。适当放宽对进口油源的限制，加强石油炼制环节和终端批发零售环节的竞争。进一步放宽新建铁路的市场准入和运营管理体制改革。适时调整电价并尽快改革电价形成机制。探索建立省级电力交易平台，打破省间壁垒。大力发展企业债券市场，稳步发展利率衍生产品，改革股票发行体制，完善场外交易市场。

积极做好欧债危机应对预案

密切关注欧债危机演变动向，动态评估对我国贸易、资本流动和储备损益的直接冲击和影响，以及通过国际金融市场和信心渠道的间接影响，并做好必要的应对预案。鼓励企业调整出口结构，提高自身产品的品质和竞争力，拓展欧盟之外市场。密切关注香港市场的异常情况，防止因资本大幅撤离造成汇率及价格的大幅波动，及可能引发的市场恐慌。利用国际市场资源类产品价格大幅下降的有利时机和外汇储备充足的优势，适时增加战略储备和商业储备。利用危机中估值偏低和进入壁垒降低的时机，鼓励我国企业进入欧洲市场，积极并购欧元区优质企业和资产。

支持产业升级和制造业发展

与产业升级相结合，实施技改贴息等支持政策，鼓励企业设备更新升级和制造业投资增长。鼓励产业兼并重组、优胜劣汰，支持银行发放兼并重组贷款和企业发行重组债券。积极推动地区产业转移，着力完善软硬件环境，

提高产业配套能力，优化产业布局。加快落实支持中、小、微企业发展的“一揽子”措施，落实支持实体经济发展政策，防范各类虚拟经济泡沫化苗头，引导资源要素流向制造业、实体经济领域。积极引导居民消费结构升级，提高住房和城市建设标准，推动智慧城市、低碳城市建设。

（执笔：刘世锦　余　斌　陈昌盛）

顺应新常态　寻求新平衡　培育新动力

2012年经济形势分析及2013年展望

（2012年三季度报告）

国务院发展研究中心经济形势分析小组

2012年以来，欧债危机反复恶化，全球经济增长明显放缓；国内主动调控房地产市场和化解投融资平台风险，经济增长面临较大下行压力。党中央、国务院坚持稳中求进的总基调，把稳增长放在更加重要的地位，经济运行逐步企稳，预计全年经济增长略高于7.5%。展望2013年，国际环境充满复杂性和不确定性，国内经济运行处在寻求新平衡的过程中。在继续实施积极财政政策和稳健货币政策的同时，注重需求政策与供给政策结合，短期政策与中长期政策结合，增强政策弹性和有效性，着力破解企业生产经营中的困难，加快结构调整步伐，培育新竞争优势，推动增长动力转换和发展方式的实质性转变，促进国民经济平稳运行。

经济运行低位趋稳，全年增长略高于7.5%

前三季度，经济增长持续下行态势，企稳回升明显后延，超出预期，表明我国经济运行的内在机制发生变化。从全年走势看，当前一些积极因素正在积累，四季度有望小幅回升，预计全年增长略高于7.5%。

经济运行机制出现新变化

1. 全球经济、贸易的相互影响明显加深

2012年初以来，欧债危机出现反复，发达经济体陷入低迷或衰退。新兴经济体和发展中国家市场规模较小，对发达国家依赖程度较深，经济收缩步伐明显加快，印度、巴西、土耳其等国家的经济增长均大幅下降。我国对发达经济体出口增长下降的同时，对新兴经济体和发展中国家也出现同步甚至更大幅度的下降。同时，随着经济规模的扩大和对全球增长贡献的上升，我国经济减速、进口收缩对全球经济和大宗商品价格的影响明显扩大，世界经济中的“中国因素”日益凸显。本轮经济回调中，外需萎缩和内需收缩形成恶性循环，经济下行压力比预期更大。

2. 地方政府投资扩张能力下降

2012 年 5 月以来，党中央、国务院相继出台了一系列稳增长的政策措施。但与 2009 年相比，政策传导不畅，效应低于预期。除了力度相对较小以外，主要原因在于地方政府财力不足，投资、配套能力明显下降。一是房地产市场进入调整阶段以后，房地产开发商减少土地购置，土地出让金收入明显下降；二是金融机构为规避风险，大幅缩减了对投融资平台的贷款；三是受速度效益型模式的影响，经济增长逐季放缓，财政、税收收入增长大幅回落。此外，风险约束明显增强，地方政府投资比以往更加理性。

3. 货币政策效应减弱

5 月以来，货币政策开始明显放松。M2 增速企稳回升，社会融资总量也大幅增加，然而实体经济新增中长期贷款、固定资产投资增速则回升缓慢。在潜在增长率开始下降和内部结构深刻调整时期，投资主体预期不稳，信心不足，风险厌恶等，投资扩张受到抑制，货币政策的有效性有所降低。

4. 去库存持续时间长于以往

新世纪以来，我国商业库存调整呈现比较稳定的规律，库存周期一般持续 38—40 个月。根据历史经验，本轮去库存应在年中结束。但是，由于本次危机持续期长，加上产能过度扩张以及前两年的高增长，企业对经济增长、物价走势持有过度乐观预期，库存维持在较高水平。当内、外需求同时收缩时，被动去库存幅度偏大、时间偏长，导致工业产能利率用率持续偏低。

5. 结构调整取得新进展

2012 年以来，经济结构调整取得新进展。在制造业持续走低、工业产能利用率不足的同时，非制造业保持活力，服务业发展势头良好；在东部增速放缓的同时，中、西部地区总体呈现较快增长态势；在经济增长放缓的同时，就业状况总体平稳，城乡居民收入保持较快增长。此外，产业梯度转移速度加快，新产品研制、销售周期缩短，质量提升；机器替代劳动的趋势日益明显，资本有机构成和劳动生产率同步提高。

四季度有望小幅回升，全年增长略高于7.5%

近期一些积极因素正在积累。一是新一轮宽松货币政策促使世界经济短期向好。自欧央行实施直接货币交易（OMT）、美联储推出新一轮量化宽松（QE3）后，英国、日本、巴西、澳大利亚等相继实施宽松货币政策，短期有利于稳定金融市场，提振消费信心，我国出口增长将逐步回升。二是全球制造业PMI总体有所改善。9月，美国、欧盟、德国、日本及新兴市场国家PMI指数都出现回升。我国PMI指数也结束了连续4个月的下降，特别是新订单指数、新出口订单指数分别比上月回升1.1和2.2个百分点。三是企业原材料购进指数已经止跌回升，大宗商品价格整体呈回升态势，将推动企业回补原材料库存和增加需求。四是内需短期呈企稳回升态势。基础设施投资回升和房地产市场回暖，固定资产投资维持稳定增长态势；在房地产销售回升、长假等拉动作用下，消费实际增速将略高于2011年。五是企业盈利环比改善。1—8月，全国规模以上工业企业利润累计同比下降3.1%，降幅有所收窄。其中，8月环比上升3.93%，而且不同类型企业盈利环比均实现正增长。此外，2011年四季度工业生产、投资、出口等增长均出现较大幅度下滑，也为2012年四季度企稳回升奠定了一定基础。

目前，三大需求总体均呈企稳回升态势，四季度经济增长将出现小幅回升，预计全年GDP增长略高于7.5%。8月，大宗商品、鲜菜等价格上涨，CPI出现季节性回升。四季度受PPI回升传导，以及油料、肉禽及制品等价格回升，物价存在一定上涨压力。预计全年CPI涨幅略低于3%。

基于上述分析，2012年将是新世纪以来GDP实际增速与预期目标最接近的一年。在欧债危机反复恶化、全球经济持续低迷背景下，主要宏观经济指标基本达到预期目标，成绩来之不易。尤其难能可贵之处在于：一是在经济持续下行中，坚持房地产调控不动摇，积极化解投融资平台风险，有效控制通胀，成效显著；二是正确对待经济增速小幅下降，坚持推进经济结构调整，并取得新的进展；三是在财政收支压力不断加大的同时，积极推进民生领域改革，支出大幅增加，对促进消费增长和保持社会稳定均发挥了重要作用。

2013 年经济运行有望在复杂环境中保持基本稳定

从 2012 年以来的经济运行状况看，我国经济增长阶段转换的征兆更趋明显。2013 年，全球经济仍处危机后的调整期，国际环境充满复杂性和不确定性；国内原有竞争优势、增长动力逐渐削弱，新优势尚未形成，市场信心和预期不稳，经济运行处在寻求新平衡的过程中。

全球经济仍处危机后的调整期

2013 年，世界经济仍处在调整期，结构改革不到位和需求增长乏力等问题难以根本改观，金融危机的影响呈现长期化趋势。同时也应看到，发达国家实施再制造业化战略，以互联网、新能源为代表的第三次工业革命正在兴起，全球产业结构调整出现新动向。

美国 2012 年底和德国 2013 年的大选，使美国和欧盟经济政策的连续性面临不确定性。OMT 和 QE3 短期内对稳定金融市场、降低市场避险情绪、提振需求预期都有积极作用，但由此引发的新一轮为防止本币升值的全球性货币宽松竞赛，对短期资本流动和物价上涨都将产生影响。在货币宽松的同时，发达经济体财政状况依然捉襟见肘，被迫实施紧缩性财政政策以应对主权债务压力，不利于结构改革的推进，也限制了政府支持需求扩张的能力。另外，地区冲突、宗教矛盾和主权争议等问题加剧，对大宗商品供给、资本流动和经贸往来可能形成负面冲击。

首先，美国经济保持温和增长。8 月，美国中位数房价同比上涨 13.4%，新开工房屋保持较快增长，房地产市场持续回升。商业零售保持平稳增长，消费者信心指数处于危机后的较高水平。制造业产能利用率平均超过 78%，接近危机前水平。9 月，失业率下降到 7.8%。根据美国经济学家测算，现阶段美国潜在增长率为 2.5% 左右，创新活力使其保持了较强的弹性和竞争力。短期最大的挑战来自于就业和债务压力。低就业增长将影响消费的可持续性，财政紧缩不利于经济复苏，也可能会引发金融市场波动。

其次，欧盟将维持零增长或轻度衰退状况。欧债危机处置进程缓慢，但总体仍沿着预期方向发展。随着欧洲稳定机制（ESM）和 OMT 的实际运转，以及财政联盟的推进，欧洲金融市场有逐步趋稳的可能。但如何摆脱高失业率（11.3%）、高通胀（2.7%）与零甚至负增长状态，仍然是一个巨大挑战。金融市场稳定只是第一步，实体经济活力和竞争力不足、内部发展不平衡等问题，短期内难见明显成效。

再次，日本经济有所放缓。2013 年，灾后重建和电力供应恢复的拉动作用明显减弱。日本罔顾历史事实挑起的钓鱼岛争端，对中日贸易和全球分工链的冲击将持续一段时间。针对 QE3，为了防止日元升值并试图走出通缩，采取巨量投放货币的措施，其影响仍有较大不确定性。

最后，新兴市场回升动力不足。随着新一轮货币宽松，大宗商品价格会逐步走高并维持在相对高位，这将有利于资源出口国投资和消费的恢复。在金砖国家增速放缓的同时，随着资金向发展中国家回流，土耳其、印尼、尼日利亚、波兰等国将有一些新亮点。但由于创新潜力总体不足和对外部市场的依赖性，新兴市场回升动力仍显不足。

我国总需求增长仍面临一定下行压力

出口增长与 2012 年大体持平。近十年来，我国对外贸易年均增长 21.7%，比同期全球贸易年均 10% 的增幅高出一倍。其中，出口年均增长 21.6%，在全球出口中的份额由 2002 年的 5% 上升到 2011 年的 10.4%。但 2012 年以来全球贸易明显偏离了历史趋势。结合 2013 年总体国际形势和以往经验推算，并考虑到我国劳动力成本上升、低成本优势逐步削弱以及结构调整升级等，预计 2013 年出口增长与 2012 年大体持平。

消费增长有望保持基本稳定。在本轮经济持续下行中，就业总体稳定，城乡居民收入保持较快增长，为消费稳定增长奠定了基础。房地产销量持续回暖，与住宅相关的装修、建材、家电、家具等消费将有所回升；根据汽车购置周期和原油价格走势，汽车及石油制品消费将保持稳定增长；受通胀预期影响，珠宝和贵金属消费因保值需求出现恢复性增长。预计 2013 年消费增长 14% 左右。

投资增长面临一定下行压力。首先，房地产投资回升力量不足。随着商品房销售回暖，且销售增速超过新开工面积增速，以及土地购置面积增速降幅收窄，市场主导的房地产投资将出现小幅回升。但与2012年相比，2013年保障房施工套数、施工面积和新开工面积均有所下降，保障房投资增速将明显减缓。其次，出口不振和产能过剩、利润偏低，影响制造业投资增长。我国制造业投资与出口增长密切相关，2013年出口增长相对低迷，出口拉动的投资动力不足。2012年企业盈利水平普遍下降，众多企业出现亏损，自有资金不足，投资扩张动力减弱。再次，根据“十二五”规划部署，公路、铁路、地铁、水利等基建投资2013年仍有一定增长潜力。但地方负债率较高，税收增收困难而民生类支出压力较大，局部地区风险约束明显增加，基建投资扩张能力受到限制。预计2013年固定资产投资增长18%左右。

物价上涨压力有所上升。受新一轮全球性宽松货币政策影响，大宗商品价格走高和短期资本回流，都可能推高2013年的CPI。食品供求总体处于紧平衡格局，国际、国内供给冲击或货币宽松都容易使物价上涨预期转化为上涨现实。随着PPI逐步回升，将部分传导到CPI。2013年物价综合压力将略有上升。再考虑要素价格改革等，应为CPI上涨预留一定空间。

综合判断，2013年世界经济仍处在深度调整期，国内需求面临一定下行风险，物价上涨压力有所上升，全年经济增长与2012年大体持平。考虑所处的发展阶段和潜在的不确定因素，为我国经济在寻求新平衡的过程中保持基本稳定，并为体制改革和结构调整创造条件，建议将2013年经济增长预期目标确定为7.5%，CPI为4%左右。这一方面与“十二五”规划的预期目标逐步衔接，另一方面也有利于向市场传递积极、理性的调控信号。

需要高度关注的几个问题

从GDP季度累计同比增长看，本轮经济回调到三季度已持续了十个季度。这是我国自1992年开始发布该项指标以来，回调持续时间最长的一次，经济增长也明显偏离了2002—2011年10.6%的季度平均水平。这不仅反映了我国经济增长阶段、运行机制的变化，对宏观调控目标、手段和传导机制也需要重新认识。

宽货币与高资金成本并存

我国M2占GDP比重在世界主要经济体中最高。2012年前三季度，货币供给趋于宽松，反映市场资金状况的银行理财预期收益也逐步下降。但与此同时，实体经济尤其是中小企业资金紧张，融资成本居高不下。企业负债同比增速持续下降，而财务费用同比增速却维持在30%以上。经济下行中企业利润总体下滑，非金融类企业盈利空间明显缩小。上半年，2455家上市公司总净利1.02万亿元，同比下降1.54%，非银行上市公司利润同比下降16.4%。其中，16家上市银行净利润5452.3亿元，占比高达53.6%，同比增长18.2%。

宽货币与高资金成本并存，从直接原因看，一是企业经营风险加大，不同信用等级、贷款期限之间的利差开始扩大；二是企业资金链紧张，银行议价能力相对提高，综合成本上升；三是受贷款规模和监管指标限制，银行信贷供给受到约束，大量资金在体制外循环；四是信托公司、小贷公司及其他借贷中介的融资成本较高，普遍在10%以上。根本原因则在于金融过度垄断和中小银行发展不足，严重扭曲了资金配置。

我国出口竞争力开始出现下降迹象

近五年来，我国出口对GDP增速的贡献平均为26%，年均拉动GDP增长2.5个百分点。而2012年1—8月，出口仅贡献0.61个百分点，出口下降是2012年增速放缓的主要原因。目前，鼓励和支持出口的政策作用十分有限，除了全球需求疲软外，一定程度上可能反映了我国出口竞争力的变化。

不少外贸企业反映，我国劳动力成本大幅上升，社保缴费过高；2012年以来FDI一直负增长，而且部分投资具有明显的产业转移性质；个别国际品牌关闭在华生产基地。随着我国要素价格上升，出口竞争优势逐步由低成本向规模经济、产业聚集效应转变。当外部市场持续萎缩、内部市场不振时，规模经济、产业聚集对成本上升的抵消作用也在减弱。上述因素的变化，可能预示我国出口竞争力开始出现下降迹象。根据商务部监测，我国劳动密集型产品的国际市场份额已经持续小幅下降。

增长阶段转换中的财政可持续性

2012年以来，在经济持续下行过程中，财政增收压力逐渐增强。1—8

月，全国财政预算收入累计增长 10.8%，比 2011 年同期回落 20.1 个百分点。其中，8 月仅增长 4.2%，中央财政收入下降 6.7%。在推行结构性减税的同时，基层税务机构迫于增收压力，各种非税收入大幅增加。部分地区名在减税，实则加负。

从国际经验看，发展阶段和税制特点决定了发展中国家税收对经济增长的弹性明显高于发达国家。经济增速短期过快下滑，中央、地方财政收入可能出现负增长。在亚洲金融危机和国际金融危机爆发时，曾经发生过类似的情况。当增长阶段转换期到来之后，7% 左右的经济增长将成为常态，依靠非税收入应对财政持续减收，无异于竭泽而渔。与此同时，在迈向高收入社会的过程中，政府公共服务支出往往会明显增加，且具有刚性，中央、地方财政可持续性面临考验。这不仅要求切实转变政府职能和工作方式，提高公共决策的科学化、精细化水平，而且需要调整、优化支出结构，提高公共支出效率，福利体系的建设也应与财政能力相适应。

新常态下宏观调控的新思路

增长阶段转换实质是增长动力的转换，也是企业、政府和居民重新适应新常态的调整过程。其间，一是很多企业会缺乏方向感，预期不稳定，找不到适宜的投资方向；二是政府调控目标不容易确定，不知道突破什么临界点整个经济系统将难以承受；三企业原有的盈利模式不再像过去那样有效，在低速增长下盈利压力持续增大。

未来一段时间，7% 左右的增长将是一个新的常态。就宏观政策与增长阶段转换的关系而言，宏观政策要顺应增长阶段的转换，特别要防止过度放宽宏观政策而使经济重回以往高增长轨道的倾向。同时要看到，增长阶段转换也需要一个相对稳定的宏观环境，宏观政策也要防止在多重因素作用下短期内增长速度过快下滑。防止上述两种可能性，使经济在与增长阶段转换相适应的轨道上平稳运行，并促进经济发展方式取得实质性转变，应当成为今后较长一个时期宏观政策的重要取向。不少陷入中等收入陷阱的国家，往往就是在这一个过程没有处理好稳定与转换之间的关系。

在应对亚洲金融危机和国际金融危机时，之所以将 8% 作为我国经济增速的目标底线，一个重要的依据是保障每年 800 万以上的新增就业。保增长、保就业、保稳定，成为当时宏观调控的基本逻辑。随着我国人口结构和劳动力供求关系的转变，以及经济结构调整尤其是服务业的快速发展，就业对经济增长的约束有所缓解。在本轮持续较长的回调过程中，失业率有所上升，但就业状况保持了基本平稳，“保八”不再是硬的就业约束。

但与此同时，由于速度效益型模式没有根本改变，经济增速短期过快下滑，中央、地方财政收入大幅下降，企业盈利能力和水平滑坡，亏损面不断扩大，财政金融风险则可能集中爆发。因此，需要确立稳增长、稳效益、防风险的宏观调控基本思路。通过积极需求管理，以防止短期内经济增长大幅度滑坡为重点，为微观主体的调整和增强对新增长阶段的适应性争取必要的时间和空间，把矛盾和问题控制在社会可承受的范围内，有效防范和化解各种风险，并积极培育新的竞争优势。

短期与中长期政策并重，推动增长动力平稳转换

当前世界经济仍处于危机后的调整期，有效的结构调整和推动实体经济增长的全球性力量尚未形成。我国经济正处在增长阶段转换和寻求新平衡的关键期。增长阶段转换实质是增长动力的转换，是原有竞争优势逐渐削弱、新竞争优势逐渐形成的过程，也是原有平衡被打破，需要重新寻找并建立新平衡的过程，经济运行总体比较脆弱。2013 年，全球进入新一轮货币宽松期，但对实体经济的刺激作用有限，我国总需求仍面临一定下行压力。在继续实施积极财政政策和稳健货币政策的同时，注重需求政策与供给政策结合，短期政策与中长期政策结合，增强政策弹性和有效性，着力破解企业生产经营中的困难，加快结构调整步伐，培育新竞争优势，推动增长动力转换和发展方式的实质性转变，促进国民经济平稳运行。

以降低企业税负和稳定地方财力为重点，继续实施积极财政政策

以增强微观主体活力、涵养财源为目标，积极清理各种不合理收费，切实防止因增收压力而加大企业负担。落实研发支出税前扣除政策，加速企业

折旧，促进企业技术改造。适当提高中央预算赤字水平，扩大财税政策的回旋余地。加大中央财政对地方财力的支持，提高地方政府基本保障能力，切实提高财政资金使用效率。扩大房产税、资源税试点范围，积极培育地方政府新税源。加快研究地方债的相关规则和管理方法，积极稳妥地扩大地方债发行试点。

以降低企业资金成本和稳定货币供给为重点，继续实施稳健货币政策

一是通过外汇占款、央票余额变化及公开市场操作，保持基础货币必要的增长，及时降低法定存款准备金率，保持市场必要的流动性。二是保持人民币兑美元汇率在波动中的相对稳定。针对全球新一轮量化宽松货币政策，适当加大人民币汇率波动幅度，保持人民币实际有效汇率的相对稳定。三是对于中小金融机构，如农信社，其贷款对象集中于小微企业和三农领域，可放开贷款额度控制。四是适当放松对过桥贷款等的限制，支持与产业升级相伴的兼并重组。

以促进房地产可持续发展为重点，进一步完善房地产调控政策

进一步完善房地产相关调控政策，努力实现房地产市场平稳运行。一是在总结各地经验的基础上，进一步完善限购政策，使其既能充分发挥在限制投机、投资性需求方面的积极作用，又不影响首次置业和改善型需求的及时释放。二是实行住房贷款利率和首付反向调整政策。即在贷款利率下调时，适当上调首付比例，防止因货币政策调整造成购房人支付能力在短期内发生较大变化，进而造成市场需求和房价的大幅波动。三是适当调整房地产交易环节税费，鼓励梯度消费和增加二手房供给。四是更加重视地方政府在土地供给方面的调控作用。加大北京等热点城市的土地供应，缓解供求矛盾，同时稳定房地产投资。

以提高企业综合素质和竞争力为重点，加快产业结构调整升级

采取必要的信贷、税收等措施，支持企业关闭、并购、联合、重组，加快产业组织结构调整，促进竞争性领域大企业集中度的提高和中小企业专业化分工的深化。限期清理阻碍市场进入的各种规定，尽快在放开市场准入、

放松经济性管制上迈出实质性步伐。注意把产业区域转移与技术改造、产业升级密切结合，有效提升中西部地区的工业化水平。加快落实鼓励技术创新的政策，加大政府采购对创新产品的支持，对重大技术装备自主创新提供必要的信贷支持。加大对宽带、研发创新基地等先进基础设施的投资力度，增强产业创新升级后劲。

以推动增长动力转换为重点，深入推进经济体制改革

当前经济增速持续下行，既有中长期增长动力转换的因素，也是在现有体制机制和发展模式的框架内，资源优化配置受到限制，增长潜力难以有效释放的结果。市场化改革进展不平衡，部分基础行业和要素领域价格不顺、放开不够、竞争不足的问题十分突出，市场机制难以发挥基础性作用，抑制了规模依然可观的增长空间的释放。转变发展方式和转换增长动力的根本方向，是完善社会主义市场经济体系，根本出路在于改革和创新。必须重视短期与中长期政策有效衔接，在保持经济运行基本稳定的同时，着力深化体制改革，释放新的制度红利，激活增长潜力，推动增长动力转换。同时，建议研究在国务院设立综合改革机构，减少部门利益制约，负责研究、拟订进一步推进和完善社会主义市场经济体系综合改革方案。

（执笔：余　斌　陈昌盛）

2013 年

适应新常态　开启新阶段

寻找中国经济增长新的动力和平衡

刘世锦

研究背景

2008年，中国经济应对国际金融危机冲击，在经历了短暂的滑落后迅速回升，到2010年初达到了一个高点。之后又开始回落，历时超过十个季度，到2012年四季度后才企稳反弹。如何看待这一轮回落，仅仅是一个短期调整，还是反映了中长期增长动力结构的变化？两年前，我们在研究的基础上，提出了一个基本判断，即中国经济的潜在增长率将会下一个较大台阶，进入由高速增长阶段到中速增长阶段的转换期（刘世锦等，2011）。刚提出时，质疑者甚多，但随着时间的推移，在此问题上的共识逐步增加。

本项研究是上一项研究的延续。在逻辑思路上，延续了增长阶段转换的分析框架；在数据上，继续使用以麦迪森购买力平价指标体系为基础的数据库（Maddison，2008）。不同的是，我们将研究聚焦于未来十年，特别是当前和较近的几年。表面上看，这项研究是"预测未来"。这类研究首先遇到的是方法上的挑战。通常使用的是所谓"趋势外推法"，即用过去推测未来。如果说在经济增长处在相同阶段，增长动力和机制没有发生重要变化，在限定条件下，这种方法看起来还有些效果。但对中国这样正处大转型时期的经济来说，基本上不大有效，如果一定要用，很容易产生误导性结果。借鉴国际上

---

* 本文为《中国经济增长十年展望（2013—2022）：寻求新的动力和平衡》一书的导言，中信出版社，2013年4月。

相同或相似增长阶段的历史经验，能够获取不少有价值的信息，特别是有关增长规律性的信息。但使用这类信息时也必须非常小心，因为与国际上其他经济体，包括大国经济体相比，中国的经济增长毕竟有着相当多的不同。我们所面临的难题是，如何把有意义的国际经验与中国实情结合起来，理解和解释中国经济的真实增长历程，尤其是对那些增长有重大影响的转折或“拐点”。在努力增加有关中国经济增长规律性知识的基础上，对未来增长前景做出推测。这正是本项研究试图企及的目标。

从这个含义上说，增加对中国经济增长规律性的理解比某个具体指标预测数值更有意义，也更为重要。尽管如此，在可能的情况下，本项研究还是对主要的总量和结构指标给出了预测数值，而且没有采用流行的“情景预测法”。我们所顾虑的是，如果提出若干种情景（如 3 种乃至 5 种情景），对预测者本身是留下了“余地”，但读者往往搞不清楚哪种情景是“真”的，从而降低了“信息量”。本项研究中除个别场合外，只给出一种情景，也就是研究者认为可能性最大的一种情景。好在本项研究是一个连续的长期研究项目，下一个年度，我们将把时间后推一年，对下一个十年增长进行展望。这样的滚动研究就给我们提供了修正或纠正预测误差的机会，由此也可看到研究逐步深化、知识相应增长的过程。因此，本书只是一个长期研究项目的初始成果。

如何理解和认识经济增长阶段转换

现在回到经济增长阶段转换的主题上，这里我想结合本项研究中的一些新成果，对此再做一些讨论。

在上一项研究中，我们对“二战”以来的国际工业化历史经验进行了梳理，从中观察到一个重要现象：一批成功追赶型的经济体，包括日本、韩国、台湾地区，也包括欧洲的德国，在经历了二三十年的高速增长，当人均收入达到 11000 国际元时，几乎无一例外地出现了增长速度的自然回落，平均降幅达到 30% 左右，有的降幅还要更大一些。对这样的结果，我们也颇感意外，于是开始考虑其后是否存在某种规律性。按同一口径测算，2012 年中国人均收入已经超过9000国际元，而中国的增长路径与上述成功经济体较为接近，依此推论，中国有很大可能性在今后两三年出现潜在增长率较大幅度的回落。

近年来国内外对中国潜在增长率下降的讨论增多，部分讨论集中于供给因素，如中国人口结构和劳动力供求关系的变化（如蔡昉，2012）。这无疑是重要的，供给面的变化将会对增长形成硬约束。同样值得重视的是需求面的变化。在既定技术条件和预算约束下，任何一种需求都是有支付能力的需求，都是有边界限制的。即使供给能力充裕，当触及需求边界，也会形成产能过剩。目前人们已经感受到了这种压力。需要强调的并非短期的产能过剩，而是从整个工业化、城市化历史进程来看的长期产能过剩。与之相对应的就是长期需求峰值。一旦长期需求峰值出现，过去曾多次出现的短期过剩产能被长期需求增长所吸收的情景将不再出现，就会出现“真的”产能过剩。本书研究中提供了不少长期需求峰值的预测数据，如住宅需求，2012年实际供给已经达到900万套，长期需求的年度峰值约1300万套，预计出现在2015年左右，此后很可能保持在既有水平，或出现负增长；基础设施中的公路建设，在东部和部分中部省份其密度已经接近或达到发达国家的水平；汽车的长期需求年度峰值将在2020年左右出现，但今后一些年基本保持略高于GDP的增长率；钢铁、建材等重化工业产品的长期需求年度峰值已经或接近出现。住宅、汽车是新世纪以来中国经济高速增长的龙头产业，基建和房地产投资占到近些年整个投资的一半左右，这些领域长期需求峰值的出现，预示着中国经济高速增长将触到需求增长的“天花板”。

以上所说的是基于历史经验和理论逻辑的推论。回头看一下中国经济近年来增长的轨迹，呈现一系列重要现象。首先是包括广东、浙江、上海、江苏、山东、北京等在内的东部沿海经济发达地区投资、工业增加值和GDP等指标的增速已低于全国平均水平。这些地区的人均收入已经达到或超过了11000国际元的水平，增速回落可以得到合乎逻辑的解释。其次，基础设施建设和房地产投资增速明显回落，回到以往高速增长轨道的可能性甚微，而投资正是中国经济高速增长的主要依托所在。再次，地方融资平台和房地产领域的投资风险加大，资产回报率降低，也从一个角度表明正在接近需求增长的边界。此外，这一轮增长回落并未伴随突出的就业压力，是否意味着以劳动力供给来衡量的潜在增长率开始下降，也是一个值得探究的问题。

总之，这些事实表明，经济增长阶段的转换，并不仅仅是一个逻辑推论，已经实实在在地发生了。由此也引发了一个如何正确认识这一转换的问题。有人把这种变化视为中国经济的“衰落”乃至“崩溃”，也有一些舆论在“硬着陆”的题目下讨论这一问题。看来“认识问题”非同小可。

我们以为，经济增长阶段转换反映了经济增长的规律，按规律做事就是正确的。从工业化的历史经验看，能够在人均收入11000国际元的发展水平上出现自然回落，是追赶型经济体成功的标志，因为已经较完整地吸收了高速增长的潜力。这一点与更多的落入“中等收入陷阱”的经济体相比，会看得更为清楚。其次，即使增长速度降低，每年GDP的新增量依然很大，只是与持续增大的总量基数相比，增长速度有所降低。例如，2000年时增长10%的新增量，到2012年只能推动2%或略多一点的增长；若要实现8%的增长，新增量至少要相当于当年的3倍以上。再次，今后一些年，为了实现十八大提出的居民人均收入倍增目标，居民收入增速有望超过GDP增速，老百姓的实际感受将会改善。还有，今后一些年即使增长速度降到7%或再低一点的水平，到2020年，全面建成小康社会的目标依然可望如期实现；从国际比较的角度看，届时按现价美元计算得到中国的经济总量有很大可能赶上或超过美国，人均收入水平有望踏入高收入国家的门槛。

用“硬着陆”或“软着陆”等概念描述中国经济正在发生的变化，也容易产生混淆。中国经济正经历的是不同增长平台之间的转换，而非同一平台上的短期波动。此类概念较适合于后一场合，而在前一场合，使用此类概念易于产生这样的推论：既然已经“着陆”，接下来就应该再次起飞，重返高增长轨道。这显然容易产生预期误导。

如何认识增长阶段转换期的特点

国际经验表明，增长阶段转换往往不会一帆风顺。日本、韩国等就在这一时期曾出现过大的波动。其原因是，这一时期具有超过以往的内在不稳定性和不确定性。例如，潜在增长率开始下降，人们的预期产生混乱，情绪波动较大；短周期（存货调整等引起）变化与中长期周期变化相叠加，经常会听到一些相互矛盾的信息；企业、政府及其他行为主体易于保持政策惯性，调整滞后，如此等等。

从近期看，有两种易于出现、因而需要防止的倾向。一种是“推高”，试图回到以往的高增长轨道。在一些地方，政府换届后增长冲动上升，可能助长这种倾向。特别当短周期回升、中长周期依然向下的情况下，容易出现过度乐观的预期。有些机构对 2013 年增长速度的预测，似乎已经出现了这种状况。另一种情况是“快落”。当短周期和中长期周期同向变化时，增长速度在短期内快速下滑的可能性加大。2012 年上半年一度曾出现这种状况。2013 年，当短周期见顶回落时，尤其需要关注是否发生“快落”的问题。

表面上看，这两种倾向方向相反，但现实中很可能互为因果，成为一个连续过程。短期内人为推高速度，超过潜在生产率水平，出现通胀压力和金融风险。之后被迫调整，而一旦进入下行轨道，又可能出现“快落”，正所谓“大起大落”。

事实上，我们面临着不同的速度组合。一种是大起后大落；另一种是速度适中，但稳定性、可持续性较强。几年下来算总账，可能还是后者的平均增速较高。发展仍然是硬道理，现阶段解决中国所有经济和社会问题，必须保持一定的增长速度。提出潜在增长率下降，强调增长阶段转换，并非不重视增长速度，而是为了在认清增长规律的基础上，有效保持必要且可能的增长速度。这几年我们讲稳增长，在增长阶段转换期，“稳”的必要性更强，难度也更大，更应强调“稳”字当头。能稳住，不出现大的起落，就是很大的成功。

因此，这一时期增长阶段转换期的宏观政策的主要基调是“托底”而非“推高”。能保持 7%—8% 的增长就很不错，如果出现过热苗头，应及时刹车；另一方面，要将更多的注意力放在防止“快落”上，做好必要的政策和项目储备，一旦问题出现，能及时有效地出手。如果转换过程较为顺利，两三年就可能进入中速增长阶段，这个阶段的增长均衡点是多少还有待观察，可能有一个探底或“试错”过程，估计将落在 6%—7% 之间。

寻找新阶段的增长动力

与“潜在增长率下降”的说法相比，“增长阶段转换”的表述有着更积极的含义。如果能够转换成功，进入新增长阶段，意味着将开启新的增长空间。尽管增长的速度有所放缓，但将由粗放转向精致，将更为讲究质量和效益，将更加适合人民群众的实际需求。十八大报告提出我国仍处在大有可为的战略机遇期，但战略机遇期的内涵和条件将发生变化。新增长阶段将会具体体现这种变化。

如果说过去三十多年的高增长阶段主要是“铺摊子”，新阶段则主要是“上台阶”，而且是两个台阶，一个是“产业升级”的台阶；另一个是“创新”的台阶。在高增长阶段，主要发生的是资源由传统农业部门向非农产业（主要是工业）部门的转移。由于二者之间巨大的效率差异，这种部门间转移为国民经济的高增长提供了主要动力。进入新增长阶段后，“产业升级”与“创新”可能同时发生，但也有必要谨慎地注意到二者之间的区别。“产业升级”可以在不发生创新、依托技术引进或既有技术水平的条件下，通过行业内和行业间的优胜劣汰，减少低效率企业，提高平均效率水平而实现；而创新则强调的是通过形成新的技术、组织、管理方法、市场等而提升效率。在当前和今后较长一个时期，中国在较多领域仍有一定的技术追赶空间，在既定技术水平下缩小效率差距的潜力很大；与此同时，创新的重要性将逐步增加。

简单地说，以往三十多年的高增长阶段，主要由农业转向以工业为主的非农产业，一方面为农村大量的潜在失业人口提供了就业机会，显著提升了劳动参与率；另一方面，由于农业和非农部门之间巨大的生产率差距①，劳动力在部门间的重新配置，大大提高了全社会的劳动生产率。进入新增长阶段后，劳动力在农业和非农产业之间的转移仍会持续，但速度逐步放缓，提升

① 根据《中国统计年鉴2012》的数据计算，1978年农业和非农产业的劳动生产率为比为1∶6.1，后来这个比例有所起伏，到2011年为1∶4.8。

效率的重点将转向非农产业的行业内和行业间[①]。国际经验表明，行业内的竞争和重组淘汰低效率企业，能够显著提升生产率（Foster 等，2008）。与此同时，随着农业产业化、现代化的加快，农业部门的生产率也将趋近于非农产业的水平。这样一个变化图景，也就是我们所说的工业化、信息化、城市化和农业现代化同步推进的过程。

在这一背景下，新增长阶段将可能涌现出一系列新增长点。

基础设施投资。投资增长仍有较大潜力，如高铁、地铁，中西部地区的交通设施等。问题是如何在防控风险、提高效率的基础上促进投资增长。

城镇化。未来 20—30 年内，中国的城镇化率应该还有 20 个百分点以上的增长空间，涉及两亿多人。现有城镇常住人口中，仍有近 20 个百分点的非户籍人口。有研究认为，这部分人群解决户籍问题后，其消费将会增长 30% 左右，相当于 6 个百分点的农民进城对消费的拉动效应。

产业升级。2010 年，中国工业增加值率是 23%，而日本是 31.4%，美国是 38.5%。[②] 如果通过产业升级，达到与日、美相同的水平，就有 30%—70% 的提升空间。

消费升级。收入倍增规划的实施将有助于提升消费比重。城市中等收入群体（中产阶级）是拉动消费增长的主要力量，预计这一群体的比重到 2020 年将达到 45%。

更大程度、更高质量地融入全球分工体系。通过改进贸易和投资活动，提高在全球价值链中的位置，并在某些领域形成新的竞争优势，如与基本建设能力相关的对外贸易、劳务输出和投资等。

创新。中国在不少领域已经表现出巨大的创新潜能。除了技术创新外，商业模式创新也不容低估。

---

① 尽管中国的要素配置效率在市场化改革进程中得到长足提高，但基于企业层面大样本数据的实证研究表明，如果中国的资本和劳动力配置效率达到与美国相同的水平，制造业全要素生产率可以提高 30%—50%（Hsieh and Klenow，2009）。

② 这里日本的数据是 2005 年的。三个国家的增加率数据来源分别为：美国和日本的工业增加值率根据投入产出表计算；中国的数据根据《中国统计年鉴》工业统计数据计算。

围绕新增长点谋划和推动改革

日本、韩国等经验表明，高速增长期结束后，保持一个较长时间的中速增长期并不容易。上述新增长点很大程度上是“潜在”的，要使其逐步变为现实，需要多方面的条件，其中最为关键、难度最大的是破除制约这些新增长点潜能释放的体制、机制和政策障碍。这样，培育和启动新增长点，很大程度上就转化为新形势下如何深化改革的问题。

十八大以后，改革的呼声较高，期待甚多。新一轮改革的复杂性超过以往，技术含量较高，应谋定而后动。就改革的策略而言，改革首先要有增长效应，能够带来实实在在的增长，在新一轮改革的初期尤其如此。否则改革难以得到有效支持而深入下去。其次要抓关键环节或突破口，所谓牵一发而动全身，加上必要的配套改革，使新体制、新机制能够尽快并有效运转，进而把增长潜力持续不断地发掘出来。

由此出发，新一轮改革的一个重要思路是围绕新增长点，抓住关键环节作为突破口推动改革，产生增长效应，使改革和增长互为促进。

- 以放宽准入、引入外部投资者为突破口，发掘基础设施领域投资潜力。例如，铁路部门仍有一定投资增长潜力，但铁道部负债率已经较高，融资能力受限。应在政企分开的基础上，改革企业体制和投融资机制，引入行业外包括地方政府、企业和个人在内的新投资者。其他基础设施领域，如电力、石油、天然气和地方基础设施建设，也有可能推进类似改革。

- 以加快土地、户籍、财税体制改革，提高集聚效应和生产率为突破口，稳步而持续地推动城镇化进程。城镇化蕴含着巨大的需求潜力，但这种需求应该是有支付能力的需求，依托于收入增长和生产率提高。城镇化主要优势在于集聚效应，包括从生产、流通、创新到基础设施、公共服务和居民生活上的集聚效应，从而产生传统农村经济难以比拟的高生产率。推进城镇化不仅仅是花钱消费，更重要的是提高生产率，是创造财富。目前中国城镇化进程中存在的种种问题，归根结底，都会集中于发挥集聚优势、提高生产率这个基本问题上。下一步推动城镇化，应当以提高城市的集聚效应和生产率为核心，推动土地、户籍、财税等制度改革，让人和地这两个基本要素更好地流动起来，促进优化配置，使潜在的需求释放出来，走出一条低成本、高效率、可持续的城镇化道路。

• 以形成一批有长期稳定国际竞争力的产业为突破口，推动产业重组和升级。增长速度放缓后，工业的快速扩张期基本结束，产业内的竞争和重组将会加剧，出现购并、重组的高峰期，从而提高集中度。产业之间也将有一个重新洗牌的过程。从国际经验看，在深度参与全球化的背景下，一个国家，包括美国、日本等大型经济体，只能是一部分行业而不可能是所有行业都具备竞争优势。中国究竟哪些行业能够胜出，最终取决于国内国际的市场竞争。这将是一个前面描述过的产业内部和产业之间提高效率的过程。在此过程中，政府基本职责是促成和保护一个有效竞争的市场环境，为参与重组购并的各种要素的流动和组合提供政策支持，并提供基本的社会安全网的保护。如何处置低效率的国有企业，是政府难以回避的重要问题。此外，在国家层面，应当从长计议，制定规划，以识别、支持在今后二三十年具有稳定持续竞争力的产业。

• 以扩大中等收入群体为突破口，促进消费升级。从过去一些年的情况看，中等收入群体是扩大消费的主导力量。这一势头将得以持续。应当通过促进就业、调整收入分配结构、完善公共服务、发展消费金融等措施，稳步扩大中等收入群体占比，提升其消费能力。更重要的是，促进在升学、就业、创业等方面的机会均等，提高社会的横向特别是纵向流动性，使更多的人通过发挥自身聪明才智进入中等收入群体，通过创造更多的财富而扩大消费。

• 以开放促改革为突破口，谋求更高水平和更高质量地融入全球分工体系。中国坚持对外开放，积极利用全球化机遇融入全球分工体系，从来都是国内国际相互促动的过程。国内的诸多改革，是通过对外开放而推动或“倒逼”的。这一条经验今后仍具有重要意义。例如，以人民币国际化推动国内金融体系改革；以与有关国家达成自贸区协议和参与区域经济合作为契机，推动国内相关领域特别是服务业领域的改革；与国际一流大学合作办学，带动国内大学教育体系改革等。继续推动企业“走出去”，利用国际研发、人才等高级生产要素，并使之与国内产业链有机衔接。

• 以涌现一批创新型的行业领先企业为突破口，推动创新取得实质性进展。企业是创新的主体，但并不意味着所有企业都必须创新。在现代产业生态体系中，多数可以通过引进吸收获取新技术，大量企业为掌握关键技术的龙头企业配套，所以，创新的重点是处在行业领先或龙头位置的企业。中国进入世界500强的企业逐步增多，但大多数处于基础产业和有一定垄断性的行业，来自制造业领域的大企业为数寥寥。而要真正成为创新型国家，关键取决于能否在技术含量较高的行业出现一批创新型的领先或龙头企业。为此，最重要的是营造公平竞争、有利创新的环境条件，切实做到不同所有制的企业平等使用生产要素和创新资源。在那些创新元素涌现的地方，领导者要敢于打破常规，以敏锐眼光和满腔热情予以扶持。近年来，一些政府看不见、瞧不起的领域创新成果脱颖而出、成了大气候的案例，很值得深思。某种意义上说，一个包容性的政策环境比一大笔科研经费更为重要。

参考文献

蔡昉，“温故而知新：关于结构调整的国际经验”，《比较》第51辑，2010年。

刘世锦等，《陷阱还是高墙?——中国经济面临的真实挑战和战略选择》，北京：中信出版社，2011年。

Foster, Lucia, J. Haltiwanger, and C. Syverson, 2008, “Reallocation, Firm Turnover, and Efficiency: Selection on Productivity or Profitability”, *American Economic Review*, Vol. 98, No. 1.

Hsien, Chang - Tai and P. Klenow, 2009, “Misallocation and Manufacturing TFP in China and India”, *The Quarterly Journal of Economics*, Vol. CXXIV, No. 4.

Maddison, Angus. 2008. *Statistics on World Population, GDP and Per Capita GDP, 1 - 2008 AD*. http://www.ggdc.net/maddison/oriindex.htm

中国现代化进程的前景展望与“三大转型”

国务院发展研究中心课题组

改革开放以来，中国的经济社会发展取得了举世瞩目的伟大成就，人民生活、经济实力和综合国力连续跃上新台阶，站到了现代化建设新的历史起点上。未来十年，世界格局重大调整，国内结构深刻变革，中国仍处在重要战略机遇期，但内涵和条件将有所变化，面临的风险和挑战也将不同以往。十八大对全面建成小康社会目标提出了新要求。为了实现这一目标，并在本世纪中叶把中国建设成为富强民主文明和谐的社会主义现代化国家，必须坚持中国特色社会主义道路，以改革开放为根本动力，加快转变经济发展方式，积极创新社会治理方式，主动调整全球化参与方式，扎实稳步地推进现代化建设的历史进程。

中国经济社会发展的新成就和所面临的问题

进入新世纪以后，特别是近些年来，面对复杂多变的国内外环境和一系列重大挑战，中国紧紧抓住机遇，积极化危为机，为全面建成小康社会和现代化建设奠定了新的重要基础。

经济实力和综合国力再上新台阶。有效应对国际金融危机、国内重大

---

* 本文为十八大前夕撰写的一篇研究报告，执笔人：刘世锦、余斌、刘培林、陈昌盛、何建武等。

自然灾害等严重冲击，2007—2012 年期间经济保持年均 9.3% 的增长速度，成为全球第二大经济体，2012 年 GDP 达到 519322 亿元，约合 82432 亿美元，人均 GDP 约为 6100 美元左右。[①] 人均国民收入在 2010 年跨过上中等收入国家门槛的基础上进一步提高，上中等收入国家的地位更加巩固。

改善民生和社会发展成效明显。2008—2012 年，累计新增城镇就业岗位 5788 万，转移农业劳动力近 4900 万左右。[②] 各项社会事业加快发展，覆盖城乡的养老保障体系初步建立，医疗体制改革取得阶段性成果，保障性住房建设大规模推进，低收入群体生活保障水平明显提高。

经济结构调整取得新进展。2007—2011 年，内需对经济增长的贡献率提高近 7 个百分点，2012 年服务业比重比 2007 年提高 2.7 个百分点，[③] 中西部地区经济增速已连续 4 年超过东部地区。节能减排、环境保护和生态建设加快推进，能源消耗强度在"十一五"期间降低 19.1% 的基础上，2011 年和 2012 年又分别降低 2% 和 3.6%。[④]

技术创新和产业升级步伐加快。航空航天、高性能计算机、高速铁路等一些重大或关键技术领域取得突破，移动通信设备、工程机械设备等制造业国际竞争力增强，传统产业改造升级力度加大，部分战略性新兴产业发展迅速。

国际地位和影响力显著提高。2011 年，GDP 和货物进出口总额占全球比重双超 10%。2007—2010 年对世界经济增长的平均贡献接近 60%。对外投资大幅增长，通过跨国并购等途径整合全球资源能力增强。在全球治理中的重要性提升。

---

① 根据《中国统计年鉴 2012》和国家统计局"2012 年国内生产总值（GDP）初步核算情况"的数据推算。

② 参见国家统计局的初步核算数据，http://www.stats.gov.cn/tjdt/gjtjjdt/t20130118_402867315.htm。

③ 根据《中国统计年鉴 2012》和国家统计局"2012 年国内生产总值（GDP）初步核算情况"（http://www.stats.gov.cn/tjfx/jdfx/t20130119_402867380.htm）推算，http://www.stats.gov.cn/tjdt/gjtjjdt/t20130118_402867315.htm。

④ 参见 http://www.gov.cn/jrzg/2011-06/10/content_1881616.htm 和 http://www.stats.gov.cn/tjdt/gjtjjdt/t20130118_402867315.htm。

在经济社会发展取得重大成就的同时，也积累了不少具有中长期价值的经验。第一，坚持调结构、转方式，促进经济平稳较快发展。只有更加注重挖掘内需潜力，更加注重创新驱动，更加注重统筹城乡区域发展，更加注重人与自然和谐共处，才能有效转换经济增长动力，增强发展的可持续性。第二，坚持经济和社会协调发展，把保障和改善民生放在突出位置。不断提高人民生活水平和质量是发展的根本目的，也是发展的条件与动力，是社会和谐的重要基础。第三，坚持正确处理政府和市场的关系，提高资源配置和利用效率。既要准确把握宏观调控的时机、力度和节奏，发挥集中力量办大事的优势，更要激发市场活力，增强经济自主增长能力。第四，坚持用改革的办法解决前进中的问题，正确处理改革、发展与稳定的关系。深化改革是破除体制机制障碍、释放发展潜力、促进社会和谐的根本途径。以改革转方式、以改革促发展、以改革求和谐。第五，坚持统筹国际国内两个大局，形成长期稳定的互利共赢关系。适应国内国际发展环境的变化，在与国际社会相互依存、互利共赢中提高对外开放的质量和水平。以开放促改革、以开放赢机遇、以开放谋合作。

另一方面，必须清醒地看到，中国经济社会发展中还存在不少矛盾和问题。一是经济发展方式转变尚未取得全局性和实质性突破。经济增长过度依赖资源要素投入的格局尚未根本改变，体制机制不顺导致的低效率局面尚未根本打破，生态环境整体恶化的趋势尚未根本扭转。二是社会和谐的基础还不牢固。城乡、区域等差距依然较大，就学、就业、创业机会不均等问题突出，社会阶层流动渠道不畅，腐败多发、诚信缺失和有法不依、执法不严、违法不究等现象严重。三是改革任务依然艰巨而紧迫。经济社会发展中深层次重大问题的解决亟待改革深入，人民群众对改革期待日益迫切，但利益格局分化带来的阻力加大，达成改革共识的难度增加。

今后十年国际国内发展环境的变动趋势和特点

今后十年，世界经济增长格局和全球治理结构将发生重大调整，国内经济增长的速度、结构、动力机制将发生重要转变，思想观念、社会结构和组织方式将发生深刻变化，中国的现代化进程将面临更为严峻复杂的国际国内环境。

国际环境

未来十年，和平、发展、合作仍将是国际主流，经济全球化、政治多极化持续深入。与此同时，国际金融危机与新技术革命将推动全球经济大调整大变革，发达经济体在较长时间内难以摆脱经济低迷状态，新兴经济体有望保持较快增长，国家间竞争与合作呈现新格局，全球既有治理结构面临冲击和挑战。

第一，全球经济增速放缓，呈现“南快北慢”的增长格局。国际金融市场持续动荡，发达经济体长期积累的结构性矛盾激化，经济复苏进程缓慢甚至反复，全球经济进入低速增长时期。如果发达经济体继续增发货币以刺激经济复苏，则可能导致全球经济出现滞胀局面。日益增多的发展中国家开始进入工业化阶段，特别是东亚、南亚地区经济有望保持较快增长，在全球经济、贸易、投资中的重要性明显上升。发展中国家对全球经济增长的贡献超过发达国家，二者力量对比将出现历史性变化。

第二，新一轮技术革命孕育突破，新兴产业潜力巨大。信息技术应用进一步深化，以新能源、生物技术为代表的新一轮技术革命初露端倪。发达国家综合创新能力的优势依然明显，仍将可能引领新一轮产业革命。新兴经济体有望在部分领域接近或达到技术前沿，充分利用市场空间大和产业化能力强的优势，以新技术产业化推动跨越式发展。

第三，经济全球化不可逆转，区域经济合作继续深入。多边贸易投资自由化步履维艰，保护主义时有抬头，但国际分工持续深化，将推动国际贸易与跨境投资增长快于全球经济增长。区域合作组织不断涌现、重叠交织，贸易投资自由化标准提高，规则覆盖扩展到行业管制、国企扶持、劳工权益、环境保护和知识产权保护等国内相关领域。

第四，国际协调难度加大，全球治理格局面临变革。全球化、信息化加深了各国的相互依赖、相互影响，国际经济力量对比发生重大变化，国际金融合作与监管需求的加强，气候变化等新的全球性议题的涌现，都要求变革现有的全球治理结构，提供新的全球公共产品，加强国际协调，提高集体行动效率。

第五，国际竞争更趋激烈，非传统安全挑战增加。地区主导权竞争加剧，地区性冲突风险上升，部分国家政局动荡。资源能源领域竞争更趋激烈，海洋权益冲突增加，外太空争夺露出端倪。跨境人流、信息流、资金流持续上升，风险跨国传导加快。恐怖主义、信息安全、金融安全、跨国犯罪、流行疾病等非传统安全挑战迅速增加。

国内环境

未来十年，支撑过去三十多年经济高速增长的一些基本面因素将发生重要改变。在潜在增长率下降、增长阶段转换的同时，经济结构和增长动力将发生显著变化，经济社会转型进入关键时期。

第一，经济将由高速增长阶段逐步转入中速增长阶段。工业化和城市化仍有较大空间，但基础设施、房地产和能源原材料工业领域的新增需求或需求的绝对量峰值，将在“十三五”期间集中出现，投资增长空间趋于缩小。部分领域技术水平逐步接近世界前沿，追赶的后发优势减弱。劳动力供求关系出现转折，储蓄率趋于下降，资源环境约束更为突出。在多重因素共同作用下，潜在经济增长率将自然回落。

第二，人口和劳动力结构发生重要变化。2015 年前后中国劳动年龄人口总量将达到高峰，随后开始下降，传统人口红利逐步消失。农村剩余劳动力无限供给状态结束，劳动力成本进入上升期。人口老龄化加速，形成独特的“未富先老”局面。人均受教育年限延长，劳动力质量明显提升。

第三，经济结构随增长阶段转换而显著变化。工业化由中级阶段向高级阶段过渡，工业增长更多依靠技术密集型产业的发展。工业比重稳中趋降，服务业比重明显上升。研发、金融、物流等生产性服务业和旅游、教育、健康、文化等与消费升级紧密相关的服务业将快速发展。内需与外需、投资与消费失衡的局面逐步改善，消费对经济增长的贡献持续增加。地区差距和城乡差距逐步趋于缩小。

第四，思想观念、社会结构和组织方式将深刻变化。城市化率继续上升，中等收入群体比重显著提高，但城乡与城市内部“双二元”结构矛盾仍将突出。人们物质和精神需求层次提升，思想观念趋于多元化，公民权利意识增强，对安全、参与、公平、正义的诉求增加。传统社会组织的覆盖面和有效性下降，新型社会组织作用上升。互联网等新技术催生新的信息传播、社会交往和组织方式。

第五，对外关系将经历新兴大国崛起的阵痛。未来十年中国有望成为世界第一大经济体，与外部世界互动的广度、深度和频度显著提高。利用外部机遇能力增强，国际影响力上升。但外部环境复杂程度前所未有，“中国机遇论”、“中国责任论”、“中国威胁论”此起彼伏，对处理对外关系能力提出了更高要求。

机遇与挑战

国际国内环境的变化，既蕴含着新的发展机遇，也潜藏着巨大风险和挑战。中国既有保持较快发展的内外部条件，面临的不确定性、不稳定性也明显增加。

第一，支撑经济较快增长的有利条件依然存在，但转型中经济运行的不稳定性和脆弱性增加。通过要素的重新组合和增长动力的适时转换，中国未来十年仍可保持较前有所降低但在全球范围看仍然较快的增长速度。如果应对不力、处置不当，则可能出现系统性风险，特别是资产价格大幅波动和经济增速大幅下降带来的财政金融风险，使发展进程受挫。

第二，技术创新和产业升级前景广阔，但体制制约依然突出。中国研发投入比重持续提高，在若干重要领域有较好的技术积累；新技术的市场需求和产业化优势明显；传统产业与新兴产业相结合，改造升级潜力巨大；受教育程度较高、素质较好但成本较低的新劳动力优势正在形成。另一方面，如果不能打破垄断、促进公平竞争，培育出创新型龙头企业和一大批创新型中小企业；不能实质性推进科技教育体制改革、促进知识创造效率的提高，创新驱动将难以实现。

第三，社会和谐的基础有望增强，但社会治理面临复杂局面。区域差距、城乡差距趋于缩小，中等收入群体持续壮大，公共服务投入增加，基本公共服务均等化将取得明显进展。但也要看到，收入分配不公、机会不均等问题依然突出，思想观念、利益格局、社会组织方式的深刻变化，互联网等新技术所催生的新传播和交流方式快速发展，公众参与意愿上升，对已有社会管理方式构成挑战，同时也孕育着社会治理创新的契机。

第四，改革可以释放巨大的制度红利，但是推进改革难度增大。过去三十多年改革的红利已大多释放。要素市场、国有资本、社会管理、公共服务等重要领域和关键环节的改革深化，将创造新的制度红利，释放发展潜力。改革的全局性和实质性进展，需要加强改革的顶层设计和推动，凝聚改革共识，克服来自既有利益格局的阻力，调动地方、基层和广大人民群众深化改革的积极性和创造性。

第五，在全球竞争中中国仍处于有利位置，但国际环境变得更为复杂。技术、人才、渠道等国际高端要素的整合利用，将有利于提高中国“引进来”和“走出去”的质量与水平；新兴经济体的崛起为中国中高技术产品的出口提供了新的市场；全球增长格局变化和治理困境要求中国在参与全球治理中发挥更大作用。另一方面，随着发展阶段的提升，中国与发展中国家、发达国家的利益交集出现变动重组，在发达国家对中国防范和制约日渐增强的同时，与发展中国家的摩擦也会增加，使中国面临两头挤压的挑战。

综合判断，中国仍处在乘势而上、大有作为的重要战略机遇期，但需要关注并适应战略机遇期内涵和条件已经或将要发生的变化；面临的风险和挑战增加，且与过去三十多年有很大不同。机遇和挑战相互依存、相互转化。把握机遇，潜力可以变成现实；应对得当，挑战可以化为动力。国际经验表明，能进入中等收入阶段的国家较多，而能跨入高收入阶段的国家甚少。如果体制、战略、政策失当，很可能落入“中等收入陷阱”。未来十年，将是中国全面建成小康社会的战略攻坚期，是经济发展方式、社会治理方式和全球化参与方式的转型突破期。逆水行舟，不进则退。进，则跨入高收入国家行列，进而实现社会主义现代化；退，则面临落入“中等收入陷阱”的风险，现代化进程可能出现停滞甚至倒退。因此，必须毫不动摇地坚持和深化改革开放，加快转型，为利用好新的战略机遇期创造必不可少的体制机制和政策条件。

中国现代化建设不同阶段的目标展望

2020 年全面建成小康社会的中国：经济总量接近或达到世界首位，人均收入接近高收入国家门槛，迈上新的发展台阶

十六大提出了到 2020 年全面建设小康社会的目标，十七大进一步丰富了小康社会的内涵。站在新的历史起点上，十八大提出“确保到 2020 年实现全面建成小康社会宏伟目标”，并相应提出了一系列新要求，包括经济持续健康发展；人民民主不断扩大；文化软实力显著增强；社会主义核心价值体系深入人心，公民文明素质和社会文明程度明显提高；人民生活水平全面提高；资源节约型、环境友好型社会建设取得重大进展等。

十八大同时还提出了经济社会发展的若干具体目标，例如，转变经济发展方式取得重大进展，在发展平衡性、协调性、可持续性明显增强的基础上，实现国内生产总值和城乡居民人均收入比 2010 年翻一番；科技进步对经济增长的贡献率大幅上升，进入创新型国家行列；工业化基本实现，信息化水平大幅提升，城镇化质量明显提高，农业现代化和社会主义新农村建设成效显著，区域协调发展机制基本形成；对外开放水平进一步提高，国际竞争力明显增强；基本公共服务均等化总体实现，就业更加充分，社会保障全民覆盖；收入分配差距缩小，中等收入群体持续扩大，扶贫对象大幅减少等。

围绕这些新要求和具体目标，我们从若干角度进行了初步的预测和展望。

第一，经济总量规模将接近或略超美国。

改革开放以来，中国 GDP 保持了年均 9.8% 的高速增长，2012 年达到 51.9 万亿元，约合 8.2 万亿美元，相当于美国同期 GDP 的 52.3%；人均 GDP 达到 3.8 万元，约合 6100 美元，分别相当于高收入国家门槛线的 48% 左右和美国同期人均 GDP 的 12.5% 左右。[①]

根据中国目前所处发展阶段，借鉴成功追赶型经济体的经验，预计 2013—

① 根据国家统计局《2012 年国民经济和社会发展统计公报》和世界银行世界发展指数的数据，并结合作者的估计。

2020 年期间中国潜在经济增速将回落至 7.4% 左右。[①] 美、欧、日等主要发达经济体处在世界技术前沿，经济增速长期较为稳定，未来这种态势很有可能延续。同时，考虑到中国经济追赶过程中人民币汇率升值和国内外物价变动等因素，利用汇率法和购买力平价法换算的数据，综合运用多种方法，参照国际通行的发展水平衡量标准，预计 2020 年中国的 GDP 将达到 21 万亿美元（按照届时的现价汇率法计算），相当接近美国届时 23 万亿美元的水平（见表 2 和图 5）[②]。略超的可能性也是存在的，这样中国经济总量将会跃居世界第一。

表 2　本世纪中叶前中国经济发展前景展望

指标		2010 年	2020 年	2030 年	2050 年
GDP（万亿美元）	中国	5.9	21	50—65	150—250
	美国	14.5	23.4	37.8	95.3
人均 GDP（万美元）	中国	0.44	1.5	3.5～4.5	11.5～18.3
	美国	4.5	6.7	9.9	21.9
高收入国家门槛（万美元）		1.23	1.6	2.0	3.3

注：表中 GDP 和人均 GDP 均采用现价计算。

资料来源：课题组预测

第二，人均国民收入水平将接近高收入国家门槛线。

按照世界银行制定的国际通用的发展阶段划分标准，中国已于 2010 年跨入上中等收入国家行列。以上述 GDP 的预测结果为基础，结合中国人口增长预测，预计 2020 年中国人均 GDP 将达到 1.5 万美元，接近届时高收入国家门槛水平的预测值 1.6 万美元[③]，大致相当于美国的 23%，英、法、德、日平均水平的 26%（见图 6）。

① 课题组的预测。

② 课题组的预测。

③ 按照世界银行给出的发展阶段划分标准，2010 年人均国民收入低于 1005 美元的属于低收入国家；介于 1006—3975 美元之间的属于中下等收入国家；介于 3976—12275 美元之间的属于中上等收入国家；高于 12276 美元的属于高收入国家。发展阶段划分标准是以人均国民收入设定的。虽然人均 GDP 和人均国民收入概念上有细微差别，但两者的数量差距可以忽略不计。分析过程中假定高收入国家门槛标准延续过去二十多年 2.4% 的年均增速。

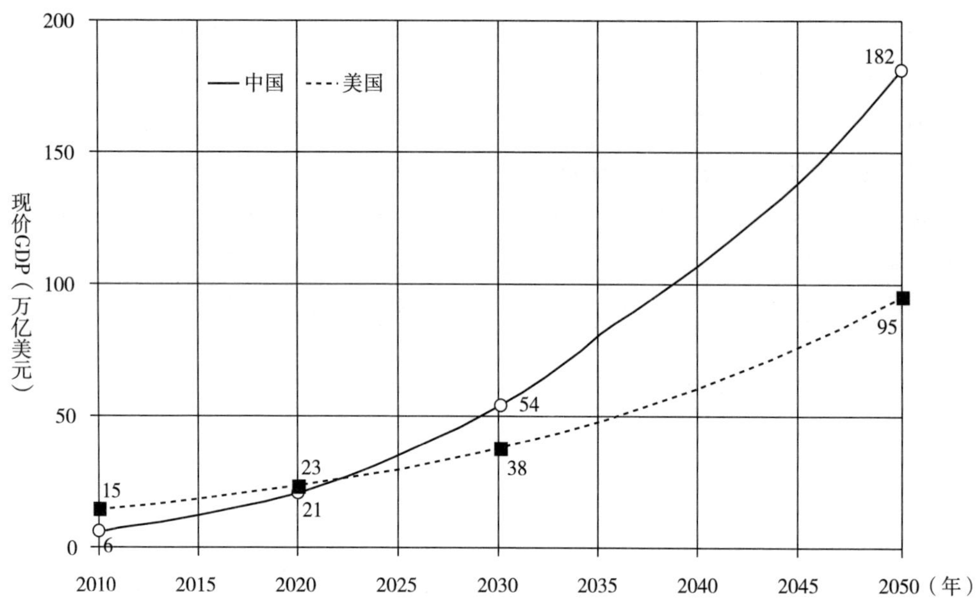

图5　本世纪中叶前中国与美国 GDP 规模对比的预测

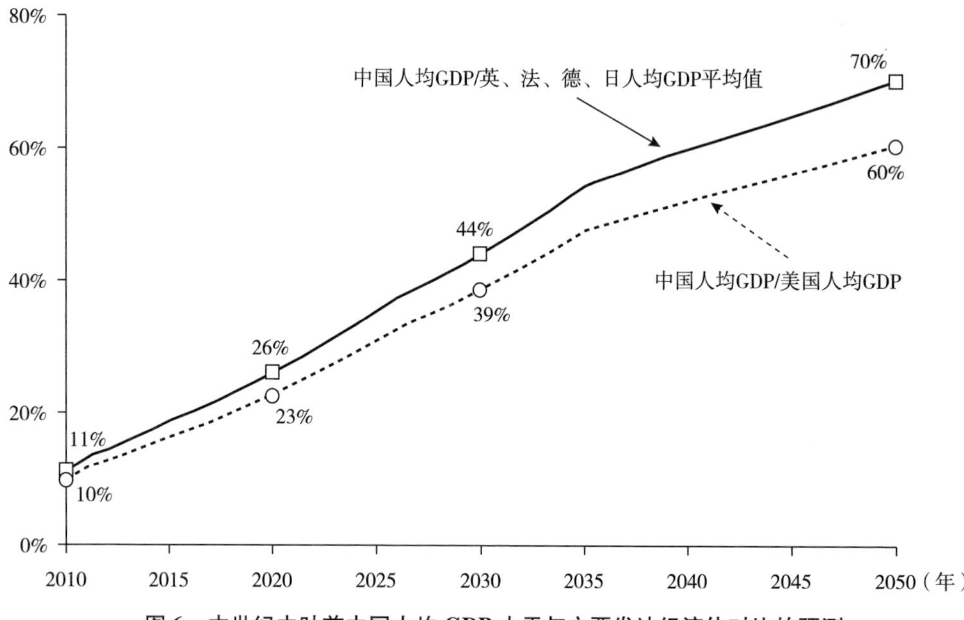

图6　本世纪中叶前中国人均 GDP 水平与主要发达经济体对比的预测

第三，城乡居民收入实现翻番。

1978—2012年期间，按照当年价计算，中国城镇居民人均可支配收入从343元提高到24565元，农村居民人均纯收入从134元提高到7917元，年均实际增速都达到7.5%，基本保持每十年翻一番的增长态势。未来十年城乡居民收入翻番，不仅要保持经济平稳较快增长，同时还要改善初次分配和再分配结构，扭转居民收入增长落后于GDP增长的局面，提高居民可支配收入占GDP比重。[①]

前面的分析指出，2013—2020年期间中国GDP年均增速仍有较大可能保持7.4%左右的水平。同时，国际经验表明，在类似发展阶段上，典型经济体的居民可支配收入占GDP比重基本呈上升态势，大致提高5个百分点，达到65%左右，高于中国目前58%左右的水平。可以预计，今后一段时期中国居民可支配收入占比的下降态势将得以扭转，并有所回升。

综合这些因素，2013—2020年在GDP年均增速保持7.4%的情况下，即使国民收入分配结构大体保持目前水平，居民人均可支配收入也能翻一番。如果经济增速下降到7%左右，考虑到中国工资水平上升和政府收支结构调整等因素，居民可支配收入占比将有3—5个百分点的上升空间，仍有可能实现翻一番目标。

第四，中国经济和社会结构将发生重要变化。

• 城镇化率将达到较高水平，城市化进程也将相应放缓。2012年中国城镇化率为52.7%，与世界平均水平相当。三十多个后发经济体的经验表明，城市化率在超过50%后的十年内，年均提高0.96个百分点；在第二个十年内年均提高0.58个百分点。综合考虑城镇化影响因素和国际经验，预计中国城镇化率将在2020年达到60%左右（见表3）。

① 居民可支配收入增长由GDP增速和居民可支配收入占GDP比重的变化两者共同决定。过去30年，中国城镇居民可支配收入和农村居民纯收入的提高，主要是由于GDP高速增长，而居民可支配收入占GDP比重则呈现明显下降态势。

表3　未来20年中国经济社会结构变化趋势

年　份		2010	2020	2030
城镇化率（%）		51.3	60	67
经济结构（%）	工业比重	46.7	42	35
	服务业比重	43.2	52	60
	农业比重	10.1	6	5
	投资率	48.1	43	34
	消费率	48.2	55	66
主要工业品产量（亿吨）	钢铁	6.29	10.5	8
	水泥	18.6	20	15

资料来源：课题组预测

•产业结构和需求结构将发生转折性变化。2020年前后中国基本实现工业化，城镇化进程放缓，第二产业比重和投资率都将趋稳并逐步降低，经济结构呈现与高收入国家类似的特征。预计第二产业比重将于2020年降至42%左右，服务业比重将相应提高到52%左右。投资率将在2020年降至43%左右，消费占GDP比重也会相应提高到55%左右（见表3）。

•未来十年主要工业品产量将达到峰值，资源和环境压力有望得到缓解。根据主要工业品产量在不同发展阶段的变动规律，预计中国钢铁年产量将在2015—2018年间达到11亿吨左右的峰值；水泥年产量将在2015年前后达到22亿吨左右的峰值。其他一些重要工业产品也呈现出类似变动趋势。这将降低工业生产活动带来的资源需求和污染排放。

•社会结构发生重要变化，中等收入群体占总人口比重将达到1/3左右。按照世界银行标准（即人均收入介于4000—17000美元）①，2010年中国城镇中等收入群体比重为20%左右。结合经济增长的情景预

① 按照2000年购买力平价衡量，即介于巴西和意大利两国人均收入水平之间的人群，属于中等收入人群。该标准相当于2010年的2.2万—9.3万元人民币。

测，预计中国城镇中等收入群体比重在2020年将提高到45%左右。再考虑农村人口收入状况，到2020年全国中等收入群体比重预计将达到35%左右。

• 减贫将取得突破性进展。考虑到经济增长对减贫的带动作用，到2020年，中国按每人每天消费1.5美元的国际标准衡量的贫困发生率，预计将从2010年的10%左右降至5%以下。即使向所有这些贫困者每人每天发放1.5美元的补贴，所需财政支出也不会超过当年GDP的0.2%。

长期发展目标展望

沿用上述预测方法，到2030年，中国有望跻身中等水平的高收入国家行列。

• 2030年前后，中国GDP有望达到美国的1.5倍，人均GDP大致相当于美国的39%左右，英、法、德、日平均水平的44%左右。处于高收入国家的中下水平。

• 城镇化水平进一步提高。预计2030年中国城镇化率将达到67%左右，城镇化的质量明显提高。

• 产业结构和需求结构将呈现高收入国家的特征。预计第二产业比重将于2030年降至35%左右，服务业比重将相应提高到60%左右。投资率将在2030年降至34%左右，消费占GDP比重也会相应提高到66%左右。

• 中等收入群体比重将接近一半，社会结构将发生重大变化。预计中国城镇中等收入群体比重在2030年提高65%左右。如果加上农村的中等收入群体，到2030年，全国中等收入群体比重预计将达到50%左右。

此后，再经过20年的奋斗，到新中国成立100周年时，中国有望达到高收入国家中上水平，GDP将达到美国的两倍左右，人均GDP大致相当于美国的60%左右，英、法、德、日平均水平的70%左右。以经济现代化、政治现代化、社会现代化、文化现代化为特征的社会主义现代化强国目标基本实现。中国将再次站在世界的技术前沿、制度前沿、文明前沿，实现中华民族伟大复兴的百年梦想，并为人类社会发展进步做出新的开创性重大贡献。

加快现代化进程必须着力推动“三大转型”

十八大将全面建成小康社会和全面深化改革开放作为并列目标，含义深刻。只有以更大的政治勇气和智慧，不失时机深化重要领域改革，坚决破除一切妨碍科学发展的思想观念和体制机制弊端，构建系统完备、科学规范、运行有效的制度体系，才能全面建成小康社会，进而实现社会主义现代化建设的长远目标。今后十年乃至更长一个时期，在全力推进社会主义现代化的征程中，应当顺应经济、社会和全球化发展大势，着力加快“三大转型”。一是切实转变经济发展方式，形成依靠结构优化、效率提高、创新驱动的经济增长新动力；二是积极创新社会治理方式，形成公正透明、有序参与、权责对等的社会和谐新机制；三是主动调整全球化参与方式，形成优势升级、内外协调、互利共赢的对外开放新格局。

以促进公平竞争和激发创新活力为重点，切实转变经济发展方式

转变经济发展方式关键在于深化改革，推动各种所有制经济公平竞争、产品和要素市场有效运行、政府职能转变到位，激发经济内生发展动力和创新活力。

深化所有制改革，形成各类经济主体平等发展格局。坚持公平竞争原则，保证各种所有制经济依法平等使用生产要素、公平参与市场竞争、同等受到法律保护。明确国有资本主要用于提供公共产品的职能定位，加快推进国有经济战略性调整，深化国有资本管理体制和国有企业治理结构改革。完善国有资本经营预算制度和监管制度。健全国有金融资产管理体制。加快推进铁路、电力、石油、天然气等垄断行业改革，切实推行“非禁即入”政策，有效鼓励和保护竞争，严格反垄断执法，加强对垄断环节的监管。完善保护包括私人财产在内的各类合法财产的法律制度，落实促进非公有制经济发展的各项政策措施，为民营经济创造稳定、可预期的发展环境。

加快推进要素市场改革，健全现代市场体系。尽快推动能源资源、土地、

资金、技术、劳动力等要素市场改革取得突破。理顺水、电、煤、气、油等价格形成机制。改革资源勘探开采权定价机制。发展多层次资本市场，稳步推进利率市场化，完善人民币汇率形成机制。加快建立统一的劳动力市场，切实保障劳动者权益。完善市场交易和监管法律制度，保障交易自由和合约权益，维护公平竞争秩序。

切实转变政府职能，建设有限、高效、廉洁的法治政府。加快推进行政体制改革，真正实现党政分开、政企分开、政资分开、政事分开。强化政府公共服务和社会管理职能，完善经济调节和市场监管职能，减少行政审批和对微观经济的直接干预。按照转变发展方式的要求调整政府考核评价机制。理顺中央与地方及地方各级政府间财政分配关系，改变财力与事责不匹配的状况，加快形成规范透明的现代预算制度和转移支付制度。调整政府支出结构，增加公共服务和民生领域投入。优化税收结构，加强财政管理。加快构建金融宏观审慎监管的制度框架。

建立创新发展和绿色发展的长效机制，促进经济结构优化升级。确立企业在创新中的核心地位，鼓励大企业通过竞争在重大创新中发挥龙头作用，营造创新型中小企业脱颖而出的良好环境。充分利用内外资源，建立全国性、开放型研究开发网络，促进创新资源的区域集聚。扩大教育对外开放，建立现代大学制度，培养创新型人才。加强基础研究，为创新提供持续支持，建立严格的项目评价制度和政府研发投入管理制度。综合运用法律、标准、市场和必要的行政手段，实施严格的减排、环保和自然资源目标管理，建立健全排放权交易、生态环境补偿、环保生态标识、政府绿色采购等制度，形成绿色发展的长效机制。

加快推进农民工市民化和农业现代化，形成统筹城乡发展新格局。全面推进农村土地确权登记颁证，从法律上赋予农民土地承包经营权、宅基地使用权、集体收益分配权和财产自由处置权。积极推进征地制度改革，在完善规划和用途管制的基础上，创造条件使集体土地直接入市交易。完善人口社会管理制度，推动“农民工融入企业，子女融入学校，家庭融入社区，群体融入城市”，加快农民工市民化进程。继续完善农村基本经济制度，创新农业发展方式，大力推进农业现代化。加快建立城乡衔接或统一的基本公共服务、福利保障和就业等制度，促进城乡一体化发展。

以促进机会均等、提高透明度和公众参与度为重点，积极创新社会治理方式

创新社会治理模式，核心是促进社会公平正义，增强社会活力和凝聚力，形成公正透明、有序参与、权责对等的社会和谐新机制。创新的重点是在生存型民生保障的基础上，更加强调发展机会均等；在重视社会稳定基础上，更加强调社会包容发展；在重视国家责任的基础上，更加注重公权透明运行和公众有序参与；在重视行政和法律力量的同时，也强调社会协同和道德规范的作用。

加快提升人力资本，推进基本公共服务均等化。积极应对全球化、老龄化和信息化的挑战，以构建发展型社会政策为主线，确保机会均等和程序公正，兼顾结果公平。把提升人力资本放在更加突出位置，加快建立和谐劳动关系，形成可持续的社会保障体系。突出地区间和人群间基本公共服务的普惠和均等，加快制定基本公共服务的国家标准，在5—10年时间内，努力实现人人公平享有更高质量的五项基本公共服务，实现“学有优教，病有适医，劳有应得，住有安居，老有善养”。

重点促进教育、健康和就业的机会均等，提高社会流动性。在增加公共投入的同时，加大教育和医疗卫生体制改革力度。均衡义务教育资源，全面推进就近入学。逐步完善高考制度，为农村和困难家庭学生接受优质高等教育新辟通道。全面落实预防为主的医疗卫生工作方针，实现人人同等享有基本卫生保健。向所有人开放就业、创业和参与社会治理的机会，充分发挥每个公民的积极性和创造性，提高社会横向和纵向流动性。消除劳动力流动和公平就业的障碍，在公共部门全面推行公开招聘制度。积极稳妥推进户籍制度改革，逐步赋予外来务工人员与当地居民同等的社会权益。

强调通过个人自身努力分享发展成果，完善收入分配和社会保障制度。加快调整国民收入分配结构，降低对劳动和用工的课税，增加对资本利得的征税。指导企业和行业开展工资协商谈判，严格实行同工同酬，规范劳务派遣用工制度。完善最低工资调整机制，保障劳动工资合理增长，促进中等收

入群体发展壮大。调整社会保障结构，加快发展社会保险。逐步建立城乡制度统一的社会保障制度，基本养老保险实现全国统筹，基本医疗保险实现省级统筹。规范各类社会保障适用范围，调整社会救助标准。

着力提高公权透明度和公众参与度，拓展社会治理的渠道和方式。确保行政和司法权力正确行使，让权力在阳光下运行。全面落实政府信息公开制度，推进其他公共机构信息公开。建立多种形式的信息支持系统，县级以上行政区可开设公益性电视、广播频道和网站，对社会影响较大、与公众利益密切相关的决策和执法过程进行全程直播。扩大和完善党内民主、人民民主，积极稳妥地探索人民依法直接行使民主权利、扩大有序参与的途径和方式，在总结经验的基础上适时适度推广。健全公开审判、人民陪审员、人民监督员等制度，着力解决司法腐败问题。

注重新型社会组织和信息网络的发展，提高社会管理的有效性。逐步降低社会组织的设立门槛，优先支持公益性社会组织发展。创新工、青、妇等群众组织工作方法，培育枢纽型社会组织。鼓励民间和社会力量参与公共服务提供，发挥社会组织在反映群众诉求方面的积极作用，增强社会自治功能。加快建立全国性的人口信息管理系统，提高公共服务和社会管理效率。正确认识和运用互联网等新技术成果，敢于和善于与公共舆论打交道，构造政府与公众对话交流的新渠道。

以反映时代特征的社会主义核心价值观为引领，充分发挥道德规范在现代化建设中的重要作用。大力提倡家庭伦理、职业道德和社会公德，强调公民权利与义务的平衡。建立和完善各行各业的职业道德规范，优先加强群众反应比较强烈的司法、医疗卫生和教育领域的职业道德建设。重视和支持用人单位、社区和家庭等建立社会责任共担机制。

以提升竞争优势和建立长期稳定的互利共赢关系为重点，主动调整全球化参与方式

主动调整全球化参与方式，关键在于确立开放新理念，更加积极、透明、可预见地融入全球化进程；推动贸易结构升级，全面提升配置全球资源的能力和竞争力；在全球公共产品提供和全球治理中发挥积极的建设性作用，承

担与中国国力相适应的国际责任，形成优势升级、内外协调、互利共赢的对外开放新格局。

推动出口结构升级，塑造国际竞争新优势。提升出口产品附加值，促进从组装加工为主向研发、设计、品牌等价值链高端延伸。培育和发展新的优势产业，着力提升技术密集型产品的国际竞争力。大力发展服务外包，鼓励软件和信息服务业等高技术服务业发展，提高服务贸易的技术含量和附加值，提高服务贸易在对外贸易中的比重。鼓励企业积极拓展国际市场，尤其是潜力巨大的新兴市场。发挥沿海地区在出口结构升级中的引领作用，发挥内陆地区资源和劳动力比较优势，积极承接国际和沿海产业转移。

优化对外开放布局，增强全球资源整合能力。抓住金融危机后世界经济调整的有利时机，结合中国自身要素特点和优势，充分有效地利用全球人才、技术、市场等资源。扩大外资准入范围，提升引进外资的质量和水平，利用外资多方面的溢出效应。提高服务业国际化水平，有序推进服务业市场开放，带动国内服务业竞争力提升。扩大先进技术和关键零部件的进口。完善对外投资体制，支持各种所有制企业开展国际化经营，加快培育一批综合素质好、竞争力强、影响力大的跨国公司。加强国际能源合作，实现资源能源供给多元化。提高海外利益安全保障能力，加强对海外人员和投资的保护。

有序实施金融开放，稳步推进人民币区域化。按照“主动、渐进、可控”的原则，推进资本账户完全可兑换。逐步增加人民币在国际经济交往中的应用。有序推进金融市场的对外开放，加强与国际金融监管机构的合作，建立与中国金融开放程度相适应的宏观调控和金融监管体系。提高外汇储备投资的安全性和战略效益，维护国家金融稳定和安全。

促进多边贸易体系发展，积极推动区域经济一体化。在多边贸易体系中发挥更加积极的作用，推动商品和服务贸易自由化。加快实施自由贸易区战略，以东亚及周边国家为重点，大力推进区域经济合作。处理好与主要贸易伙伴的经贸关系，深化与新兴市场国家的经贸合作。协同推动沿海、内陆、沿边开放，出台鼓励沿边地区开放的特殊政策。

积极参与全球治理改革，争取有利国际环境。按照“开放、公平、包容、可持续”原则，积极参与国际规则的修订制定，推动全球治理改革。积极应对全球气候变化，推进国际经济金融体系改革，承担与自身能力相适应的国际责任，在全球性公共产品提供中发挥建设性作用。在与国际社会相互依存、相互调整过程中，提升自身融入全球化的能力。在维护好自身利益的基础上，与国际社会形成长期稳定的互利共赢格局，为中国发展争取有利国际环境，为世界和平稳定繁荣做出更大贡献。

潜在增长率下降，新增长阶段开启

未来十年展望

陈昌盛　何建武

1978年实施的改革开放战略，开启了现代意义上的中国经济“起飞”的进程。过去三十多年，中国经济保持了年均9.8%的高速增长。从1978年到2012年，一个世界人口最多的大国，在不到两代人的时间里，人均GDP由154美元上升到6060美元，按照购买力平价计由220国际元①上升到9100国际元；由一个低收入国家跨入了上中等收入国家行列；由货物贸易占世界份额不足1%到成为第一货物出口大国；制造业增加值超过美国，成为全球第一制造大国；GDP总量达到8.2万亿美元，成为仅次于美国的世界第二大经济体。即便放在整个人类历史的进程看，这都是一串耀眼的数据，堪当“中国奇迹”。然而，常识告诉我们，高速增长不可能永远持续。受经济基本面、发展阶段和国际经济格局变化影响，中国经济增长已经呈现出不同以往的特征，经济平均增长率将开始逐步下降，同时经济运行的脆弱性有所增加，一个充满挑战和更加接近高收入社会的新阶段正在开启。

---

* 本文为《中国经济十年增长（2013—2022）：寻求新的动力和平衡》一书的第一章，中信出版社，2013年3月。

① 指1990年“G-K国际元”，采用吉尔瑞-开米斯法（Geary-Khamis法）计算的购买力平价，本书所用G-K国际元均以1990年为基年。

追赶型经济体经历高速增长期后，增速会呈现出两类不同性质的回落

纵观工业革命以来各国（经济体）增长史，经济有起飞，就有降落，没有一个国家可以永续保持高速增长。增长的速度分布和路径形态大致分为如下几类（刘世锦等，2011）。

第一类，增长的先行国家。例如英国、美国，它们在较长时期内处于全球技术前沿开拓者的地位，是技术革命的主要策源地，它们的增长往往靠供给（技术）突破带动需求升级增长和新产业的形成，增长形态的典型特点是在较长时期内保持一个较低的且较稳定的速度（图7中灰线）。

第二类，增长无法起飞的国家。如撒哈拉以南的部分国家，这些国家长期没有摆脱“马尔萨斯循环”，没有启动现代意义的工业化进程，经济总体保持一个低水平、低增长状态。

第三类，追赶—挤压式增长国家。这类国家往往以先行国家为标杆，利用技术、管理、市场和制度等方面的现成经验，充分发挥后发优势和自身资源禀赋优势追赶先行国家，但达到一定发展水平所用的时间却明显缩短。例如人均GDP从1800国际元到11000国际元，先行经济体用了上百年的时间，英国用了141年，美国用了109年。而后发经济体用时明显缩短，如日本用了54年，新加坡用了37年，中国香港用了31年，韩国和中国台湾仅用了27年。这些经济体起飞时人均GDP水平越低，随后其追赶进程中经济增速就越高；起飞的时间越靠后，达到特定发展水平所用时间就越短。“二战”以后实现快速增长的经济体中，大多数都属于这一类，中国也属于这类。

以上三类划分，主要关注的是“经济起飞”和“增长速度”两个特征，但没有关注起飞后的降落问题。因为在传统主流经济学中，认为经济增长一旦起飞，经济增长将会自我实现。但是历史表明，事实并非如此，不是每个能起飞的经济体，都能顺利完成工业化的全部进程，并实现平稳的降落。1960年以来，全球有101个经济体进入中等收入行列，但直到2008年

这些经济体中只有13个成功迈入高收入行列，完成了基本追赶任务，且在高收入水平上实现成功降落（其经济增速型态如图7中黑线右端部分所示），例如日本、韩国、中国台湾、中国香港、波多黎各、毛里求斯、新加坡和以色列等；而绝大多数国家并没有顺利完成这一过程，在追赶的途中就因种种原因导致经济增长停滞甚至倒退，跌入“中等收入陷阱”①（其经济增速型态如图7中灰线所示），典型的如拉美国家和前苏东国家。

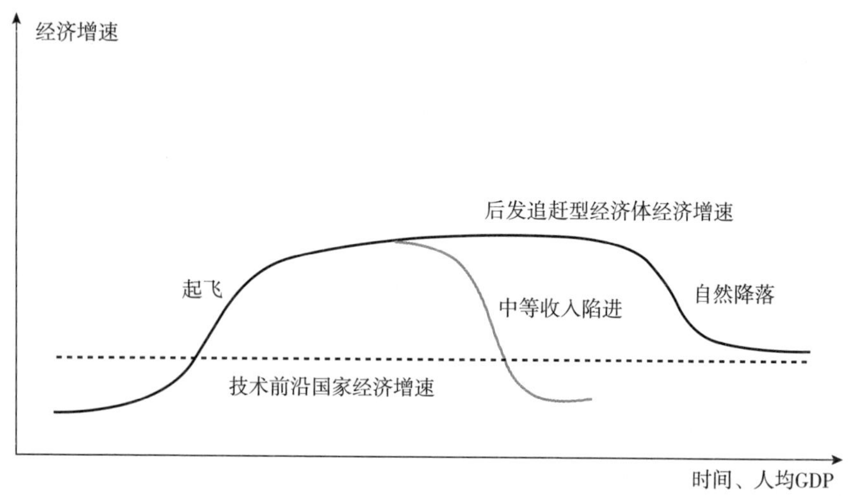

图7　经济增长的路径类型

可见，经济追赶进程中高速增长期的结束，存在两种完全不同性质的情况。一种是成功实现工业化，基本完成追赶任务后的增长减速，钢铁、水泥、汽车等工业化的代表性产品产量（或增速）峰值也大致出现在同一时期，属于自然回落。回落发生的时点一般在人均GDP达到11000—12000国际元时。例如，德国、日本和韩国都是“二战”后实现成功追赶的国家，基本都符合

① 什么是“中等收入陷阱”，并没有确切和公认的界定。它描述的大致是这样一种现象：当一国经济摆脱“马尔萨斯循环”之后，以工业化为特征，启动了现代意义上的经济增长。一段时期内人均收入水平得到相当程度的发展并跻身中等收入国家，但在由中等收入向高收入迈进的过程中，由于受特定内外因素的影响或冲击，经济增长在较长时期内出现停滞甚至倒退，长时期不能真正成为高收入国家。

这一规律①。另一种则是追赶任务并没有完成，却因经济体制、发展战略、社会分化或其他原因，追赶进程中断，经济长期陷入停滞或倒退，属于非自然回落。回落时点往往发生在人均 GDP 4000—6500 国际元时段，工业化并没有完成，且经济增速回落幅度更大，多数超过 5 个百分点或 50%②，经济发展长期落入中等收入陷阱。

2008 年国际金融危机后，特别是 2011 年以来，中国经济表现出来的一些新特点，使人们越来越关心中国经济追赶过程的回落状态，会是自然回落，还是会落入中等收入陷阱？

当前中国经济回落具有混合特征，增长阶段转换已经开启

如图 8 所示，从 2010 年二季度以来，中国 GDP 增速总体就呈现出回调态势，累计 GDP 增速同比增速已经连续下降 10 个季度，即便考虑 2011 年一季度的小幅反弹，当季 GDP 增速回调也持续了 6 个季度。虽然 2012 年三季度来，短期内出现了一些积极因素，四季度这两个指标都止跌小幅回升，但缺乏支撑回升的强劲动力，未来经济周期走势仍充满较大不确定性。为什么回调期如此之长，为什么增长如此乏力，这轮经济回调的性质是什么，成为判断中国未来经济增长必须思考并给出回答的问题。

从国内短期需求看，当前中国正处在商业去库存周期和危机刺激政策效应减退期；从国际需求看，国际经济进入了危机后的低增长周期，中国已没有过去那种有利的外部环境，出口导向作用下降。但这些并不足以令人信服

① 德国 1947—1969 年，GDP 年均增速为 7.9%，在 1969 年人均 GDP 达到 10440 元后，GDP 增速开始明显下降，1970—1979 年年均增长 3.1%。日本 1946—1973 年期间 GDP 年均增速为 9.4%，在 1973 年人均 GDP 达到 11434 国际元后，经济增速逐步下降，1973—1983 年期间，GDP 年均增速降至 3.2%。韩国 1953—1995 年 GDP 增长速度年均为 7.9%，在 1995 年人均 GDP 达到 11850 元后，经济增速也明显下降，1996—2008 年经济增长率年均为 4.6%。

② 例如巴西、阿根廷和墨西哥在 1981—2000 年间经济长期陷入相对停滞期，比其高速增长期（1950—1980 年），GDP 年均增速分别降低了为 67.6%、50% 和 58.5%。又如，苏联、匈牙利、罗马尼亚、波兰在 1950—1975 年期间，GDP 年均增速分别为 4.8%、4.1%、6.5% 和 4.6%，而 1976—2000 年期间，上述国家的年均增速分别降至 -0.6%（苏联解体后的数据为各成员国加总数）、0.7%、-0.6% 和 1.5%。

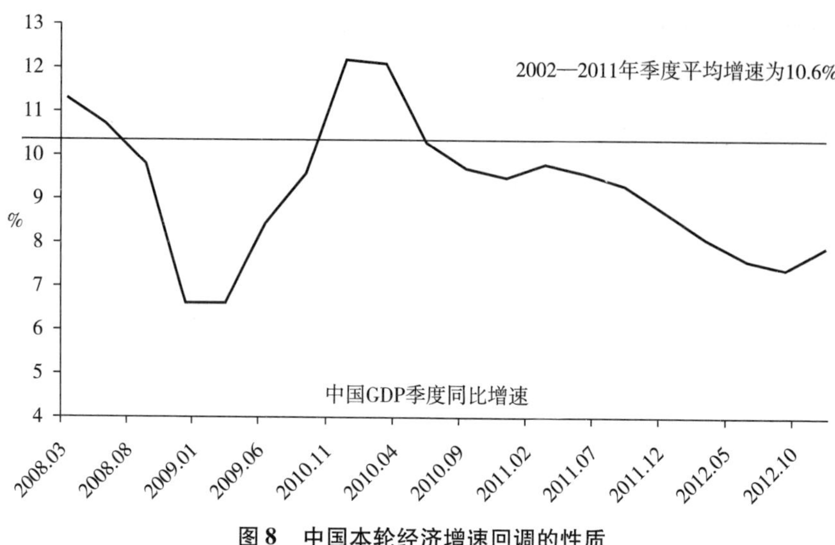

图 8　中国本轮经济增速回调的性质

地解释本轮中国经济回调。本轮经济持续回调，已经超越了通常意义上的商业周期，可能是多重周期因素叠加和中长期增长潜力下降共同作用的结果。

近两年经济运行出现的一些新变化，表明中国经济由高速追赶的增长阶段向中速增长阶段的转换有很大可能性已经开始。一是基础设施投资的潜力和空间明显缩小。2010 年以来，基础设施投资增长明显回落，占固定资产投资比重从近十年来的接近 30% 下降到目前的 20% 左右。二是东部发达地区经济增长明显回落。广东、江苏、山东、浙江、北京、上海等省市，2011 年以来工业生产、投资增速均低于全国平均水平，而这些地区经济总量接近全国经济总量的一半。这些地区的人均 GDP 已经达到成功追赶型经济体增速下降时的人均 GDP 11000 国际元的时间窗口，增长阶段转换是符合追赶型经济体的经验规律的。三是地方融资平台、房地产市场风险明显增加。人们对这些领域投资回报率的担忧，实质上是对其增长潜力的担忧。四是总体资产回报率有所下降，产能过剩问题十分突出。我国的增量资本产出率（ICOR）自 2008 年后持续快速上升，2011 年达到 4.6，为 1992 年以来最高纪录。五是经济持续下行，但就业状况没有明显恶化，劳动力供求结构出现明显变化。另外，虽然城市化尚有较大空间，但由于中国经济规模大幅提升的基数效应，即便城市化率每年提高 1 个百分点左右，对经济增长的拉动作用也在明显降低。这些都预示着中国经济增长阶段可能已经开始转化，也预示着本轮经济调整不同于以往的短周期调整。

但从更广泛的角度看，中国经济整体发展似乎与国际历史经验并不完全吻合。首先，中国2012年人均GDP为9100国际元，与11000—12000国际元仍有一定距离；其次，根据国际经验和中国现实推算，中国的钢铁、水泥的峰值产量估计应该在2014年后才会出现，汽车峰值则更会往后。另外，即便中国劳动力成本明显上升，未来3—5年总劳动力依然成正增长态势，储蓄率也不会很快下降；而且中国人力资本存量（不包含土地）与发达国家还有很大差距，供给侧并不支持潜在增长率快速下降。至少不应该在2011年和2012年就表现出来。所以，中国当前经济回调不属于典型意义的“自然回落”。

那么中国目前的增速回调会是“中等收入陷阱”式的回调吗？这种担忧并非完全没有依据。首先，改革进入深水区和攻坚期，利益结构对改革产生了多方面的复杂的影响，部分体制僵化问题有所突出。虽然这些问题的具体表现与拉美和前苏东国家落入中等收入陷阱前的情形不完全一致，但也不能不引起高度警觉。其次，中国当前社会收入分配不公的问题有所恶化，社会纵向流动性有所下降，腐败和司法不公问题比较突出。再次，虽然中国没有形成拉美、南非式的贫民窟，但城市新二元问题日渐突出，大量农业转移人口进城后并没有真正融入城市，且城市原居民收入水平也有所分化。这些问题若处理不好，并且再与经济持续下行叠加，则落入中等收入陷阱也不完全是杞人忧天。

同时也应看到，从发展阶段看，当前人均GDP水平已经远超越落入中等收入陷阱的危险期（4000—6500国际元）；更重要的是中国发展战略总体仍保持灵活，并具备做出适应性调整的能力。虽然存在对现状不满的情绪，但对国民整体福利得到明显改善的事实有广泛认同，深化体制改革的共识仍在，改革的总体方向并没有出现严重分歧，社会主流期盼改革、支持改革，拥护全球化、支持深化开放。这就决定了改革有条件达成共识，而且新一届领导也展现了改革的更大勇气和决心。所以，当前的回落也很难定性为掉入陷阱式的回落。

另外，值得注意的是，与很多成功追赶国家不断深化市场化改革的历程相比，中国市场化改革同样有待继续深化，部分基础行业和要素领域价格不顺、放开不够、竞争不足的问题依然突出，市场机制难以发挥基础性作用。例如有的地方发电能力利用不足，有的地方却严重缺电；有的行业债务负担沉重，投融资能力下降，而大量行业外资金难以进入；土地价格偏离均衡水平，城市商业性地价被一再推高，成为部分地区房价暴涨的主因，同时优惠地价甚至实质上的零地价，成为地方招商引资、争夺投资项目的重要手段。这些问题的存在，在微观上导致资源错配和低效利用，在宏观上则出现了产品或能力供给不足与投资需求不足并存，能源资源和要素价格不合理上涨等现象，严重抑制了规模依然可观的增长空间的释放，从而使中国经济显示出增长提前下台阶的一些特征。

我国当前经济表现出增长阶段转换的特征，是由快速追赶期后的增长逐步开始自然回落的中长期趋势因素主导，加上需求周期波动的短期因素和落入中等收入陷阱的风险因素共同作用使然。表面看不符合国际经验，实质上则并不例外，而且具有混合特征。这决定中国经济增长将不同以往，经济趋势增长率将开始下移，同时经济运行的脆弱性有所增加，一个充满挑战和更加接近高收入社会的新阶段正在开启。这也决定了应对这轮回调的战略应该尊重经济规律，多管齐下。如果说应对短期需求波动的主要策略是采取货币、财政政策实现需求管理；那么，应对高速追赶后期的增速自然回落，主要策略是推动创新和产业升级，形成新竞争优势；应对落入中等收入陷阱的风险，主要策略是发展战略调整和深化体制改革，形成新的激励机制和激发活力。通过这样的混合战略和综合举措来应对当前具有混合特征的增速回调，促进经济在更长时期内保持平稳增长。

未来十年展望：转向中速增长阶段

展望未来，中国经济面临的机遇和挑战既表现在经历了三十多年的发展，过去许多促进中国经济高速发展的有利内部条件正在不断变化，又表现在刚刚经历了金融危机的世界经济可能会给中国未来的发展展现一个与过去不同的外部环境；既表现为供给面将出现的一些转折性变化，如劳动力供给将出现拐点，又表现为需求面将出现的一些重要变化，如居民住房、汽车消费需求的增长速度可能将不断趋缓，人口老龄化带来消费结构的转型，国际环境的恶化将降低出口增长速度等。综合考虑这些影响经济增长的供给面和需求面因素分析未来十年中国经济增长前景正是本研究的主要内容。

研究的框架及模型

目前广泛采用的长期经济增长预测分析模型绝大多数都是基于总量生产函数的宏观模型。这些模型基本都是从供给面出发构建总量生产函数，考虑了影响经济增长的各种要素，如劳动力、资本和技术进步。一部分是基于新古典增长理论，采用简单的增长核算框架，通过外生设定技术进步（TFP）的速度来预测经济体的长期增长率，如 Conference Board、CEPII、世界银行等；还有一部分是基于新凯恩斯主义框架，综合考虑财政政策、货币政策对经济增长的影响，如经合组织的 NIGEM Global Model、国际货币基金组织的 GEM 模型等；另外还有部分是基于内生增长理论，采用计量回归的方法内生确定技术进步的速度，从而来预测长期经济增长速度，如 UNFAO、The Economist Intelligence Unit 等。

本研究采用的是可计算一般均衡模型，与简单的基于总量生产函数的宏观模型不同，本研究采用的模型可以更好地模拟结构变化。同时与其他模型不同的是，这里除了考虑供给面因素外，还着重考虑需求面因素，并将这两方面的因素综合在一个完整的框架之中。图 9 从三个层面展示了本研究所考虑的经济增长的影响因素。首先可以将影响经济增长的因素划分成两大类，即供给方面和需求方面。供给方面的因素主要包括各种生产投入要素以及生产技术的变化，具体来讲即劳动力、资本和技术进步；需求方面的因素既包括国内需求，也包括国际需求，具体来讲包括消费、投资和出口。而从更加具体或更加微观的角度来看，影响需求和供给因素变化的原因很多，包括人口总量及人口结构的变化、储蓄率的变化、城市化发展的速度、房地产需求、汽车需求以及基础设施需求的变化等。

未来十年经济展望的主要参数设定

下面将分别从供给和需求角度介绍模型重要参数的设定。需要指出的是，

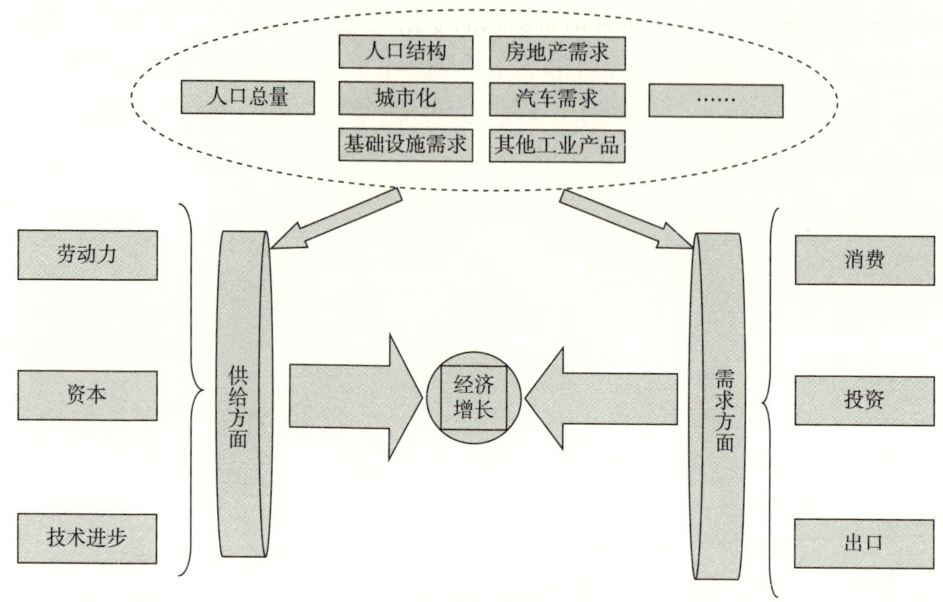

图 9　经济增长的影响因素

若干关键参数的设定主要依据来源本研究的其他分报告的详细分析，这里只做简单介绍。

1. **需求侧的影响因素**

从需求侧来讲，影响经济未来发展的主要因素包括消费、投资和出口，也就是通常所说的拉动经济增长的“三驾马车”。

（1）消费需求变化的相关假设和设定

首先从消费需求的变化来看，不仅消费需求的增长速度影响未来十年中国经济发展，消费结构的变化更是影响中国未来经济结构变化的重要渠道。收入的增长是决定消费需求增长的最主要因素，而收入的增长直接取决于经济增长的速度。同时消费需求的增长还与居民储蓄倾向的变化①、人口年龄结构、收入差距等因素的变化直接相关。

收入增长、城市化速度、人口结构变化等因素直接影响未来十年中国消费结构的变化。模型中收入增长对消费结构的影响直接通过不同商品和服务的支

① 这是因为模型采用投资驱动性的闭合模式，即居民的储蓄内生于投资的增长。

出弹性的差异及其变化影响着消费结构的变化①。图 10 给出了目前不同种类商品和服务的支出弹性。从图中可以看出食品和衣着的支出弹性都小于 1，说明食品和衣着消费需求的增长速度要慢于收入增长速度，这正是恩格尔定律的反映。同时可以看出医疗保健等服务支出弹性非常高，说明随着收入增长，这些服务的需求将增长得更快。同时模型中还根据收入变化、人口年龄结构对支出弹性影响的实证研究②的结果对模型中支出弹性和边际消费倾向进行了修正。

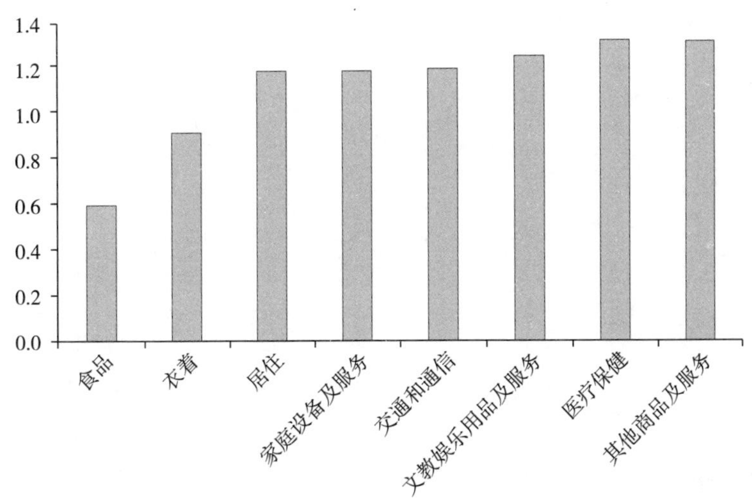

图 10　不同商品和劳务的支出弹性

另外城市化的发展对消费结构的影响也是非常重要的。图 11 给出目前农村居民和城市居民消费结构的差异，从图中可以看出对农产品而言农村居民的消费比重要比城市居民高 10 个百分点以上；而对于服务消费而言，城市居民要比农村居民高近 10 个百分点。因此随着未来城市化的发展，越来越多的居民生活在城市，其消费结构会随之改变。根据城市化分报告的研究，国际比较的经验表明随着城市化率越来越接近饱和值，城市化发展的速度将不断

① 具体来讲模型采用的是 AIDADS 支出系统，该系统在线性支出系统（LES）的基础上进行了改进，改进之处在于将线性支出系统中固定不变的边际消费倾向修改为随着收入变化而变化。这样可以更好地反映收入对消费结构的影响。

② 实证研究表明老年人相对于年轻人，其医疗卫生、老年护理等服务需求占比更大，而对衣着、居住、交通通信等支出占比更小。

放缓，同时结合中国城市化历史发展趋势，假设未来十年城市化率年均增长0.8—0.9个百分点，2020年达到60%左右。

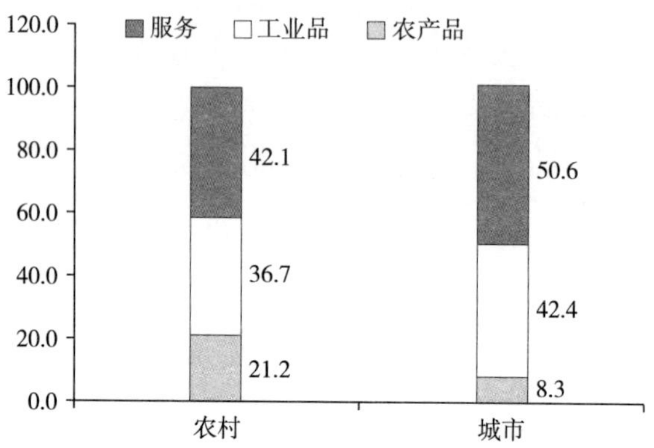

图11　农村居民和城市居民消费结构的差异

资料来源：2007年中国投入产出表

另外，本研究关于汽车消费的分报告还根据各国汽车消费的一般规律以及中国目前所处发展阶段对未来十年中国汽车消费需求的变化进行了估计。研究结果表明未来十年中国的汽车保有量仍将保持较快增长，但是将逐渐由过去十年年均20%的增长率过渡到10%左右的增长率。模型根据这一推算的结果对模型中居民汽车相关消费的参数进行了修正。

（2）出口需求变化的相关假设和设定

从出口需求的变化来看，一方面，发达国家试图通过结构性改革解决金融危机暴露的问题的努力并未取得实质性进展，主要经济体却纷纷采取宽松的货币政策和“以邻为壑”的贸易保护主义政策。虽然目前在若干领域新技术革命已现端倪，但是在5—10年内，能否形成带动全球经济重回快速增长通道的重大技术突破并大范围普及应用，还需要进一步观察。这些意味着慢增长将可能成为今后一段时期全球经济的常态。

另一方面，国际经验预示着，随着经济发展水平提升，国内要素成本将不断上升（包括汇率的升值），出口的国际竞争力也将不断下降。综合这两方面的因素，未来十年中国出口需求的增长速度将有所下滑。这一点从图12中可以得到印证。图中的数据显示，不论是更早崛起的日本，还是后来追赶的韩国，在与中国处于相同发展阶段时都经历了出口增长速度的不断下滑。日本由20世纪60年代年均15%的增长速度下降到过去20年的5%以下；而韩国更是从30%下滑到10%以下。综合当前的国际形势以及历史经验，我们预期未来十年中国出口的增长速度将比过去十年下滑5—10个百分点。

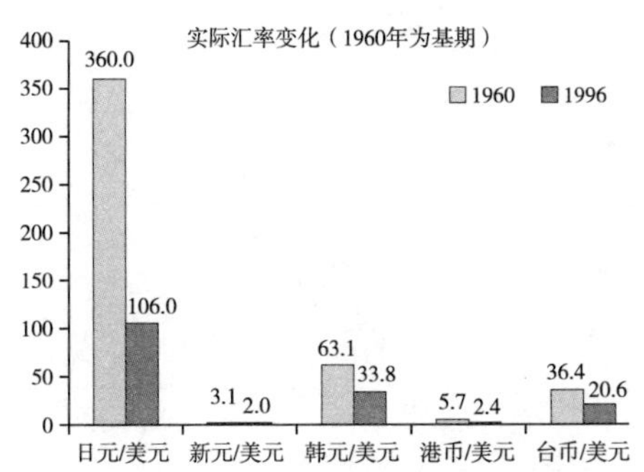

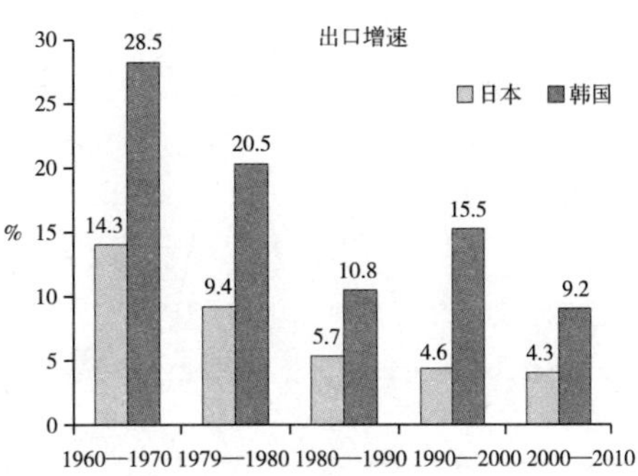

图12　亚洲新兴经济体实际汇率及出口增长率的变化

资料来源：左图：许宪春（2002）；右图：World Bank：WDI

（3）投资需求变化的相关假设和设定

高投资一直是中国经济高速增长的一个突出表现。而从过去几十年的发展历程来看，高投资需求主要来自房地产投资需求、基础设施投资需求以及扩大再生产带来的设备投资需求等。其中房地产投资需求主要取决于居民住房需求的增长；基础设施投资需求很大程度上来源于城市发展与跨区域的交通设施；而设备投资需求则更多地取决于耐用消费品、出口等最终产品需求的增长。从国际经验来看，这些影响投资需求的主要因素与投资增长率之间都呈现出明显的阶段性变化规律。为了更好地分析未来十年中国投资的变化趋势，这里选取城镇居民新建住房的增速、城市人口总量增速、出口增速、汽车保有量增速以及人均GDP五个指标分别作为影响投资需求的主要因素，同时利用后发追赶国家（日本、韩国和中国）的面板数据将这些指标与投资的增速进行回归，以发现相应的变化规律。具体的方程如下：

$$I_{i,t} = c_i + aH_{i,t} + bU_{i,t} + dEX_{i,t} + eCAR_{i,t} + fPerGDP_{i,t} + u_{i,t}$$

−13.05　　0.24　　3.06　　0.25　　0.27　　　　0.0005

(−2.38)　(5.35)　(3.32)　(3.32)　(3.09)　(1.94)

图 13 给出日本和韩国的拟合图，可以看出回归结果显示了较好的拟合结果。从拟合参数可以看出当城市人口总量每增长 1 个百分点，与之相应的基础设施等投资需求将增长 3 个百分点；而出口每增长 1 个百分点，拉动的投资需求将增长 0. 25 个百分点。

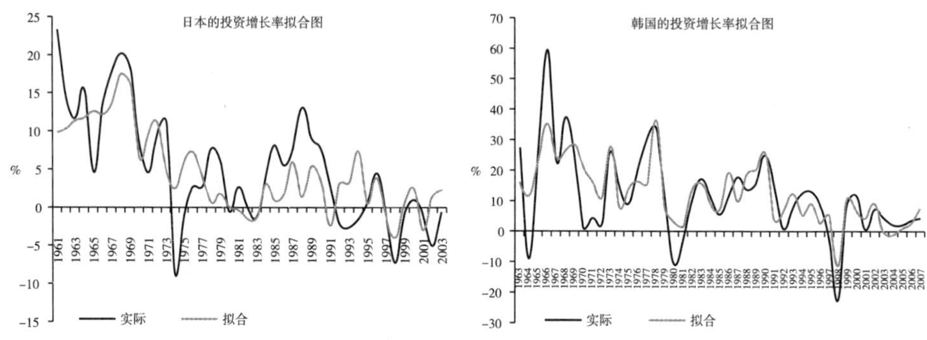

图 13　日本和韩国投资增长率拟合图

资料来源：World Bank：WDI，作者模拟

图 14 给出了影响投资需求增长的四个主要因素的变化趋势。根据城市化分报告的研究，假设未来十年城市化率年均增长 0. 8—0. 9 个百分点。随着城市人口基数的不断扩大，未来十年城市人口增长速度将不断放缓，由当前的 3. 5% 左右下降至 1. 5% —2. 5% 。由此将导致投资需求下降 3 个百分点以上。

另外，如同消费需求部分所介绍的那样，未来十年中国汽车保有量仍将保持较快增长，但是将逐渐由过去十年年均 20% 的增长率过渡到 10% 左右的增长率。根据前面的计量方程可以推算由于汽车保有量增速下滑将导致投资增长下滑 1—2 个百分点。

与汽车保有量变化不同的是，居民新建住房需求的增长率仍将在 3 年左右的时间内保持 7% 上下的高水平，而后随着人口年龄结构以及城市化率放缓等因素的影响下降至 2% —3% 左右的较低水平。根据前面的计量方程可以推算未来十年由于居民新建住房需求增速的下降将导致投资需求增速下滑 1 个百分点左右。

根据前面对于出口需求变化的分析，可以看出由于国际经济可能长期保

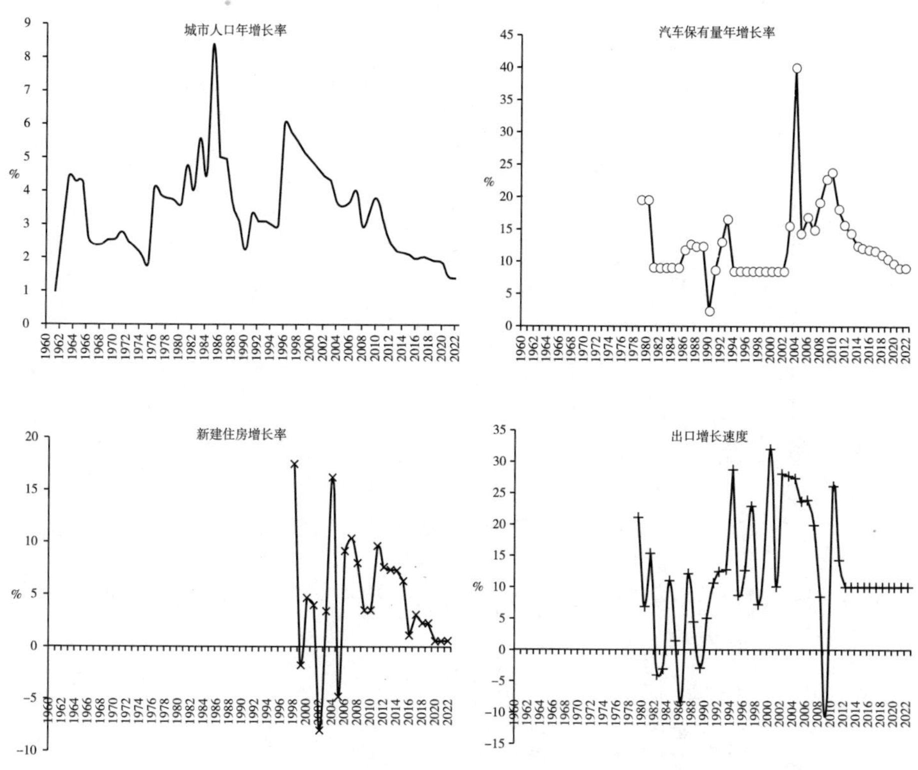

图 14　影响投资增长速度的各因素的变化趋势

资料来源：作者模拟

持慢增长状态以及国内要素成本上升带来出口竞争力下滑等因素的影响，未来十年中国出口增长速度将由过去十年 15%—20% 的水平下滑到 10% 左右的水平，由此带来的投资需求也将下降 1 个百分点左右。

综合前面城市化、居民住房需求和汽车消费需求以及出口需求等因素对投资的影响，可以推断未来十年投资需求将会由过去十年 13% 左右的增长速度下降 6 个百分点左右（参见图 15）。为了进一步进行对比，图 16 给出了日本和韩国历史上处于同一发展时期前后十年投资增长速度的变化。图中数据显示日本投资增长速度在 20 世纪 60 年代高达 15%，而经济增速下台阶后的十年内投资增速下降了 10 个百分点左右；韩国出现了类似的下滑趋势，经济下台阶前后十年投资增速变化了近 8 个百分点。可以看出前面综合不同因素

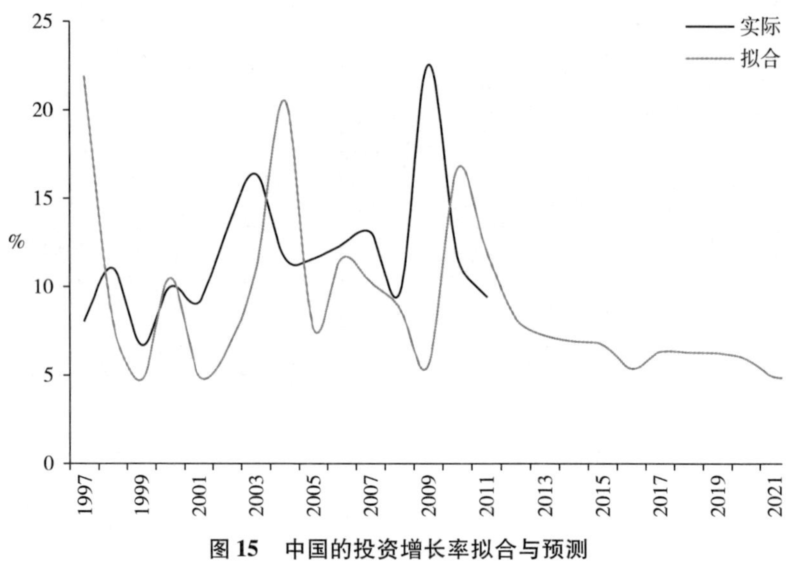

图 15　中国的投资增长率拟合与预测

推算的中国未来十年投资增速的变化与日韩这些成功追赶的国家在同一时期表现出来的规律比较吻合。

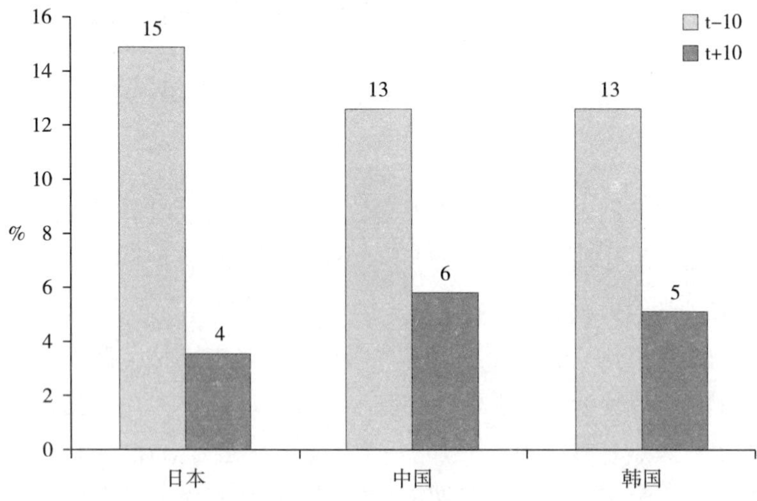

图 16　中日韩经济下台阶前后十年投资增长情况

注：日本选取的基准年为 1970 年，韩国为 1990 年，中国为 2012 年；t－10 和 t＋10 分别表示基准年的前十年和后十年。

资料来源：World Bank：WDI

2. 供给面的影响因素

从供给面来看影响未来十年中国经济增长前景的主要因素包括人口和劳动力的变化、技术进步和资本积累的速度。

（1）人口总量和劳动力供给的变化

人口总量和年龄结构的变化决定了未来中国劳动力供给总量的变化。这里采用国家人口信息中心根据最新的人口普查资料所做的预测。按照这一预测，未来10年中国人口总量仍将不断增长，预计到2020年将超过14亿，到2027年达到峰值14.15亿；与人口总量变化趋势不同是，劳动年龄人口（15—64岁）将在2015年达到峰值①，到2020年基本持平，稍有下降；另外，老龄人口将快速增长，人口总抚养比将一改过去不断下降的趋势而逐步上升，预计到2022年老龄人口抚养比和总人口抚养比将分别从2010年11.8%和36.9%上升到19.3%和43.6%。模型中未来十年劳动力供给量依据劳动年龄人口的变化推算，也就说未来十年中国劳动力供给将较快达到峰值，然后稍有下降。

（2）技术进步的速度

从美国追赶英国，到德国、日本追赶美国，再到“亚洲四小龙”追赶欧美国家，后发国家在不断地利用技术进步的后发优势加快自身经济发展；中

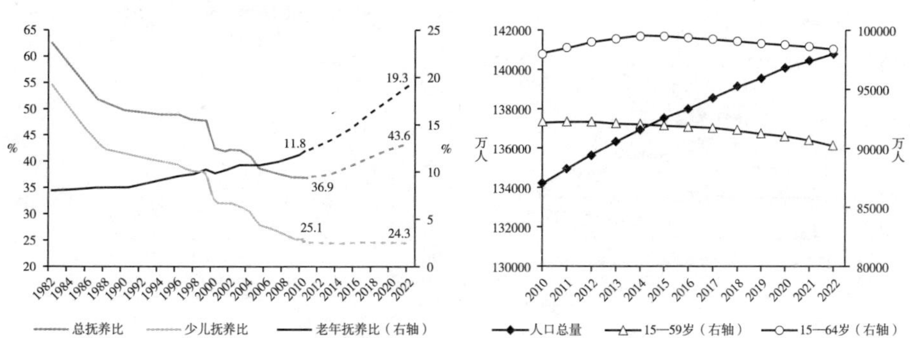

图17 中国人口总量及结构变化情况

资料来源：人口信息中心（2011）

① 国家统计局1月发布2012年的统计数据显示15—60岁的劳动年龄人口规模已经开始下降。而国际上通常将15—64岁设定为劳动年龄。

国同样利用这种技术的快速追赶实现了经济的挤压式增长。然而从后发追赶国家技术进步的历史经验来看，随着追赶型国家技术水平距离前沿国家越来越近，这种通过技术引进和模仿而实现的技术进步的速度也会越来越慢。图18给出了部分追赶型国家全要素生产率的增长速度。从图18（A）可见这些国家技术进步速度都呈现阶梯式下降的趋势，尤其是当人均GDP达到10000国际元左右时，TFP都出现了明显的下降趋势。图18（B）显示美国和日本不同时期的全要素生产率的差距①。1960年日本全要素生产率只有美国的一半左右，经过十年快速追赶增长，到1970年日本的全要素生产率已经快速上升到美国的70%左右。这段时期日本全要素生产率增长速度达到了年均3.5%左右，是1960年以来的最高水平；而此后日本的TFP增长率开始出现了较大幅度的下滑。与之不同的是作为全球技术领先者的美国在过去将近半个世纪的时间里，TFP平均增长速度都比较低，始终保持在0.5%—1%。这些国际经验预示着作为后发追赶国家，中国同样面临着技术进步速度不断放慢的趋势。

从中国过去三十多年TFP的变化来看，对TFP增长贡献较大的两个国内因素是要素的重新配置和改革开放带来的制度红利。而从未来十年看，随着市

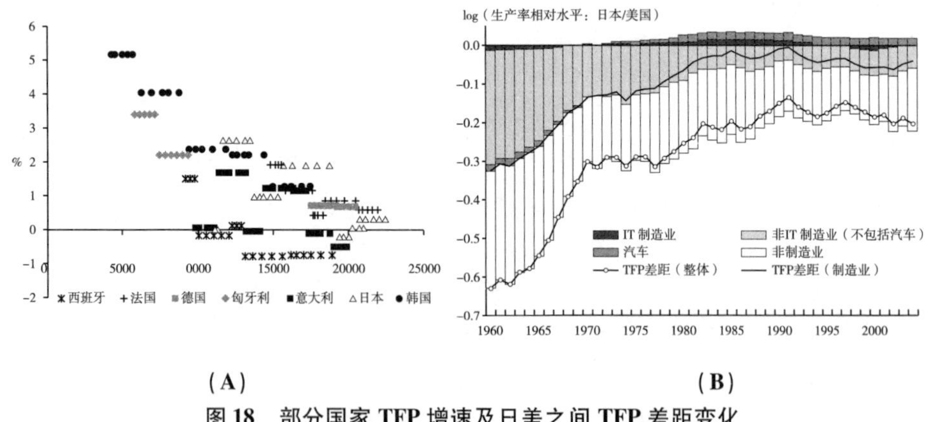

（A）　　（B）

图18　部分国家TFP增速及日美之间TFP差距变化

资料来源：左图：EU－KLEM；右图：Jorgenson，Nomura（2007）

① 参见Jorgenson and Nomura（2007），The Industry Origins of the US-JapanProductivity Gap。

场化体制不断完善、城市化率不断提高等，要素重新配置带来效率改进和改革带来制度红利将越来越弱。这些也从另外一个侧面反映未来十年中国的TFP增长速度将会出现下降的趋势。

另外，长期来看仍然存在促进中国TFP增长的因素，如随着教育数量和质量的提高，人力资本积累带来的累积效应将越来越大；仍然存在着许多可以通过改革来激发活力和提高效率的领域（如能源和环境领域、服务业等）等。综合这些因素，我们推测未来十年中国TFP增长率将由过去3%左右下滑至2%左右。

（3）资本的积累

资本的积累取决于投资增长的速度和设备折旧的速度。模型假设折旧率保持不变。因此投资增长的速度直接决定着资本积累的快慢。从前面需求部分的分析可以看出未来十年投资的增长速度将不断下滑，加之资本存量不断提高的基数效应，未来十年资本积累速度也将不断下降。

未来十年经济的展望

为了综合考虑这些影响未来十年中国经济的供给和需求侧因素，本研究采用中国经济可计算一般均衡模型来将这些供给和需求面的因素一同进行模拟。下面将从经济增长的速度和结构两方面对模型模拟的结果予以分析。

1. 未来十年中国经济将迎来中速增长阶段

图19给出了模型模拟的GDP、消费和投资的增长速度。从中可见，未来十年中国经济增长速度将比过去十年明显放缓。整体来看，中国经济将由过去年均10%左右的高速增长阶段转而进入平均6%—8%的中速增长阶段。从具体的时间分布来看，未来将维持3年左右8%上下的增长速度，然后过渡到6%—7%的增长速度。这一增速要比过去十年的平均水平下降2—3个百分点。

图19同时还给出了消费需求和投资需求增长速度。从模拟结果看，未来十年消费需求增长因经济增长速度下滑引致的收入增长放慢而下降，其中前五年消费需求增速虽然有所下滑，但仍将继续保持8%左右的较高增长速度；后五年消费需求增速将随经济增长速度进一步下滑下降至7%左右。不过与投资需求和出口需求相比，而且无论是从历史数据，还是从未来十年模拟结果来看，消费需求变化要明显平稳得多。

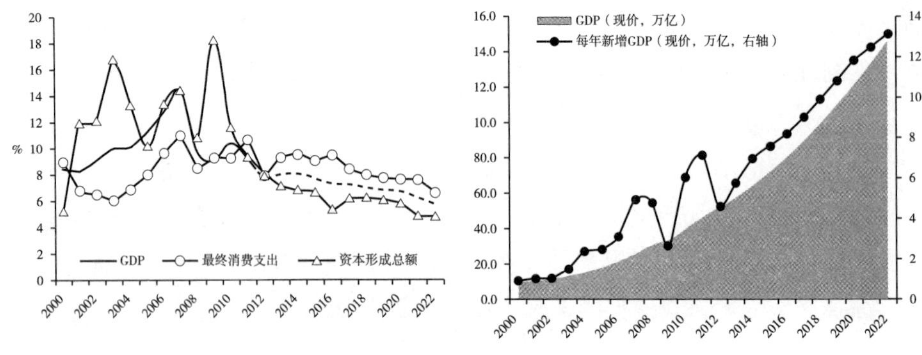

图 19　GDP、消费和投资的增长速度

正如前面分析指出的那样，未来十年全球经济增长前景不容乐观，慢增长将可能成为常态，同时考虑国内要素成本不断攀升、“入世”红利的消减以及发展阶段转化带来的出口竞争力下降，未来十年出口需求将回落到年均10%左右的相对较低的增长阶段。随着城市人口增长速度放缓，城市基础设施投资空间将日趋变窄；随着过去十来年居民住房投资快速增长和人口年龄结构转变，城镇居民新建住房投资需求增长也将有所放缓；随着汽车保有量的增长，新增汽车需求的增速将逐步放缓；另外考虑出口需求增速的回落，未来十年投资需求的增长速度将出现较大幅度的下降。对比三大需求增长速度的变化，不难发现从需求角度来看，投资需求和出口需求增长速度趋势性下滑是导致未来经济增速由高速增长转入中速增长的主要原因。这也在一定程度上说明过去几十年依靠“高投资、高出口”的高速增长模式正在经济增长速度转换过程中不断地改变。

为了更好地反映不同需求对经济增长的拉动贡献，图 20 给出消费、投资和净出口对 GDP 增长率的贡献度。过去十年投资一直是经济增长最主要的拉动力量，平均每年拉动 GDP 增长 5 个百分点以上，对经济增长的贡献率超过50%；而未来十年由于投资需求增长速度下降，投资需求增长对经济增长的拉动作用明显减弱，对 GDP 的拉动作用由 5 个百分点左右逐渐下降至 3 个百分点以下。与投资不同的是消费对经济增长的拉动作用较为稳定，而且在未来十年中将超过投资成为 GDP 增长的最主要的拉动力。尽管其每年拉动 GDP 增长将由 5 个百分点左右下降至 4 个百分点左右，但其对经济增长的贡献率却由目前的50%左右不断上升至2020年的60%以上。从净出口角度来看，模型假设随着国内要素市场扭曲的逐步消除以及汇率制度的改革等，对外贸易将不断趋于平衡。

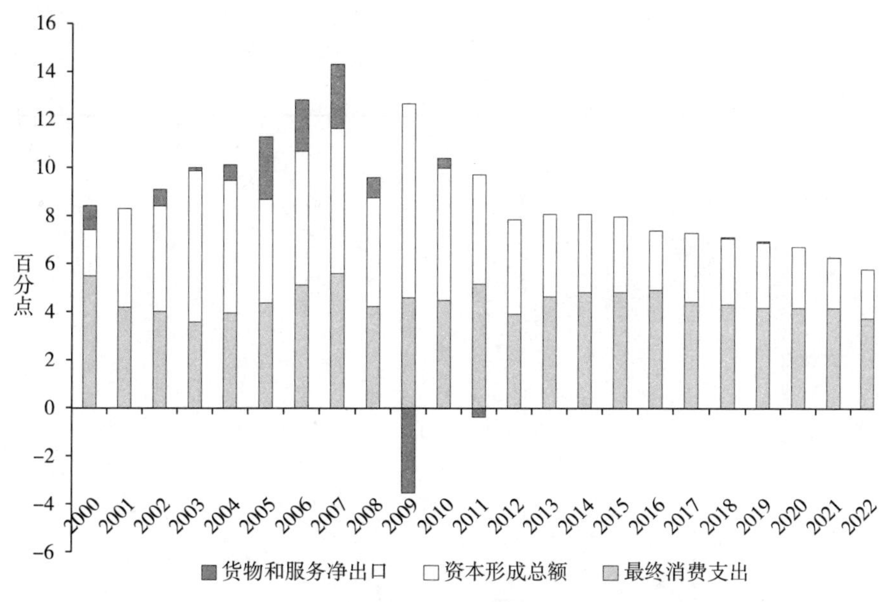

图20　不同需求对经济增长的贡献度

除了需求角度的经济增长动力机制将发生变化外，未来十年供给角度经济增长的动力源泉也在发生变化。从表4给出的模拟结果看，随着人口年龄结构的变化，劳动力供给将在未来十年内出现转折性变化，即在2015年左右劳动力供给量将达到峰值，之后将稍有下降。因此劳动力数量变化对经济增长的贡献也将逐渐减弱，进而转变为负的贡献。对资本来说，资本积累仍将是经济增长最主要的动力。不过随着投资增长速度的下降，资本积累速度也将逐步回落，其对经济增长的贡献率也有所下降。而对技术进步（TFP增长）而言，尽管随着挤压式增长空间的缩小技术进步的速度将有所下降，但由于其他要素增速下降幅度更大，其对经济增长的贡献率也将不断上升（如图21所示）。对比实现成功追赶的后发国家以及处于发展前沿的发达国家可见，长期保持较高的技术进步速度，提高技术进步对经济增长的贡献，是成功实现经济转型和迈向高收入国家行列的关键。

表 4　中国经济增长的供给侧动力及其预测　（单位：%）

	2000—2010	2011—2012	2013—2017	2018—2022
GDP 增长率	10.5	8.6	7.7	6.5
就业增长率	0.5	0.5	0.1	-0.2
资本增长率	13.1	11.5	9.8	7.8
TFP 增长率	2.4	1.4	1.8	1.9

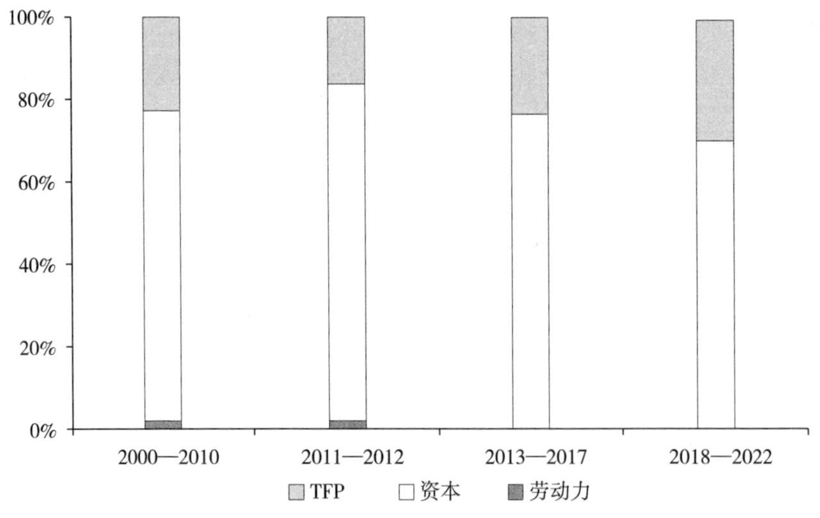

图 21　中国不同要素对经济增长的贡献

未来十年中国经济将迎来重大结构转折

从成功追赶的后发国家（如日本和韩国）的历史经验来看，一国经济增长台阶的转换通常伴随着经济结构的转折性变化。前面的分析已经显示未来十年中国经济增长速度将由高速增长阶段过渡到中速增长阶段，那么中国经济结构是否也会出现较大转折性变化呢？下面将根据模拟的结果从不同角度分析未来中国经济结构的变化。

（1）投资率将触顶回落，消费率不断攀升

从前面的分析中可以看到未来十年尽管受不同因素的影响，消费和投资的增长速度都会有所下滑，但是两者下滑的态势不同。其中消费需求变化相对更加平衡平稳，下降幅度明显低于投资需求，未来十年其增长速度将超过投资需求的增长速度。因此表现出来的结果就是未来十年总需求结构会出现转折性变化。图22给出了支出法GDP的构成。从图中显示的模拟结果来看，未来十年投资率将一改过去30年不断上升的趋势，转而开始不断下降。近两年投资率将稳定在接近50%的峰值水平，然后开始不断下降，到2022年投资率将下降至40%左右，比2011年的48%下降7个百分点左右。与之相对的是消费率也将改变过去不断下降的趋势，由2011年的低于50%不断上升到55%以上。

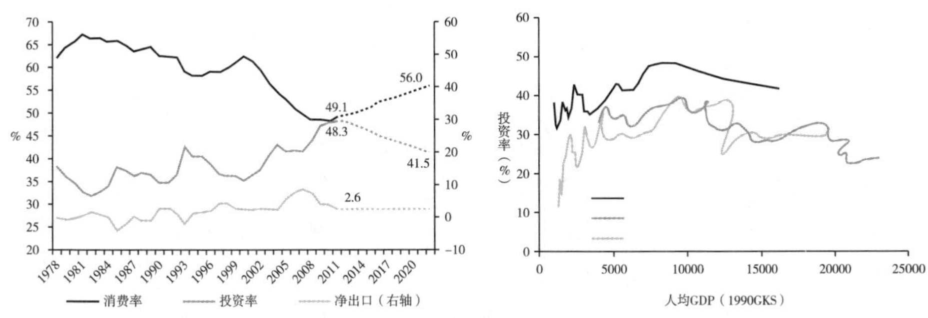

图22 支出法GDP的结构

资料来源：历史数据来自国务院发展研究中心“工业化与经济增长”课题组数据库；预测数据来自DRCCGE模型模拟结果

具体来讲消费率和投资率这种趋势性变化是多方面因素综合作用的结果。其一，前面介绍的多种因素促使投资需求增长速度较大幅度下降；其二，从供给和收入角度来看，随着劳动力供给总量很快达到峰值并转为不断下降、人口抚养比由下降过渡到上升趋势以及农业可转移劳动力逐渐减少，也就是随着人口红利逐渐式微，劳动力工资将较快上升，因此与资本回报相比，劳动者报酬和居民可支配收入增长速度将快于资本回报，从模型模拟的结果来看劳动者报酬上涨的速度要比资本回报年均高1个百分点以上；其三，随着人口老龄化程度的加剧以及收入水平的提高，政府社会保障等公共服务支出增长速度也在加快，根据模拟的结果，政府消费占GDP的比重也有所提升；其四，随着劳动力成本快速上升①，服务价格上涨

① 在一定程度上表现为Balassa－Samuelson效应。在后面还会描述。

要明显快于资本品和一般消费品，这使得消费价格上涨要明显快于投资价格[①]。

另外，从图22给出的日本和韩国投资率的历史变化趋势来看，其投资率都在人均GDP接近10000国际元时达到峰值，而后不断下降。对比模型模拟的结果，可以发现中国经济模拟的结果也表现出类似的特征。

（2）农业比重继续下降，服务业比重将逐步超过第二产业

从供给侧来看经济结构的变化表现为产业结构的变化。图23给出了模型模拟得到的未来十年三次产业构成的变化趋势。模拟结果显示，未来十年中国产业结构变化表现出来的主要特征是，农业比重将延续过去三十多年不断下降的趋势，由2012年的10%左右不断下降至2022年的5%以下；第二产业比重将在近年来的高位水平上继续维持2—3年，然后不断下滑，由2012年的45%左右下降至2022年的40%上下；服务业比重与农业和第二产业的变化趋势正好相反，未来十年继续过去三十多年不断上升的趋势，由2012年的45%左右不断上升至2022年的55%左右，而且未来十年服务业比重将超过第二产业，服务业将占据中国经济半壁以上江山。

农业比重下降从需求角度来看主要是恩格尔定律[②]的作用。图24给出了模型模拟的未来十年居民消费的恩格尔系数的变化。从图中可以看出未来十年居民消费的恩格尔系数将下降8个百分点左右。同时图24还给出日本韩国历史上与中国处于同一发展阶段时恩格尔系数的变化，可以发现不同国家之间表现出类似的变化特征。恩格尔系数下降表明了对食品需求的增长要明显慢于其他消费需求的增长，进而对农产品消费需求的增长也慢于其他产品和服务。另外还有一个因素也是导致农业比重下降的重要原因，即随着劳动力成本上升[③]，国内农产品生产的竞争力将有所下降，进而会加大农产品的进口，这也是国内农产品生产增长相对较慢的一个原因。

---

① 由于制造业生产率的快速提高，部分资本的价格甚至是在不断下降的。

② 即随着收入水平的提高，居民用于食品支出的比重不断下降。

③ 更准确的表述是，农业劳动力回报的上涨速度超过农业劳动生产率的上涨速度。

（%）
50.0
45.0
40.0
35.0
30.0
25.0
20.0
（%）
60.0
50.0
40.0
30.0
20.0
10.0
0.0
−10.0
55.0
45.3
44.6
39.8
10.1
5.1
第二产业
第一产业（右轴）
第三产业
1978
1980
1982
1984
1986
1988
1990
1992
1994
1996
1998
2000
2002
2004
2006
2008
2010
2012
2014
2016
2018
2020
2022

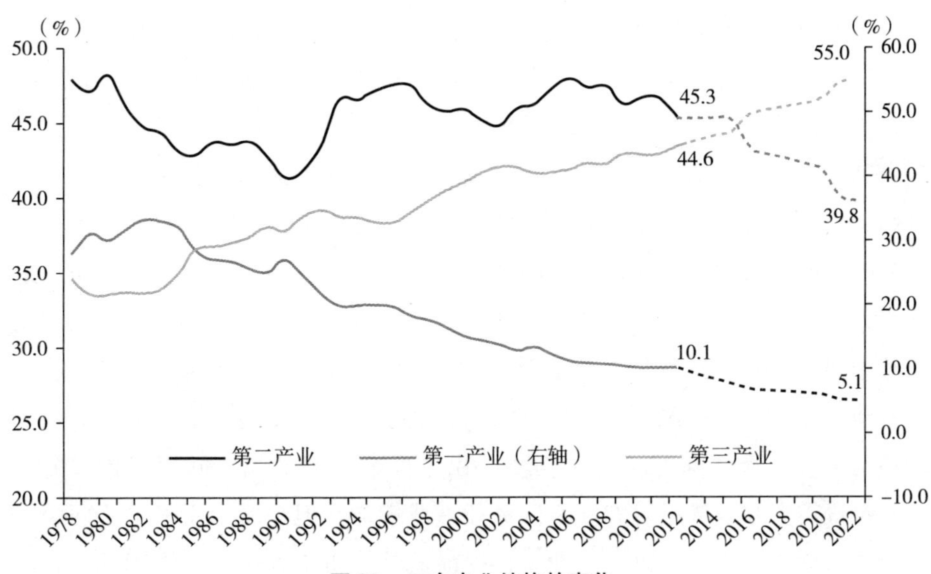

图 23　三次产业结构的变化

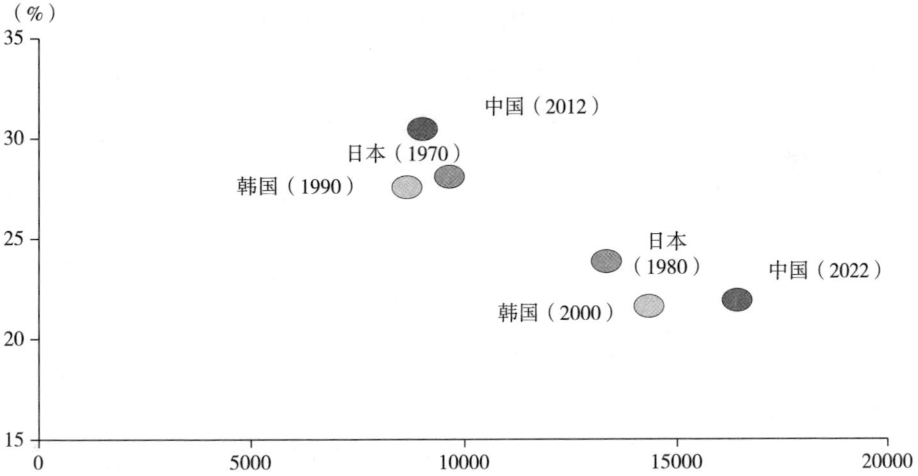

（%）
35
30
25
20
15
0
5000
10000
15000
20000
中国（2012）
日本（1970）
韩国（1990）
日本（1980）
中国（2022）
韩国（2000）

图 24　中日韩不同发展阶段恩格尔系数的变化①

资料来源：历史数据来自中日韩的投入产出表

---

① 这里的含义是投入产出表中的食品（含餐饮）支出占总消费的比重，因而要比统计年鉴公布的恩格尔系数低一些，这是因为投入产出表中食品支出不含相应的流通费用，而统计年鉴中居民收支调查中的食品支出是包含流通费用的食品支出。

对于第二产业和服务业比重的变化，由于其影响因素相互交织在一起，因此这里一并予以分析。以下三方面因素是第二产业和服务业比重变化“此消彼长”的主要原因。

其一，投资需求增长速度下滑导致了投资品和中间投入品生产部门增速放缓，出口需求持续低迷将抑制贸易部门①的持续高速增长。图 25 给出了投资品的构成，从图中可见投资品的主要来源各种建筑以及机器设备和交通运输设备。因此当投资需求增长速度下滑时，这些投资品生产部门以及相应建材等中间投入品生产部门必将首当其冲成为波及的对象。根据模型的测算，在其他条件不变的情况下，投资需求增长速度下滑一个百分点，第二产业增加值增速将下降 0.3—0.4 个百分点。由于国民经济部门之间存在相互的联系，投资需求的下降也对农业和服务业造成影响，但测算结果显示这两个部门所受影响要明显小于第二产业。根据前面的分析未来十年投资需求增长速度将比过去十年下降 7 个百分点左右，由此带来的第二产业增加值增速将下滑 2—3 个百分点。从需求角度来看导致第二产业增速下滑的另外一个重要原因就是出口需求增长速度将可能长期低迷。根据模型的测算，出口需求增长速度下滑 1 个百分点，第二产业增加值增速将下降 0.3 个百分点左右。与投资有所不同，出口需求下降对不同部门之间的影响差异更小，但是贸易部门仍然是受影响最大的部门。综合不同需求之间的交互作用，根据模型的模拟，未来十年尽管三次产业增加值增速都有所下降，但受投资和出口需求下降的影响，第二产业增速下滑得更多。

其二，消费结构升级将促使服务需求继续保持较快增长。正如前面在模型设定部分介绍的，未来收入增长、城市化水平提高以及人口老龄化将共同推动消费结构变化，尤其是服务需求将增长得更快。图 26 给出了中国未来十年消费结构的变化。从图中来看，模型模拟的结果显示未来十年居民消费中农产品和工业品消费比重都将下降。具体来讲，农产品和工业品消费的比重将分别下降 4 个百分点和 6 个百分点左右。与之相对，服务消费比重增长较快，年均增长 1

① 这里的贸易部门是相对于非贸易部门而言的，一般来说贸易部门主要指制造业部门，而非贸易部门主要指服务业部门。

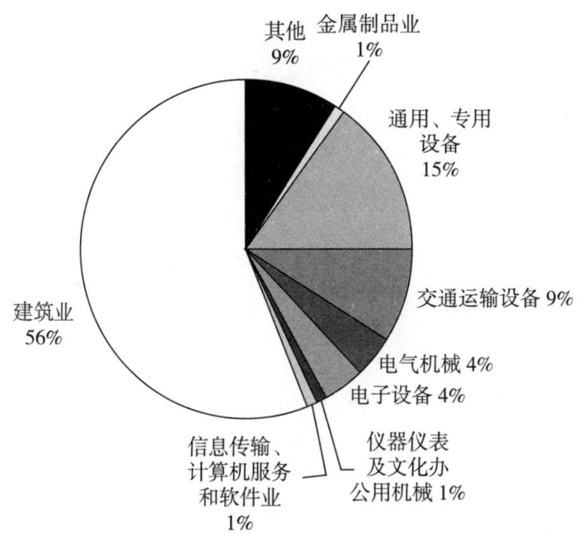

图 25　投资品的构成

个百分点左右。可以看出随着收入水平提高、城镇人口增多、人口老龄化加剧，居民消费中服务需求比重将越来越高，将拉动服务业的较快发展，这也在一定程度上削弱了投资和出口需求下滑对服务业的不利影响。另外图 26 给出的日韩历史数据，从另一侧面印证中国未来消费结构的变化的规律性。

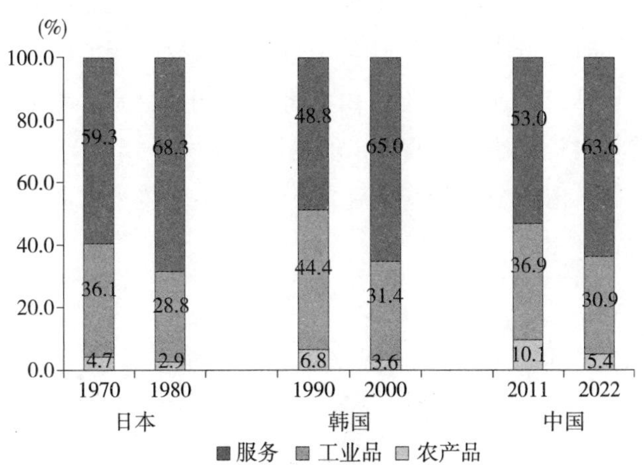

图 26　中日韩消费结构的变化

资料来源：历史数据来自中日韩的投入产出表

其三，内部实际汇率[①]升值将推动服务业价格快速上涨。过去十年中，对比贸易部门和非贸易部门之间价格变化，即内部实际汇率的变化，可以发现明显的巴拉萨—萨缪尔森（Balassa - Samuelson）效应。贸易部门生产率相对于非贸易部门的更快增长带动内部实际汇率不断升值。图 27 给出本世纪以来贸易部门和非贸易部门价格指数[②]的变化。从图中可以看出本世纪以来贸易部门的价格累计上涨了 46%，而同期非贸易部门的价格累计上涨了 67%。非贸易部门的价格年均上涨幅度要比贸易部门高 1.3 个百分点。同时还可以发现 2006 年之前贸易部门和非贸易部门价格上涨的幅度差异不大，而之后非贸易部门的价格上涨幅度明显要快于贸易部门。未来十年尽管贸易部门和非贸易部门技术进步的速度都有所下降，但贸易部门生产率提高的速度仍将快于非贸易部门，也将进一步推动非贸易部门即服务业部门价格相对其他部门更快的上涨。根据模型的模拟未来十年内部实际汇率年均升值 1%—2%。

（3）农业劳动力将继续向非农业产业转移，一半左右的劳动力将从事服务业

伴随产业结构调整以及城市化进程的不断推进，就业结构也相应出现很大变化，主要表现为未来十年农业劳动力将继续向非农产业转移，越来越多的人将从事服务业。具体从模型模拟的结果来看，未来十年农业劳动力所占比重将从目前的 35% 左右下降至十年后的 20% 左右；由于技术的快速进步和资本的深化，同时由于增长速度放缓，第二产业吸纳新增就业的能力将十分有限，未来十年第二产业就业所占比重将保持相对稳定；受需求的拉动，服务业仍将保持相对较快的增长速度，加之许多服务业属于劳动力密集型行业，如生活服务业等，未来十年新增就业岗位绝大多数将来自服务业，十年后接近 50% 的劳动力将从事服务业。

主要结论

本研究从需求和供给侧分析未来十年影响中国经济一些关键因素的变

---

① 内部实际汇率指非贸易部门价格与贸易部门价格之比。

② 这里采用部门的 GDP 平减指数来反映部门产出价格指数变化，由于各部门增加值率的差异，部门 GDP 平减指数可能会与部门产出价格指数存在一定差异。

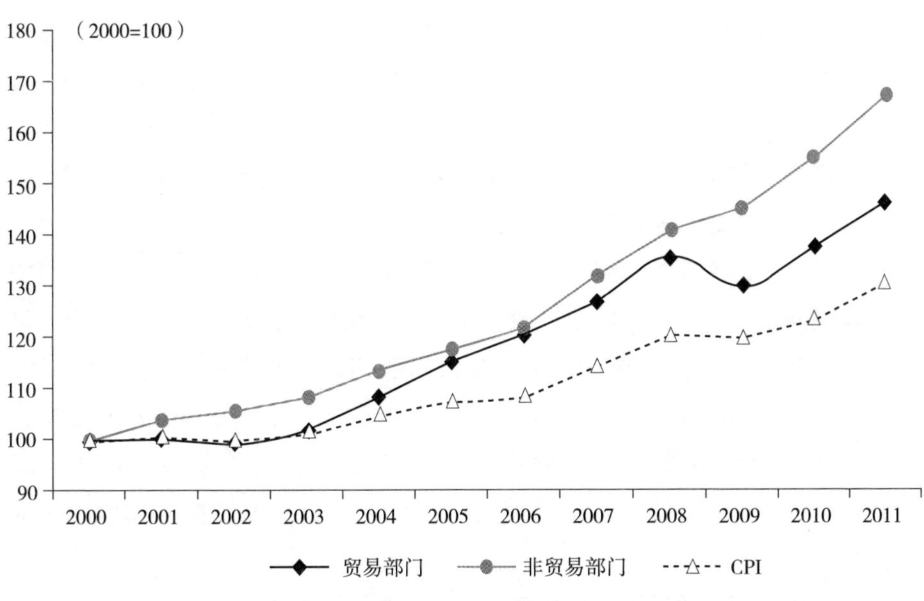

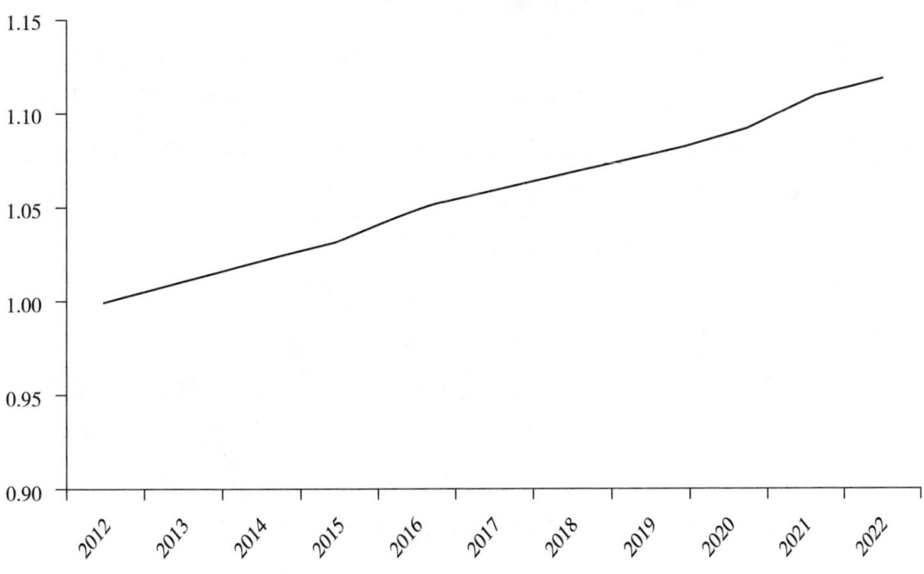

图 27　中国贸易部门和非贸易部门价格指数①

资料来源：中国统计年鉴（2012），DRCCGE 模型模拟结果

① 这里将制造业部门视为贸易部门，而将服务业部门视为非贸易部门。

化，在此基础上利用中国经济可计算一般均衡模型对未来十年中国经济增长前景进行了模拟。根据前面对于模拟结果的分析可以总结出如下的主要结论。

1. 未来十年中国经济将由过去年均10%左右的高速增长阶段转而进入年均6%—8%的中速增长阶段

全球经济的常态慢增长以及出口竞争力的减弱将导致未来十年出口需求回落到年均10%左右的相对较低的增长阶段；随着城市人口规模、城镇居民新建住房投资需求、新增汽车需求和出口需求等增长速度的回落，未来十年投资需求的增长速度将出现较大幅度的下降。投资需求和出口需求增长速度趋势性下滑将导致中国经济迎来中速增长阶段。过去依靠“高投资、高出口”的高速增长模式将在经济增长速度转换的过程中不断地改变。

2. 投资率将触顶回落，消费率逐步上升并超过投资率

随着投资需求的大幅下降，未来十年投资率将由接近50%的峰值水平很快下降至40%左右；随着劳动者报酬和居民可支配收入的较快增长，人口老龄化和收入水平提高带来公共服务支出的快速增长以及消费价格的快速上升，消费比重将快速上升并超过投资率，逐步达到55%以上。

3. 中国经济将过渡到以服务经济为主的阶段

恩格尔定律的作用促使农业比重继续下降；投资需求和出口需求增长速度的下滑将导致未来十年第二产业和服务业的增长速度都有所下降，但第二产业下降幅度更大；消费结构升级促进服务业较快发展，也削弱了投资和出口需求增速下滑对服务业发展的不利影响；随着农业可转移劳动力日趋减少，贸易部门和非贸易部门生产率的差异将促使内部实际汇率的升值，服务业价格将以更快速的速度上涨。未来十年服务业比重将不断上升并超过第二产业，逐步达到56%左右。

4. 服务业吸纳了绝大部分新增农业转移劳动力，一半左右的劳动力将从事服务业

未来十年农业劳动力将继续向非农产业转移，越来越多的人将从事服务业，服务业就业比重将接近50%。

2013 年中国经济增长展望：短期经济出现弱复苏

2013 年，全球经济仍处危机后的调整期，国际环境充满复杂性和不确定性。中国经济呈现企稳回升态势，需求增长动力并不强劲，新的短周期已开启但仍处在寻求新平衡的过程中。

全球经济仍处于危机后的调整期，较 2012 年略有好转

2013 年，世界经济仍处在调整期，结构改革不到位和需求增长乏力等问题难以根本改观，金融危机的影响呈现长期化趋势。同时也应看到，发达国家实施再制造业化战略，以互联网、新能源、3D 打印等为代表的第三次工业革命正在兴起，全球产业结构调整出现新动向。美国 QE3、QE4 推出，跌入“财政悬崖”的避免，欧盟直接货币交易（OMT）计划、欧洲银行联盟协议达成，短期内对稳定国际金融市场、降低市场避险情绪、提振需求预期都有积极作用，但由此引发的新一轮为防止本币升值的全球性货币宽松竞赛，对短期资本流动和物价上涨都将产生影响。在货币宽松的同时，发达经济体财政状况依然捉襟见肘，被迫实施紧缩性财政政策以应对主权债务压力，不利于结构改革的推进，也限制了政府支持需求扩张的能力。另外，地区冲突、宗教矛盾和主权争议等问题加剧，对大宗商品供给、资本流动和经贸往来可能形成负面冲击。

首先，美国经济保持温和增长。美国中位数房价同比持续上涨，新开工房屋保持较快增长，房地产市场持续回升。商业零售保持平稳增长，消费者信心指数处于危机后的较高水平。制造业产能利用率平均超过 78%，接近危机前水平。8 月后失业率下降到 8% 以下，为危机后的较低水平。现阶段美国潜在增长率仍保持为 2.5% 左右，创新活力使其保持了较强的弹性和竞争力。桑迪飓风对短期需求和产出会有负面影响，但灾后重建对 2013 年整体增长有拉动作用。2012 年底以来最大的悬念“财政悬崖”问题，在最后期限达成妥协协议，美国两党的政策行动能力经受住了考验。两党都不愿承担因政策协调不力、引发经济衰退的责任，预计债务上限也应会如期再次突破。美国政策上的最大不确定性已经基本消除，为美国保持经济温和增长和稳定全球金

融市场创造了积极条件。

其次，欧盟状况略有改善，能争取零增长状况。因利益冲突和决策机制的问题，欧债危机处置进程缓慢，但总体仍沿着预期方向发展。随着欧洲稳定机制（ESM）和OMT的实际运转，特别是近期欧盟银行业联盟协议的达成，使问题的缓解又迈出关键一步。下一步财政一体化问题也有望渐进推进，欧洲金融市场有进一步趋稳的可能。但如何摆脱高失业率、高通胀与零甚至负增长状态，仍然是一个巨大挑战。金融市场稳定只是第一步，会使流动性风险问题有所缓解，但欧元区边缘国家的信用风险问题依然突出。实体经济活力和竞争力不足、劳动力市场缺乏灵活性、内部发展不平衡等问题的调整，短期内难见明显成效。

再次，日本经济将有所放缓。2013年，灾后重建和电力供应恢复对经济增长的拉动作用明显减弱。提高消费税的政策预期，可能在短期刺激一些居民消费，但从中长期看不利于国内消费增长。钓鱼岛争端对中日贸易和全球分工链的冲击，将持续一段时间。针对经济下行态势，再次上台的安倍政府释放出了进一步放松政策的信号，短期对市场预期有积极影响。但受公共债务占GDP比例持续攀升制约，日本财政政策操作空间已经不大。为刺激经济、促进出口，阻止日元升值并试图走出通缩，安倍政府有望采取积极措施（包括非常规措施），向市场投放巨量货币，并力促日本银行干预汇率市场等措施，力争将日元对美元汇率维持在85以上，并上调CPI调控目标。这些举措对实体经济影响仍有较大不确定性，从以往经验看对此不宜高估，预计日本GDP增速将比2012年下降0.5—1个百分点。

最后，新兴市场回升动力不足。通过贸易和资金流动渠道，发达经济体的低增长和政策不确定性，对原本具有内在脆弱性的新兴市场将产生明显冲击和影响。随着新一轮货币宽松，及潜在的汇率贬值竞争，大宗商品价格会逐步走高并维持在相对高位，这将有利于资源出口国投资和消费的恢复。在金砖国家增速放缓的同时，随着资金向发展中国家回流并寻找新机会，土耳其、印尼、尼日利亚等国可能会有一些新亮点。但持续的通胀压力会限制新兴市场国家的宏观政策空间，而且由于对外部市场依赖性高和内部结构性问题，新兴市场并不能与发达经济体真正实现“脱钩”，回升动力仍显不足。

中国总需求增长将基本稳定

1. 出口略好于2012年，预计增长10%左右。近十年来，中国对外贸易年均增长21.7%，比同期全球贸易年均10%的增幅高出1倍。其中，出口年均增长21.6%，在全球出口中的份额由2002年的5%上升到2012年的11%。但2012年以来全球贸易明显偏离了历史趋势。结合2013年总体国际形势和以往经验推算，并考虑到劳动力成本上升、低成本优势逐步削弱以及结构调整升级等因素，预计2013年出口增长为10%左右，虽略好于2012年，但不可能回到20%以上的高增长时代。

2. 消费增长有望保持基本稳定。在本轮经济持续下行中，就业总体稳定，城乡居民收入保持较快增长，为消费稳定增长奠定了基础。房地产销量持续回暖，与住宅相关的装修、建材、家电、家具等消费将有所回升；信息和数字产品消费升级，对家电更新换代会有一定带动作用。根据汽车购置周期和原油价格走势，汽车及石油制品消费将保持稳定增长；受通胀预期影响，珠宝和贵金属消费因保值需求可能出现恢复性增长。预计2013年消费名义增长15%左右，实际增幅略高于2012年。

3. 投资增长缺乏足够力量支撑。首先，房地产投资回升力量不足。随着商品房销售回暖，且销售增速超过新开工面积增速，以及土地购置面积增速降幅收窄，市场主导的房地产投资将出现小幅回升。但与2012年相比，2013年保障房施工套数、施工面积和新开工面积均有所下降，保障房投资增速将明显减缓。其次，出口不振和产能过剩、利润偏低，影响制造业投资增长。中国制造业投资与出口增长密切相关，2013年出口增长仍然相对低迷，出口拉动的投资动力不足。虽然目前企业盈利已经开始好转，但由于2012年整体盈利水平偏低，不少企业出现亏损，自有资金不足，2013年投资扩张动力不会太强。再次，根据“十二五”规划部署，公路、铁路、地铁、水利等基建投资仍有一定增长潜力。但地方负债率较高，税收增收困难而民生类支出压力较大，局部地区风险约束明显增加，基建投资扩张能力受到限制。预计2013年固定资产投资增长20%左右，保持基本稳定，回升动力不足。

4. 物价上涨压力有所上升。受新一轮全球性宽松货币政策影响，大宗商品价格相对走高和短期资本回流，都可能推高2013年的CPI。但考虑欧债危机的不确定性，美元可能因避险因素出现一定升值，加上全球需求并不旺盛，预计大宗商品不会出现明显高涨。国内食品供求总体处于紧平衡格局，国际、国内供给冲击都容易引发物价波动，随着 PPI 逐步回升，将部分传导到 CPI，2013 年物价综合压力将略有上升。

综合判断，2013 年世界经济仍处在深度调整期，但总体将略好于 2012 年；国内需求稳定有余、回升动力不足，综合物价水平上涨压力有所上升。我们预计 2013 年 GDP 增长 8.1%，CPI 涨幅为 3.4%，M2 增速为 14%，人民币兑美元汇率升值空间在 2% 以下。

表 5　2013 年中国核心指标展望

主要指标	DRC 预测
GDP 增长率	8.1%
CPI 同比增速	3.4%
M2 同比增速	14%
新增信贷规模	9 万亿
全社会融资规模	17.5 万亿
财政赤字规模	1.2 万亿
出口同比增速	10%
人民币汇率（兑美元中间价）	6.19
城镇新增就业	1000 万

资料来源：根据 DRC_ QM 模型计算

2013 年的中国经济，一个新的经济周期正在开启，同时经济运行机制、经济结构都在发生一些不同以往的深刻变化，经济趋势增长率正在逐步下移，经济增长阶段转换也在静悄悄地开始。增长阶段转换实质是增长动力的转换，是原有竞争优势逐渐削弱、新竞争优势逐渐形成的过程，是企业、政府和居民重新调整适应新环境的过程，也是原有平衡被打破，需要寻找并建立新平衡的过程。转换就会有“阵痛”，经济运行总体会比较脆弱，不少风险点容易被激发。

未来一段时间，7% 左右的增长将是一个新的常态。就宏观政策与增长阶段转换的关系而言，宏观政策要顺应增长阶段的转换，特别要防止过度放宽宏观政策而使经济重回以往高增长轨道的倾向。同时要看到，增长阶段转换也需要一个相对稳定的宏观环境，宏观政策也要防止在多重因素作用下短期内增长速度过快下滑。防止上述两种可能性，使经济在与增长阶段转换相适应的轨道上平稳运行，并促进经济发展方式取得实质性转变，应当成为今后较长一个时期宏观政策的重要取向。不少陷入中等收入陷阱的国家，往往就是因为在这个过程没有处理好稳定与转换之间的关系。

在应对亚洲金融危机和国际金融危机时，之所以将 8% 作为中国经济增速的目标底线，一个重要的依据是保障每年 800 万以上的新增就业。保增长、保就业、保稳定，成为当时宏观调控的基本逻辑。随着中国人口结构和劳动力供求关系的转变，以及经济结构调整尤其是服务业的快速发展，就业对经济增长的约束有所缓解。在本轮持续较长的回调过程中，失业率有所上升，但就业状况保持了基本平稳，“保八”不再是硬的就业约束。

但与此同时，由于速度效益型模式没有根本改变，经济增速短期过快下滑，中央、地方财政收入大幅下降，企业盈利能力和水平下滑，亏损面不断扩大，财政金融风险则可能集中爆发。因此，需要确立稳增长、稳效益、防风险的宏观调控基本思路。通过积极需求管理，以防止短期内经济增长大幅度滑坡为重点，为微观主体进行调整并适应新增长阶段争取必要的时间和空间，把矛盾和问题控制在社会可承受的范围内，有效防范和化解各种风险，并积极培育新的竞争优势。

表 6　中国经济主要指标展望

	2010	2011	2012E	2013	2014	2015	2016	2017	2018	2019	2020	2021	2022
人口(百万人)	1341	1347	1357	1364	1370	1376	1380	1386	1391	1396	1401	1405	1408
GDP													
现价人民币(万元)	401513	473104	519322	576924	646760	722859	804895	895585	994724	1103108	1221691	1346770	1478296
现价美元(万美元)	59266	73250	82270	93052	106026	120476	134149	151794	168597	190191	214332	236275	263981
GDP 增长率(%)	10.3	9.3	7.8	8.1	8.1	7.8	7.3	7.3	7.1	6.9	6.7	6.2	5.8
就业增长率(%)	0.4	0.5	0.4	0.3	0.2	0.1	-0.2	-0.2	-0.2	-0.2	-0.1	-0.1	-0.2
劳动生产率增长率(%)	9.9	8.7	7.4	7.7	7.9	7.7	7.6	7.4	7.3	7.1	6.9	6.4	5.9
人均 GDP													
2010 年美元	4428	4818	5159	5549	5971	6407	6855	7323	7810	8319	8853	9379	9896
1990G - K 国际元	7967	8594	9136	9753	10416	11096	11790	12510	13254	14027	14832	15621	16393
现价美元	4428	5437	6064	6825	7740	8757	9718	10951	12116	13620	15300	16819	18747
现价人民币	30015	35181	38410	42417	47323	52654	58405	64744	71625	79137	87350	96005	105108
经济结构(期末,%)													
GDP 支出结构													
投资率	48.1	48.3	48.1	47.5	46.7	46.0	44.9	44.3	43.7	43.2	42.7	42.0	41.5
消费率	48.2	49.1	49.3	50.0	50.7	51.4	52.5	53.1	53.7	54.2	54.7	55.4	56.0
产业结构													

第一产业	10.1	10.0	10.1	9.2	8.5	7.8	6.9	6.7	6.5	6.3	6.1	5.3	5.1
第二产业	46.7	46.6	45.3	45.4	45.3	45.3	43.4	43.0	42.6	42.3	41.9	40.1	39.8
服务业	43.2	43.4	44.6	45.4	46.2	46.9	49.7	50.3	50.9	51.4	52.0	54.5	55.0
就业结构													
农业	36.7	34.8	33.6	32.4	31.2	30.0	28.7	27.4	26.2	24.9	23.6	22.5	21.4
第二产业	28.7	29.5	30.0	30.4	30.7	31.1	30.4	30.7	31.0	31.3	31.6	30.9	31.1
服务业	34.6	35.7	36.4	37.2	38.1	38.9	40.9	41.9	42.9	43.8	44.8	46.6	47.5

资料来源:作者的估计和国家人口信息中心以及国家统计局

参考文献

[1] 刘世锦等,《陷阱还是高墙?——中国经济面临的真实挑战和战略选择》,北京:中信出版社,2011 年。

[2] 李善同,刘云中,《2030 年的中国经济》,北京:经济科学出版社,2011 年。

[3] 许宪春,“中国未来经济增长及其国际经济地位展望”,《经济研究》,2002 年第 3 期。

[4] 任若恩、覃筱,“中美两国可比居民储蓄率的计量:1992 - 2001”,《经济研究》,2006 年第 3 期。

[5] 郭庆旺、贾俊雪,“中国全要素生产率的估算:1979 - 2004”,《经济研究》,2005 年第 6 期。

[6] 孙琳琳、任若恩,“中国资本投入和全要素生产率的估算”,《世界经济》,2005 年第 12 期。

[7] 王小鲁、樊纲、刘鹏,“中国经济增长方式转换和增长可持续性”《经济研究》,2009 年第 1 期。

[8] 余斌、陈昌盛,“顺应新常态,需求新平衡,培育新动力”,《上海证券报》,2012 年 10 月 31 日。

[9] Jane Golley and Rod Tyers, 2006, China' s Growth to 2030: Demographic Change and the Labour Supply Constraint College of Business and Economics Australian National University, Work paper.

[10] Sandra Poncet, 2006, The Long Term Growth Prospects of the World Economy: Horizon 2050. CEPII.

[11] Wilson, D., and R. Purushothaman, 2003, Dreaming with BRICS: The Path to 2050. Global Economics Paper No: 99.

[12] John Hawksworth, 2006, The World in 2050: How big will the major emerging market economies get and how can the OECD compete? Price water house Coopers.

[13] The World Bank. 2013. Global Economic Prospects, Volume 6, January 2013. Washington, DC: World Bank. 1.

[14] Dale W. Jorgenson, Koji Nomura, The Industry Origins of the US-Japan Productivity Gap, Economic Systems Research, Vol. 19, Iss. 3, 2007.

努力增强经济回稳的可持续性

2013年一季度经济形势分析与全年展望

（2013年一季度报告）

国务院发展研究中心经济形势分析小组

2013年以来，国际经济形势总体好于2012年，但国内经济结构矛盾和风险有所增加，经济运行处在中长期潜在增长率下降与短周期弱回升的交织状态。宏观经济政策在坚持既定方针的同时，需要妥善处理稳增长、控通胀和防风险三者关系。通过改革释放增长潜力，稳投资、扩消费；创新行业规制方式，积极稳妥化解产能过剩问题，促进经济结构调整；采取疏堵并举策略，使财政金融风险得到逐渐释放，并不断提高增长的质量和效益，努力增强经济回稳的可持续性。

短期弱回升态势未逆转，预计全年增长略高于7.5%

一季度，经济运行延续了2012年四季度以来的回升势头，但宏观指标出现新变化。受企业补库存、投资回稳、国际经济向好和预期改善等因素支撑，市场活力有所增强，短期弱回升态势未逆转。

需求侧指标出现新变化，积极因素与消极因素并存

需求侧积极因素表现为：一是出口增速明显回升，一季度累计同比增长18.4%，即便扣除非正常增长部分，实际增速也高于2012年。除对日本和大洋洲外，对其他地区出口增速均明显回升。二是基础设施和房地产投资延续了回升势头，增速都超过20%。城镇固定资产投资保持平稳增长，其中东部

地区投资增速较2012年有所提升。同时，消极因素也不容忽视。一是消费需求增长放缓。与2012年同期相比，前两个月社会消费品零售总额名义增速下降了2.4个百分点。其中，限额以上餐饮收入增速为-3.3%，而2012年同期则为14%。二是制造业投资增速出现下滑。受产能过剩、资产负债率偏高等因素影响，1—2月制造业投资增长17%，比2012年全年增速下降了4.8个百分点，低于中长期增长趋势。制造业投资是固定资产投资的中坚力量，近5年来平均占比达到34%，若持续下行对投资增长有重要影响。

供给侧相对稳定，部分行业产能利用率偏低

相对于需求侧的分化，供给侧基本稳定。2012年9月以来，工业增加值累计同比增长一直保持在10%的水平，2013年前两个月下降了0.1个百分点。除发电量外，汽车、钢材、水泥、集成电路、发电设备、通信设备等重要工业品增速均有一定回升。预计3月后工业增加值增速会略有改善。

从经济运行内在机制看，需求与供给之间的互动关系存在一定时滞，这主要取决于企业库存调整。当需求开始回升时，首先消化的是企业库存。随着库存下降和预期改善，企业会通过扩大采购或增加产量来回补库存。如果需求继续向好，企业会选择扩大投资、提高产能。通常情况下，库存回升的可持续性，取决于需求回升的力度和对未来增长的预期。若库存回补后，紧接着出现产量和产能利用率的回升，就是经济运行进一步改善的重要信号。

在经过很长一段时间的去库存后，企业补库存已从2012年四季度开始，不少行业的产量也有所回升，但产能利用率却没有明显改善。例如，钢铁、汽车、水泥、有色金属、纺织、火电、乙烯等产能利用率明显偏低。这表明，目前需求和产量的回升力度不足以明显改变产能严重过剩的局面。值得注意的是，作为需求增长重要动力的基础设施、房地产等的投资持续增长，将受到财政金融风险累积的约束；另一方面，如果需求增长过快，将可能刺激产能过剩行业的投资增长，进而加剧已有矛盾。合理的选择是，保持需求的适度增长，一定程度上提高产能利用率，又不形成大的投资刺激，并为产能过剩行业去产能、调结构赢得时间。

经济增速有望前升后稳，预计全年增长略高于7.5%

国际经济形势总体好于2012年。美国经济继续复苏。页岩气革命引发系

统性降低成本效应，服务业和制造业双双扩张，产能利用率达到62个月以来的新高；房地产持续复苏，成屋销量创39个月来新高；就业人数达到危机前水平，失业率降至7.6%；企业研发投入增加，实体经济活力有所改善。欧洲经济调整中趋稳。受塞浦路斯、意大利等影响，3月欧元区服务业和制造业PMI、经济景气指数、投资信心指数出现下降，中断了2012年三季度以来的回升趋势。但欧元区各国国债收益率明显走低，德国经济继续保持回升态势。预计欧元区经济将在上半年趋稳，下半年有所回升。日本经济初露好转迹象。在安倍政府货币、财政双扩张刺激下，2月消费者信心指数升至44.3，而上次达到这一水平则要追溯到2007年6月，经济观察家前景指数也升至2000年有统计以来的最高值。新兴市场继续回暖。巴西和印度经济分别在2012年三季度和四季度实现加速增长；2月金砖四国的PMI均高于50，显示新兴经济体整体继续回暖。受国际形势好转带动，预计我国出口增速将达到10%左右。

国内支撑经济弱回升的因素仍在积累。回补库存进程短期不会结束，对经济增长的贡献将由负变正。各类先行指数继续改善，PMI指数和新订单指数连续6个月扩张。随着工业品出厂价格（PPI）回升，企业预期改善，将逐步增加原材料采购。虽然限额以上消费下降较多，但其占比不足总量的30%。前两个月消费品零售实际增速降幅仅为0.4个百分点。受产能过剩制约，制造业投资短期内难以恢复到以前水平，但企业利润和出口状况的改善，将对制造业投资形成一定支撑。

根据国务院发展研究中心经济形势分析课题组的监测，宏观经济同步指数、48个行业景气指数和物量指数，虽然均低于长期平均水平，但保持了向上势头。国务院发展研究中心企业家调查系统对1353家企业的调查显示，企业订货回暖，经营状况略有好转，正常经营企业占比较2012年提高4个百分点，减少生产（服务）的企业降低了10.6%。

综合看，短期经济回升虽较脆弱，但向好的态势没有逆转，积极力量略强于消极力量。当前深化改革，以改革释放红利的共识和社会预期正在形成，有望逐步激活一些长期被抑制的增长潜力。预计一季度GDP增速与2012年四季度基本持平，二季度有所回升，但下半年可能会有所调整，全年增长有望略高于7.5%。同时，成本上升、流动性宽松和输入性因素，以及生猪、禽类等部分农产品供求出现较大波动等，通胀压力不可忽视，但全年物价涨幅可控制在预期目标范围内。

关注当前突出问题，谨防叠加效应冲击

目前经济下行压力尚不突出，但经济运行中存在的两难问题较多。房价上涨压力与稳定房地产投资，坚持“八项规定”与稳定消费需求，加大基础设施投资与地方债务风险，去产能、调结构与稳定经济增长等，一定程度都存在短期冲突。妥善处理这些问题，需要兼顾短期稳定与中长期发展，循序渐进地化解矛盾，同时谨防叠加效应，避免触发系统性风险。

房地产市场波动引发的风险

房地产市场受政策变化影响较大。金融、土地、税收等政策和行政措施都会直接影响到房地产市场的供给和需求，造成短期供求格局的剧烈波动。前两个月，全国商品房销售面积同比增长49.5%，增幅比2012年全年提高47.7个百分点。其中，住宅销售面积增长55.2%，销售额增长87.2%。随着销售量和销售额的增长，房价上涨的城市明显增多，房地产开发企业资金状况改善，投资增速也出现回升态势。但需要关注的是，1—2月土地购置面积同比下降8.6%，表明开发商对未来房地产市场运行仍很谨慎。新一轮房地产调控政策出台后，税收政策的调整将对交易量产生影响。因此，需要密切关注未来两个季度销售增长情况。如果销售增长不能持续，房地产投资将会放缓，土地市场成交状况难以好转，土地出让收入将会减少，进一步增加地方财政收支压力和融资平台风险。而且短期交易量大幅波动，可能引发房地产及其他资产价格大幅波动，不利于整体经济运行的稳定。

产能过剩及其调整过程中的风险

我国当前的产能过剩，呈现行业面广、绝对过剩程度高、持续时间长等特点。在传统产业中，产能过剩已经从钢铁、电解铝、水泥和汽车等行业，扩展到焦炭、电石、铁合金、铜冶炼、纺织、石化等行业；在新兴产业中，受地方多种刺激政策推动，碳纤维、风电、LED、锂电池、光伏等，都出现明显产能

过剩。而且，越是政府高度重视、严格审批控制的行业，产能过剩现象越突出。其中，投资规模较大的重化工业和国家鼓励发展的新兴产业，往往是地方追求GDP和税收的重点，产能过剩情况尤为严重。市场化程度高、企业进退门槛较低的竞争性领域，虽也有产能过剩现象，但多处于正常水平，属于周期性过剩。无锡尚德的破产，充分显露了体制性、政策性因素在现阶段产能过剩中的作用，这并非个案。在中长期增速下降背景下，经济增长下行压力和产能过剩的矛盾将进一步加剧。如果市场需求放缓，很可能导致整个行业处于利润低下甚至亏损状态，大面积破产、倒闭的风险增加，并可能引发金融和财政风险。同时，产能过剩导致低水平恶性竞争，使行业利润率处于极低水平，优秀企业无法脱颖而出，产业难以实现优胜劣汰和转型升级。

地方财政收支压力与债务风险增加

近年来，地方融资平台融资、负债规模急剧膨胀。部分融资平台存在资产不实、资本金不足、过度依赖土地升值预期、抽逃优良资产等现象。2010年以来，银行对地方融资平台的新增贷款有所控制。地方融资平台被迫转向"影子银行"融资，银行表外理财产品、信托产品等规模不断扩大，金融加速脱媒。新增人民币贷款占社会融资总量的比重，前些年达到70%以上，2012年下降至52%。"影子银行"融资，存在法律关系不明确、期限错配严重、资金池产品与投资标的不对应、监管不到位等问题。目前新出台的对非标准化债权资产的规定，将使平台资金来源渠道进一步收窄。经济增速回落使税收收入增长放缓，房地产市场波动影响土地财政收入，而支出刚性强，地方财政收支矛盾比较突出，一些地方融资平台面临资金链断裂，局部地区爆发债务风险的可能性增加。风险一旦爆发，不少在建项目将被迫停工，成为烂尾工程，银行不良资产增加，平台贷款占比过高的金融机构将十分困难。同时也将影响债券市场稳定，并波及基金、信托以及银行等机构投资者。

消费增长面临下行压力

多种因素叠加使一季度消费增速整体放缓，部分消费品销售回落明显。一是食品安全事件引发的直接影响。如"酒精勾兑事件"、"塑化剂事件"等一定程度上影响了白酒消费："假鱼翅事件"、"假燕窝事件"的曝光，在很大程度上影响了相关消费品的需求。二是严格限制公款消费等措施，对于杜绝铺张浪费、建设廉洁政府是十分必要的，必须长期坚持。同时，也必须看到其对国内消费产生的影响。据了解，其影响已波及酒店、餐饮、会展、鲜花、旅游等服务业。根据中国饭店协会估算，90%以上的饭店营业收入下降10%—50%不等，其中，高端餐饮企业的降幅大多在50%—60%。三是受疫病、禽流感等特殊事件的冲击，目前猪肉、牛奶、鸡肉和鸡苗价格都出现大幅下降。四是雾霾天气等环境因素对消费影响有所表现。前两个月我国出入境接待旅客累计下降2.8%，其中，不包括港澳台地区的外国旅客下降了6.4%；酒店入住率仅为48.9%，比2012年同期下降了7个百分点。消费是我国经济运行中的稳定力量，近5年来平均拉动GDP增长4.7个百分点。如果消费继续下行，由此引发的需求下降、失业增加等问题需要密切关注。

结构性失业问题有可能逐步突出

从就业总量看，受人口结构变化和劳动年龄人口峰值出现的影响，中期就业压力总体有所缓解，但随着结构调整和升级，结构性失业压力有可能逐步突出。首先，受劳动力成本上涨、社保缴费过高等影响，东部地区很多制造业企业已经出现了机器替代劳动的现象，不少低端劳动力将被迫转岗。其次，酒店、餐饮、会展、鲜花、旅游等服务业，吸纳就业人员较多，其业务收入下降，调整在所难免，并进而影响到种植、养殖业，部分人员也因此失业。再次，在调整过剩产能的过程中，部分企业将退出生产领域，伴随"去产能"产生的失业问题。上述调整实质是经济结构的优化，由此造成的失业是我国经济结构调整必须付出的代价。从有利于中长期健康、稳定发展的角度，需要在社保接续、技能培训和就业服务等方面做好相关安排，避免处理不当引发社会动荡。

稳需求、调产能、守底线，保持经济稳定回升

宏观经济仍处在增长阶段转换和寻找新平衡的过程中。2013年余下时间内，要认真贯彻落实中央既定方针，坚持稳中求进，以进促稳，稳需求、调产能、守底线，保持经济社会稳定发展。在实施积极财政政策和稳健货币政策的同时，应注重通过改革释放增长潜力，稳定投资，扩大消费；创新产业规制方式，更多地用市场经济办法化解产能过剩问题；采取疏堵并举策略，

坚守不爆发系统性风险的底线，使财政金融风险得到逐渐释放，为我国经济在相对稳定中迈上新台阶赢得时间和空间。

以进促稳，通过改革稳定终端投资需求

当前需要找准改革和增长的结合点，优先启动一系列领域的改革，激活被抑制的需求潜力，重点是处在终端环节的投资需求，既能起到稳投资作用又不加剧产能过剩。加快研究推进民营资本投资铁路的具体实施方案；放开市场准入，增加宽带等信息化基础设施投资；适时推出石油期货交易；适当放宽对进口油源的限制，强化石油炼制环节和终端批发零售环节的竞争；优先放开边际油田和页岩气等非常规油气资源的勘探开发准入；理顺电、煤、运等之间的关系，加快电价形成机制改革；深入推进服务业开放，释放服务业的增长和效率提升空间。

稳定消费市场，培育消费新增长点

在坚决压缩三公消费的同时，考虑公务员工资已经多年没有调整和很多地区津补贴不到位，建议适当提高公务员工资标准，建立公务员工资合理增长机制。针对南方冬季潮湿阴冷，可与新能源的发展相结合，制定并启动南方冬季供暖方案。顺应信息和数据消费高增长，制定鼓励电子、家电产品的更新换代，促进家庭信息消费升级。改善消费环境，建立生产者追溯制度，切实维护食品、药品安全，让消费者安心消费、放心消费。在全面加强疫情防控的同时，制定畜牧业保护、支持政策，舆论监督与正确引导并重，增强消费者信心，稳定畜产品市场。

更多依靠市场经济办法调整过剩产能

用集中审批来管控竞争性行业发展的方式，难以真正抑制产能过剩。尽快创新行业规制方式，依照能耗、环保、质量等技术标准和规范，形成稳定、透明和可预期的政策和制度体系。政府权威部门定期公布主要行业和重要产品的国内外技术创新、投资、生产、需求变化等相关信息，发布行业发展指导报告，预警重大风险，引导社会形成合理预期。建立公平竞争的市场环境，约束地方政府以低地价、低环境标准、不适当税收优惠和财政补贴等手段过度刺激投资的行为。调节过剩产能，不仅要关注“进入”环节，更要重视

“退出”环节，切实减少行政干扰，探索建立和完善企业退出政策体系。产能调整要从过去重点保护企业，转变为重点保护员工，做好失业人员的社保接续、转岗培训和就业服务工作。规范破产清算政策，健全风险应对预案。兼并重组并非简单以大吃小，而是竞争力强者兼并弱者，避免用规模标准搞一刀切。实施兼并重组的财税、金融支持政策，鼓励优势企业开展跨地区、跨所有制的兼并重组，促进产业集中度提高。支持开展技术改造和技术创新，提高企业核心竞争力。

实施区域差别化房地产政策，提高调控针对性

重视房地产市场的区域性差异，加强分类指导，减少一刀切政策，提高调控政策的针对性和有效性。明确判断全国房价合理水平的标准和指标体系，据此确定各地房价调控目标，将土地调控、与房地产有关的地方税收政策的调整、住房保障方式等一揽子“政策包”的选择权力下放给地方政府，使其根据本地实际情况有针对性实现调控目标，实现房地产的区域差别性调控。一线城市要更加重视供给面的调控政策，包括增加土地供应、调整保障房供应方式、增加可售型保障房比例等，稳定预期。加快推进不动产登记、联网工作，适时开征房产税，增加拥有多套和豪华住房的持有成本，促进存量房源有效利用，使住房回归消费品的本质属性和满足人们居住需求的基本功能。

积极防范化解地方债务风险

理顺中央政府、地方政府、投融资平台（公司）以及银行的法律关系。明确中央政府救助地方政府的条件和惩戒措施，包括官员考核、预算约束和投资限制等，防止道德风险。改革城投债、地方政府债券等审批制度。清晰地方政府和投融资平台的边界，规范银行理财等资产管理市场。适当加大国债发行量，替换地方政府的部分存量债务。对抵押担保、资金使用和现金流等符合条件的存量地方融资平台贷款应允许展期，以实现地方投资项目投融资的期限匹配。加快推动融资平台的公司治理改革。对于部分资金链难以为继的平台，应制定处置预案。加快建立完整的政府资产负债表，为地方政府以市场方式自主发行市政债奠定基础。

（执笔：刘世锦　余　斌　陈昌盛　邓郁松　陈道富）

守底线、去杠杆、调结构，促进经济平稳运行

2013年上半年经济形势分析与全年展望

（2013年二季度报告）

国务院发展研究中心经济形势分析小组

上半年，中国经济增速有所回落，但仍处在预期范围内。中国在向中速增长阶段转换的进程中，旧的增长惯性依然存在，新的平衡尚未形成，长期积累的结构性矛盾愈加显现，经济运行的不稳定性、不确定性超出以往。展望下半年，国际经济形势总体企稳，中国国内经济下行压力增大，经济运行需要在调结构、去杠杆、稳增长之间取得平衡。宏观政策应坚持守住底线、以稳促进的思路，把控制和化解可能出现的区域性和系统性风险放在更加突出的位置，保持经济运行基本稳定，促进增长阶段平稳转换。

经济下行压力加大，结构性矛盾突出

上半年，中国经济运行呈现出中长期潜在增长率下降与短期增长动力不足相叠加、经济趋势性回落与一系列特殊因素相叠加、全球经济相对低迷与国内诸多不利因素相叠加等特点，经济下行压力趋于加大，金融与实体经济相脱节、就业岗位与技能不匹配等结构性矛盾更为突出。

PPI降幅扩大，企业回补库存进程受阻

PPI通常是企业库存调整的领先指标。2012年三季度后，经济增长出现短期回升，很大程度上是企业回补库存拉动的结果。从2013年4月开始，PPI

降幅不断扩大，6 月达到 -2.7%。同时，CRB（路透商品研究局指数）走低，市场预期再度恶化。行业产成品库存增速处于7%左右的相对低位，化工、石油加工、黑色金属、有色金属等行业，库存回补进程基本停止，汽车、专用设备制造、通用设备制造等行业也明显放缓。不少企业改变原来的库存管理模式，“以订单决定生产”逐渐增多。企业补库存进程受阻，对短期经济增长的拉动作用明显减弱。

套利、套汇驱动虚假贸易，引发进出口异常波动

受内外利差、人民币升值，以及部分地方政府对出口的临时鼓励措施等因素驱动，从 2012 年下半年开始，尤其是 2013 年以来，虚假贸易明显增多，引发进出口异常波动。从贸易对象看，虚假贸易主要来自对港澳台出口，其中以香港为主；从贸易方式看，主要来自海关特殊监管区；从贸易品种看，主要集中在贵金属、集成电路等价值高、易运输的产品。5 月监管措施加强后，这一问题明显暴露。5 月和 6 月，出口增速从 1—4 月的 17.4%分别下降至 1%和 -3%。如果剔除对港澳台出口，上半年中国出口增速将由 10.4%下调到 6%，进口增速由 6.7%下调到 5.2%，考虑其中的正常部分，上半年出口增长与 2012 年大体持平，并没有明显改善。

资金空转问题突出，虚拟经济与实体经济相脱节

当前，中国流动性总体充裕。5 月末，M2 和贷款余额分别为 105 万亿元和 68 万亿元，占 2012 年 GDP 比例分别达到 200%和 130%。与此同时，货币市场流动性偏紧，实体经济资金成本高企。6 月出现的“钱荒”，充分暴露了近年来金融业务结构不合理和杠杆不断拉长等弊端。在规避监管和追求高收益驱动下，从金融业到实体经济的信贷业务，通过一系列加杠杆的金融运作后，演变成从金融业到金融业、从大银行到中小银行和其他金融机构的资金业务。融资链条不断加长，推动着金融资产规模快速膨胀。由于对跨部门的资产管理业务监管不到位、标准偏低，存在风险隐患。同时，低效率融资平台、过剩产能、房地产等为维持资金链不断，直接推高市场整体利率，挤出了其他实体经济特别是中小企业的资金需求。金融业看似火热，房价逆势上涨，但却以多数实体经济严重缺乏资金或高资金成本为代价，资源配置扭曲加剧。

地方保护和缺乏有效的退出机制，过剩产能调整缓慢

当前，中国产能过剩呈现行业面广、绝对过剩程度高等特点。在中长期增速放缓背景下，经济增长下行压力和产能过剩矛盾日益突出。市场需求不足，往往导致整个行业处于利润低下甚于亏损状态，企业大面积破产倒闭风险增加，有可能引发金融和财政风险。同时，低水平恶性竞争，使优秀企业无法脱颖而出，行业不能顺利实现优胜劣汰和转型升级，将较大程度削弱中长期增长动力。加快产能调整，是实体经济重新恢复稳定盈利能力的关键。但众多产能过剩行业，正是地方保 GDP、税收和就业的重点，往往得到地方政府的多种扶持，加上没有形成有效的退出机制，很多“僵尸”企业被迫艰难维持，产能调整步伐缓慢。

就业形势总体稳定，但结构性问题不容忽视

在经济下行的背景下，从当前统计数据看，就业形势保持了基本稳定。全国职业岗位供求维持在需求略大于供给状况，求人倍率（需求人数/求职人数）略高于1。局部地区招工难问题仍存在，特别是技术工人、熟练工人、基础工程师需求缺口较大。与此同时，结构性失业问题有所增加。一是大学生就业难问题显现，毕业生就业签约率明显下降；二是市场需求持续低迷，人工和资金成本明显偏高，部分中小企业开始出现裁员现象；三是高端餐饮、住宿、会展、娱乐等服务业经营状况下滑，部分员工出现摩擦性失业。服务业岗位需求占新增岗位需求比例略有降低，一季度比 2012 年四季度下降了近 3 个百分点。各行业和各类性质企业的职工工资收入增速都有所放缓。就业领域的变化趋势应予以高度关注。

下半年经济下行压力加大，经过努力仍有望稳定在预期范围

国际经济环境总体平稳，增长格局有所调整

全球经济形势基本稳定，总体好于 2012 年。美国经济继续温和复苏。在金融市场趋于稳定、房地产市场显著复苏、页岩气革命促使能源成本降低等因素的带动下，1—5 月，个人消费支出持续增长，服务业保持扩张，失业率稳中趋降。欧元区经济基本企稳。虽然失业率仍在上升，但一季度欧元区实

际 GDP 环比折年率为 -1.1%，较 2012 年四季度（-2.4%）明显改善。塞浦路斯危机并未导致欧债危机再度恶化，金融市场保持稳定，银行内部纾困规则达成。在德国经济向好的带动下，5 月欧元区制造业和服务业的收缩幅度趋于减小，消费者和投资者信心也呈恢复势头。日本经济复苏有望维持一段时间。在安倍政府量化宽松货币政策导致日元大幅贬值的刺激下，出口增长由负转正，5 月同比增长 10.1%，为近一年来首次达到两位数增长。5 月制造业持续加速扩张，服务业采购经理人指数创出 2009 年以来新高。新兴经济体在相对低速中趋稳。近几个月，印度、巴西、俄罗斯等国的 PMI 都在下行，但仍在 50 分界线上方。一季度 GDP 同比实际增长，巴西为 1.9%，连续两个季度加速；印度为 3%，俄罗斯为 1.6%，比 2012 年四季度有所放缓。发展中国家整体增速较 2012 年四季度上升了 0.2 个百分点。展望下半年，市场对于美国量化宽松货币政策退出已有预期；欧洲债务再次导致系统性危机的可能性较小；日本推出的结构性改革措施能否有效促进经济增长还有待观察，但预计日元贬值仍将继续支撑其制造业出口增长。国际经济环境总体平稳，并有望略有改善。

金融危机爆发后，各国私人部门调整程度和顺序不同，随后经济增长态势出现明显差异。危机发生的随后两年，全球经济呈现发达经济体疲弱、新兴经济体迅速回升的格局。但从 2012 年开始，增长格局发生逆转，新兴经济体私人部门调整开始补课，增速逐步走低，而主要发达经济体则因调整取得一定成效，开始复苏或企稳。预计 2013 年将维持这一格局。新兴经济体增速虽然仍高于发达经济体，但差距缩小，经济运行的不确定性增加。

中国总需求仍面临较大下行压力

第一，全年出口增速与 2012 年大体持平。近 4 年来，前 5 个月出口同比增速分别为 33.1%、23.7%、8.8% 和 6.6%（均按不含对中国香港出口计算），减速趋势明显。下半年外部市场需求状况总体趋于改善，但由于中国出口竞争力已出现下降迹象，加上与欧美贸易摩擦增多、日元大幅贬值等，出口状况难以明显改善。进入新世纪以来，中国工业制成品占美国和欧盟进口比重持续快速上升，但这一势头在 2011 年以来出现明显停滞。2011 年 2 月到 2013 年 4 月，中国占美国工业品进口比重从 25.8% 上升至 26.1%，两年多时间仅提高 0.3 个百分点。而在 2001 年 1 月到 2010 年 12 月期间，平均每年提高 1.7 个百分点。中国占欧盟从区外工业品进口比重略有下滑，从 2011 年 2 月的 29% 降至 2013 年 4 月的 28.1% 。国内工资上涨、人民币升值、资金成本高企等，导致中国出口竞争力缓慢走弱。预计 2013 年全年出口增速与 2012 年大体持平。

第二，投资增速稳中趋降。前 6 个月，固定资产投资增长维持在 20% 以上，但呈现逐月小幅回落趋势。分大类看，制造业投资增速进一步放缓，6 月仅为 17.1% ，明显低于近 5 年平均 30% 的增速。受严重产能过剩制约，制造业投资难有明显起色。基础设施投资增速 2013 年明显高于 2012 年，但近期增速也在趋缓，6 月增速为 23.7% ，比上月低 0.4 个百分点。受销量和资金状况良好支撑，前 6 个月房地产开发投资累计增长 20.3% ，但施工、竣工等主要实物量指标的增速明显放缓，土地购置面积则出现了连续 17 个月的负增长，房地产投资后续增长动力不足。预计全年投资增长低于 20% 。

第三，消费企稳态势面临考验。3 月以来，社会消费品零售总额同比增速停止下滑并出现企稳态势，6 月实际增速为 11.7% ，低于 2012 年平均水平。2012 年四季度以来快速下滑的餐饮、烟酒业消费，随着经销策略的改变，也呈现企稳迹象。近年来发展迅速的网购消费增速总体稳定。但是，2013 年来城乡居民收入增速出现明显下滑，城镇居民消费支出增速下降，消费结构有所调整，加上结构性失业等问题，消费企稳态势仍面临一定考验。

根据国务院发展研究中心最近对东北、华东、中部、西南和西北的调研结果显示，中国地方政府加快发展的惯性冲动依然强烈，地区增长格局有所分化，东部和东北地区对下半年的预期要好于中西部。对 1363 家企业的问卷调查发现，企业信心下降超出实际经营状况的降幅。目前产销量、订货、库存、产品价格和出口等指标均比一季度有所下滑，但成本大幅上升的压力有所缓解，二季度企业盈利状况要略好于一季度。但是，企业家信心明显不足，对三季度企业经营状况的预期比较谨慎，未来用工和投资计划趋紧。

综合看，目前中国经济运行基本稳定，经济增速尚处在预期范围内，但下半年下行压力增大，不排除因矛盾激化短期内较大幅度下滑的可能性。因此，如果宏观调控得当，并适时启动有明显增长效应的改革和结构调整举措，努力盘活社会资金存量，增强经济活力，积极防范系统风险，守住底线，则全年 GDP 增速仍能保持在 7.5% 左右。CPI 涨幅保持温和态势，全年预计为 2.8% 左右。

正确认识和把握增长阶段转换期经济运行底线

所谓经济运行的底线，就是特定阶段经济稳定运行的下行临界点。如果超过临界点，将会引发系统性风险或危机。中国经济正处在增长阶段转换和寻求新平衡的关键期。增长阶段转换实质是增长动力的转换，是原有竞争优势逐渐削弱、新竞争优势逐渐形成的过程，也是原有平衡被打破、重新寻找并建立新平衡的过程，经济稳定运行的区间收窄，脆弱性增大。因此，在这一时期，底线思维比以往更为重要。

在应对亚洲金融危机和国际金融危机时，之所以将 8% 作为中国经济增速的目标底线，一个重要的依据就是就业。低于 8% 的增速就难以创造充足的新增岗位以满足就业需求。保增长就是保就业，保就业就是保稳定，成为当时宏观调控的基本逻辑。与 2008 年国际金融危机冲击时形成对比的是，这一轮增长放缓并未伴随大的就业压力，部分原因是中国人口结构和劳动力供求关系的转变，或者说，劳动力供给放缓本身就成为经济增长放缓的解释变量。就增长与就业的关系而言，对增长放缓的“容忍度”已明显提高。

增长阶段转换期守底线的关键是控风险。由于中国“速度效益型”增长模式尚未改变，如果经济增速短期内过快下滑，将会出现中央、地方财政收入大幅下降，企业盈利能力和水平滑坡，亏损面持续扩大，财政金融风险将可能集中爆发。底线守不住，将会成为系统性财政金融风险的触发器。因此，当前守底线，以防止短期内经济增长大幅度滑坡为重点，稳定经济运行的质量和效益，有效控制和化解财政、金融、产业等方面的风险，把矛盾和问题控制在社会可承受的范围内，为微观主体调整和增强对新增长阶段的适应性争取必要的时间和空间，促使增长阶段平稳转换。

历史经验显示，7% 是高经济增长阶段的下行底线。中国企业利润、财政收入、税收收入、城镇居民人均可支配收入和农村居民人均现金收入增速，相对于GDP增速的弹性系数分别为4.6、3.2、3.4、1.3和3。在1996年以来的69个季度中，连续两个季度GDP增速低于7%的情况出现过两次，分别对应着两次经济危机。平均而言，当经济增速为6.9%时，财政收入增长2.4%，税收收入零增长，工业企业利润增长－34%，城镇居民人均可支配收入增长8.3%，农村居民人均现金收入增长6.6%。如果增速低于7%，并持续两个季度以上，就可能超过各行业、系统的承受能力，触及经济社会稳定底线，并引发系统性财政金融风险。从2013年上半年公共财政收入、企业利润、销售利润率、企业亏损面、城乡居民人均收入等指标看，比历史底线值略好，但从趋势上正在接近。综合考虑近年来潜在增速下降、经济结构实质调整偏慢等因素，6.5%可能是现阶段的增速底线。

坚守底线并不仅仅是稳增长或保增长，当前要把重点放在调结构、去杠杆上，有序释放已经积累的风险。地方政府融资平台债务、房地产泡沫、严重产能过剩和影子银行，是当前经济运行中最突出的风险。这四大风险相互影响、相互转化，共同推高了资金杠杆和经济运行的脆弱性。地方融资平台依托政府的显性和隐形担保，在GDP增长和基础设施建设需求的推动下，往往不计成本融资。由于房价过高，存在暴利，且受到融资限制，房企总是存在资金饥渴症。这二者一起推高了整体资金边际价格，使大多数实体经济无力负担。制造业严重产能过剩和融资平台资金效率偏低，使得利润水平远低于融资成本的现象相当普遍，降低了整个社会的基础资产质量。而银行等金融机构，在追求利润和规避监管的驱动下，开始寻求通过表外业务和同业业务扩张资产，在推高杠杆的同时也使融资链条不断拉长，资金在金融系统内的自我扩张过快，并与实体经济相脱节。高成本的资金最终又流向房地产和地方融资平台。

"去杠杆、化风险"成功与否，关键是能否解开这四个结，同时不引发系统性危机。基本思路是强化约束、落实责任，以局部风险的有序释放赢得全局稳定。其一，建立有效退出机制，并减少政府的保护和干预，让僵尸企业有序退出，促使实体经济逐步恢复盈利能力。其二，切实降低房价和改变市场预期，促进存量房地产进入交易，进而压低金融边际资金成本。最直接有效的措施是加快全国房地产联网、实名登记，并明确全面开征房产税的过渡时间。这既有利于增加住房有效供给和地方财政收入，又可以改变房价预期。其三，通过发行特别国债、成立地方资产管理公司等措施，对地方融资平台进行分类清理，隔离不良资产。建立明确的惩戒机制，规范和重建地方政府融资能力。其四，积极盘活存量货币，在维护金融正常功能的同时，加强对同业业务和表外业务监管，引导银行等金融机构降低杠杆，重点支持实体经济发展。促进房地产和地方融资平台优先去杠杆，然后金融业跟进，不能仅从金融业单边推动去杠杆。这里涉及一些紧迫的改革，能否守住底线，某种程度上也是一场推动改革与控制风险的赛跑。

守住底线、以稳促进，实现增长阶段平稳转换

中国经济仍处在由高速增长阶段向中速增长阶段的转换进程中，旧的增长惯性不容低估，新的增长动力和模式尚未形成，市场预期不稳，下行压力增大，原有和新形成的矛盾相叠加。宏观调控要坚持守住底线、以稳促进的思路，把守底线与调结构、控风险、转动力有机结合，近期要力争宏观经济运行基本稳定，对经济短期下滑超出预期或财政金融风险出现激化的两种极端情况，应提前做好相关预案；积极防范和化解地方政府融资平台债务、房地产泡沫、严重产能过剩和影子银行等四大风险；以下半年将要举行的中共十八届三中全会为契机，切实推动关键领域改革，开启经济健康持续发展的新阶段，打造中国经济升级版。

做好预案和政策储备，适时启动一批兼顾长短期的项目

下半年，经济运行存在下滑风险。根据动态监测情况，如果单季经济增速低于7%时，应果断启动一批兼顾长短、有明显需求支撑的项目。建议以下方面可重点考虑：加大“十二五”规划已确定项目的落实和支持力度。发行定向国债，加快城市地下管网规划和建设，加大小学、中学、医院、养老院等城市公共设施建设力度。利用公共绿地、公园、中小学操场等地下空间，建设准公益性停车场。采用政府购买服务的形式，支持社会力量开展大学毕业生岗前培训、创业培训和职业技能培训。以农村小型水利设施为重点，加快农村人居环境建设，重点解决村内道路、给排水、垃圾处理等问题。加大

退耕还林政策支持力度，对重点地区扩大退耕还林指标。考虑公务员工资已经多年没有调整和很多地区津补贴不到位，建议适当提高公务员工资标准，建立公务员工资合理增长机制。

增强金融服务经济功能，稳妥推进“去杠杆”

实施稳健的货币政策，纠正政府和央行无限救助的市场预期，加强对银行表外业务、同业业务和跨境资金流动的监管，抑制金融体系的过度扩张。对实体经济“去杠杆”“去产能”过程可能产生的负面冲击，银行不良资产处置等，做好政策预案，制定金融风险化解方案。在加强短期资金流动管理、扩大人民币汇率波动区间的基础上，保持人民币汇率的基本稳定。根据产能调整、地方融资平台清理进程的具体情况，以及信贷、外汇占款波动情况，通过公开市场操作，保持货币供应量基本稳定，防止利率短期大幅波动。根据三四季度经济运行动态情况，可择机适当降低存款准备金率，并适时推出存款保险制度。

推进过剩产能调整，恢复实体经济盈利能力

产能调整要从过去重点保护企业，转变为重点保护员工，做好失业人员的社保接续、转岗培训和就业服务工作。不仅要关注“进入”环节，更要重视“退出”环节，切实减少行政干扰，探索建立和完善企业退出政策体系。实施兼并重组的财税、金融支持政策，鼓励优势企业开展跨地区、跨所有制的兼并重组，促进产业集中度提高。整合“关小基金”“淘汰落后产能基金”等，建立统一的企业退出扶助基金，规范破产清算政策，健全风险应对预案。

创新行业规制方式，依照能耗、环保、质量等技术标准和规范，形成稳定、透明和可预期的政策和制度体系。在经济不景气时，也要严格落实资源环保标准和节能减排要求，发挥市场机制对产能调整的倒逼作用。

调整房地产调控思路，实施差别化房地产政策

客观评估“国五条”的政策效应，调整房地产调控思路。根据 IMF 测算，全球 10 个房价最高城市，中国占 7 个，这显然与中国发展水平不相符。

加快推进不动产实名登记和全国联网工作，完善房产税试点方案，增加试点城市，适时公布全面实施的时间表，增加拥有多套和豪华住房的持有成

本，促进存量房源有效流转，使住房回归消费品的本质属性和满足人们居住需求的基本功能。

重视房地产市场的区域性差异，加强分类指导，减少一刀切政策，提高调控政策的针对性和有效性。明确判断全国房价合理水平的标准和指标体系，据此确定各地房价调控目标，将土地调控、与房地产有关的地方税收政策的调整、住房保障方式等一揽子“政策包”的选择权力下放给地方政府，使其根据本地实际情况有针对性实施调控政策，实现房地产的区域差别性调控。一线城市要更加重视供给面的调控政策，包括盘活土地存量、增加土地供应、调整保障房供应方式、推进土地供应渠道多元化、增加可售型保障房比例等。

着力提高统计数据质量，优化调整地方考核机制

宏观经济数据是监测经济运行情况、制定相关政策的重要依据。增长阶段转换期的经济运行复杂性增加，相关数据的背离以及重要数据的缺失给经济分析带来较大困难。经济运行中一些特殊的、不合理的行为对数据的真实性产生影响，需要建立相关的调查和修正机制。就业以及失业率的统计缺乏及时性和完整性，急需加以改进。逐步淡化对地方 GDP 的考核，并考虑到经济结构、能源结构变化等情况，完善以“用电量”等指标评估、调整地方 GDP 的方法。

依据潜在增长率下降的实际，各地应适当调低经济增长目标。不少地方根据 2012 年底的情况，将 2013 年增长目标定得过高。而地方继续用过高的目标去考核基层政府，一方面会助长政府短期行为，另一方面也会刺激地方统计数据造假。以调整相关经济增长预期为契机，取消违背市场经济规律的地方经济增长排名。

（执笔：刘世锦　余　斌　陈昌盛）

努力促进经济运行向新常态平稳过渡

2013年经济形势分析与2014年展望

（2013年三季度报告）

国务院发展研究中心经济形势分析小组

2013年是全面贯彻落实党的十八大精神的开局之年，也是在增长阶段转换背景下加快发展方式转变的关键之年。面对错综复杂的国内外形势，党中央、国务院采取了一系列调控措施，有效引导市场预期，经济运行企稳向好，开始出现向发展新常态转变的积极迹象。但受结构性问题制约，当前经济回升基础尚不稳固，预计全年GDP增长7.6%左右。展望2014年，国际经济总体趋稳，内需增长面临下行压力，预计经济增长略高于7%。在实施"双稳健"财政、货币政策的同时，坚持稳中求进、以稳促进的思路，努力释放改革红利，激发市场活力和社会创造力，切实降低企业运营成本，促进经济运行向新常态平稳过渡。

回升基础尚不稳固，结构性矛盾突出

2013年7月以来，经济运行呈现景气回升态势。主要推动力量包括：外部市场进一步趋稳，出口回升，虽然增速仍处较低水平，但相对于年初虚假贸易明显减少，对经济增长的拉动作用增强；基础设施、制造业投资回升，固定资产投资增速保持在20%以上，对包括重工业在内的上游产业的带动作用逐渐显现；小微企业减税、营改增扩围、简政放权、铁路投资逐步放开、设立上海自贸区等，使市场活力增强，预期改善；居民消费增速企稳，结构

有所改善等。2012年同期基数较低也是一个影响因素。

回升基础尚不稳固

首先，重工业回升持续性不强。受房地产、基础设施投资持续回升的拉动，煤炭和黑色金属采选、钢铁、电力、铁路制造等重工业增速反弹。但是，8月房地产投资明显回落，前8个月增速比前7个月下降1.2个百分点；9月以来电厂日均耗煤量有所降低，重点电厂的煤炭库存可用天数从8月的15天左右上升到19天左右，预计发电量增速将有所放缓；螺纹钢、焦煤、焦炭、动力煤、有色等工业品价格，8月中下旬后出现回落；9月PMI指数虽然持续回升，但低于市场预期。

其次，本次回升未引发库存积极调整。通常，经济回升首先表现为企业预期改善和库存增加。7—8月以来经济企稳向好，而库存水平却相对降低。8月工业产成品库存为3.19万亿元，同比增速仅为5.7%，比6月还低1.5个百分点。产成品库存与GDP之比处于2008年以来的低位。PMI的产成品库存和原材料库存指数均在50分界线下方。这意味着，前一段时期投资回升拉动的需求，主要发挥了维系生产和消化库存的作用，并未出现增加库存、提高产能利用率和扩大生产的良性循环。如果需求扩张不能持续，短期经济回升势头则可能逆转。

再次，工业企业利润集中在少数几个行业。1—8月，工业企业利润同比增长12.8%，但主营业务利润增速仅4.9%。其中，电力热力、石油加工炼焦与核燃料两个行业合计新增利润达1456亿元，占全部规模以上工业企业新增额的86.5%。

结构性矛盾突出

1. 资金配置扭曲，价格上升

货币供应量增速明显高于GDP名义增速，预计8月末M2占GDP比重超过200%，社会融资规模快速扩张。但是，金融系统资源错配、期限错配等问题突出，资金链条不断加长，对央行的流动性政策越来越敏感，资金价格攀上新台阶。大量新增资金被直接或间接配置到房地产、基础设施等领域，工业企业负债并没有与货币、社会融资出现同步增长。房地产泡沫和隐形政府担保，支持货币信贷的快速扩张，金融资源配置扭曲状况加大，推高市场利率，并挤出中小企业的资金需求。

2. 房地产市场趋势性分化，风险进一步积累

以往一二线城市和三四线城市，房地产市场变化趋于一致，而且一线城市往往具有先导、带动作用。但经过近年来的迅猛发展，房地产市场区域格局发生了趋势性变化。三四线城市呈现住房和土地供给“双松”状态。由于住房供给持续增加，人口集聚速度趋缓，三四线城市开始出现供大于求局面。但在现行财政框架下，为了推动市政建设和维持财政平衡，政府仍继续供应土地，导致住房供求关系更加宽松，一些城市泡沫开始破裂。与此相反，一二线城市则呈现住房与土地供给“双紧”状态。由于就业吸纳能力提高和公共服务较为完善，城市规模仍处于持续扩张状态，刚性需求旺盛，但这些城市住房用地占比偏低，土地和住房供给相对不足，价格上涨压力较大，导致泡沫进一步膨胀。

3. 产能过剩严重，调整缓慢

根据我们9月对3545家企业所在行业产能过剩情况的调查，71%的企业认为目前产能过剩“非常严重”或“比较严重”。截至目前，企业设备利用率仅72%，比2012年低0.7个百分点。其中，制造业设备利用率仅70.8%，比2012年低1个百分点。设备利用率低于75%的企业，占制造业企业总数的55%。同时，产能过剩呈现行业面广、绝对过剩程度高等特点。由于地方保护和缺乏有效退出机制，过剩产能调整进展缓慢。67.7%的企业认为，要消化目前的过剩产能，需要“3年以上”的时间，其中认为“需要5年及以上”的企业占到22.7%。

4. 出口竞争力有所下降，国际市场份额缩减

自2011年起，我国贸易占全球贸易的比重，开始低于GDP占全球的比重。传统劳动密集型产品的国际市场份额在2011年和2012年连续下降。在国内完成劳动密集型加工环节、以加工贸易方式出口的产品的国际市场份额在2012年出现十多年来的首次下降。2013年来依然延续了这种态势。预计未来一段时间人民币仍将对美元缓慢升值，而与我国形成竞争关系的其他国家的本币大多保持弱势，将继续削弱我国出口产品的价格竞争力。值得欣喜的是，我国资本、技术密集型产品的国际市场份额仍呈增长态势。但这能在多大程度上以及在多长时间内替代原有的出口增长点，取决于出口竞争力升级和技术进步的速度。

宏观政策效果显现、市场预期改善，是当前经济回升的主要原因。但受需求回升不稳固和结构性矛盾制约，经济运行中风险因素较多，可持续性仍面临挑战。预计三季度 GDP 增速将回升至 7.8% 左右，四季度有所回调，全年增长达到 7.6% 左右；物价上涨整体温和，全年涨幅在 2.8% 左右。总体上看，经济运行处在合理区间，预期目标能够如期实现。

预计 2014 年经济增长略高于 7%

国际经济总体趋稳，我国出口维持相对低速增长

2014 年世界经济仍处于危机后的恢复期，总体态势趋于稳定。欧洲经济走出衰退将增强全球经济的增长动力，但需要高度关注美国量化宽松政策（QE）退出对美国经济复苏的影响和对新兴经济体的冲击。预计 2014 年全球经济增速将略高于 2013 年，我国外需状况将小幅改善。同时，由于削弱出口竞争力的因素短期内难以改变，预计出口增长 10% 左右。

债务上限和 QE 退出预期影响美国经济。因两党就预算案未达成妥协，联邦政府正式宣布关门，不少部门停摆。这给 10 月中旬债务上限调整能否通过投下阴影。虽然短期内对经济运行的直接影响有限，但随关门时间延长，政府支出减少，雇员消费预期降低，以及对市场信心的冲击等，紧缩效应将逐步显现。受此影响，美联储 QE 退出可能进一步后延，短期有利于全球资本市场稳定，但对 QE 退出预期的混乱和敏感性增强，将进一步增加金融市场的波动性，特别是对发展中国家资本短期流动的冲击加大。QE 退出则可能导致流动性收紧，由此带来的利率上升将抑制房地产复苏，也会抬高消费信贷和商业融资成本，不利于私人消费和投资的增长。与 2013 年相比，2014 年美国经济的不确定性有所增加。考虑到美国经济调整取得的实际成效，就业状况逐步改善，房地产和汽车消费恢复良好，2014 年经济增长仍有望达到 2% 左右。

欧盟经济逐步走出低谷。欧盟正逐步走出债务危机引发的经济衰退。默克尔优势连任，有利于欧盟和欧央行政策的连续性，也有利于欧元区朝“欧元巩

固”的方向发展。目前除欧洲火车头德国经济回升态势明显外，作为第二大经济体的法国也在逐渐好转，西班牙等南欧国家出现向好迹象，2013 年三季度欧盟有望实现正增长。2014 年将延续这一态势，并推动全球市场信心改善，但高企的失业率和结构调整缓慢，欧盟经济增速超过 1% 的可能性仍较小。

日本经济刺激效应缩减。受非常规宽松货币政策、刺激性财政政策的支撑，以及汇率大幅贬值效应，2013 年日本经济逐步走出通缩，预计全年 GDP 增长 2.6% 左右。但三大支柱中的结构性改革难以短期见效，加上 2014 年 4 月消费税率由 5% 提高到 8%，对消费增长形成抑制，“安倍经济学”的短期效应缩减。即便日本政府采取相应的财政刺激，以抵消其影响，但能源、资源进口成本上升、物价和长期利率上涨、政府债务压力增加、奥运经济的短期拉动作用尚小，2014 年日本经济增速可能会下降到 1.5% 左右，中日贸易难有明显改观。

新兴经济体相对减速格局仍将维持。美欧经济复苏，将拉动发展中国家特别是制成品出口国的经济增长，也有助于通过出口渠道促进我国经济企稳，从而带动大宗商品市场复苏，有利于资源出口国的经济增长。但自 2013 年以来，发达经济体逐步回升、发展中国家相对减速的增长格局将维持不变。特别是美国 QE 退出的影响、资本流动的冲击，以及通胀压力等，仍是新兴市场稳定发展的潜在风险因素。

内需增长面临一定下行压力

1. 投资对经济增长的贡献略有下降

一是房地产投资增长将呈回落态势。房地产区域格局日益分化，三四线城市供给已相对过剩。受 2013 年土地购置面积和房屋新开工面积增速较低、资金成本较高、保障房投资明显减缓等影响，预计 2015 年房地产投资增速将下降至 16% 左右。二是基础设施投资增长将有所下降。铁路、城市地铁和公共设施、环境治理、网络宽带等领域存在较大投资潜力，但投融资平台负债率较高、税收收入下滑、土地收入增幅下降，地方政府投融资能力不足。随着简政放权、放宽准入，民间资本参与的积极性提高，但短期替代作用不会十分明显。三是受终端需求不振、产能过剩及利润偏低等因素影响，制造业投资增长将继续分化。纺织、家电等竞争力较强、集中度适中的行业投资有望保持稳定；钢铁、化工、建材等重化工业峰值临近，投资增速将持续下降；医药、仪器仪表、文化办公用机械等成长性产业，投资将实现高增长。此外，剔除房地产业和部分基建，服务业投资占固定资产投资比重达到12%左右。在居民消费升级、政府增加民生支出等带动下，文化体育、商务服务、节能环保、批发零售等产业投资有望继续高增长。但相对于基建、房地产和传统制造业，成长性行业支撑作用尚不足，预计2014年固定资产投资增长17%左右，对经济增长的贡献略有下降。

2. **消费增长保持基本稳定**

2013年以来，消费增长降中趋稳，既反映了“三公”消费泡沫被挤出、大众网络消费蓬勃兴起的积极一面，也体现了居民收入增幅下降、企业效益不佳、结构性就业困难等对消费增长的直接影响。2014年商品房销售前景不容乐观，与住宅相关的装修、建材、家电、家具等消费将受抑制。电子商务、信息网络、小额贷款服务等持续完善，信息、文化、教育、健康、旅游等消费热点不断涌现，高端餐饮娱乐场所有望积极面向市场转型，消费结构逐步改善。预计2014年社会消费品零售总额增长13%左右，对经济增长的贡献略有上升。

3. **物价温和上涨，农产品、服务与工业品价格分化**

当前，我国物价总体处于温和上涨周期，加上存量货币偏多、劳动力成本上升和房价上涨、实施水资源和土壤保护计划等，食品、服务和居住类价格总体仍看涨。有关要素价格改革在三中全会后若能顺利启动，也会对物价上涨形成一定压力。但也应看到，受美国QE退出和全球需求温和增长的影响，大宗商品价格上涨压力不大。PPI涨幅有望缓慢变正，但产能过剩会继续抑制工业品价格上涨，CPI和PPI仍存在一定幅度背离。2014年整体物价上涨压力比2013年略高，但仍处相对温和状态。

2014年，世界经济仍处于危机后的恢复期，总体呈趋稳态势，新兴经济体相对减速格局仍将维持，我国内需增长面临下行压力。综合考虑，预计2014年经济增长略高于7%，CPI涨幅3.5%以内。现阶段，维持7%—7.5%的GDP增速，既有利于为体制改革和结构调整创造相对宽松的宏观环境，也有利于逐步增强微观主体对中速增长的适应能力。

高度重视向新常态过渡取得的进展和面临的突出矛盾

我国经济正处在从10%的高速增长阶段向7%左右的中速增长阶段转换的关键时期。增长阶段转换不仅仅是增长速度的调整，更重要的是增长动力和发展方式的实质性转变。国际经验表明，高速增长期结束，并不意味着中速增长会自然到来。如果新旧增长动力的接替不成功，新的发展方式未能及时确立，中速增长也难以稳住，经济增长出现大幅下滑，则可能引发系统性风险。

新常态——速度下台阶，质量上台阶

过去三十多年，经济增长主要依托低成本要素组合优势，今后将更多地依靠企业和个人的创新活力，拓展创新空间，促进产业转型升级；效率提升从主要通过农业劳动力向非农产业转移，转向重点通过产业内部的竞争和重组、不断淘汰低效率企业。如果这种转换能够顺利实现，我国经济可以在一个相对低的增长速度下良好运行，规模与质量、速度与效益的关系达到一种新的平衡，增长速度“下台阶”和增长质量“上台阶”得以同时实现。

根据我国自身条件和国际经验，一个可以积极争取的新常态应具备以下特征：第一，经济增长从原来10%的水平，逐步过渡并稳定在7%左右；第二，经济增长对投资的依赖程度下降，投资率从目前48%左右逐步回落到40%左右，消费对经济增长的贡献则明显提升，服务业呈加快发展态势；第三，7%左右的增速能创造相对充裕的工作岗位，产业升级与人力资本提升基本适应，中等收入人群稳步壮大；第四，在相对低速增长环境下，企业可以实现正常盈利，政府财政和居民收入保持稳定增长；第五，资本深化顺利进行，创新动力明显增强，劳动生产率提升能有效抵减劳动成本上升的影响。

向新常态过渡取得积极进展

第一，东部地区逐步适应了中速增长的宏观环境。近年来东部地区经济增长已下降到7%左右，目前呈现企稳态势，企业转型升级步伐明显加快，经济运行的质量和效益改善。一些低效企业被市场淘汰，亏损企业和亏损额下降，大部分企业经营状况逐步趋于正常。高技术和新兴产业发展势头良好，民间投资活力恢复。东部地区PMI景气指数也高于中、西部。根据我们9月的调查，40.9%的东部企业预期2014年经营状况会继续好转，46.8%的企业认为2014年与2013年大体相当，认为会恶化的仅占12.3%。

第二，在经济增速较长时期回调过程中就业总体稳定，没有出现大规模失业问题。全国职业岗位供求维持在需求略大于供给状况，求人倍率（需求人数/求职人数）略高于1，特别是技术工人、熟练工人、基础工程师需求缺口较大。虽然存在大学生就业难等结构性问题，但从目前的统计数据看，就业对增长放缓的“容忍度”已明显提高。

第三，在相对低速增长状态企业亏损面下降。以往在工业增加值增速为10%左右或低于10%时，企业亏损情况会比较严重，亏损额占主营业务收入达到2%以上，如1997—2000年。自2012年5月以来，工业增加值增速一直在10%附近及以下，但企业亏损状况总体好于历史水平，亏损额占主营业务收入维持在0.8%左右。既低于1997年以来1.4%左右的历史均值，也略低于2003年以来快速增长时期0.9%的平均水平。这说明7%左右的GDP增速和10%左右的工业增加值增速，可以基本维持企业的正常运营。

第四，企业对未来经济增长持有比较理性的预期。9月的调查显示，企业家认为当前经济正常增长率为7.2%，5年后会继续下降。针对“未来2年内，经济增速在什么情况下需要政府加大政策刺激”这一问题，81.4%的企业认为“7%以下”。其中，认为“6%以下政府才应该出手刺激”的企业占到34.4%。企业普遍反映，当前政府宏观政策总体是适度的，从稳定企业经营和预期的角度，希望保持宏观政策的稳定性。与以往不同，面对新的宏观环境，企业主动转型、加强创新的意愿明显增强。

“六大高成本”是向新常态过渡面临的突出矛盾

向新常态过渡，在宏观上表现为经济转型和增长动力的转换，就微观企业而言，核心在于降低成本和提升效率，盈利能力和水平对简单规模扩张的依赖程度下降，盈利模式从“速度效益型”转向“质量效益型”。

实际调研中发现，六大高成本是当前企业转型升级面临的突出挑战。一是劳动力成本相对劳动生产率过快上涨。企业的主要应对策略是“机器替代人工”，但面临一次性投入过高、市场前景不明等风险，很多企业无力负担。

二是资金成本过高。由于金融资源配置扭曲，资金充裕与价格高企并存，融资难、融资贵成为许多调整、转型中的实体企业难以逾越的障碍。三是土地成本过高。土地供给不足和价格过快上涨，一些东部地区仅能部分满足大型企业的用地需求，服务业发展也受到地价、房租的制约。四是流通成本偏高。不仅传统商业运行模式受高物流成本约束，而且网络销售、网店等新模式，也同样受到高物流成本的影响。五是知识产权保护成本过高。由于知识产权保护不力，执行成本过高等问题，很多有创新能力和意愿的企业，因创新产品、新技术容易被仿冒和剽窃，担心创新投入与收益严重不对等而被迫放弃。六是准入成本依然很高。调查中有38%的企业希望通过进入其他行业实现企业转型，其中，纺织、服装、化纤、有色等行业超过50%的企业有转行的意愿，但普遍反映看好的行业门槛依然很高，看得见和看不见的政府干预依然过多。

稳增长、促改革、控风险，增强内生动力与活力

增长阶段转换和确立新常态的过程，也是政府、企业和居民逐步调整并适应的过程。在这一过程中，宏观政策的首要目标是保持经济运行的基本稳定、守住风险底线。今后一段时间，应继续坚持宏观政策稳定、微观政策放活、社会政策托底的总体思路，稳中求进和以稳促进相结合，在维持总需求基本稳定的前提下，着力深化体制改革，进一步激活、释放市场潜力与活力，积极引导、改善市场预期，有效防范和化解房地产泡沫、地方投融资平台债务等风险，切实降低企业运营成本，推动我国经济转型有序平稳进行。

实施“双稳健”的财政、货币政策

先行国家增长阶段转换期的宏观政策经验显示，总需求政策保持基本稳定是成功转型的重要条件。考虑我国当前经济运行中存在的诸多风险，以及需求政策的有效性和选择空间，建议2015年采取双稳健的财政、货币政策。继续坚持结构性减税，适当加大对小微企业的减税力度；在赤字规模基本稳定前提下，适度增加地方政府发债规模；着力盘活财政沉淀资金，优化存量资金结构，提高公务员基本工资和津补贴标准。继续实施稳健的货币政策，

M2 增长控制在 13% 左右，保持人民币汇率基本稳定。进一步推动利率市场化，允许银行在银行间市场发行大额可转让存单，提高存款利率浮动上限，引导银行业务转型；在相关条件具备下，审慎推进资本项目开放；尽快出台存款保险制度，提高中小金融机构满足中小企业贷款需求的能力。

处理好深化改革与短期增长的关系

改革的重点领域、突破口和优先顺序的选择，至关重要。需要考虑如下因素：一是改革的增长效应。改革应当有利于增长或为持续增长创造条件，这也是检验改革合理性的基本尺度。在新一轮改革的起始阶段，为进一步增强内生动力与活力，尤其需要选择那些增长效应明显的改革举措。二是紧迫性、配套条件和达成共识的程度。那些矛盾突出、不改将会严重制约发展或稳定的领域，应当放到优先位置；配套条件跟不上，将会拖累改革的深入；增进共识将有利于减少和化解改革过程中的阻力。三是改革措施的不确定性和复杂性。对那些不确定性和复杂性较高的改革，可适当推后，并在前期通过深入调研、精心设计、分散试验等方式做好准备工作。

实施区域差别化房地产政策

重视房地产市场的区域分化态势，加强分类指导，减少一刀切政策，提高调控政策的针对性和有效性。一二线城市加大土地供应，调整土地供应结构，提高中小户型住宅用地比重，通过限价房和共有产权房等形式，增加低价商品房供应数量。对于供求相对宽松的城市，要控制土地供应节奏，压缩库存消化周期，使市政建设与城镇化进程相协调。加快推进不动产登记、联网工作，扩大房地产税试点范围。提高棚户区改造项目的资金平衡能力，通过财政贴息、增加商业用地比例、完善市政配套设施等办法，提高对社会资金的吸引力。

积极防范化解地方债务风险

依据对地方政府债务的新一轮审计，加快推出债务化解和处置方案。理顺中央政府、地方政府、投融资平台、银行的法律关系。明确中央政府救助地方政府的条件和惩戒措施，包括官员考核、预算约束和投资限制等，防止道德风险。推动资产证券化合理发展，促进地方政府融资平台债务的资产流转。对抵押担保、资金使用和现金流等符合条件的存量地方融资平台贷款应允许展期，以实现地方投资项目投融资的期限匹配。对于部分资金链难以为继的平台，应制定处置预案。加快建立完整的政府资产负债表，适时试点地方政府以市场方式自主发行市政债。

改善企业运营环境，促进转型升级

扩大“负面清单制度”试点范围，对所有企业一视同仁，切实降低企业的准入成本。简政放权不是行政分权，要尽可能将权力放给市场和企业，而不能简单地下放给下级政府。创新行业规制方式，依照能耗、环保、质量等技术标准和规范，形成稳定、透明和可预期的制度体系。建立公平竞争的市场环境，约束地方政府以低地价、低环境标准、不适当税收优惠和财政补贴等手段过度刺激投资的行为。实施加速折旧政策，提高税收抵扣比例，鼓励企业设备更新和机器代替人工。深化金融改革，优化资源配置效率，切实降低实体经济的资金成本。实施兼并重组的财税、金融支持政策，鼓励优势企业开展跨地区、跨所有制的兼并重组，促进产业集中度提高。切实加大知识产权执法力度，降低企业维权成本，激励企业自主创新。

（执笔：刘世锦　余　斌　陈昌盛）

2014 年

推动新常态下的转型发展

争取平稳较快转入经济增长新常态

刘世锦

本书讨论的主要问题

本书是2013年出版的《中国经济增长十年展望（2013—2022）：寻找新的动力和平衡》（刘世锦等，2013）一书研究成果的延续，是我们所开展的关于中国经济中长期增长系列研究的第二辑。

本书关注的主要问题，仍然是未来十年（2014—2023年）中国经济增长前景。2013年出版的本项系列研究的第一辑，对2013—2022年的增长前景进行了展望。在此基础上，本年度的研究则对2013年实际经济运行情况进行了分析，系统梳理这一年所观察到的具有长期意义的新变化和新趋势，据此调整了中长期预测结果，并将其滚动更新至2023年。2013年，中国经济由高速增长向中高速增长阶段转换的趋势，从更多方面得到验证。基于此，与2013年的研究结果相比，我们相应调整了对中国未来十年经济增长前景的预测。其中，2014年经济增长率由上年预测的8.1%下调到7.5%，2015年由7.8%下调到7.3%，2020年由6.7%下调到6.3%。与此同时，经济结构预测也进行了调整，提高了服务业的比重。其中2014年服务业增加值比重由上年预测的46.2%上调到46.7%，2015年由46.9%上调到47.5%，2020年由52%上调到53%。当然，任何中长期预测都不可避免地会有某些偏差，我们力求争

* 本文为《中国经济增长十年展望（2014—2023）：在改革中形成增长新常态》一书的导言，中信出版社，2014年3月。

取的是把握增长趋势及其背后的规律性，并对这些规律性给出有说服力的解释。依照这样的思路，我们将继续密切跟踪经济运行实况，适时做出新的判断并对展望结果加以调整。

给出2014—2023年增长前景展望之后，本书各章对2014年的短期形势进行了分析和预测，并着重围绕落实十八届三中全会《决定》、在改革中形成增长新常态的主题，进行了较深入的专题研究。这是本书研究的一个特点和重点。需要指出的是，本书涉及供给、需求、产业、区域和城市、能源资源和环境等多个方面，有关的改革问题纷繁复杂。我们并未试图在一本书中对这些问题展开详尽分析，而是选择性地围绕若干重点展开研究。今后我们将对有关改革议题开展针对性强、更有深度的分析。①

下面围绕通过深化改革使中国经济较快转入增长新常态的若干重要问题，进一步介绍本项研究中的一些重要观点。

中国经济增长阶段转换呈现积极变化

2013年，中国经济运行总体平稳，但也不乏波动。年中经济增速曾一度出现下滑，通过明确经济增长速度合理区间和采取稳投资的政策措施，增长出现回稳态势，全年经济增长率达到7.7%（国家统计局，2014）。在国际经济尚未摆脱金融危机影响、国内经济处在增长阶段转换的背景下，取得这样的增长成绩实属不易。更值得关注的是，中国经济已经和正在出现一些具有中长期意义的积极变化。

第一，与增长速度放缓相适应，中国经济结构已经或正在发生转折性变化。中国经济通常被认为是投资为主、工业为主、较多依靠外需的经济结构，改变这种结构被认为是结构调整的主要任务。2012年，消费占GDP的比重开始超过投资，虽然2013年有所反复，但大的变动趋势已经呈现；2013年，第三产业比重首次超过第二产业（国家统计局，2014）。过去一些年，中国的外贸出口增幅经常保持在20%以上，目前已经回落到5%—10%的增长区间，

① 参见刘世锦等（2013）。

这一调整已不能主要归因于外需变化，而更多地要由随着汇率和国内要素成本上升而出现的出口竞争力变化来解释。[①] 与经济结构的上述调整相对应，劳动力、土地等要素投入的增长速度也在减缓，事实上，2012 年中国 16 周岁以上至 60 周岁以下（不含 60 周岁）的劳动年龄人口已经开始下降。[②] 课题组的研究表明，以农村剩余劳动力供给减少、工资上升为特征的“刘易斯拐点”在 2008 年左右已经出现。中国经济增长的动力将无法像过去那样主要来源于要素投入的增长，而不得不更多地依靠要素投入效率的提升。这样，我们看到，一个与过去三十多年大不相同的经济增长结构开始浮出水面：逐步转向以消费、服务业为主，更多地依靠内需，更多地从要素效率提升获取动力。这样一种新结构与增长速度放缓是适应或自洽的。如果指望一个以消费和服务业为主的经济依然能够保持 10% 左右的增长率，在经济总量和结构的逻辑关系中是无法得到支持的（刘世锦等，2011）。

第二，率先回落的东部沿海地区逐步适应新环境，呈现增长走稳态势。[③] 我国经济的高速增长首先从东部沿海地区起步，当进入经济阶段转换期后，这些地区增长速度合乎逻辑地率先回落。近年来东部沿海几个经济大省市增长率已经下了一个台阶，部分地区增长率已经降到 7% 左右。企业结构调整、转型升级过程加快，部分低效企业被市场淘汰，企业亏损面下降[④]，大部分企业经营状况逐步趋于稳定，经济运行质量和效益改善。东部地区的经济运行在较低增速区间趋稳，意义不应低估。一方面，东部沿海地区经济规模占到全国的大头，这些地区稳住了，中国经济大局基本上也稳住了。另一方面，东部沿海地区增长走稳，或许预示着中部和西部地区的增长在一个时期后也将逐步走稳。

第三，在经济增速回调过程中就业总体稳定，未出现大规模失业问题。[⑤] 这与以往增长速度回落，如 2008 年国际金融危机冲击而增长下滑时明显不

---

① 参见《中国经济增长十年展望（2014—2023）》第五章和第九章。
② 参见《中国经济增长十年展望（2014—2023）》第六章和第十章。
③ 参见《中国经济增长十年展望（2014—2023）》第十四章。
④ 企业亏损面是指规模以上工业当中亏损企业家数所占的比重。
⑤ 参见《中国经济增长十年展望（2014—2023）》第一章和第六章。

同。全国职业岗位供求维持需求略大于供给状况，求人倍率（需求人数/求职人数）略高于1，特别是技术工人、熟练工人、基础工程师需求缺口较大。就业总量对增长放缓的“容忍度”有所提高，大学生就业难等结构性问题引起更多关注。当然，如果短期内增速下滑过快，总体的就业压力仍有可能变得突出。

第四，企业盈利水平对增长放缓的适应性增强。① 以往在工业增加值增速为10%左右或低于10%时，企业亏损情况会比较严重，亏损额占主营业务收入达到2%以上，如1997—2000年。自2012年5月以来，工业增加值增速一直在10%附近及以下，但企业亏损状况总体好于历史水平，亏损额占主营业务收入比重维持在0.8%左右，既低于1997年以来1.4%左右的历史均值，也略低于2003年以来快速增长时期0.9%的平均水平。与此同时，行业盈利水平出现分化，包括煤炭、铁矿石、化工、钢铁、有色等在内的重化工行业销售利润率大幅下滑；包括纺织、服装、皮革制品、家具、金属制品、家电等在内传统优势产业销售利润基本稳定；而包括医药、仪器仪表、运输设备、专用设备等在内的高端制造业销售利润率呈上升趋势或保持较高水平。这表明，伴随着结构调整和升级，不同行业的企业正在逐步形成与7%左右的GDP增速和10%左右的工业增加值增速相适应的运营机制。

第五，社会各方对增长阶段转换的共识增加，对未来经济增长持有较为理性、符合实际的预期。② 国务院发展研究中心2013年10月份的调查显示，企业家认为当前经济正常增长率为7.2%，5年后会继续下降。针对“未来2年内，经济增速在什么情况下需要政府加大政策刺激”这一问题，81.4%的企业认为“7%以下”。其中，认为“6%以下政府才应该出手刺激”的企业占到34.4%。企业普遍反映，当前政府宏观政策总体是适度的，从稳定企业经营和预期的角度，希望保持宏观政策的稳定性。面对新的宏观环境，企业主动转型、加强创新的意愿明显增强。2013年，多个省份的地方生产总值实际增速低于预期，这在以前是基本不会出现的。除了少数省份外，大多数省

① 参见《中国经济增长十年展望（2014—2023）》第一章和第十一章。
② 参见《中国经济增长十年展望（2014—2023）》第一章。

份调低了2014年和“十二五”时期总体的经济增长预期目标，并更多地强调提高增长质量和效益。

从宏观层面看，一个重要变化是宏观调控方式的创新。2013年中曾一度出现增长下滑压力加大的局面，宏观决策者并未简单推出货币财政刺激措施，而是采取了稳预期、抓改革、促转型的综合对策。从增长阶段转换、发展方式转型的角度看，非常有意义的是以下两个方面。一是主动管理预期。宏观经济调控的一个重要内容是预期管理。当宏观经济处在高速增长阶段，特别是处在上升时期，预期管理的主要内容是防止过热，政府提出的增长目标往往低于实际增长率。而当经济进入增长阶段转换期后，潜在增长率开始下降，这时一方面要防止原有的高增长冲动，另一方面也要防止出现过度悲观预期，使增长速度短期内大幅下滑。预期管理的要点是给出这一时期增长的合理区间，特别是给出增长率的下限，从而引导社会各方形成较为合理的增长预期。2013年宏观调控中提出的增长合理区间，是预期管理的有益尝试，在实践中起到了积极作用。二是通过调结构、促转型获取新的增长动力。与以往高速增长稳定期不同，增长阶段转换期的特点是原有的增长动力减弱或衰退，新的增长动力尚在启动或培育之中。很容易出现的一种情况是，原有的增长动力快速减退，而新的增长动力短期内接不上来，从而导致经济的大幅下滑或大起大落。日本、韩国在这一时期就曾出现过类似情景。此时极易采取的措施，就是试图以货币、财政等宏观政策刺激经济。然而，宏观政策通常在潜在增长率既定条件下对减缓短期波动较为有效，而无助于中长期意义上的增长动力转换。推动这种转换必须依靠通常说的“结构性改革”，即通过有远见且针对性强的改革措施，形成能够激发新增长动力的体制和政策条件。当然，这并不是说宏观政策不再有意义，当增长速度明显偏离潜在增长率时，采取适宜的刺激措施仍是必要的。

可预期、可争取的经济增长新常态

接下来的问题是，目前这种增长走势能够持续多长时间。从大的背景看，我国经济仍处在由高增长向中高速增长的转换期。这个中高速增长的“底在何处”，还没有探明，或者说，中高速增长的均衡点还没有找到。从国际经验看，日本、韩国从高速增长期回落时，增速下降幅度接近50%（刘世锦等，2011）。我国是一个经济发展不平衡的大国，高速增长回落后的均衡点可能会高一些，比如在7%左右，或者6%—7%之间。对近一个时期的增长回升，我们的判断还是由存货调整、预期改善而引起的一个比较弱的短期回升，不一定稳得住，还可能有一个探底的过程。

与此同时，眼光应当放远一些，力争今后一两年实现增长阶段的转换，进入一个新的稳定增长轨道或者状态。对此可以给出一个概念，比如“经济增长的新常态”，或者“中高速稳定增长期”。其含义是，中高速增长的“底”已经探明，比如说7%左右；这样一个速度能够稳得住，且能够持续较长一个时期，比如5年或者更长时间。

这样一个经济增长的新常态，应具备若干特征，包括经济增长率从原来10%左右，逐步过渡并稳定在新的均衡点上，比如7%左右；经济结构呈现转折性变化，增长将更多依托消费、服务业和内需的带动；产业升级和创新驱动加快，资源环境压力舒缓，增长的可持续性增强，劳动生产率提升能有效抵减要素成本上升的影响；经济增长能够提供相对充裕的工作岗位，产业调整与人力资本结构基本适应；财政、金融、产业等方面的风险得到有效控制并逐步化解；企业总体上能够实现稳定盈利，政府财政和居民收入保持稳定增长，中等收入群体稳步扩大，等等。

对这一增长新常态，还可以进一步提出“六可”的目标：企业可盈利，财政可增收，就业可充分，风险可控制，民生可改善，资源环境可持续。做到这六条都不容易，这里想强调一下“企业可盈利”。看起来这是一个常识性问题，但往往容易被忽视。实际上，这一条很关键，是其他几条的基础。如果企业盈利水平明显下降，甚至出现大面积亏损，财政收入将可能更大幅度下滑，财政、金融风险不可避免地加剧，企业也将难以通过扩大生产而增加就业，反而可能减少工作岗位，民生改善、资源环境可持续也无从谈起。所以，“企业可盈利”应被视为中国企业乃至中国经济转型成功的关键性指标。

以往中国企业具有典型的速度效益型特征，即当经济增长速度高时盈利状况好，速度降低后盈利水平下降。主要原因是，增长加快时经济规模相应扩大，产能利用率提高，能够有效分享规模经济收益，降低单位产品的成本。而当增长放缓后，这些优势将会减弱。根据有关研究，如果原有的盈利模式不变，当经济增长速度低于7%时，企业盈亏比（亏损额与盈利额之比）会超过40%。也就是说，接近一半的企业可能出现亏损。而美国企业在经济增长率2%—3%，日本企业在增长率1%或零增长时，大多数企业能够盈利。所以，我们讲“企业可盈利”，就是要随着增长速度放缓而实现企业盈利模式的转换，也就是说，在增长速度7%左右时，大多数企业能够保持稳定盈利。实现这一转换涉及企业转型过程中的诸多关键要素，如企业组织结构的调整、管理方式的创新以至商业模式的改变等。一定意义上可以说，中国产业乃至经济转型能否成功，很大程度上取决于企业盈利模式转换能否成功。

增长放缓的动因与挑战

增长速度与结构转换密不可分。著名经济学家钱纳里（Chenery，1986）在研究“二战”以后发展中国家工业化历史经验后指出，发展就是经济结构的成功转变。他还提出，“战后发展中国家的发展经历表明，工业化和收入水平增长有着很高的相关关系”。从整个工业化历史进程看，工业比重上升期是增长速度最快的时期。从需求的角度看，高投资则是高增长的主要源泉。

回顾中国经济过去三十多的发展历程，可以观察到一个规律性现象，即消费的增长基本稳定，未出现大的起落；出口对增长的直接影响有较大的或然性，总体上说占一个较小的比重；影响经济增长的主要是投资增长。而在投资总额中，过去五年平均来看，基础设施投资和房地产投资的比重分别约为25%左右，制造业投资则在30%以上，这三项可以解释全部投资80%以上的变化。而制造业投资的变化，较大部分是由于基础设施和房地产投资的带动，以及出口产业的带动。所以，大体上说，中国经济的高增长主要由高投资拉动，而高投资很大程度上由基础设施和房地产的投资拉动。

就基础设施投资而言，根据课题组的研究，中国基础设施投资占比和基础设施资本存量占比的峰值在2000年前后相继到来，此后呈逐步下降态势，今后一些年，这两个比重大体维持稳定。① 由于公路特别是高速公路密度已与发达经济体接近，高速铁路建设位居世界前列，移动通信工具普及率较高等因素，作为基础设施重要组成部分的交通和通信基础设施投资增长速度增幅有限。据预测，今后十年铁路营运里程数、公路营运里程数、每百人手机拥有量、每百人电话主线拥有量年均增长率将分别为2.34%、1.45%、1.55%、3.63%。借鉴可比较的国际经验，如果通过改革形成可持续的基础设施投融资机制，预计2023年东中西部的基础设施资本存量分别为17万亿元、11万亿元和10万亿元左右，年均增幅分别为6.25%、8.29%和5.98%。尽管中国基础设施建设还有较大空间，但已经不可能像以往那样保持投资的高速增长了。

房地产投资增速变化则更为明显。以占到房地产投资70%左右的住宅投资为例，据课题组预测，2014—2023年期间，城镇住宅存量预计净增108亿平方米，住宅套数净增约1亿套。如果再考虑到综合折旧以及城镇扩围所导致的住宅存量增加，今后十年期间总共还需要建设1.25亿套住房。届时城镇居民的住宅条件将明显改善，住宅总量约为3.4亿套，户均接近1.05套，按家庭户口径计算，户均套数则超过1.1套，接近发达经济体的住房户均水平。再根据住房发展的阶段性特征以及我国适龄人口数量的变化，可以推算出未来十年住房需求沿时间轴的分布，年度住房需求的峰值大致在1200万—1300万套之间。相应的，住宅投资也逐步接近历史峰值。2013年，城镇住宅施工面积大致在48亿平方米左右，折合4600万套。根据历年住宅新开工、施工以及竣工面积之间的关系推算，2014—2023年期间，新开工住宅套数年均值可能不超过1000万套。按此节奏，预计住房新开工量峰值将在2015年之前到来，而住房施工和竣工的高峰可能稍微靠后。2014－2023年期间住宅投资总体增速较过去将有明显下降。在“十二五”的最后两年，基于施工面积测算的城镇住房投资实际增速预计将降至10%以下；而在“十三五”期间和2020年以后，城镇住房投资的实际增速很有可能低于5%。②

① 参见《中国经济增长十年展望（2014—2023）》第三章。

② 参见《中国经济增长十年展望（2014—2023）》第二章。

基础设施和房地产投资增速由于历史需求峰值的出现而下降，与此同时，由基础设施和房地产拉动的制造业特别是重化工业产能过剩严重，这些行业的投资增速也相应下降。出口增速回落到10%或以下水平，也相应减缓了制造业投资的增长。这样一个逻辑链条已经在中国经济增长过程中实际展现出来。由此可以引出一个简单推论，即随着主要由基础设施和房地产驱动的投资高增长的结束，中国经济的高增长时代也相应结束，增长阶段的转换势在必行。

增长速度回落的幅度，将直接取决于投资增速的下降幅度和新增长领域的成长速度。从需求角度看，当投资增长放缓后，投资比重将会下降，消费比重相应上升。如果以为这一变化是消费增长加速所引起的，那将是一个误解。事实上，它是投资增速减缓的副产品。相应的，在产业领域，服务业的比重超过包括工业在内的第二产业的比重，也是工业和服务业增速相对改变和服务业相对价格上升的结果。此外，出口增速的下降也使增长更多地依靠内需。当消费、服务业和内需占到更大份额，并成为经济增长的主要驱动力量时，所对应的体制机制和政策条件都要求发生系统性变革。由高速增长向中高速增长的转换，表面上看是增长速度的放缓，背后则是经济结构重大调整和体制政策环境的深刻变革。从中国的现实情况看，在这一转换过程中将会遇到三方面的重要挑战。

第一个挑战是如何有效把控和化解转换过程中的财政金融风险。① 尽管人们经常批评高增长过程中的低效率和风险隐患，但只要有足够大的需求空间，高增长本身就有化解或推后风险的特性。比如，一条十年前建造的高速公路，或许在建造过程中存在着诸多问题，但建成之后满足了快速增长的运输需求，而且包括征地、劳动力成本在内的建造成本比现在要低得多，回头看总体上还是相当不错的投资项目。但当高增长势头难以延续，原来可以化解、推后的风险就会显露。例如，地方政府依赖土地出让收入或以土地为抵押从银行贷款，支持大规模的基础设施建设。审计数据显示，截至2012年底，地方政府负有偿还责任的债务余额当中承诺以土地出让收入偿还的比例高达37%，

① 参见《中国经济增长十年展望（2014—2023）》第一章、第十三章和第十五章。

部分省会城市甚至超过了50%（国家审计署，2013a，2013b）。当高增长难以为继时，土地出让收入增幅将会明显下降，甚至逐步减少，从而政府偿债压力加大，已有贷款的质量受到影响，部分还可能成为呆坏账。与此同时，土地作为抵押品的吸引力也会降低，举借新债支持后续投资的难度增加，从而进一步降低经济增速。

第二个挑战是如何有效提升非贸易部门的效率。① 与发达经济体相比，后起经济体全要素生产率差距更多地表现在以服务业为主的非贸易部门。课题组的研究显示，可贸易部门与不可贸易部门之间的全要素生产率之比，美国、日本、欧盟15国分别为1.47、1.17、1，而中国为2.04。从1980年到2012年，我国制造业劳动生产率年均增速达到8.64%，服务业为5.63%。另一方面，不论是制造业还是服务业，不同所有制企业之间、不同规模企业之间以及出口型企业与非出口型企业之间，都存在不同程度的资源配置扭曲。在那些行政性垄断问题突出的非贸易部门，扭曲状况尤为突出。如果这些扭曲得到纠正，中国各行业尤其是非贸易部门的效率提升还有很大空间。当经济增长更多依赖非贸易部门时，这个领域的效率改进已是当务之急。

第三个挑战是如何拓展新增长领域并促进多种形式的创新。支撑中国经济在中高速水平上持续增长，除了充分利用已有部门的增长潜力外，很大程度上还要依靠新增长领域的拓展。这些领域既可能由于潜在需求被挖掘而催生，如教育、医疗、文化、体育等领域的新增长点；也可能由于新技术出现而触发，如网上购物、光伏发电等；还可能由应对既有突出问题、寻求新增长模式而引发的，如节能、节水、清洁能源、减排等绿色产业。② 在未来服务业的发展过程中，潜力最大的是生产性服务业。③ 加快创新是拓展新增长领域更重要的途径。课题组研究显示，近年来，中国已经出现了创新资源区域集中的趋向，促进了部分创新区域或创新城市的发展。④ 随着与全球技术前沿距离的缩短，以往中国作为技术模仿者、追赶者的角色将逐步改变，而在部分

① 参见《中国经济增长十年展望（2014—2023）》第十二章。

② 参见《中国经济增长十年展望（2014—2023）》第十二章、第十六章、第十七章和第十九章等。

③ 参见《中国经济增长十年展望（2014—2023）》第十二章。

④ 参见《中国经济增长十年展望（2014—2023）》第七章。

领域与先行者并驾齐驱甚至局部领先的可能性则在增加。除了技术创新外，组织创新、商业模式创新、制度和政策创新需求空间也很可观。而这些方面进展都要求与以往大不相同的体制和政策环境。

以深化改革促进转入增长新常态

十八届三中全会通过的《决定》，对全面深化改革做出了战略部署。应对增长阶段转换期的挑战，争取在不长时间内平稳转入经济增长的新常态，最重要的是把《决定》提出的改革措施落到实处。为了顺利推动下一步的改革，需要提出和实施正确的改革策略，安排好改革的重点和优先次序。

首先，注重改革内在逻辑所决定的关联性，突出重点，抓主要矛盾，同时注重关联配套和协调推进。下一步所要推出的重大改革，往往包含了一系列内部相互关联紧密的举措，必须突出重点，集中力量解决主要矛盾和关键问题。另一方面，也要重视关联性改革的协调推进，防止改革措施的分散化、碎片化、随意性和顾此失彼。应将已经提出的大量改革措施归纳为若干重要领域的改革，而在每个领域，重点、关联和优先顺序是我们通常所说的“顶层设计”应加以识别并着力解决的主要问题。

其次，坚持底线思维，把改革进程置于风险总体可控的基础之上。改革总是或多或少会有风险，改革能否成功，一定意义上说取决于对相关收益和风险的权衡。对改革可能遇到的风险要有足够估计，做好应对预案，这样就能做到心中有数、遇事不慌。同时要争取尽可能好的改革成果，扩大改革过程中的可选择性和回旋余地。有一些改革措施本身就是直接防控和化解风险的，从而为其他改革创造条件，这类改革措施应当排在优先位置上。

再次，重视改革的增长效应，把那些有利于稳增长、调结构、促转型的改革放在优先位置。这一点在新一轮改革初期尤为重要。通过改革激发增长活力，有利于调节利益关系，增加共识，为后续改革的深化提供支撑。另一方面，增长效应也是检验改革措施合理性的基本尺度。如果一项改革措施无法最终显示对增长的积极作用，其合理性将是难以令人信服的。

按照这些原则，今后一个时期的改革可以分为两类。一类是攻坚性改革，对那些看得比较准、条件大体具备、风险可以承受的“硬骨头”问题，集中力量和时间，争取取得决定性进展。另一类是探索性改革，对那些方向和目标大体明确，但改革路径和方法仍有较大不确定性领域，允许和鼓励地方、基层开展试点，给出较大的“自选动作”空间。在试点的基础上比较、选择，将那些有普遍意义的内容上升为全国性政策。

从应对上面提到的增长阶段转换所面临的挑战考虑，今后一个时期应着力从五个方面推进改革。

一是防控和化解财政金融风险[①]。当前财政金融风险隐患集中在地方融资平台、房地产、产能过剩行业等领域。应正确处理局部风险和全局风险的关系，通过改革强化约束、增进效率，以局部风险的有序释放争取不出现系统性风险。分类清理地方融资平台，建立明确的惩戒机制，在条件具备的城市试行地方发债，规范和重建地方政府偿债能力和融资能力。当务之急是确立有关当事者切实承担风险和责任、推动改革和重组，又有利于防控全局性风险的违约处理机制。加快全国不动产信息系统建设和联网，明确全面开征房地产税的时间表，推动征地制度改革和集体土地入市交易，从而增加住房有效供给，稳定房价预期，并逐步改变地方政府的收入模式。按照节能、环保、安全等标准，通过市场竞争推动产能严重过剩行业的重组。哪些企业胜出，哪些企业出局，要由市场做出选择。在企业破产和兼并重组等问题上，要坚持企业自主原则，防止政府搞“拉郎配”；要鼓励跨地区、跨所有制的兼并重组，防止地方保护。政府应把主要精力放在为企业退出和重整创造不可缺少的外部条件上，如完善社会保障体系、开辟再就业门路、组织职业培训、为兼并重组提供必要金融支持等。

二是以破除行政性垄断、促进竞争为重点加快基础产业领域改革。非贸易部门的低效率，集中体现在基础产业。在这一领域的放宽准入上，应该有一些标志性的大动作，既要“放小”，也要“放大”。具体来说，在行政性垄断问题突出的基础产业领域，放进去一两个大的竞争者，能够产生有效竞争。比如，铁路改革，要拿出几个区域或大的项目，让外部投资者，包括地方政

① 参见《中国经济增长十年展望（2014—2023）》第一章、第十三章和第十五章。

府和民营投资者去组建新的铁路公司；石油领域，在上海自贸区建立国际性的石油交易中心，放宽、放开原油和成品油进口，打通国内外市场，允许地方炼厂做大做强，同时开放上游勘探市场，包括页岩气勘探市场；在电信领域，允许以民营资本为主发起形成大的电信运营商，通过竞争降低成本、促进创新。这样做的好处，既可以提高投资效率，也可以增加投资，使改革红利对稳增长、调结构的作用得到体现。

三是以降成本为重点促进企业盈利模式转换。从广东、浙江等地的情况看，当前对企业转型升级形成严重制约是六项成本，即劳动力成本、土地成本、资金成本、流通成本、知识产权保护成本和准入成本。降低这六项成本都亟待相关改革的深入和突破。需要加快社会保障制度改革，提升人力资本质量和劳动生产率；加快土地制度改革，优化土地资源的优化配置，调整用地结构，促进土地的集约高效使用①；加快投融资体制和金融体系的改革，改变金融资源的配置扭曲，着力解决实体经济特别是小企业融资难、融资贵的问题②；加快流通领域的开放和改革，打破垄断、鼓励创新，把过高的物流成本降下来；进一步通过多种途径保护知识产权，推动知识产权市场交易发展，改善企业的创新环境；以落实负面清单模式为重点改革市场准入制度，为各类企业平等竞争、焕发活力提供更大空间。

四是以服务业为重点，加快对外开放和对内放开。服务业是中国下一步增长潜力最大、新增长点众多的领域。要把服务业作为下一步对外开放的重点，按照准入前国民待遇加负面清单的管理模式，着力推进金融、教育、医疗、文化、体育等领域的对外开放。与此同时，更要加快服务业的对内开放，凡是允许外资进入的，首先应允许国内资本进入，尤其对民营资本，要打破各种隐性壁垒，形成平等地进入、竞争、使用生产要素的条件。继续推动“营改增”扩展到铁路运输业等领域。据课题组测算，“营改增”全面完成后，大多数行业实际税负下降，服务业平均税负将会下降3.3%，从而有力地支持服务业的持续发展。③

---

① 参见《中国经济增长十年展望（2014—2023）》第十章和第十八章。

② 参见《中国经济增长十年展望（2014—2023）》第十三章。

③ 参见《中国经济增长十年展望（2014—2023）》第十二章。

五是积极推动产业转型升级和创新驱动。尽管服务业成为规模最大的产业，但技术含量和附加价值高、效率提升潜力大、最能体现一个国家产业竞争力的，主要还是制造业。服务业特别是生产性服务业，很大程度上是为制造业提供服务的。高竞争力的制造业与高质量的服务业是密不可分的。必须汲取一些国家制造业空心化的教训，毫不动摇地持续发展制造业，重点是加快制造业转型升级，逐步实现由低成本要素驱动向创新驱动的转换[①]。关键要使企业真正成为创新主体，通过竞争形成一批创新型行业龙头大企业和大量的创新型中小企业。加快要素市场建设，促进创新基础设施的建设和开放，鼓励创新要素依据市场需求流动和适度集聚，形成一批具有强大创新能力的城市或区域。适应新技术、新产业的特点，加强基础研究、应用研究和产业化应用之间的相互融合，更多地通过市场竞争和需求导向的办法配置政府研发资源，提高资金使用效率，使之更好地在创新发展中起到引导和支撑作用。

参考文献

国家审计署，《全国政府性债务审计结果》（2013 年 12 月 30 日公告），http：//www. audit. gov. cn/n1992130/n1992150/n1992500/3432077. html，2013a。

国家审计署，《36 个地方政府本级政府性债务审计结果》（2013 年 6 月 10 日公告），http：//www. audit. gov. cn/n1992130/n1992150/n1992500/3291665. html，2013b。

国家统计局，《2013 年 GDP（国内生产总值）初步核算情况》，http：//www. stats. gov. cn/tjsj/zxfb/201401/t20140121_502731. html，2014 年。

刘世锦等，《陷阱还是高墙？——中国经济面临的真实挑战和战略选择》，北京：中信出版社，2011 年。

刘世锦等，《中国经济增长十年展望（2013—2022）：寻找新的动力和平衡》，北京：中信出版社，2013 年。

Chenery，Burnley，Sherman Robinson，Moises Syrquin，1986，*Industrialization and growth：a comparative study*，Oxford University Press.

① 参见《中国经济增长十年展望（2014—2023）》第十一章。

在控制风险的前提下努力向新常态转换

中国经济十年展望

陈昌盛　何建武

第一部分　新变化与未来十年增长展望

对长期经济增长和结构转型有较大影响的新变化

无论是从国际比较角度，还是从当前自身经济基本面正在发生的变化来看，中国经济正在经历一段非常重要的结构转型期。这表面上是经济增长速度的转换，实质上是经济增长动力的调整与转变。一些近期正在发生或即将出现的现象，可能对中国经济未来中长期经济增长和结构转型产生较大影响。

资本的边际回报出现下降趋势，投资效率不断下降

一直以来中国经济高投资率和资本高回报率并存的现象受到许多学者的关注。清华大学的白重恩、钱颖一和芝加哥大学的谢长泰等人（2007）用非常简单的方法估算中国总的投资回报率，他们的研究发现20世纪80年代到2005年，投资回报率基本上在15%以上；其中1994年以后虽然出现了阶段式下滑，但是之后仍然保持相对稳定。然而本文利用白重恩等人类似的方法[①]测

---

*　本文为《中国经济增长十年展望（2014—2023）：在改革中形成增长新常态》一书的第一章，中信出版社，2014年3月。

①　具体的方法参见白重恩（2007）。

算最近一些年份的资本回报率发现①，2008 年以后出现了重大变化，资本回报率较大幅度地下滑，由以前的 17% 左右下滑至 13% 左右，而且存在继续下滑的趋势。

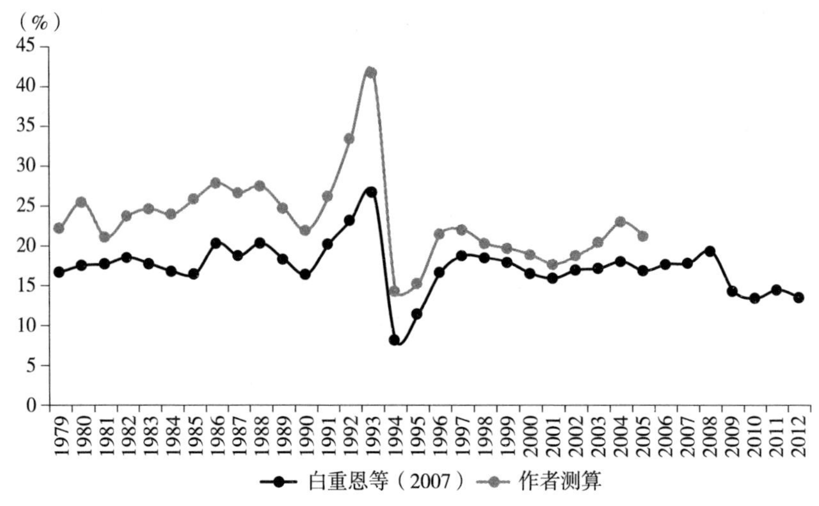

图 28　中国资本回报率的变化

资料来源：白重恩等（2007），作者测算

通常不考虑经济开放性，如果没有持续的技术进步，高的投资率一定会导致投资回报率的快速下降。对中国这样持续的高投资和高资本回报，宋铮等人（2011）利用新古典模型从要素配置的角度来解释这一现象，认为资本和劳动力由国有企业流向私营企业的再配置是中国长期保持高资本回报率的重要原因，一旦转型结束，资本的增长就会引起投资回报率下降。当然综合来看除了这种资源的再配置外，持续的技术进步同样也是保持高资本回报率的重要原因②。近些年投资回报率的下滑则说明资源再配置的边际空间在下降，或者是技术进步的速度在下滑。这意味着投资难以继续像过去那样高速增长了。从长期来看，进一步提高资

① 另外需要注意的是，由于采用了更低的折旧率，本文测算的资本回报率整体要比白重恩等（2007）的测算结果低 3—5 个百分点。

② 很多研究表明中国过去三十多年 TFP 增长率达 3% 左右。

源配置效率，促进技术进步，是未来提升中国全要素生产率和改善经济增长质量的关键。

劳动力成本持续不断上升，传统低成本竞争优势日渐式微

图 29 反映了过去十多年实际工资和劳动生产率的上涨速度，可以看出除了个别年份劳动生产率上涨速度超过工资上涨速度，绝大部分年份工资上涨得更快。图 29 还给出了 2013 年各地区最低工资增长率与前 7 年平均增速的比较，可见大多数省份最低工资增速出现了较大幅度的提高。这些都说明劳动力成本正在加速提升。我国的相对竞争力在不断下降。根据 2013 年发布的统计数据，2012 年中国 15—59 岁劳动年龄人口在相当长时期里第一次出现了绝对下降，比 2011 年减少 345 万人。这预示着中国劳动力供给不断增长的局面已经开始出现转折性变化。随着人口年龄结构的变化，这一趋势将可能会延续下去。从长期角度来看这种劳动力成本的较快上升趋势将改变传统的比较优势，对中国未来经济结构变化产生较大影响。

提高非贸易部门效率对整个经济的作用越来越重要

中国经济过去几十年的高速增长过程就是一个结构变化促进经济增长的过程。与其他成功的亚洲经济体一样，出口导向型发展模式极大地推动了工业化进程，促使了由农业经济向工业经济的快速转化，实现了经济的高速增长。相对于非贸易部门来说，贸易部门的快速增长才是中国经济高速增长的重要支撑。从金融危机之后的经济表现来看，也正是因为外部需求的下降导致了贸易部门增长速度的迅速下降，进而导致整体经济增长速度较大幅度的下滑。然而随着工业化进程趋于完成，加之国际经济的持续低迷，近年来非贸易部门[①]的比重越来越高。金融危机之后，服务业的比重已经开始超过工业的比重，2013 年服务业的比重已经超过第二产业。简单地看意味着非贸易部门已经接近或者超过贸易部门。因此非贸易部门将越来越成为提升整体经济效率的决定性部门。

---

① 这里简单将工业部门作为贸易部门，而将服务业作为非贸易部门。

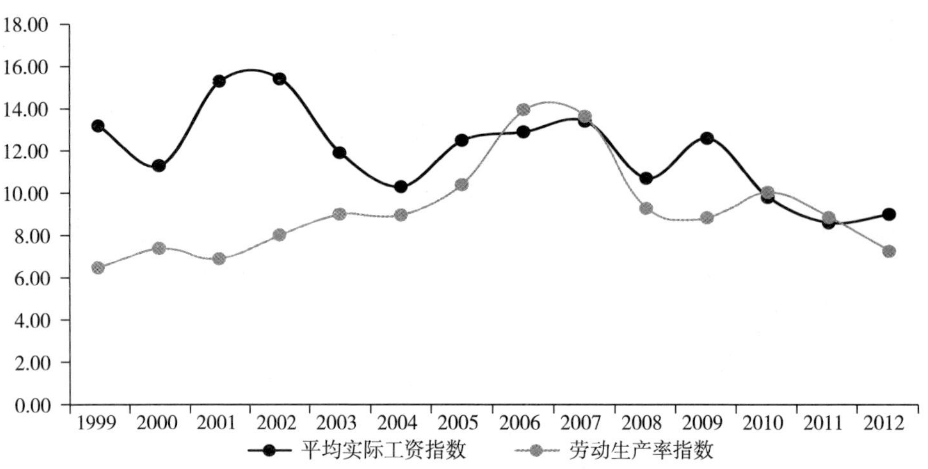

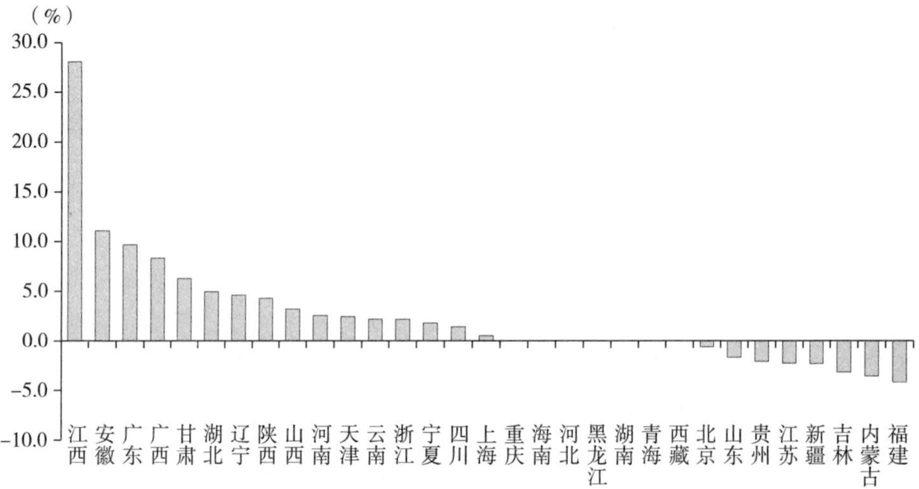

图 29　工资指数、劳动生产率指数以及最低工资增速变化

资料来源：WIND，作者测算

乔根森（2007）研究发现 1990 年日本与美国全要素生产率的差距的一半以上来自非贸易部门。与日本一样，中国与发达国家生产率的差距更多地表现在非贸易部门。图 31 给出了不同国家贸易部门与非贸易部门 TFP 增长率的比较。可以看出与发达国家相比，中国两类部门之间的差距更大，换句话说，中国非贸易部门的生产率仍然有很大的提升空间。从长期来看，非贸易部门效率的提升速度将越来越影响中国经济整体效率的增长。能否加快服务

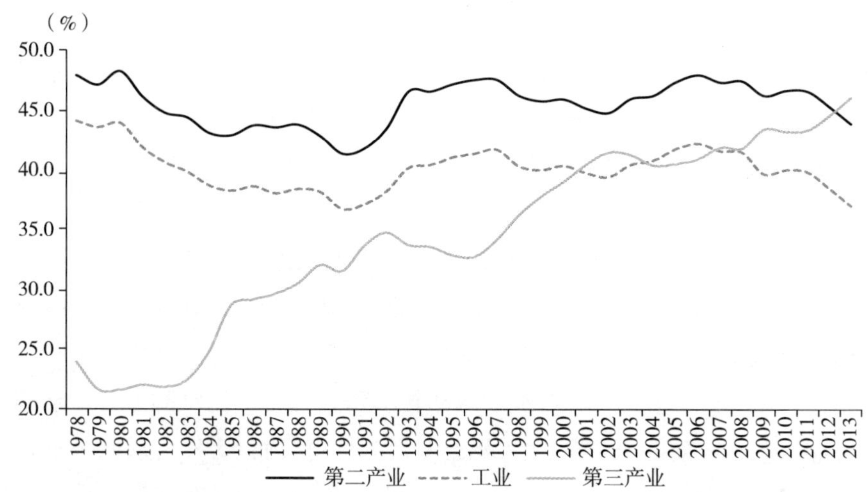

图 30　第二产业和服务业的比重

资料来源：WDI，作者测算

业部门的改革，促进服务业效率的改进，直接影响着未来中国经济的结构转型和增长质量的改善。

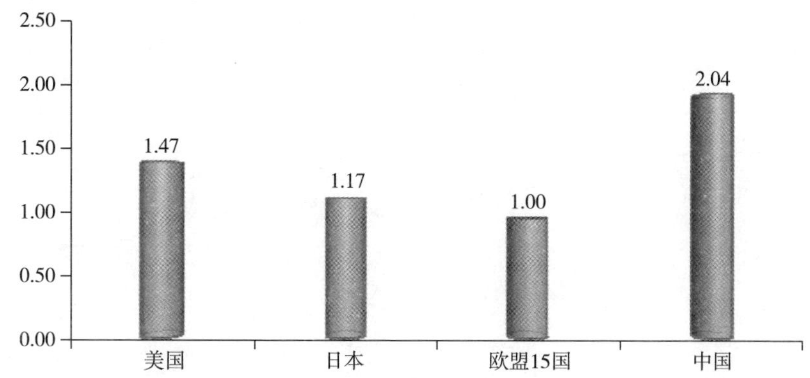

图 31　不同国家贸易部门与非贸易部门 TFP 增长率之比

资料来源：EU－KLEM，Dong He（2012），作者测算

老龄化对中国经济未来需求和供给结构将产生较大影响

我国是世界上唯一一个老年人口超过 1 亿的国家，也是发展中国家中人口老龄化最严峻的国家。截至 2012 年底我国 60 周岁以上老年人口已达

1.94 亿人，2020 年将达到 2.43 亿，2025 年将突破 3 亿。意味着未来的十年左右将新增 1 亿左右的 60 岁以上的老龄人口。人口老龄化形势将日趋严峻，对经济的影响越来越凸显。为此，2013 年 9 月 9 日，国务院印发《关于加快发展养老服务业的若干意见》（国发〔2013〕35 号，以下简称《意见》）。

从长期来看，人口老龄化将从以下几个方面对经济增长和经济结构产生影响：第一，对劳动力供给和储蓄产生不利影响，通常人口老龄化意味着劳动力供给下降，也会导致整体储蓄率的下滑。第二，对消费结构产生较大影响，图 32 给出不同年龄人群对医疗保健支出和衣着支出比重的差异。从图中可以看出 55 岁之前的人群医疗保健支出相对稳定，而 55 岁之后的人群对于医疗保健支出的比重开始大幅上升，65—69 岁人群医疗保健支出比重是年轻人的三倍左右。与医疗保健不同的是，对于食品、衣着的支出，老年人要低得多。第三，对劳动力市场将产生结构性冲击，相对于其他服务业而言，养老服务业的专业程度要求较高，因而对专业技术水平较高的劳动力需求将增加。以上这些变化无疑将从供给和需求两个方面影响中国经济的增长和结构转型。

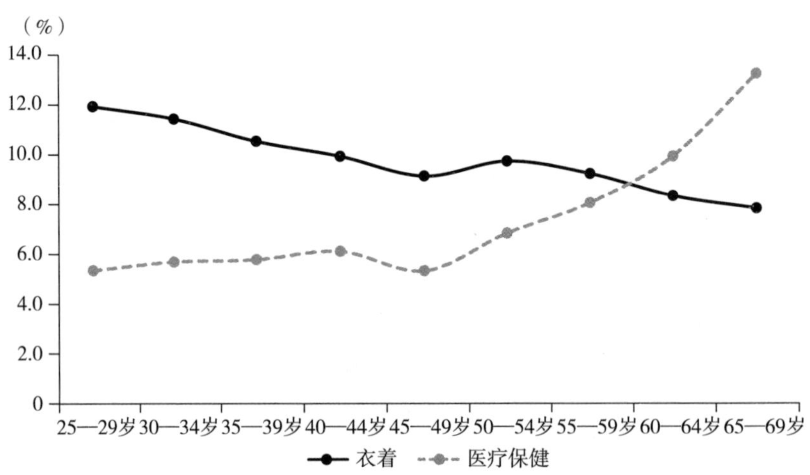

图 32　不同年龄人群衣着和医疗保健支出的比重

资料来源：CHIPS，作者测算

研究框架的简单回顾

在 2013 年的研究中，我们系统地介绍了模型的细节和具体的参数设定，给出了 2013—2022 年的经济增长和结构变化的主要指标（刘世锦等，2013）。2014 年本部分将只简单介绍我们使用的长期模型框架，并结合一年来或者近年出现的可能对长期经济增长产生较大影响的变化，在 2013 年展望的基础上进行调整和修正，给出 2014—2023 年的主要经济指标新的展望。

本研究的长期经济展望采用的是用于模拟结构变化的可计算一般均衡模型。与其他模型不同的是，这里除了考虑供给侧因素外，还着重考虑需求侧因素，并将这两方面的因素综合在一个完整的框架之中。供给方面的因素主要包括各种生产投入要素以及生产技术的变化，具体来讲即劳动力、资本和技术进步；需求方面的因素既包括国内的需求，也包括国际的需求，具体来讲包括消费、投资和出口。模型将投资的增长与需求侧的变化建立起直接的联系，综合地反映两者对中国经济的影响。模型选取城镇居民新建住房的增速、城市居民人口增速、出口增速、汽车保有量增速以及人均 GDP 五个指标分别作为影响投资需求的主要因素，同时利用后发追赶国家（日本、韩国和中国）的面板数据将这些指标与相应投资的增速进行回归，寻找投资变化的定量规律。然后通过需求侧的设定来分析未来投资的变化。

具体来讲该模型是在国务院发展研究中心发展部以前开发的递推动态中国 CGE 模型（DRCCGE）的基础上修改更新而成的[①]。模型包括 34 个生产部门，城镇、农村两组居民家庭，以及四类生产要素：资本和农业劳动力、生产性工人、专业人员。34 个生产部门中包含 1 个农业部门、24 个工业部门和 9 个服务业部门。模型的基年为 2010 年，数据主要来源于基于 2010 年投入产

① 关于模型本身更多的描述参见有关文献，李善同、翟凡（1997），“中国经济的可计算一般均衡模型”；翟凡（1997），“结构变化与污染排放——前景与政策影响分析”。

出表编制的 2010 年中国社会核算矩阵。

2014—2023 年的经济展望

在 2013 年展望的基础，结合经济形势的变化以及相关专题展望的研究结果，对 2014—2023 年的经济进行了展望。

对模型及相关参数的调整

1. 基础数据的调整

2013 年中期国家统计局发布了 2010 年的投入产出表。之前的经济展望采用的是依据 2007 年投入产出表编制的社会核算矩阵。许多研究表明金融危机之后中国经济的内部结构出现了较大变化，如中间投入率等。因此 2014 年利用最新的投入产出表编制了 2010 年社会核算矩阵，对模型的基础数据进行了更新，并据此对模型进行了重新标定。

2. 对去年数据的比较和调整

根据国家统计局出版的《中国统计年鉴 2013》对 2013 年经济展望中的数据进行比较，并根据最新数据对模型进行调整，使 2012 年模拟结果与统计数据吻合。

3. 对未来展望相关的参数进行了调整

这里的调整涉及人口和就业数据以及投资增速、TFP 增长率等。其中主要是根据本书后面有关部分对住房、汽车以及出口等的预测，同时结合短期经济运行情况的分析，对未来十年投资增速进行重新调整。图 35 给出了住房和汽车方面 2014 年与 2013 年预测的比较，整体来看调整不是太大，但是从具体年份来看，还是存在微调。

另外根据对出口竞争力以及国际环境的判断和分析，本研究调整了对未来出口增长的预期。从前面的分析中可以看到近年来随着工资持续以高于劳动生产率的速度上涨，加之汇率的持续升值，中国出口的国际竞争力正在不断下降。另外从全球产业转移的状况来看，订单转移和投资转移的快速上升，也印证了中国出口竞争力的下降和国内产业结构转型的趋势。2013 年中国对外直接投资（ODI）已经达到 901.7 亿美元，外商直接投资（FDI）只有

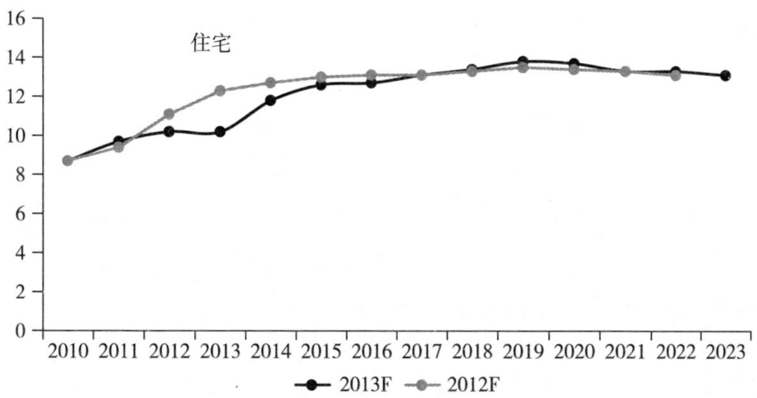

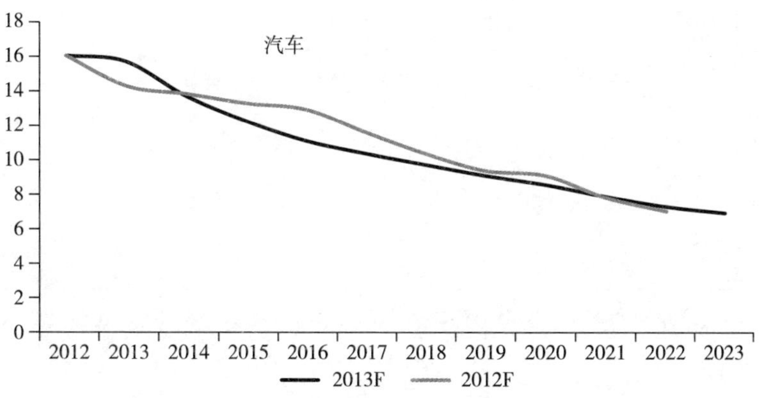

图 33　未来十年住宅和汽车预测的变化

资料来源：许伟（2012，2013）、王青（2012，2013）

1175.86 亿美元，两者差额正在不断缩小，而 7 年前 ODI 只有 FDI 的三分之一左右。基于这些分析，本研究将未来十年出口的实际增速由 2013 年预期的 8%—10% 下调至 2014 年预期的 6%—8%。

综合各种影响投资需求的因素，模型下调了未来十年实际投资的增速，与 2013 年相比实际增速下调了 1 个百分点左右。另外根据对短期经济运行周期的分析，模型将今后几年的 TFP 增速下调 0.1 个百分点左右。

2014—2023 年的主要经济指标

基于前面数据和参数的调整，利用模型对未来十年进行模拟，同时结合未来汇率和物价的分析设定，得到了未来十年主要经济指标的展望结果（详细的结果参见附表）。

（1）未来十年将由中高速增长转入中速增长阶段

与2013年的预期一致，2014—2023年将继续处于经济增速增长转换阶段，十年平均增速预期将达到6.5%。这一增速较2013年下调了0.5个百分点左右。增速下调主要源自于我们对出口和投资增速预期的调整。这也意味着中国经济增速将可能更早下滑至7%以下。

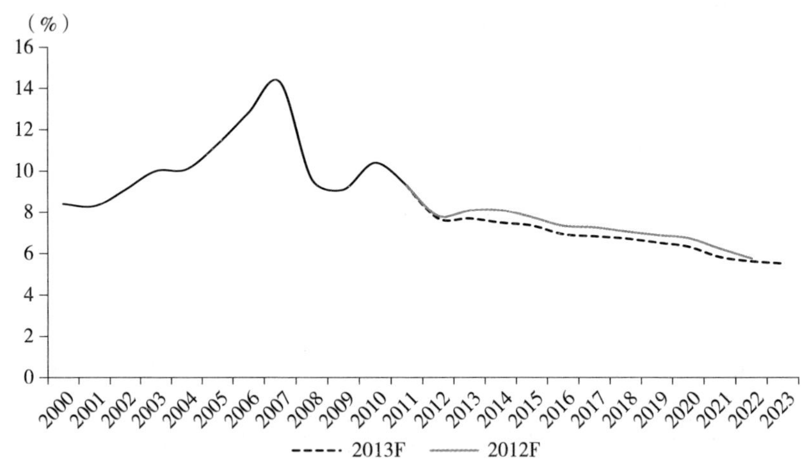

图34　GDP增长速度

资料来源：中国统计年鉴，DRCCGE模型模拟结果

随着经济的增长，人均GDP将不断提升。到2023年人均GDP将由目前的4万元人民币左右上升至11万元左右，由目前的6000美元左右上升至2万美元左右①，由目前的接近1万GK国际元上升至1.7万GK国际元左右。从国际比较的角度来看，届时中国将与韩国21世纪初以及日本20世纪90年代初的发展水平相当。

（2）结构升级将继续是未来十年经济发展的主要特征

通过模型的模拟可以发现，未来经济结构调整将继续成为经济发展的

① 这里的人民币和美元都指的是现价。

主要特征。具体来讲表现为：一是消费将扮演越来越重要的作用，未来十年消费率将继续快速上升，将由目前的50%左右上升至2023年的60%以上，相应投资率将不断下滑，到2023年将下滑至35%左右。二是服务业将扮演越来越重要的角色，未来十年服务业占比将快速提高，由目前的46%左右上升至2023年的57%左右，相应农业和第二产业的比重将有所下滑。三是越来越多的劳动力将从事服务业，到2023年从事服务业的就业人数将接近一半。

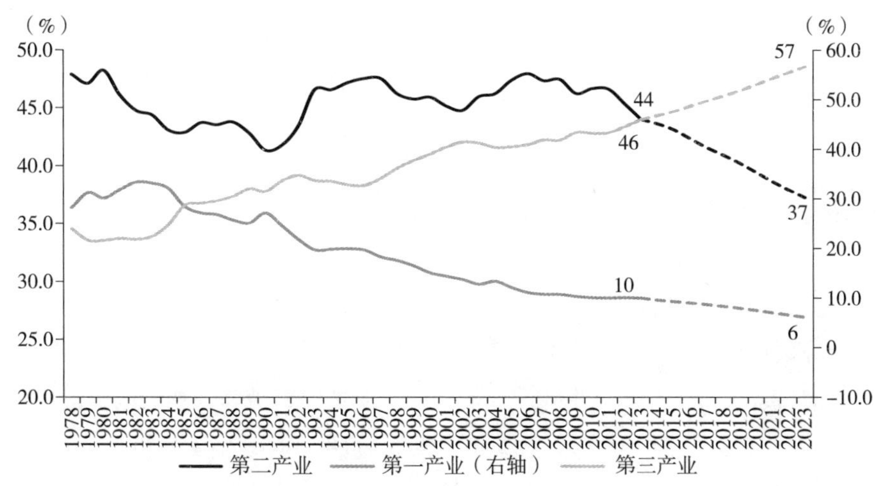

图35　三次产业结构的变化

资料来源：中国统计年鉴，DRCCGE模型模拟结果

第二部分　2014年：保持宏观经济稳定，为改革推进创造条件

2014年是中国新一轮的改革年，国际环境有望略有改善，世界经济总体呈现趋稳态势，新兴经济体相对减速格局仍将维持，国内需求增长面临下行压力。预计中国经济增长7.5%左右，CPI涨幅3.2%左右。中国经济仍处在高速增长向中高速增长过渡的阶段，维持7%—7.5%的GDP增速，既有利于为体制改革和结构调整创造相对宽松的宏观环境，也有利于逐步增强微观主体对中速增长的适应能力。

表7　2014 年中国经济核心指标展望

核心指标	2014 预测数
GDP 增速	7.5%
CPI 涨幅	3.2%
M2 增速	13.8%
财政赤字率	2.1%
投资增速	18%
出口增速	8%
城镇新增就业人数	1000 万

资料来源：DRC

国际经济总体趋稳，我国出口维持低增长

国际金融危机爆发后，经过近几年的调整，全球经济再平衡取得一定进展，一些新迹象和新趋势有望对世界经济格局的重塑产生深远影响。然而，结构性改革、增长方式转型和新技术新产业发展，实质性的突破和进展仍低于预期。

当前，全球经济仍处在政府债务危机的后期，短期经济趋稳态势的可持续性，仍面临刺激政策退出的严峻考验。政策退出成为未来一段时间世界经济发展趋势的重要影响因素。如果主要发达经济体宽松的货币政策退出过于迟缓，则向新一轮泡沫或货币危机发展的风险将加大。如果政策退出过于激进，则可能引发需求不足导致的衰退。然而，决定性的因素仍是结构改革的进展，如果新产业新技术发展能产生足够推动力，同时发达经济体高福利体系的调整、政府债务的削减、劳动力市场灵活性增强能迈出实质步伐，那么世界经济有望从根本意义上走出危机，重新出发。

从短期态势看，2014 年世界经济总体有望趋于稳定。欧洲经济走出衰退将增强全球经济的增长动力，美国经济有望继续温和增长，日本经济将略有放缓，新兴经济体潜在增速整体有所放缓态势不会明显改观。预计 2014 年全球经济增速将略高于 2013 年，我国外部经济环境和外需状况有望小幅改善。但受我国出口竞争力变化和在发达国家市场份额趋稳影响，预计 2014 年中国

全年出口增长仍将维持在8%左右的低水平上。

债务上限和利率抬升问题仍会冲击美国经济

美联储QE退出虽正式启动，可以预见其退出幅度和节奏仍不会过于激进。美国债务上限调整问题，深刻反映了两党的严重分歧，由此导致政治失能问题，短期难以妥善解决，仍会成为2014年影响美国市场波动的重要因素。QE逐步退出，会导致流动性小幅收紧，由此带来的利率进一步上升将抑制房地产复苏，也会抬高消费信贷和商业融资成本，不利于私人消费和投资的增长。但考虑市场预期已经在长期利率上有所反映，利率上升幅度将有限，而且财政收支减缩幅度较2013年收窄，美国经济调整取得实际成效，就业状况逐步改善，房地产和汽车消费继续恢复态势，2014年经济增长仍有望略高于2%。

欧盟经济逐步走出低谷，成为新的稳定力量

欧盟正逐步走出债务危机引发的经济衰退。默克尔优势连任，有利于欧盟和欧央行政策的连续性，也有利于欧元区朝“欧元巩固”的方向发展。目前除欧洲火车头德国经济回升态势明显外，作为第三大经济体的意大利也在逐渐好转，英国经济表现积极，西班牙等南欧国家出现向好迹象，2013年三季度欧盟有望实现正增长。2014年将延续这一态势，并推动全球市场信心改善，但考虑到高企的失业率、私人部门负债率偏高和结构调整缓慢，欧盟经济增速超过1%的可能性仍较小。

日本经济刺激效应缩减，增速将有所回落

受非常规宽松货币政策、刺激性财政政策的支撑，以及汇率大幅贬值效应，2013年日本经济逐步走出通缩，预计全年GDP增长2.6%左右。但三大支柱中的结构性改革难以短期见效，加上2014年4月消费税率由5%提高到8%，对消费增长形成抑制，“安倍经济学”的短期效应缩减。即便日本政府采取相应的财政刺激，以抵消其影响，但能源、资源进口成本上升、物价和长期利率上涨、政府债务压力增加、奥运经济的短期拉动作用尚小，2014年日本经济增速可能会下降到1.5%左右，中日贸易难有明显改观。

新兴经济体相对减速格局仍将维持

美欧经济复苏，将拉动发展中国家特别是制成品出口国的经济增长，也

有助于通过出口渠道促进我国经济企稳，从而带动大宗商品市场复苏，有利于资源出口国的经济增长。但由于潜在增长率相对下降的态势短期不会逆转，2014 年发达经济体逐步回升、发展中国家相对减速的增长格局将维持不变。特别是美国 QE 退出的影响、资本流动的冲击，以及通胀压力等，仍是新兴市场稳定发展的潜在风险因素。

内需面临一定下行压力，但总体就业压力不突出

2014 年固定资产投资增长 18% 左右

在我国固定资产投资占比中，制造业占 34%，房地产占 25%，基础设施占 21%，其他服务业占 14%，农业和采矿业合计占 6% 左右。从目前的态势看，2014 年投资变动主要取决于房地产和基础设施，二者都面临较大下行压力。房地产区域格局日益分化，三四线城市供给已相对过剩；土地购置面积已经连续 22 个月负增长，房屋新开工面积增速较低；部分城市库存较高，资金趋紧；保障房投资规模明显减缓，预计 2014 年房地产投资增速有可能下降至 16% 左右。因融资平台负债率较高、税收收入下滑、土地收入增幅下降，地方政府投资能力不足；随着简政放权、放宽准入，民间资本参与的积极性提高，但短期替代作用有限。预计 2014 年基础设施投资增长将有所放缓。

表 8　固定资产行业构成和增速预测

主要行业	在投资中占比（%）	2014 年增速预计（%）	
		基准情景	乐观情景
制造业	34	17.0	19.0
房地产业	25	16.0	19.0
基础设施	21	18.0	22.0
其他服务业	14	23.0	26.0
农业	2.8	22.0	28.0
采矿业	3.2	8.0	10.0
合计	100	17.7	20.6

受终端需求不振、产能过剩及利润偏低等因素影响，制造业投资增长总体趋稳，但结构上将继续分化。钢铁、化工、建材等重化工业峰值临近，投资增速将持续下降；医药、仪器仪表、文化办公用机械等成长性产业，投资将实现高增长。服务业中，文化体育、商务服务、节能环保、批发零售等产业投资有望继续高增长。相对于传统制造业、基础设施和房地产，成长性行业支撑作用尚不足。在基准情景下，预计2014年固定资产投资增长18%左右，对经济增长的贡献略有下降。

消费增长保持基本稳定

2013年以来，居民收入增幅下降、企业效益不佳、结构性就业困难等是消费增长放缓的直接原因。同时，随着“三公”消费泡沫被挤出，高端餐饮娱乐场积极面向市场转型，大众网络消费蓬勃兴起，对消费增长趋稳提供了支撑。2014年商品房销售前景不容乐观，与住宅相关的装修、建材、家电、家具等消费将受抑制。电子商务、信息网络、小额贷款服务等持续完善，信息、文化、教育、健康、旅游等消费热点不断涌现，消费结构逐步改善。预计2014年社会消费品零售总额增长13%左右，对经济增长的贡献略有上升。

关于短期就业（下限）与物价水平（上限）

2014年GDP增长7%可保障就业问题不恶化

随着我国人口结构的变化，新增劳动力总量压力已经明显减弱。15—60岁的劳动人口，在2012年已达到峰值。按照20—60岁的劳动人口计算，2014年全国净增劳动力也仅为183.5万，2017年后将负增长（图35）。因此，当前我国城市新增就业压力，主要不是来自城市新增人口，而主要来自农村转移人口。

过去五年，我国平均转移农村人口1680万。根据我们最近的测算，到2022年中国农村还有1.06亿人口（包括劳动力和其抚养人口）需要转移，平均每年转移人口约1100万，其中劳动力略为780万。按此测算，未来五年我国年均新增城市就业岗位860万，就可以满足农村人口转移和净新增劳动力的需求。

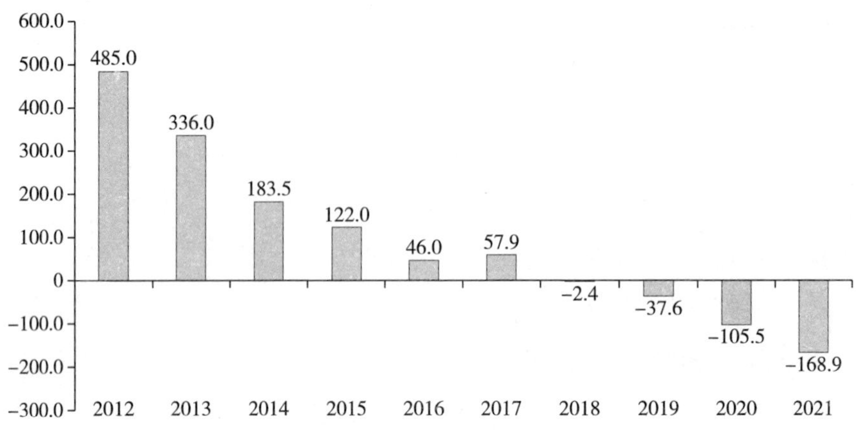

图 36　2012—2020 年每年净新增劳动力（20—60 岁，万人）

资料来源：人口计生委，六普人口数据

随着经济规模和产业结构的变化，GDP 增长的就业拉动能力扩大。2003 年 GDP 增长 1 个百分点需要的名义增加值约 1500 亿，到 2013 年，增加到 6000 亿，是前者的四倍。同时，产业结构也朝着有利于增加就业的方向转变。第二产业每亿元增加值吸纳就业量约为 1058 人，第三产业为 1348 人，后者超过前者约 30%。近十年来每个 GDP 增长百分点拉动新增就业数量总体呈上升态势。2008 年以前，GDP 增长一个百分点，拉动就业增加不足 100 万人，而目前上升到 140 万—160 万人（图 37）。

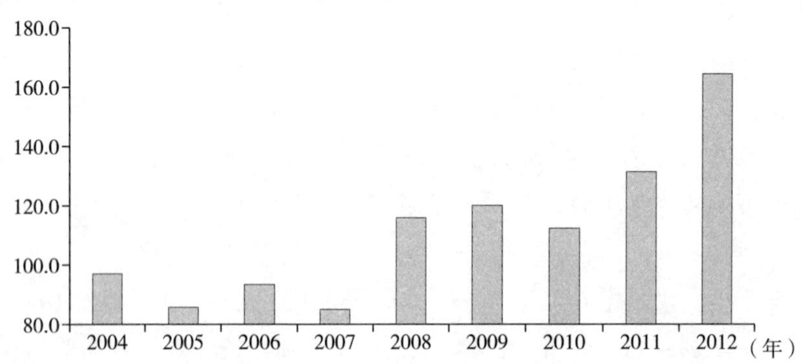

图 37　GDP 增长 1 个百分点拉动的新增就业人数（万）

资料来源：DRC

“十二五”规划提出五年间新增就业4500万人，即每年城镇新增就业900万人。2008年以来，GDP每增长1个百分点，新增就业平均为129万人，据此推算，“十二五”规划的就业目标所要求的GDP增速底线为7%。近三年GDP每增长1个百分点，拉动新增就业平均为136万人，实现年新增就业900万人目标，GDP增速底线为6.6%。

因近年城镇新增就业均超过预期目标，完成“十二五”目标的压力不大。但考虑到大学生就业困难等结构性因素，以及吸纳更多的农村劳动力到城市就业等，为确保2014年城镇新增就业目标和劳动市场相对稳定，短期经济增长底线目标应保持在7%。

物价水平有条件控制在3.5%以内

2014年，我国物价总体处于温和上涨周期，加上存量货币偏多、劳动力成本上升和房价上涨、即将实施水资源和土壤保护计划等，食品、服务和居住类价格总体仍将看涨。三中全会部署的有关要素价格若在2014年顺利启动，也会对物价上涨形成一定压力。但也应看到，受美国QE退出和全球需求温和增长的影响，大宗商品价格上涨压力不大。PPI涨幅有望缓慢变正，但产能过剩会继续抑制工业品价格上涨，CPI和PPI仍存在一定幅度背离。2014年整体物价上涨压力比2013年略高，但仍处相对温和状态，预计CPI上涨3.2%左右。由于刺激政策退出节奏及影响的不确定性，加之流动性总体充裕，如果出现其他供给侧意外冲击，不排除涨幅超过3.5%的可能。

第三部分　有效改革与经济危机的赛跑

2013年的中国，倍受关注。这是新一届中央领导施政的头一年，也是揭开新一轮改革方向谜底的关键年。

随着十八届三中全会的胜利召开，一份相对超预期的全面深化改革方案的推出，改革激情再次被点燃，全国人民和国际市场的预期都为之改善。但绘制蓝图仅仅是第一步，改革必须动真格，接下来关键看执行力和落实程度。特别是在潜在增长率下降、增长动力转换的大背景下，如何处理好速度与效率、促改革与控风险之间的关系，显得尤为关键，也倍加困难。近现代经济增长历史显示，大国崛起过程中无一例外都经历了严重的经济危机，而且在时点上看，我国目前的阶段正是风险高发期。中国的崛起进程能避免一次严重的经济或金融危机吗？

从本质上讲，经济危机和深化改革，都会触发或推动经济结构调整和发展方式转变。只是前者是一种市场的自我纠正，更激进，冲击和震荡力度更强，而且方向性更不确定；而后者是一种风险意识下的主动纠正，方向会更清晰，短期冲击相对较小，但达成共识并付诸实施比较难。中国新一轮改革的重启，其实已经开启了一场“改革与危机的赛跑”。而如何在推动有效改革与坚守风险底线之间寻找平衡，成为决定这场赛跑结局的关键。

我国当前经济运行中的四大突出风险

当前，流动性风险、房地产泡沫、地方债务风险和产能过剩问题，是我国经济运行中十分突出的四大风险。这四大风险通过影子银行、土地、地方融资平台、国有企业等渠道，相互交织、相互传导，形成一个风险传递的循环（见图38），短期改革的推进和政策的选择，都需要在不触发经济危机与促进长期结构调整之间寻求平衡。

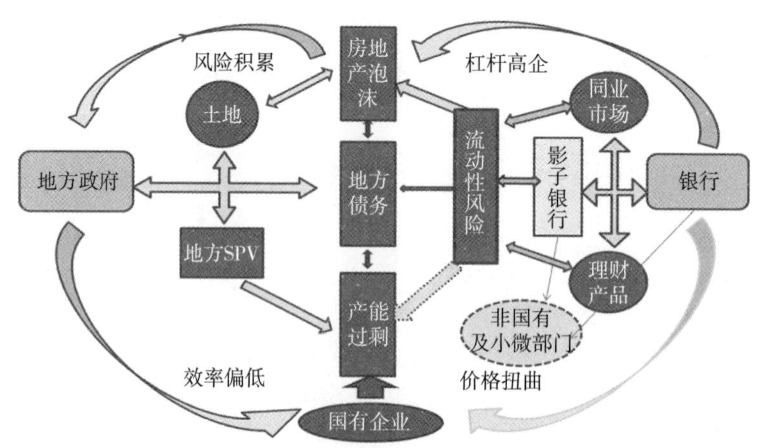

图38　中国经济运行中的风险循环

资料来源：陈昌盛（2013）

资金配置扭曲，流动性风险凸显

货币总量巨大与资金价格高企并存，短期利率与中长期利率倒挂，已经充分暴露了我国经济运行的深层矛盾，金融系统资源错配引发的流动性风险十分突出。房地产泡沫和隐形政府担保，支持货币信贷的快速扩张，金融资源配置扭曲状况加大，推高市场利率，并挤出中小企业的资金需求。大量新增资金被直接或间接配置到房地产、地方基础设施等领域，而其他实体企业负债并没有与货币、社会融资同步增长。

近年来，我国货币供应量增速明显高于 GDP 名义增速，社会融资规模快速扩张，目前 M2 与 GDP 比例接近 200%，流动性总量充足。但是，受金融系统资源错配、期限错配等问题影响，大量资金并不服务于实体投资，而仅仅是维持资金链的运转。不断加长的资金链条，对市场的轻微波动或央行的流动性政策都越来越敏感，资金价格中枢攀升，流动性风险不断积累。2013 年 6 月的“钱荒”事件，已充分暴露了我国金融系统的脆弱性。其实，从 2011 年以来，我国资金价格就持续存在短期利率与长期利率严重倒挂的问题（见图 39）。这说明金融期限、结构错配问题已经十分严重，高杠杆部门（影子银行和中小金融机构）流动性的弦已经绷得很紧。

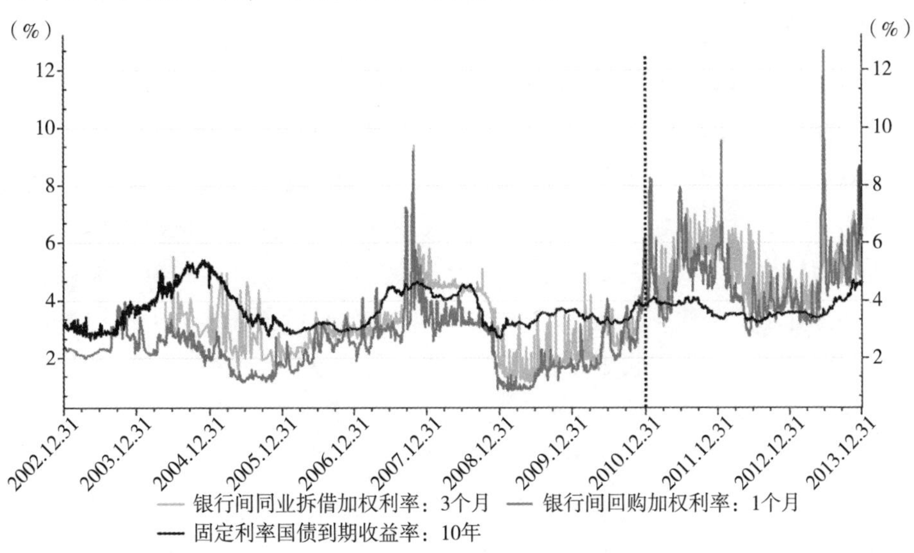

图 39　短期利率 2011 年以来超过长期利率

资料来源：DRC

房地产市场趋势性分化，风险进一步积累

以往一二线城市和三四线城市，房地产市场变化趋于一致，而且一线城市往往具有先导、带动作用。但经过近年来的迅猛发展以后，房地产市场区域格局发生了趋势性分化。

三四线城市呈现住房和土地供给“双松”状态。由于住房供给持续增加，人口集聚速度趋缓，三四线城市开始出现供大于求局面。但在现行财政框架下，为了推动市政建设和维持财政平衡，政府仍继续供应土地，导致住房供求关系更加宽松。不断涌现的“鬼城”显示，一些城市住房供给过快增长导致泡沫破裂的风险进一步加大。

与此相反，一二线城市则呈现住房与土地供给“双紧”状态。由于就业吸纳能力提高和公共服务较为完善，城市规模仍处于持续扩张状态，刚性需求旺盛，但这些城市住房用地占比偏低，土地和住房供给相对不足，价格上涨压力较大，导致价格攀升，并带动相关资产泡沫化的风险进一步积累。

产能过剩严重，实体经济整体效益下降

我国当前的产能过剩，呈现行业面广、绝对过剩程度高、持续时间长等特点。在传统产业中，产能过剩已经从钢铁、电解铝、水泥和汽车等行业，扩展到焦炭、电石、铁合金、铜冶炼、纺织、石化等行业；在新兴产业中，受地方多种刺激政策推动，碳纤维、风电、LED、锂电池、光伏等，都出现明显产能过剩。而且，越是政府高度重视、严格审批控制的行业，产能过剩现象越突出。其中，投资规模较大的重化工业和国家鼓励发展的新兴产业，往往是地方赖以提高地方生产总值和税收的重要着力点，产能过剩情况尤为严重。市场化程度高、企业进退门槛较低的竞争性领域，虽也有产能过剩现象，但多处于正常水平，属于周期性过剩。在增长阶段转换、中长期潜在增速下降背景下，经济增长下行压力和产能过剩的矛盾将进一步加剧。如果市场需求放缓，很可能导致整个行业处于利润低下甚至亏损状态，大面积破产、倒闭的风险增加，并可能引发金融和财政风险。同时，产能过剩导致低水平恶性竞争，使行业利润率处于极低水平，优秀企业无法脱颖而出，产业难以实现优胜劣汰和转型升级。

根据我们2013年下半年对3545家企业所在行业产能过剩情况的调查，

71%的企业认为目前产能过剩“非常严重”或“比较严重”。截至目前，企业设备利用率仅72%，比2012年低0.7个百分点。其中，制造业设备利用率仅70.8%，比2012年低1个百分点。设备利用率低于75%的企业，占制造业企业总数的55%。由于地方保护和缺乏有效退出机制，过剩产能调整进展缓慢。67.7%的企业认为，要消化目前的过剩产能，需要“3年以上”的时间，其中认为“需要5年及以上”的企业占到22.7%。

地方债务问题突出，局部风险需要高度关注

近年来，地方融资平台融资和政府负债规模急剧膨胀。根据审计署的最新审计报告，截至2013年6月底，我国各级政府负有偿还责任的债务达到20.7万亿元，负有担保责任的债务2.9万亿元，可能承担一定救助责任的债务6.7万亿元，三项累计达到30.3万亿（见表9）。政府负有偿债责任的债务余额占GDP的比例达到36.7%，考虑或有债务中政府的有关责任该比例已达到40%①。

与2010年的审计结果比较，地方债务的风险仍在积累。第一，地方政

表9　中国政府性债务规模

年度	政府层级	政府负有偿还责任的债务（政府债务，下同）	政府或有债务	
			政府负有担保责任的债务	政府可能承担一定救助责任的债务
2012年底	中央	94376.72	2835.71	21621.16
	地方	96281.87	24871.29	37705.16
	合计	190658.59	27707.00	59326.32
2013年6月底	中央	98129.48	2600.72	23110.84
	地方	108859.17	26655.77	43393.72
	合计	206988.65	29256.49	66504.56

资料来源：国家审计署（2013）

① 审计署（2013年），《全国政府性债务审计结果》（2013年12月30日公报）。

府债务增长依然较快。截至2013年6月底，省市县三级政府负有偿还责任的债务比2010年增加了38679.54亿元，年均增长20%，其中，省级、市级、县级年均分别增长14.4%、17.4%和26.6%。第二，地方政府性债务对土地出让收入的依赖程度较高。截至2012年底，11个省级、316个市级、1396个县级政府承诺以土地出让收入偿还的债务余额高达3.5万亿元，占省市县三级政府负有偿还责任债务余额的37.2%。第三，部分地方和行业债务负担较重，局部风险恶化突出。审计显示，有3个省级、99个市级、195个县级、3465个乡镇政府负有偿还责任债务的债务率高于100%；其中，有2个省级、31个市级、29个县级、148个乡镇2012年政府负有偿还责任债务的借新还旧率超过20%。随着经济增速回落，税收收入增长将放缓，房地产市场波动影响土地财政收入，而支出刚性强，地方财政收支矛盾会比较突出，一些地方融资平台面临资金链断裂，局部地区爆发债务风险的可能性增加。

坚持底线思维与四大风险的防范控制

增长阶段转换要特别重视底线思维

所谓经济运行的底线，就是特定阶段维持经济稳定运行的下行临界点。如果超过临界点，将会引发系统性风险或危机。中国经济正处在增长阶段转换和寻求新平衡的关键期。增长阶段转换实质是增长动力的转换，是原有竞争优势逐渐削弱、新竞争优势逐渐形成的过程，也是原有平衡被打破、重新寻找并建立新平衡的过程，经济稳定运行的区间收窄，脆弱性增大。因此，在这一时期，底线思维比以往更为重要。

增长阶段转换期守底线的关键是控风险。由于中国“速度效益型”增长模式尚未改变，如果经济增速短期内过快下滑，将会出现中央、地方财政收入大幅下降，企业盈利能力和水平滑坡，亏损面持续扩大，财政金融风险将可能集中爆发。底线守不住，将会成为系统性财政金融风险的触发器。因此，当前守底线，以防止短期内经济增长大幅度滑坡为重点，稳定经济运行的质量和效益，有效控制和化解财政、金融、产业等方面的风险，把矛盾和问题控制在社会可承受的范围内，为微观主体进行调整，增强对新增长阶段的适应性，争取必要的时间和空间，促使增长阶段平稳转换。

四大风险交互传递的内在机制

地方政府债务、房地产泡沫、严重产能过剩和流动性风险，这四大风险相互影响、相互转化，共同推高了资金杠杆和经济运行的脆弱性。其基本运行机制如下：

首先，地方融资平台依托政府的显性和隐形担保，在行政冲动、经济增长（GDP）和基础设施建设目标的推动下，往往不计成本融资。同时，由于房价过高，存在暴利预期，但受到融资限制，房企总是存在资金饥渴症，并努力通过非传统渠道获取资金。这二者一起推高了整体资金边际价格，使大多数实体经济无力负担。

其次，制造业严重产能过剩和融资平台资金效率偏低，使得利润水平远低于融资成本的现象相当普遍，降低了整个社会的基础资产质量。实体经济盈利并不足以支撑高企的资金价格，导致资金进一步脱离实体部门。这使得大量本来有创新能力、可盈利的实体部门，也无法得到必要的金融资金支持，整个实体部门的盈利水平进一步恶化。而且由于我国的产能过剩问题，不少与国有企业和地方政府直接干预有关，受流转税为主税制激励、经济增长目标以及就业考虑的影响，很多产能过剩行业无法通过市场机制实现优胜劣汰。

再次，银行主导的金融机构，在追求利润和规避监管的驱动下，开始寻求通过表外业务和同业业务扩张资产，影子银行作用明显增强。特别是中小银行和其他金融机构，为支撑长期资产扩张，资金来源高度依赖同业市场和短期理财产品。杠杆不断被推高，融资链条不断拉长，资金在金融系统内自我扩张过快，并与实体经济相脱节。高成本资金无法流向其他实体部门，特别是有活力的中小实体企业，而是最终又流向房地产和地方融资平台，使本来就错配的资源问题进一步积累、杠杆率进一步加高。

最后，由于中小银行及影子银行以大量短期负债支撑长期资产的扩张，资产负债期限、结构、投向的错配问题不断积累。这些机构的资金链滚动与维持，高度依赖从同业市场、理财市场持续获取短期资金。但当资金的净借（流）出者（主要是四大国有银行）感到资金链收紧（季度或年底结算、央行流动性收紧等），对资金借出稍微收缩，货币市场资金价格就会快速跳升。

而资金价格越走高，使得各机构对系统性流动性短缺更担忧，即便短期资金充足的机构也不愿拆出资金，一定程度出现“有价无市”局面，使得资金紧张机构拆借更困难，进一步推高价格。2013 年 6 月和 12 月正是这种情况。这极易引发流动性危机，进而触发全面的金融危机。

防范四大风险爆发需多方面入手并安排好优先序

短期内控制风险、坚守底线成功与否，关键是能否逐步解开这四个风险循环结，同时不触发系统性危机。应在强化约束、落实责任的前提下，以局部风险的有序释放赢得全局稳定。其一，建立有效退出机制，并减少政府的保护和干预，让“僵尸企业”有序退出，促使实体经济逐步恢复盈利能力。其二，切实稳定房价和改变市场预期。促进存量房地产进入交易，抑制房价上涨态势，进而抑制房地产企业对高成本资金的追逐，压低金融边际资金成本。最直接有效的措施是加快全国房地产联网、实名登记，加快集体土地入市步伐，并明确全面开征房产税的过渡时间。这既有利于增加住房有效供给和地方财政收入，又可以改变房价预期。其三，通过发行特别国债、成立地方资产管理公司等措施，对地方融资平台进行分类清理，隔离不良资产。建立明确的惩戒机制，条件成熟时试行地方发债，规范和重建地方政府偿债能力和融资能力。其四，积极盘活存量货币，在维护金融正常功能的同时，加强对同业业务和表外业务监管，引导银行等金融机构降低杠杆，重点支持实体经济发展。促进房地产和地方融资平台优先稳步去杠杆，然后金融业跟进，不能仅从金融业单边推动去杠杆。从政策操作性看，可将逐步扭转短期与长期利率倒挂作为重要的中介目标。

在控制风险前提下促进经济向新常态过渡

现阶段，我国经济发展仍存在诸多有利条件，比如“改革红利”依然较大，城镇化潜力巨大，东部地区新竞争优势正在形成，中等收入人群壮大和居民消费升级方兴未艾等。但受人口结构老龄化、技术进步速度放缓、耐用消费品普及程度提高、基础设施趋近饱和等因素的影响，潜在增长率开始下降，由原来 10% 左右的高速增长向 7% 左右的中高速增长转变。

新常态——速度下台阶，质量上台阶

过去三十多年，经济增长主要依托低成本要素组合优势，今后将更多地依靠企业和个人的创新活力，拓展创新空间，促进产业转型升级；效率提升从主要通过农业劳动力向非农产业转移，转向重点通过产业内部的竞争和重组、不断淘汰低效率企业。如果这种转换能够顺利实现，我国经济可以在一个相对低的增长速度下良好运行，规模与质量、速度与效益的关系达到一种新的平衡，增长速度“下台阶”和增长质量“上台阶”得以同时实现，经济运行从高速增长过渡到中高速增长的新常态。

根据我国自身条件和国际经验，一个可以积极争取的新常态应具备以下特征：第一，经济增长从原来10%的水平，逐步过渡并稳定在7%左右；第二，经济增长对投资的依赖程度下降，投资率从目前48%左右逐步回落到40%左右，消费对经济增长的贡献则明显提升，服务业呈加快发展态势；第三，7%左右的增速能创造与劳动力供给相协调的工作岗位，产业升级与人力资本提升基本适应，中等收入人群稳步壮大；第四，在相对低速增长环境下，企业可以实现正常盈利，政府财政和居民收入保持稳定增长；第五，资本深化顺利进行，创新动力明显增强，劳动生产率提升能有效抵减劳动成本上升的影响。

经济中出现向新常态过渡的积极迹象

第一，东部地区逐步适应了中速增长的宏观环境。近年来东部地区经济增长已下降到7%左右，目前呈现企稳态势，企业转型升级步伐明显加快，经济运行的质量和效益改善。一些低效企业被市场淘汰，亏损企业和亏损额下降，大部分企业经营状况逐步趋于正常。高技术和新兴产业发展势头良好，民间投资活力恢复。东部地区PMI景气指数也高于中西部。

第二，在经济增速较长时期回调过程中就业总体稳定，没有出现大规模失业问题。全国职业岗位供求保持着需求略大于供给的状况，求人倍率（需求人数/求职人数）略高于1，特别是技术工人、熟练工人、基础工程师需求缺口较大。虽然存在大学生就业难等结构性问题，但从目前统计数据看，就业压力增长与增长速度放缓之间的“关联度”已明显降低。

第三，在相对低速增长状态下，企业亏损面下降。以往在工业增加值增速为10%左右或低于10%时，企业亏损情况会比较严重，亏损额占主营业务收入达到2%以上，1997—2000年期间就是这种情形。自2012年5月以来，工业增加值增速一直在10%附近及以下，但企业亏损状况总体好于历史水平，亏损额占主营业务收入维持在0.8%左右。既低于1997年来1.4%左右的历史均值，也略低于2003年以来快速增长时期0.9%的平均水平。这说明7%左右的GDP增速和10%左右的工业增加值增速，可以基本维持企业的正常运营。

第四，企业对未来经济增长持有比较理性的预期。根据国务院发展研究中心2013年10月的调查，企业家认为当前经济正常增长率为7.2%，五年后会继续下降。针对“未来两年内，经济增速在什么情况下需要政府加大政策刺激”这一问题，81.4%的企业认为“7%以下”。其中，认为“6%以下政府才应该出手刺激”的企业占到34.4%。企业普遍反映，当前政府宏观政策总体是适度的，从稳定企业经营和预期的角度，希望保持宏观政策的稳定性。与以往不同，面对新的宏观环境，企业主动转型、加强创新的意愿明显增强。

当前调整经济结构的着力点是切实降低成本

向新常态过渡，在宏观上表现为经济转型和增长动力的转换，就微观企业而言，核心在于降低成本和提升效率，盈利能力和水平对简单规模扩张的依赖程度下降，盈利模式从“速度效益型”转向“质量效益型”。

“六大高成本”是当前企业转型升级和结构调整面临的突出挑战。一是劳动力成本相对于劳动生产率过快上涨。企业的主要应对策略是“机器替代人工”，但面临一次性投入过高、市场前景不明等风险，很多企业无力负担。二是资金成本过高。由于金融资源配置扭曲，资金充裕与价格高企并存，融资难、融资贵成为许多调整、转型中的实体企业难以逾越的障碍。三是土地成本过高。土地供给不足和价格过快上涨，一些东部地区仅能部分满足大型企业的用地需求，服务业发展也受到地价、房租的制约。四是流通成本偏高。不仅传统商业运行模式受高物流成本约束，网络销售、网店等新模式，也同样受高物流成本的影响。五是知识产权保护成本过高。由于知识产权保护不力，执行成本过高等问题，很多有创新能力和意愿的企业，因创新产品、新技术容易被仿冒和剽窃，担心创新投入与收益严重不对等而被迫放弃。六是准入成本依然很高。国务院发展研究中心（2013）的调查显示，有38%的企业希望通过进入其他行业实现企业转型，其中，纺织、服装、化纤、有色等行业超过50%的企业有转行的意愿，但普遍反映所看好的行业进入门槛依然很高，看得见和看不见的政府干预依然过多。

无论是降低以上六大成本，还是控制与此密切相关的四大风险，都离不开在坚守底线的前提下有效推动改革，通过改革有序释放已经积累的风险，打破风险循环恶化机制。地方政府债务、房地产泡沫、严重产能过剩和流动性风险，相互作用、相互转化、相互助推，是当前经济运行中最突出且难以预料的风险。如果经济增速短期内过快下滑，或者某一领域风险被激化，系统性财政金融风险则可能集中爆发。因此，保持宏观经济基本稳定，防范和控制风险，推动有效改革，依然是今后一段时期经济工作的首要任务。

表 10　中国未来十年经济增长与结构展望(2014—2023 年)

	2012	2013	2014	2015	2016	2017	2018	2019	2020	2021	2022	2023
人口	1354	1361	1368	1374	1378	1384	1389	1394	1399	1402	1406	1408
GDP												
现价人民币	518942	574486	640523	713251	791252	876977	971050	1073301	1184203	1300631	1425847	1561596
现价美元	83584	92659	105004	118875	134110	148640	167422	185052	207755	232256	254616	283927
GDP 增长率	7.7	7.7	7.5	7.4	6.9	6.8	6.7	6.5	6.3	5.8	5.6	5.5
就业增长率	0.4	0.3	0.2	0.1	-0.2	-0.1	-0.2	-0.2	-0.1	-0.1	-0.2	-0.2
劳动生产率增长率	7.2	7.3	7.2	7.3	7.1	7.0	6.9	6.7	6.5	6.0	5.8	5.7
人均 GDP												
2010 年美元	5159	5529	5916	6324	6740	7170	7623	8093	8578	9052	9539	10047
1990G-K 国际元	9212	9802	10414	11055	11706	12375	13074	13793	14533	15253	15987	16750
现价美元	6188	6740	7603	8570	9636	10636	11934	13144	14709	16398	17934	19961
现价人民币	38415	41895	46485	51531	56947	62881	69349	76369	83978	91958	100549	109888
经济结构(期末)												
GDP 支出结构												
投资率	47.8	47.6	47.6	47.1	45.9	44.6	43.5	42.2	40.7	39.0	37.5	36.0
消费率	49.5	49.6	49.7	50.1	51.3	52.6	53.8	55.0	56.6	58.2	59.8	61.2
产业结构												

第一产业	10. 1	10. 0	9. 6	9. 3	9. 0	8. 7	8. 4	8. 0	7. 6	7. 1	6. 6	6. 2
第二产业	45. 3	44. 0	43. 6	43. 1	42. 4	41. 6	40. 9	40. 2	39. 5	38. 7	37. 9	37. 2
服务业	44. 6	46. 0	46. 7	47. 5	48. 6	49. 7	50. 7	51. 8	53. 0	54. 2	55. 4	56. 6
就业结构												
农业	33. 6	32. 6	31. 7	30. 7	29. 7	28. 7	27. 6	26. 6	25. 5	24. 7	23. 9	23. 0
第二产业	30. 3	29. 9	30. 0	30. 0	29. 9	29. 7	29. 6	29. 5	29. 4	29. 1	28. 8	28. 6
服务业	36. 1	37. 4	38. 3	39. 3	40. 4	41. 6	42. 7	43. 9	45. 1	46. 2	47. 3	48. 4

参考文献

[1] 刘世锦等，《中国经济增长十年展望（2013－2022）：寻找新的动力和平衡》，北京：中信出版社，2013年。

[2] 刘世锦，余斌，陈昌盛，《守底线、去杠杆、调结构，保持经济平稳运行》，国务院发展研究中心内部报告，2013年。

[3] 刘世锦，余斌，陈昌盛，《努力促进经济向新常态平稳过渡》，国务院发展研究中心内部报告，2013年。

[4] 刘世锦等，《陷阱还是高墙？——中国经济面临的真实挑战和战略选择》，北京：中信出版社，2011年。

[5] 世界银行和国务院发展研究中心，《2030年的中国》，北京：中国财经出版社，2013年。

[6] 白重恩、谢长泰、钱颖一，“中国的资本回报率”，《比较》第28辑，中信出版社，2007年。

[7] 陈昌盛，“中国经济已经进入增长阶段转换的关键期”，《经济纵横》，2013年10期。

[8] 许宪春，“中国未来经济增长及其国际经济地位展望”，《经济研究》，2002年第3期。

[9] 孙琳琳、任若恩，“中国资本投入和全要素生产率的估算”，《世界经济》，2005年第12期。

[10] 王小鲁、樊纲、刘鹏，“中国经济增长方式转换和增长可持续性”，《经济研究》2009年第1期。

[11] 余斌、陈昌盛，“顺应新常态，需求新平衡，培育新动力”，《上海证券报》，2012年10月31日。

[12] 翟凡、李善同，“结构变化与污染排放——前景及政策影响分析”，《数量经济技术经济研究》，1998年08期。

[13] He，Dong，Zhang，Wenlang，Han，Gaofeng and Wu，Tommy T.，Productivity Growth of the Non－Tradable Sectors in China（March 19，2012）. HKIMR Working Paper No. 08/2012. http：//ssrn. com/abstract＝2025802.

[14] Jane Golley and Rod Tyers，2006：China' s Growth to 2030：Demographic Change and the Labour Supply Constraint College of Business and Economics Australian National University，Work paper.

[15] The World Bank. 2013：Global Economic Prospects，Volume 6，January 2013. Washington，DC：World Bank. 1.

[16] Dale W. Jorgenson，Koji Nomura，2007：The Industry Origins of the US-Japan Productivity Gap，Economic Systems Research，Vol. 19，Iss. 3

[17] Song，Michael Zheng，Kjetil Storesletten and Fabrizio Zilibotti，2011，"Growing like China，" *American Economic Review*，101：202－41.

抓改革、稳投资、控风险，保持经济在预期合理区间运行

2014 年一季度经济形势分析与全年展望

（2014 年一季度报告）

国务院发展研究中心经济形势分析小组

2014 年初以来，终端需求增速放缓，经济下行压力加大，但短周期见底信号增多，增长“失速”的可能性不大。与房地产市场分化和产能过剩相关联的金融产品风险开始显露，但演变为系统性风险的概率较低。经济结构有所改善，制造业盈利水平趋稳，就业、CPI 等指标尚属正常，经过努力全年经济增长有望处在预期目标的合理区间。应坚持稳中求进、以稳促进的总基调，在继续实施积极财政政策和稳健货币政策的同时，加快风险梳理处置，疏通金融体系功能，增强经济活力；尽快出台一批见效快、带动作用强的改革措施，稳定投资增速；积极推动重点领域改革，培育增长新动力，构筑经济运行新平台。

经济下行压力加大，局部风险开始显露

一季度，消费、出口、房地产和基础设施投资等终端需求增速放缓，制造业投资和工业生产出现一定幅度下降，经济下行压力加大。实体经济压力进一步向金融体系传递，与房地产分化和产能过剩相关联的金融产品风险开始显露。在需求减缓、风险增加的同时，结构调整取得进展，供给侧初现积极变化，成为稳定经济增速、改善预期的重要力量，也有助于经济运行寻找

新平衡点。

终端需求回落，制造业投资和工业生产放缓

2014 年一季度，消费同比增长 12.2%，比 2013 年全年下降 1.4 个百分点。受银行收紧贷款、商品房销售萎缩、房屋新开工面积增速下降等影响，房地产开发投资增长 16.8%，比 2013 年全年增幅回落 3 个百分点。受地方债务压力加大、税收和土地收入下降、治理影子银行等影响，基础设施投资增长 20.9%，比 2013 年全年增幅回落 0.3 个百分点。一季度出口负增长 3.4%，剔除虚假贸易的基数效应后实际增长 3% 左右，对经济增长贡献有限。

消费、出口、房地产和基础设施投资是经济体系中的终端需求，决定着中间品的投资和生产走向。终端需求不振，导致制造业投资和工业生产增速明显放缓。一季度，制造业投资增长 15.2%，比 2013 年全年增幅下降 3.3 个百分点，仅相当于近 5 年平均增幅的一半。工业增加值同比增长 8.7%，为 2009 年三季度以来最低增幅。分行业看，投资导向的重化工业和出口导向型行业中的电子行业降幅较大。其中，有色、电力比 2013 年全年分别下降 1.1 和 2.6 个百分点。反映工业生产状况的其他指标也有所回落。3 月，社会用电量同比增长 7.4%，比 2013 年下半年明显降低。前 3 个月，汇丰中国制造业指数均处于荣枯分界线下方，且下行趋势明显。

实体经济压力进一步向金融体系传递，局部风险开始显露

在高速增长阶段，当出现周期性经济下行时，企业可以通过自我调整等待下一轮需求扩张；银行依靠信贷规模扩张以消化不良贷款；地方政府经营土地、加大基础设施投资，起到经济内在稳定器作用。进入增长阶段转换期后，潜在增长率明显下降，原有景气循环周期被打破，风险消化机制不再继续有效，但市场主体行为并未及时调整。地方政府土地财政难以为继，企业接受沉没成本主动化解过剩产能的意愿不足，银行为避免当期贷款损失会极力支持劣势企业的运转，金融资源配置效率下降，经济活力不足。

经济增长超预期回落，实体经济压力进一步向金融体系传递，与房地产分化和产能过剩相关联的金融产品风险开始暴露。“超日债”违约，中诚信托、吉林信托等部分信托产品支付困难，一些公司被资信机构列入观察名单或降低评级；杭州、南京等部分地区的房地产商出现资不抵债情况，银行的

不良贷款有所上升；部分担保公司退出市场，民间借贷风险事件增多，个别金融机构出现挤兑事件。

局部金融风险暴露已影响到整体市场预期。特别是“刚性兑付”惯例被打破，提升了金融机构和投资者的风险意识，国债和信用债收益率分化，银行对房地产、过剩产能行业的贷款更为谨慎，表外业务收缩。3 月，新增人民币贷款同比少增 124 亿元。同时，信托贷款同比少增 3317 亿元，企业债券融资少增 1411 亿元。对于难以直接获得银行信贷支持的企业而言，融资渠道收窄，资金压力加大，在影响经济增速的同时，触发更多风险点的可能性加大。

结构调整取得进展，供给侧积极因素增多

2013 年，第三产业增加值占 GDP 比重及其对经济增长的贡献均超过第二产业。一季度，第三产业发展延续了 2013 年的态势，增加值增长 7. 8%，比第二产业高出 0. 5 个百分点。服务业 PMI 平均达到 52. 7，比制造业高 2. 4 个百分点，继续保持良好发展势头。

服务业快速发展，加上经济规模持续扩大，就业对经济增速下降的适应性提高。2013 年 GDP 增长 7. 7%，城镇新增就业达到 1310 万人，GDP 增长 1 个百分点带动城镇新增就业 170 万人。如不考虑产业结构变化，仅就经济增长与就业的关系计算，GDP 增长只要达到 7%，就足以完成 2014 年城镇新增就业 1000 万人的预期目标。

制造业转型升级取得积极进展。面对生产要素价格上升和传统市场萎缩，不少制造业企业积极探索“腾笼换鸟”“机器换人”“空间换地”“电商换市”等多种措施，努力降低成本、提高效益。2014 年前两个月，制造业企业利润增长 14. 8%，超出工业企业平均水平 5. 4 个百分点。在部分行业增速下降，甚至出现全行业亏损的同时，传统消费品行业发展稳定，汽车、通用设备、专用设备、医药等高端制造业生产和利润增长较快。随着简政放权、小微企业减税、工商登记等重点领域改革的推进，新注册企业快速增长，企业创新、创业活力增强。

总体上看，当前我国经济正处在向中高速增长阶段转换的关键期。在寻找新平衡点的过程中，由于市场预期不稳，经济运行具有不稳定性、脆弱性

等特点，长期积累的潜在风险也会逐步释放。经济增长出现短期波动是难以避免的。从年初以来的情况看，尽管经济增速回落超出预期，但供给侧出现积极变化，整体经济效益处于合理水平；劳动力需求较旺，就业压力趋弱；CPI 运行正常，没出现通缩迹象。这说明经济运行与基本面所能支撑的潜在增速基本吻合，不宜因短期增速变化而对整个经济运行状态做出过于消极的估计。随着房地产市场趋势性分化和调整过剩产能等，局部风险开始暴露，但只要处置得当，就不会演变为系统性风险。

全年经济增长有望处在预期目标的合理区间

从国际环境和全年走势看，出口环境将有所改善，4 月以后增速回升的可能性加大；消费增长稳中有升，对经济增长的贡献有所提高；在政府加大铁路建设和棚户区改造等领域的政策力度后，投资增速降幅有限。总体看，需求侧的冲击温和可控，并无进一步加剧的迹象，供给结构调整将对经济稳定增长提供一定支撑。如果能在调结构、换机制的前提下“稳投资”，则全年经济增长有望处在预期目标的合理区间。

出口环境有所好转，全年增速与上年基本持平

美国量化宽松货币政策逐步退出，对美国经济的负面影响有所显现。2013 年下半年住房按揭贷款利率上升，已经对购房意愿产生影响，进而影响耐用消费品支出的增长。年初以来，制造业和服务业 PMI 指数，以及消费者和投资者信心指数都有所回落。特别需要关注的是，随着再工业化战略的实施，美国充当“全球最后消费者”的角色逐步弱化。

虽然面临通缩压力，但欧元区投资、消费、出口均出现积极变化，核心国家的经济增长企稳向好。2014 年前三个月，制造业和服务业 PMI 均在荣枯线上方，与 2013 年下半年相比有明显回升，投资信心指数持续上升。宽松的货币政策将维持欧洲经济复苏，进而对全球经济产生积极影响。克里米亚事件增加了欧洲经济的风险，但由于能源供应和双边贸易对俄欧两大经济体都关系重大，进一步恶化的可能性不大。

此外，受新经济政策影响，日本经济已连续五个季度实现正增长。但目

前政策效应开始减弱，消费税率提高等也将影响其复苏进程。发达经济体的好转将增加对新兴经济体的出口需求，进而拉动其经济增长，但新兴经济体相对减速格局仍将维持。

总体而言，2014 年全球经济增长略高于 2013 年，我国外部需求有所改善。2013 年我国综合有效汇率升值 7%，对出口形成较大压力。2014 年从单边升值转为双向浮动，近期人民币兑美元贬值 2% 左右，再加上国内 PPI 持续下行，有利于出口企业降低成本，提高竞争力。预计在基数效应消失后出口增速将明显回升，全年增长与上年基本持平。

投资增长面临一定下降压力

2013 年，新开工项目和施工项目计划投资总额分别增长 14.2% 和 16.2%，比 2012 年回落 13.9 和 1.3 个百分点，可以结转到 2014 年的投资项目规模收缩。1—2 月，新开工项目增加个数与 2013 年相比下降 3%，也说明投资增长面临一定下降压力。

在当前的投资结构中，制造业占 34%，房地产占 25%，基础设施占 21%，其他服务业占 14%，农业和采矿业占 6% 左右。受终端需求不振、产能过剩、成本上升和利润偏低等因素影响，制造业投资，尤其是重化工业投资可能进一步收缩。房地产区域格局日趋分化，二三线及以下城市供给相对过剩，库存明显增加。一季度，商品房销售额同比均负增长 5.2%，房地产开发企业投资更加谨慎，房屋新开工面积大幅下降 25.2%。预计全年房地产投资增速将回落至 16% 左右。地方融资平台负债率较高、税收收入下滑、土地收入增速下降，地方政府基础设施投资能力不足；政府停建楼堂馆所，部分地方官员投资热情有所降低，也会在一定程度上影响基础设施投资增长；简政放权、放宽准入，将提高民间资本参与基础设施建设的积极性，但体制、机制障碍较多，短期替代作用有限。服务业投资保持稳定上升态势，但占比较低，支撑作用不足。综合上述分析，预计 2014 年固定资产投资增长 17% 左右。

消费增速将略有提高

2013 年餐饮收入同比增幅下降 4.5 个百分点，影响社会消费品零售总额增长 0.4 个百分点。2014 年一季度，消费实际增速同比上升 0.1 个百分点，如果剔除房地产销售下降的相关影响，一般性消费回升幅度更大。其中，餐饮收入同比增长9.8%，比2013年同期和全年分别提高1.3和0.8个百分点，餐饮企业通过调整经营策略，经营状况企稳回升。

信息、文化、教育、健康等新消费热点进一步扩展，消费结构逐步改善。服务业消费占比已达到40%左右，但缺乏相关统计数据，难以跟踪其变化。从CPI分类数据看，前三个月服务类价格涨幅高于消费品类1.2个百分点，说明居民服务消费需求旺盛。2014年是房屋竣工高峰期，与住宅相关的装修、建材、家电、家具等消费有望在下半年回暖。城镇和农村居民人均收入同比增幅在2013年下半年触底回升，将带动2014年居民消费增长。预计2014年消费品零售总额增长略高于2013年13.1%的水平，对经济增长的贡献有所上升。

CPI全年涨幅略低于3%

一季度，CPI、PPI同比上涨2.3%和-2.1%，短期内通胀压力不大，工业品市场仍然面临通缩。社会融资总量同比下降，3月M2增幅比2013年同期下降3.6个百分点，推动物价上涨的货币因素减弱。粮食生产实现“十连增”，猪肉价格回落至盈亏平衡点以下，将抑制食品类CPI的上涨。受工业品价格回落影响，消费品价格上涨幅度有限；一季度，服务类价格与2013年相比略有下降，全年涨幅与上年持平。但要素价格改革的推进可能对物价上涨形成一定压力。预计CPI全年涨幅略低于3%。

综合上述分析，当前经济增长面临的下行压力主要表现为投资增速回落，“稳投资”是实现全年预期目标的关键所在。为此，需要特别关注并处理好稳增长与控风险、需求管理与推进改革之间的关系。就稳增长与控风险的关系而言，在潜在增速明显下降之后，维持过高的经济增长，必然会推动信贷规模进一步扩张，增加地方政府债务，加大资产泡沫和财政金融风险；经济增速过低，尤其是短期增速过快下滑，将导致产能过剩进一步恶化，银行的不良贷款率明显上升，则可能触发系统性风险。因此，如何谨慎地将经济增速稳定在一个并不宽裕的合理区间，对控风险至关重要。就需求管理与推进改革而言，针对经济的短期波动，特别是大幅波动，采取适宜的刺激措施是有必要的，需求管理不应被排除在政策储备之外。但若没有调结构、换机制的配合，这类刺激措施有可能延缓甚至强化原有的增长方式。改革措施有供给侧和需求侧之分，有见效慢和见效快之别。在抓好相对慢变量的重大改革的同时，可优先启动需求侧、见效快的改革措施，可以在短期内起到扩需求、稳增长，对刺激政策发挥替代效应的作用，同时通过换机制、调结构，有助于培育中长期增长新动力。

抓改革、稳投资、控风险，培育经济增长新动力

针对当前经济运行中存在的问题和面临的挑战，抓改革、稳投资、控风险至关重要。应坚持稳中求进、以稳促进的总基调，继续实施积极财政政策和稳健货币政策。在货币政策保持基本稳定的同时，高度关注美国QE退出后短期资本流动的冲击，保持社会融资规模适度增长；密切监控局部金融风险暴露的影响，防止风险加快显露和增速下降相互叠加；理顺投融资渠道，加大对实体经济的支持力度，提高资金配置效率。进一步发挥财政政策在扩张需求、增强供给侧活力等方面的作用，在适度增加支出、扩大减税范围的同时，与改革措施密切结合，放大综合效应，积极推进相关重点领域的改革，着力培育经济增长新动力。

近期，以调整投资结构、稳定投资增速、化解金融风险为重点，积极推进相关重点领域改革和政策调整，可采取如下政策措施：

• 清理规范地方融资平台，推进地方政府合规融资。我国仍处在后发追赶进程中，具有良好经济效益或社会效益的投资项目较多，提高人均资产占有水平仍是我国经济增长的主要动力之一，也是激发近期经济活力的重点方向。一些地方融资平台杠杆率过高，风险不断累积，进而影响到地方政府整体的投融资能力。应按分类指导原则，在制定严格监管措施的同时，清理规范地方融资平台，允许符合条件的地方公开发行建设债券，恢复投融资能力。

• 发挥政策性金融机构对住房和基础设施建设的支持作用。在现有政策性金融机构中，扩展机构职能或进行内部改造、整合，发挥国家信用的优势，在不增加地方和行业负债率的情况下，加大对基础设施投资。按三中全会的改革部署，设置专门的政策性金融机构，支持住房、城市重大基础设施等

投资。

• 积极化解局部风险。重点关注个别地区房地产市场风险和产能过剩行业的金融产品风险。局部风险暴露有提高风险意识、防止风险累积的正面效果，但也会通过预期、资金链收紧等途径扩散到其他领域，带来负面影响。应做好舆论引导、风险隔离、社会保障等配套工作，做好相关处置预案和政策储备，有序释放已经积累的各种风险。

• 推动资产证券化，盘活存量。在扩大试点规模、完善相关法规、提高管理水平的同时，通过资产证券化，可以增强流动性，拓展融资渠道，增加金融机构化解风险的手段，改善金融机构的资产负债管理，也有助于缓解小微企业贷款难、贷款贵的问题。

• 治理产能过剩，推动产业结构调整。产能过剩是影响当前经济活力，制约金融体系功能的主要环节之一。过剩产能占用大量新增资金，抬高资金边际利率，提高融资成本。要充分发挥政策、法律、标准的引导、约束和保障作用，建立以市场机制为主导，市场调节与政府调控相结合的政策体系，加快化解过剩产能。

• 与结构性减税政策相结合，积极推进加速折旧。扩大加速折旧的范围，缩短最低折旧年限，有利于技术进步和节能减排的设备投资提高首年折旧率，中小企业设备投资可当年折扣。通过加速折旧鼓励企业加大设备投资、加快淘汰落后产能和转移过剩产能，提高产业竞争力。

• 加强改革措施的衔接和整体推进。总体而言，改革有利于经济增长，但短期需要付出一定的成本和代价。在严控“三公”经费支出的同时，一些财政资金闲置，积极盘活存量资金，发挥拉动经济增长的作用；纠正地方政府唯 GDP 论的同时，应强调发展方式转变等增长目标，防止进取意识弱化的倾向；清除公务员灰色收入和隐性福利的同时，结合公务员养老保障制度改革，适度提高公务员工资待遇水平；继续清理整顿景区会馆、严刹奢靡之风的同时，引导鼓励高档餐饮业向大众化餐饮服务业转型；对处于转型期的大型餐饮企业，可适度给予信贷支持。

从中长期考虑，应把有利于稳增长、调结构、促转型的重大改革放在优先位置。推动以破除行政性垄断、促进竞争为重点的基础产业领域改革，提高非贸易部门的效率；围绕降低企业综合成本，推动土地、金融、流通、知识产权保护等领域改革，增强企业盈利能力，促进企业转型升级；加快服务业的对内、对外开放，破除各种隐性壁垒，形成平等进入、公平竞争的市场环境；适当提高中央政府债务占 GDP 的比重和当年财政赤字率，利用中央政策的负债潜力，加大社会公共服务设施建设，缓解地方政府和企业现实的债务压力。

（执笔：刘世锦　余　斌　陈昌盛　吴振宇）

稳投资、重质量、防风险，促进经济向新常态平稳过渡

2014年上半年经济形势分析与全年展望

（2014年二季度报告）

国务院发展研究中心经济形势分析小组

2014年上半年，受短周期调整和中长期增长阶段转换共同影响，经济下行压力加大。同时，结构调整和改革措施初见成效，企业利润、财政收入等效益性指标有所好转。展望下半年，国际经济环境改善，国内稳增长政策效应集中显现，下行压力可能有所缓解，全年经济增长有望处在预期目标的合理区间。在保持宏观政策连续性、稳定性的同时，将稳投资作为重点，着力推进相关领域改革，释放经济内在增长潜力，加快化解过剩产能、地方融资平台和房地产市场风险，更加重视增长质量，促使经济向新常态平稳过渡。

经济运行质量提高，地区分化和局部风险凸现

2014年初以来，内外需求扩张步伐放缓，经济下行压力加大。1—5月，投资、消费、出口同比增速分别比2013年同期回落3.2、0.5和13.9个百分点。占固定资产投资比重34%和20%的制造业和房地产业，投资增速比上年同期分别下降3.6和5.9个百分点，超过投资平均降幅。预计上半年规模以上工业增加值增长8.7%，低于2013年同期0.6个百分点。同时，经济运行质量和效益有所改善，不同行业、地区之间差异扩大，局部金融

风险显现增多。

经济运行质量和效益有所改善

在经济增速回落的同时，经济运行的质量和效益有所改善，反映市场主体开始调整并逐步适应增长阶段转换的宏观环境，也表明结构调整和改革措施初见成效。

第一，企业盈利水平好于预期。1—5 月，工业企业利润同比增长 9.8%，高于工业增加值增速 1.1 个百分点；主营业务利润同比增长 9.1%，比 2013 年下半年平均提高 4—5 个百分点。主营业务利润与利润总额增速基本同步，说明企业盈利能力和水平的提高主要源自生产状况改善。

第二，财政收入增幅回升。1—5 月中央财政收入同比增长 6.3%，高于 2013 年同期 6.2 个百分点。自 3 月以来地方财政收入增长逐月回升，5 月当月达到 11.2%，高于 GDP 名义增速。

第三，就业和城乡居民收入稳步增长。虽然 GDP 和工业增加值增速回落，但受经济规模扩大和服务业占比上升等因素影响，城镇新增就业人数保持稳定。一季度求人倍率比 2013 年同期和年底均有所提高，前 4 个月新增就业人员 473 万人，略高于 2013 年同期水平。一季度，城镇居民人均可支配收入和农村居民人均现金收入实际增幅均高于 2013 年下半年。1—5 月，城镇居民最低生活保障人数同比减少 5%。

第四，服务业呈现加快发展态势。5 月，服务业 PMI 为 54.4，高于制造业 3.6 个百分点；服务业用电量同比增长约 6.5%，比制造业高 2 个百分点左右。一季度服务业拉动 GDP 增长 3.8 个百分点，超过第二产业 0.4 个百分点，在经济增长中的重要性持续上升。

行业分化明显，影响区域增长表现

行业分化程度进一步扩大。1—5 月，制造业、采矿业、电力燃气及水的生产供应业，增加值分别增长 9.9%、3.8% 和 4.3%。与 2013 年相比，后两个产业与制造业增速差距分别扩大了 1 个和 1.9 个百分点。制造业内部差异也在扩大。有色金属、医药、汽车制造业呈现高增长态势，增速超过 13%；纺织业、纤维制造、石油、黑色金属压延业同比增速均在 7%—8% 之间，低于平均水平。

行业分化影响到区域经济表现。从企业调查数据看，中部地区企业对当前经济状况的判断较为悲观，西部次之，东部地区相对乐观。分省看，以能源、原材料产业为主的地区，企业经营困难加剧，经济下行压力较大，甚至出现“区域塌陷”现象；汽车、医药等高端制造业占比较高的省市，经济增速相对稳定；积极推动转型升级、调整优化经济结构的区域，在投资增速相对较低的情况下，地区增加值、企业利润、财政收入、居民收入等保持了稳定增长。

局部地区和领域金融风险显现增多

随着经济增速下降，实体经济压力进一步向金融体系传递，与产能过剩行业、房地产业和地方融资平台相关联的金融风险较之前增多。亏损企业亏损额以超过10%的速度增长，商业银行不良贷款率从3月底的1.04%，快速上升到4月底的1.58%。逾期贷款增加较快，预计不良率仍将继续上升。信托产品兑付危机事件增多。杭州、南京等部分地区的房地产商出现资不抵债情况，部分担保公司退出市场，民间借贷风险事件增多，个别金融机构出现挤兑事件。

当前，过剩产能调整仍未到位，房地产需求可能进一步萎缩，地方融资平台还本付息压力加大。而2014年、2015年也是国内信托、债券和地方政府性债务还本付息高峰期，金融风险暴露的概率加大。需要特别关注的是，金融转型、结构调整产生的新增风险与存量风险相互叠加，增加了金融体系的脆弱性。同时，金融风险、财政风险以及社会风险等相互交织转化，复杂性和严重程度可能超出预期。

总体上看，上半年经济运行状况符合增长阶段转换期“速度下台阶、质量上台阶”的变动趋势。能源、原材料等重化工业和房地产业是高速增长阶段的主要动力来源。增长阶段转换，与这些产业峰值临近或进入调整阶段互为因果。化解过剩产能和泡沫，对于产业结构单一的地区会形成较大冲击，也会诱发金融风险。当前需要增强宏观调控的针对性，精准发力，在不推高杠杆率的情况下将经济增速保持在合理水平，为结构调整、培育新增长动力、防范和化解风险创造有利条件。

投资增长是实现全年预期目标的主要变量

5月以来，多项指标出现积极变化，经济下行压力有所缓解。展望下半年，出口形势明显好转，消费增长基本稳定，投资增长是实现全年预期目标的主要变量。

国际经济环境改善，出口增长将明显回升

受能源价格下降和房地产市场好转等因素影响，美国经济保持了良好复苏势头。5月，成屋销售环比增长4.9%，显示房地产市场在连续数月走弱后趋于平稳；6月，失业率降低至6.1%，为2008年9月以来的最低水平；制造业PMI为55.3，虽比上月下降0.1个百分点，但仍处较高水平。欧央行的基准利率保持在低位，将推动欧元区经济复苏。一季度GDP增长0.9%，比2013年四季度加快0.4个百分点；5月，失业率降至11.6%，创2012年10月以来的新低；6月，制造业和服务业PMI均在荣枯分界线上方，分别保持了12个月和11个月的扩张。受调整消费税税率影响，预计二季度日本GDP按年率折算将萎缩5%—6%，但第三季度仍可增长约2%—3%。受发达国家经济回暖拉动，发展中国家经济也呈现稳定发展态势。

受2013年同期虚假贸易导致的基数效应影响，1—5月，我国出口增长-0.4%。但规模以上工业企业实现出口交货值同比增长4.9%，比2013年同期回落0.3个百分点，比较真实地反映了外部市场需求的变化。下半年，随着基数效应消失、国际市场需求回升和国内扩大出口政策的实施，以及外贸综合服务业等新业态的发展，出口增长将明显回升。值得注意的是，近期人民币兑美元重拾升值趋势，一定程度上影响出口反弹力度。预计全年出口增长6%左右。

内需增长出现积极变化，供给侧逐步向好

消费增长与上年基本持平。5月，社会消费品零售总额同比名义增长12.5%，比上月加快0.6个百分点。考虑到网络消费对实体渠道的分流作用，实际消费增幅可能更高。从结构上看，餐饮业调整经营策略已初见成效，限额以上企业餐饮收入增速逐月回升，1—5月比2014年同期提高

5.3个百分点；农村市场发展快于城镇，5月农村消费增长13.9%，高于城镇1.6个百分点。此外，2014年是房屋竣工高峰期，随着已预售住宅陆续交付使用，与之相关的装修、建材、家电、家具等消费有望在下半年回暖。城镇和农村居民人均收入同比增幅在2013年下半年触底回升，将带动2014年居民消费增长。预计下半年消费增长略有加快，全年增幅与上年基本持平。

投资增速降幅收窄，设备投资增长加快。年初以来，基础设施投资快速增长，弥补了制造业、房地产开发投资下降形成的缺口，缓解了投资下行压力。在制造业投资构成中，建筑安装工程投资增速出现下降，而设备投资增速明显提升，反映企业预期正趋于改善。5月末，M2同比增长13.4%，较上月提高0.2个百分点；银行间同业拆借加权平均利率为2.45%，比上月下降0.06个百分点；社会融资规模和人民币贷款余额同比增速较上月提升，资金供给增加，成本有所降低，有利于推动投资增速回升。

进入二季度，制造业增加值增速保持平稳，工业生产和用电量情况有所好转。6月，PMI指数已连续4个月回升，新订单指数上升幅度较大，反映市场信心和未来生产状况将进一步改善。

投资增长是实现全年预期目标的主要变量

从上半年经济运行情况和下半年发展趋势看，在剔除基数效应后出口增长与2013年大体相当，消费增长与2013年基本持平，投资增长是决定全年GDP增速的主要变量。根据过去几年数据测算，GDP对城镇固定资产投资名义增长的弹性为0.12。2014年GDP增长要达到7.5%，投资名义增速需要达到18%，比2013年降低1.6个百分点。

在固定资产投资构成中，2013年底制造业、房地产开发、基础设施三项占比合计为75%。上半年制造业投资比2013年全年低4个百分点，房地产开发投资大约低5个百分点。如果保持制造业和房地产业开发投资当前增速不变，即使考虑占比15%左右的其他服务业投资增速进一步提高，基础设施投资增速也需要达到25%以上。如果下半年房地开发投资继续下降，实现投资和GDP增长预期目标，基础设施投资增速还需进一步提高。

对增长阶段转换期若干问题的认识

增长阶段转换，表面上看是增长速度的换挡与调整，其实质则是增长动力的转换与接续，即原有增长动力的逐步回落和新增长动力的形成。近年来，出口、基础设施投资增速已明显下降一个台阶，房地产市场进入调整阶段。我国经济的高增长主要依赖于高投资，投资增速调整到位是增长阶段转换期“探底”成功和顺利迈向新常态的关键所在。经济增长能否在一个新的平台上保持稳定，一方面取决于新增长动力的培育，另一方面则取决于市场主体的调整与适应能力。

增长阶段转换期“探底”成功取决于高投资调整到位

近年来，支撑高增长的供给和需求条件发生趋势性变化，内外需结构、投资消费结构、产业结构快速调整，导致潜在增长率明显下降。具体看，主要体现为出口、基础设施投资和房地产市场的重大调整。

在加入 WTO 以后的十年中，我国出口年均增长 23%，对拉动制造业投资、增加城乡居民收入、促进经济增长等方面均发挥了重要作用。我国出口以工业制成品为主，长期以来出口增长与制造业投资之间形成稳定的正相关关系。国际金融危机后，全球经济格局发生重大变化，我国传统的低成本、低价格的竞争优势逐渐削弱，2010 年以来出口增速趋势性变化引起的调整持续至今，这也是制造业投资增长出现较大幅度回落的原因之一。近两年，出口增速已明显下降一个台阶，维持在 7% 左右的较低水平。

市政公用基础设施建设占全社会投资的比重，在 2003 年达到 8.0% 的高峰后持续下行，2012 年仅为 4.1%。包括市政建设、公路、铁路等在内的基础设施投资在过去十年快速增长，累积存量已超过国际上处于相似发展阶段国家的平均水平。高增长阶段，基础设施建设的经济、社会效益明显，土地招拍挂制度又为地方政府提供了资金来源，形成了基础设施建设和土地升值间的良性循环。2005—2010 年间，基础设施投资增速达到 25%，但 2011—2012 年已降低到 10%。受稳增长政策影响，2013 年和 2014 年上半年基础设施投资增速有所恢复。但是，随着同时具有良好经济效益和社会效益的项目日渐减少，房地产市场开始调整，基础设施投资增速将逐步回落到财政收入增长能够支撑的水平。

当前，出口、基础设施投资增速的调整已基本到位。如果房地产市场能够成功实现软着陆，则增长阶段转换期“探底”过程基本结束，我国经济运行将进入新常态的均衡增长期。

房地产市场软着陆是转向新常态的关键所在

房地产行业总量大、链条长、涉及面广，是拉动经济高增长的重要动力。利用投入产出表测算，过去五年，房地产业对 GDP 增长的综合贡献达到 2.5 个百分点。借助于按揭贷款等金融工具，房地产有效需求可以迅速放大，推动房地产市场及其相关产业高速发展。2000 年以来房地产开发投资平均增速高达24%，2010 年以来住宅年均新开工面积超过2006 年的两倍，房屋存量快速增加。根据我们测算，在整个工业化、城镇化发展时期，构成房地产投资70%以上的住宅投资的历史需求峰值约为1200 万—1300 万套，目前已经基本达到，房地产市场正处于从供不应求向供求基本平衡转变之中。未来房地产市场发展将逐步与 GDP 和人均收入增长、城镇化推进形成稳定的同步关系，对经济增长的带动作用将明显下降。

房地产行业与地方财政、融资平台、金融机构、相关行业乃至广大消费者利益密切相关。房地产行业面临的是一个历史发展拐点，增速回落具有必然性。但也要防止回落过快，否则可能成为一系列金融财政风险的引爆点。

我国城镇化率不高，居民新增和改善性住房需求潜力仍巨大。现阶段，适应房地产市场的阶段性变化，把握政策调整的节奏、力度与时机，促进增速平稳回落，实现房地产市场软着陆，是经济运行顺利转向新常态的关键所在。

实现“六可”目标是迈向新常态的重要标志

高速增长阶段，后发优势集中释放，需求扩张空间广阔。多种规模效应为市场主体创造了较为宽松的增长环境，同时也易于化解发展中的诸多矛盾和风险。速度优先战略具有一定的可行性。

增长阶段转换期，经济逐步进入相对稳定的增长状态，高增长阶段被掩盖的风险和问题可能集中暴露。在风险总体可控的前提下，后发优势的释放将更多依靠运行质量的提升。提高政府、企业、市场和社会对新增长阶段的适应性，在中高速增长的环境下，逐步实现“企业可盈利、财政可增收、就业可充分、民生可改善、风险可防范、资源环境可持续”的“六可”目标，意义更为重大。

向新常态迈进的过程中，利用某些调控手段，平抑经济波动、防止短期过快下滑是必要的，但需要评估这些措施对经济运行质量、风险、长远发展潜力的综合影响。更多关注经济运行的效益和风险指标，通过提升质量、降低成本、提高效率倒逼各项改革，最终可实现“速度下台阶、质量上台阶”。

实施“改革式刺激”，培育经济增长新动力

从短周期看，下半年需求侧有所改善，经济运行相对平稳。从中长期看，经济运行仍处在增长阶段转换期“探底”过程中，消费、投资、生产的增长尚未形成均衡、可持续的协调关系。随着稳增长政策效应逐渐减弱，2015 年经济增长仍面临下行压力。然而，面对累积的财政金融风险和刚性的就业压力，增长速度过快回落可能对经济、社会发展带来严重冲击。需要将需求管理与深化改革有机结合，放大综合效应，在有序释放风险的同时，保持经济增速温和调整，着力构筑经济运行新平台。

通过稳投资，缓解经济下行压力，为调结构、控风险创造有利环境

当前，应保持宏观调控政策的连续性、稳定性，加快落实已出台的各项稳增长措施，将稳投资作为短期调控的重点，缓解经济下行压力。近期可采取以下措施：

- 调整房地产相关政策，促进房地产市场稳定发展。一是调整和完善房地产信贷政策，加大对首次置业和改善性需求的支持；二是大幅降低交易环节税费，鼓励梯度消费；三是适时放开商品房市场的“限购”“限贷”，使市场能够正常发挥作用。
- 对货币政策进行微调，扩大降准范围和力度，适当增加资金供给，降

低资金成本。总体看，当前货币供应处于偏紧状态。2014 年初以来银行同业拆借利率虽明显下降、资金供给状况有所好转，但中长期贷款成本仍然处于高位，企业资金成本压力较大。

• 继续调整过剩产能，引导企业兼并重组。破除跨区域、跨所有制企业重组的障碍，加大对并购重组企业的金融和税收支持力度，完善企业兼并重组服务体系。

• 积极推进加速折旧。扩大加速折旧的范围，缩短最低折旧年限。对有利于技术进步和节能减排的设备投资提高首年折旧率，中小企业设备投资可当年折扣。通过加速折旧鼓励企业加大设备投资、加快淘汰落后产能和转移过剩产能，提高产业竞争力。

• 防控、化解局部金融风险。局部风险暴露有提高风险意识、防止风险累积的正面效果，但也会通过预期、资金链收紧等途径扩散到其他领域，带来负面影响。应加强舆论引导、风险隔离、社会保障等配套工作，有序释放已经积累的各种风险。

通过“改革式刺激”，着力培育经济增长新动力

当前，我国经济发展面临结构调整和动力转换等多重挑战。通过改革，释放经济内在投资需求，在短期和长期之间、需求和供给之间、增长和结构改善之间取得平衡仍有较大空间。当前，可实施“改革式刺激”，在抓好相对慢变量的重大改革的同时，可优先启动需求侧、见效快的改革，在短期内起到扩需求、稳增长、控风险的作用，并对中长期增长动力的培育、经济运行质量的提升起到积极作用。具体可推动以下几个方面的改革：

• 加快垄断领域改革，放开准入，通过扩大竞争提高全行业效率。一是放开石油、天然气、电力、铁路、电信等行业的准入限制和门槛，允许民营资本以独资或混合所有制形式进入，形成行业内竞争新局面；二是推动 PPP 模式在基础设施领域的发展，通过公私合营，降低政府投资压力，提高经营效率；三是推动城市基础设施领域建设的改革，鼓励企业参与垄断行业的竞争性环节，鼓励民营企业投资公共交通、垃圾处理等准公益性项目。

• 推动房地产领域改革，促进房地产市场健康稳定发展。一是加快设立住宅政策性金融机构，为棚户区改造、保障性住房建设等提供金融支持；二

是建立分层调控的管理体制，将更多的自主权和政策工具交给地方政府；三是改进住房公积金提取、使用、监管机制，提高公积金使用效率。

• 加大服务业特别是金融服务业的对内对外开放。成本上升是我国经济运行面临的主要困难，利用电子商务、物流、金融领域的创新和发展，可以大幅度降低企业运行成本，从而推动企业转型升级。把服务业作为下一步对外开放的重点，按照准入前国民待遇加负面清单的管理模式，着力推进金融、教育、医疗、文化、体育等领域的对外开放。与此同时，加快服务业的对内开放，凡是允许外资进入的，首先应允许国内资本进入，形成平等的进入、竞争环境。

此外，完善经济统计制度，提高统计数据可信度和完整性。进入大数据时代，政府、企业、个人对经济统计数据的依赖程度越来越高。统计数据的可信度、完整性不但是政府宏观决策的重要依据，也关系到全社会经济运行效率的提高。服务业占比已超过工业成为我国经济增长的主要动力，然而，目前还没有服务业运行情况的详细月度统计，数据的完整性急需提高。上一级统计部门对地方经济数据进行审核的程序，在一些地区演变为定指标与相互博弈的过程，应引起重视。

（执笔：刘世锦　余　斌　吴振宇　陈昌盛）

着力提质增效，改革释放活力，为新常态奠定基础

2014年经济形势分析及2015年展望

（2014年三季度报告）

国务院发展研究中心经济形势分析小组

在“三期叠加”的背景下，2011年以来经济运行总体呈持续下行态势。2014年，受房地产转折性变化影响，经济下行压力进一步加大。党中央、国务院坚持底线思维，对短期经济波动表现出足够定力，对以改革促转型展现出较大决心，采取一系列宏观调控和体制改革举措，经济运行基本平稳，全年经济增长处在预期目标区间。根据近年来经济结构调整的趋势和节奏，新阶段均衡增长点有望逐步确立，2015年增长预期目标确定为7%左右比较适宜。宏观政策应顺势而为，坚守底线，坚持速度服从质量，注重改革释放活力，为我国经济平稳转入新常态和“十三五”顺利开局奠定良好基础。

经济运行基本平稳，结构调整取得新进展

短期经济下行压力有所增加

1. 主要经济指标短期出现整体下滑

2014年以来，经济运行呈下行态势。进入三季度特别是8月后，下行压力有所加大，主要经济指标出现整体下滑。从需求侧看，除了消费基本稳定、受价格因素影响实际增速略有提高外，投资、出口增速降幅较大。从供给侧看，工业增加值增速月降幅达2.1个百分点，创2008年国际金融危机以来新

低；工程机械、发电量、化肥、原煤等工业产品产量负增长，汽车、集成电路、钢铁、水泥等增幅出现明显下降。同时，受风险控制和市场预期影响，银行惜贷与部分企业贷款需求收缩并存，新增贷款规模和贷款余额增速均出现回落。实体经济与货币信贷都呈下降态势，供给侧降幅超过需求侧。

2. 房地产转折性变化是下行压力加大的重要原因

根据国际经验，户均住房达到 1.0 套左右，房地产新开工面积往往达到峰值。2013 年我国城镇户均住房已达到 1.0 套，住房市场格局已从供不应求转向供求基本平衡和局部供给过剩。根据我中心测算，在 2013 年我国房地产新开工面积达到峰值后，从 2014 年开始逐步下降。2014 年以来房地产主要指标全面回落，其中新开工面积、销售面积、新建商品住宅销售均价等指标同比出现负增长。房地产投资增速持续下降，相对于 2013 年同期和 2014 年初降幅均达到 6.1 个百分点。仅此一项就直接拉低固定资产投资和 GDP 增速约 1.4 和 0.3 个百分点。如果考虑其间接效应，对整体经济的冲击将更加明显，成为短期经济下行压力加大的重要力量。

3. 产能过剩与价格下降放大了供给波动

供给侧调整幅度偏大、供需变动不匹配的主要原因包括：一是房地产投资快速回落，并向中上游传导，带动制造业、采掘业等部门的供给增长明显放缓。二是产成品库存被动增加，市场预期恶化，进一步降低产能利用率。8 月底工业产成品库存达到 3.7 万亿元，创历史新高，同比增长 15.6%，比 2013 年同期高 10 个百分点。三是严重的产能过剩压制 PPI 长期负增长，使其对短期需求波动的敏感度下降。PPI 作为工业部门最关键的价格信号，其作用减弱后，企业原本优先调整价格的策略改为被动调整产能，进一步放大供给侧的波动。另外，银行相对收紧了信贷，企业降杠杆力度有所加大，资产负债收缩会导致供给侧加快调整。如果需求不出现进一步恶化，短期供给侧的超调在随后几个月可能会有所缓和，但对市场预期的影响仍需要高度关注。

经济下行中结构调整取得新进展

与以往不同，在经济持续下行中整体效益并没有加速恶化，而且经济结构发生积极变化。

第一，经济下行对就业冲击不明显。随着我国人口结构的变化，新增劳动力总量压力已经明显减弱。1—9 月全国城镇新增就业达到 973 万人。从全国就业供求分析看，求人倍率稳定在 1.1 左右，总体上维持求大于供的格局。8 月，31 个大中城市的调查失业率为 5% 左右，较 2014 年初有所下降，并未随经济下行而走高。根据中心近期调查显示，2015 年预计增加招工的企业占 30.3%，持平的占 57.3%，减少的占 12.4%。

第二，主要效益指标基本稳定。以往效益指标总体呈高弹性特征，即增长速度越高，效益越好；增速回落，效益指标往往降幅更大。2014 年以来，在工业生产明显放缓的同时，效益指标基本稳定。1—8 月，全国规模以上工业企业利润总额同比增长 10%，比 1—7 月回落 1.7 个百分点，但企业主营业务利润率维持在 5.5% 左右；2014 年初以来亏损额累计同比增速呈下降趋势；财政收入和税收累计增速分别为 8.3% 和 8%。效益指标由强弹性变为弱弹性，表明市场主体逐步适应宏观环境的变化，盈利模式开始发生转变。

第三，风险累积但总体仍可控。我国债务余额占 GDP 比例达到 215% 左右。在增长放缓背景下，综合偿债压力会明显加大。当前，因房地产调整带来的部分中小开发商资金链断裂，采掘、钢铁等重化工业深度调整，以及中小企业经营困难加大等，导致一些金融产品出现违约，小贷公司破产，加上联保互保等因素，金融风险进一步暴露。商业银行不良贷款率呈上升趋势，而且拨备覆盖率总体有所下降。但自 2013 年以来，我国明显加大了对金融、财政风险的监管和处置力度。对影子银行、非标资产的监管和地方债务管理加强，银行风险有所释放，不良资产的核销处置加快。风险虽在累积但尚在可控范围。

第四，经济结构发生积极变化。2013 年我国第三产业增加值占 GDP 比重首次超过第二产业，2014 年上半年占比继续提高，达到 46.6%，服务业成为经济增长的最大来源。消费对经济增长的贡献稳步上升，超过投资成为经济增长第一动力。上半年消费拉动 GDP 增长 4 个百分点，比 2013 年同期提高 0.6 个百分点。近两年呈现出重化工业去产能，房地产挤泡沫，融资平台去杠杆，消费领域挤浪费等态势，总体有利于加快结构调整。

增长阶段转化进程总体平稳

向中高速过渡的过程中，在增长新均衡点确认之前，经济运行将持续承压。得益于中央“稳中求进”总基调下一系列宏观政策和结构改革的作用，迄今为止这一进程总体平稳。自2012年以来，经济运行在一个相对狭窄的范围内波动。在连续十个季度中，GDP当季增速最高值（7.9%）与最低值（7.4%）仅差0.5个百分点。展望2014年全年，预计经济增长为7.4%左右。在下行趋势中避免了大起大落，为各类市场主体有序转型创造了较好的宏观环境。

更为重要的是，伴随这一调整过程，经济效益没有大幅滑坡。目前工业增加值增速仅略高于金融危机时的水平，而企业效益、财政收入、就业状况则明显好于当时，这是判定当前我国经济调整总体健康，方向需要坚持的关键依据。转型难免阵痛，但必须做出取舍。正如近期房地产调整幅度虽较大，加大经济下行的压力，但必须看到这种调整是必经的阶段，总体是利大于弊的，是以“短痛”代替“长痛”的现实选择。

经济增长速度高一点，还是低一点，本身并不重要，关键看经济运行的质量。从国际经验看，经历较长时期高速增长的国家，在转型期容易犯速度依赖症，不愿接受增速下降的事实，从而采取强力刺激，往往导致矛盾进一步积累和拖延，甚至最终引发危机。在转型过程中，利用相关调控手段，平抑经济波动、防止短期过快下滑是必要的，但应坚持速度服从质量的原则，只要守住企业可盈利、就业总体稳定、不发生系统性风险的底线，经济增速低一点并不会引发严重社会冲击，反而有利于借助市场力量推动资产重组、结构调整和培育新增长动力。

新增长均衡点逐步临近，合理制定经济预期目标

确定2015年经济增长的预期目标，很大程度要看中高速增长期经济会在什么水平和什么时间上企稳。根据近年来支撑经济增长因素的变化和调整的节奏，预计新增长阶段的均衡增长点比目前仍低1个百分点左右，时间窗口在2016年前后。

新增长均衡点有望在6%—6.5%之间

增长阶段转换的实质是增长动力的转换。我国中高速增长阶段的动力结

构，既不同于原来快速释放后发优势阶段的挤压式发展模式，也不同于欧美经济体主要依靠创新驱动和消费主导的模式；而会呈现出规模经济和结构变动释放的增长效应仍发挥作用但日趋减弱，质量提升和全要素生产率贡献逐步增强的混合特征；是后发优势巨大潜力继续释放，同时创新前沿不断前推，模仿追赶与自主创新并重的阶段。我国增长潜力仍会高于主要发达经济体。

1. 潜在增速下降，未来5年平均为6.4%左右

中长期潜在增长率主要由劳动力、资本积累和技术进步等供给因素决定。首先，资本回报率已出现较大下降。我国资本回报率2009年以后出现了重大变化，由以前的平均17%左右下滑至12%左右，目前这种下滑态势还在继续，单位增量资本对增长的贡献明显降低。其次，人口结构和劳动力供给发生转折性变化，劳动力峰值已过，劳动力成本的持续较快上升，储蓄率趋于下降，传统低成本比较优势明显削弱。再次，技术进步速度明显放缓。1978—2011年期间我国全要素生产率平均增速为3.6%，自2011年以来已经降到1.1%。简单技术模仿空间变小，农业部门向非农部门转化释放的生产率提升效应明显减弱。综合测算，未来5年，我国经济潜在增速平均6.4%左右。

2. 需求调整速度决定新阶段企稳的时间

供给因素决定增长的均衡点，但向这个均衡点靠近的节奏和速度，则主要取决于需求则调整和结构变化的进度。

一是出口调整基本到位。从2002年到2011年出口年均增长23%，2012年以来出口增速下调至7%左右，但仍高于同期世界贸易增速，国际市场份额持续小幅提高。在近两年经济下调中，出口拉动行业的投资和增加值增速下降幅度相对较小。预计出口增长有望在较长时期维持在5%—10%的水平。

二是投资下调有望在近两年完成，增速在11%左右企稳。房地产市场进入转折期，投资增速有望在近两年内由过去25%左右快速下调到5%左右，然后相对企稳。钢铁、水泥等产值已处于峰值附近，重化工业产能整体过剩，汽车生产和消费进入相对较低的增长期，制造业投资增长已由过去30%左右下降到15%左右，有望在12%左右企稳。我国基建投资高峰期已过，未来仍有一定空间，但受地方财力、项目特点等限制，增速将由过去25%左右下降到13%左右。另外，服务业特别是生产性服务业等仍将保持快速增长，占整体投资比重会明显上升。

三是消费增长还有一定回落空间。随着经济增长放缓和劳动生产率增长减速，收入增长将有所放缓，住房、汽车带动的消费增长效应逐步减弱，信息等新消费形态会继续快速增长。预计最终消费支出和社会消费品零售总额实际增速分别回调到6%和10%左右。

由于需求端受短期因素干扰更明显，据此测算的GDP增速在2016年可能会调整到6%—6.5%的区间，基本与潜在增速的均衡水平持平。逼近均衡点的时间，是快一点还是慢一点，取决于短期扰动、宏观政策取向和经济社会的承受能力。根据需求结构变化和近几年经济调整的节奏，2015年和2016年是关键的窗口期，2016年最有可能调整到位。

2015年GDP预期增长设为7%左右较适宜

1. 全球经济继续分化，外需保持低速增长

世界经济仍处于危机后的大调整阶段，由于内部结构差异明显，各区域发展状况更趋分化，但总体有望维持低增长态势。一是美国经济增长稳定。虽然劳动参与率短期不会明显改善，但失业率已稳步下降到5.9%。受能源成本下降、消费和投资增长企稳、国际资本回流等因素支撑，美国经济有望维持稳定增长态势，预计2015年达到3%左右。二是欧盟经济降中趋稳。受高失业、低通胀和结构问题牵制，欧盟经济复苏乏力。宽松货币政策和欧元贬值，以及西班牙等南欧经济企稳，2015年欧盟经济有望止跌回稳。三是日本经济低位增长。消费税率提升引发经济增长大幅波动的效应减弱，再次提高消费税率的可能性不能排除。预计2015年GDP增长1.2%左右，略高于2014年。四是新兴市场国家增长小幅回升。受发达经济体需求带动，新兴市场经济增速将略有回升，但由于自身潜在增长率和大宗商品价格下降，以及资金外流等影响，回升势头依然脆弱。另外，美国2015年上半年加息对国际资本流动的影响，欧元区量化宽松的实际规模和效应，以及乌克兰等地缘政治危机的演变等，都是需要高度关注的外部不确定性因素。预计2015年我国出口增速7%左右。

2. **投资继续下行，消费稳中略降**

新执行的信贷政策，对2014年四季度和2015年房地产销售增长，特别是一二线城市会有积极作用，也有利于改善房地产开发企业的资金状况。但受转折性调整和高企的库存决定，房地产投资下行态势不会逆转，预计2015年房地产投资增速为7%左右。考虑加速折旧、税收优惠等政策，以及设备更新、新兴产业带动和出口趋稳等因素，制造业投资降幅不大，预计增长13%左右。若中央财政不扩大支持力度，基础设施投资增速将有所回落，公私合作（PPP）模式短期仍难担当大任。受收入增长小幅放缓、与住房相关的消费收缩，以及大宗商品价格走低等因素影响，2015年消费增长维持稳中略降态势。

2015年、2016年是“十二五”规划收官和“十三五”开局之年，也是我国经济平稳转入新增长阶段的关键时期。宏观政策需要顺应目前调整的趋势，并对短期意外冲击保持警惕，将经济波动控制在较小范围内。综合内外条件，2015年预期增长目标定在7%左右较为适宜。

以提质增效为中心，主动适应发展新常态

正确认识“三期叠加”的阶段特征，在经济增长向中高速靠近、呈现出新的常态化的关键时期，需要着力处理好速度与质量的关系，力争速度下台阶的同时质量上台阶；着力防控和化解风险，保持宏观政策的连续性、稳定性，在引导风险有序释放的同时，防止风险矛盾激化并引发系统性风险；着力将深化改革与扩大内需有机结合，坚持以开放促改革，把有利于稳增长、促创新的改革举措放在优先位置。2015年宏观政策总体思路，应继续坚持稳中求进、以进促稳，以提高经济增长质量和效益为中心，以深化改革和结构调整为动力，把防范化解风险放在更加突出的位置，继续实施积极财政政策和稳健货币政策，保就业、稳效益、控风险、促创新，推动经济社会平稳健康可持续发展。

• 继续实施稳健货币政策和积极财政政策。2015年应继续实施稳健的货币政策，保持社会融资总量的合理增长，在防止局部风险扩散的同时，为实体经济提供相对宽松的资金环境，稳健取向下政策要更加灵活；实施积极的

财政政策，适度扩大财政赤字，进一步发挥经济稳定器和促进结构改革的作用，并对投资可能出现的超预期下滑做好相关预案；赤字资金要重点用于综合减税，技改贴息，基础设施建设，并对投资可能出现的超预期下滑做好相关预案。着力盘活财政沉淀资金，优化存量资金结构。

• 加大企业债务重组支持，避免金融风险扩散。实体经济调整必然表现为金融资产的重新配置和价格重估，要防止由此引发的金融体系连环紧缩。加快银行债务重组，适当放宽商业银行不良贷款冲销的财务规定，允许免除的贷款本金或利息作为不良贷款进行冲销，抵免所得税。尽快将企业担保信息纳入征信系统共享，减少因信息不对称造成的资金错配。对于那些管理较好、产品有市场、有新产品和技术储备，但因债务压力导致经营暂时困难的企业，要给予信贷支持，并加快银行债务重组。

• 逐步释放改善性需求，促进房地产市场软着陆。房地产投资增速平稳回落是经济顺利迈向新常态的基础。在已经出台的信贷政策基础上，一是清理、调整房地产市场高速增长时期的税费政策，降低交易环节税费，鼓励梯度消费，有序释放居民改善性需求；二是研究建立利率和首付比例反向调节的机制，防范未来因基准利率下调可能引发的泡沫风险；三是适当收紧三四线城市住房土地供应规模，防止产能过剩问题在房地产领域蔓延；四是进一步完善住房保障方式，对市场供应量过大、库存较高的城市，可探索货币化安置、租金补贴等，也可集中采购普通商品房作为棚改安置房或保障房，促进社会住房资源优化配置。

• 促进汽车、信息、旅游等消费热点和网络购物等消费模式加快发展。政府消费退出、房地产及其相关消费增速快速下降后，新消费热点的培育需要进一步加强。包括新能源汽车在内的汽车产业正处于较快发展阶段，应该调整税费政策，加大对汽车生产和消费领域的支持。进一步加大信息化基础设施投资，降低信息消费门槛，以信息消费带动传统商业和产业的信息化改造升级。加强旅游、文化、健康等领域市场建设，促进居民生活服务业加快发展。

• 加快推动企业兼并重组，积极化解产能过剩；产能过剩是影响当前经济活力、削弱金融体系功能的主要原因之一。过剩产能占用大量新增资金，抬高资金边际利率，提高融资成本，造成资金错配。要建立以市场机制为主导，市场调节与政府调控相结合的政策体系，通过兼并重组，促进行业内优胜劣汰和制造业的结构升级。巩固结构优化成果，推动企业兼并重组，将需求增速下降的压力转化为供给结构优化升级的动力，通过产业结构调整和企业优胜劣汰，促进部门间、部门内生产效率的提高。

• 加快推进服务业对内对外开放，促进非贸易部门效率提升。生产性服务领域的创新和发展，可大幅度降低企业运营成本、推动企业转型升级。把服务业作为下一步对外开放的重点，按照准入前国民待遇加负面清单的管理模式，有序推进金融、教育、医疗、文化、体育等领域的对外开放。与此同时，加快服务业的对内开放，凡是允许外资进入的，首先应允许国内各类资本进入，形成平等的进入、竞争环境。完善服务业创新体系、标准体系、知识产权服务体系和统计体系建设。

• 通过深化改革促进扩大内需。改革措施既可能对短期增长带来冲击，也可能通过释放需求潜力，弥补有效需求不足。加快推进基础和垄断性领域改革，放开石油、天然气、电力、铁路、电信等行业的准入限制和门槛，允许民营资本以独资或混合所有制形式进入，形成行业内竞争新局面。在扩大投资需求的同时，提高供给能力、降低产品价格。推动城市基础设施领域建设改革，鼓励各类企业参与垄断行业的竞争性环节，鼓励民营企业投资公共交通、垃圾处理等准公益性项目。

• 加快科技创新体系建设，破除体制机制障碍，释放创新活力。我国研发投入比重持续提高，在航天、基因技术、信息通信技术、新材料等一系列重要领域拥有较强技术积累；传统产业与新兴产业结合改造升级潜力巨大，新技术的市场需求和产业化优势明显；拥有受教育程度高、成本低的技术人才优势；已经形成多个各具特色的区域性的创新中心。然而，受教育体制、人才体制、科研立项、知识产权保护、行业规制等诸多方面影响潜在创新能力未得到充分释放。应加快理顺体制障碍，培育创新创业文化，构建新常态动力基础。

（执笔：刘世锦　余　斌　陈昌盛　吴振宇）

2015 年

全面提升要素生产率
与转型再平衡

攀登效率高地

刘世锦

过去的一年，决策层以“新常态”概括中国经济所处的新阶段，并获得广泛共识。2014 年 5 月，习近平总书记在河南视察时提出要关注中国经济发展的新常态，此后在亚太经合组织工商领导人峰会和中央经济工作会议上，从不同角度对新常态进行了系统阐述。实际经济运行则展现了新常态的诸多特征。经济增长延续回落态势，7.4% 的增长为一些年来的新低，但增长态势总体平稳。就业状况较好，大学生就业难等结构性问题趋缓；企业效益和财政收入有所下滑，尚属稳定；居民收入增长与经济增长大体同步，农村居民收入增长更快一些；雾霾天气的“浓度”和广度使人们更加切身感受到环境压力的挑战，而单位产出的能耗和碳排放水平大幅下降；金融财政风险较多显露，但仍守住了不发生全局性、系统性风险的底线。更重要的是，中国的经济结构正在经历着堪称历史性的重要转折。消费超过投资，服务业超过工业，经济增长更多地依靠内需、依靠要素生产率的提升，这些讲了许多年的转型变化已经和正在发生。由旧常态转到新常态，所面临的问题、矛盾、挑战多于其他时期是必然和正常的。从国际经验看，许多经济体正是在这个时期出了大的问题，甚至陷入危机。中国经济在过去一年能够稳住阵脚、守住底线，且结构转型取得实质性进展，不论从中国自身说，还是从国际比较说，均属不易。

然而，如果说中国经济增长阶段转换或者说经济转型在前几年只是走过

---

* 本文为《中国经济增长十年展望（2015—2024）：攀登效率高地》一书的导言，中信出版社，2015 年 5 月。

了上半程，近期正在进入下半程，很可能面临更困难的局面、更严峻的挑战。在正确认识的基础上，主动适应并引领经济发展新常态，是转型下半程的中心任务。“中国经济增长十年展望”研究课题，是在中长期框架下观察、分析短期形势。依据上一年度经济态势的新变化、新特点，对十年增长展望架构做出必要调整，然后在此架构下预测、分析下一年度的经济走势。本项研究每年都确定一个主题。成功实现中国经济转型，进入新的发展平台，全面持续地提高要素生产率是关键所在。基于此，本书以“攀登效率高地”为主题，着力探讨各领域提高要素生产率的途径和方法。下面我想就若干相关问题做一些讨论。

有关新常态的三个理论议题

2014 年初出版的本系列研究第二辑的主题是“在改革中形成增长新常态”（刘世绵等，2014）。当时讨论这个问题的起因是，根据近年来我们的研究（刘世锦等，2011，2013），中国经济正在经历着增长阶段的转换，将会转入一个与过去 30 多年有显著差别的新增长阶段。对这个新阶段，可以用“新常态”这样一个概念加以描述。经过一年来的实践进展和理论研讨，我以为有几个理论性较强的议题可做进一步展开。

一是“已有技术约束下的长期有效需求边界”。近几年我们在对国际工业化历史经验的研究中，观察到一种一致性很强的现象：“二战”后一批成功追赶型的经济体，典型的是日本、韩国、中国台湾等，在经历了二三十年的高速增长后，在人均 GDP 达到 11000 国际元（购买力平价指标，1990 年价格）左右时，无一例外地出现了增长速度回落，由高速增长转到中速增长（刘世锦等，2011）。由于这是一种经验性研究，开始时我们并不能肯定它具有规律性。随着研究的深入，其中的逻辑结构也更加清晰地展现出来。与增长速度回落相对应的，是工业和投资比重峰值的出现。从需求侧观察，作为终端产品的基础设施、房地产，以及与此相关联的钢铁、煤炭、建材、化工等重化工业产品，也都出现了历史需求峰值。需求通常被看成短期问题，但这里的需求峰值，是以迄今为止的工业化、城市化历史进程为时间变量来观察和判定的。为什么在这个时点上出现需求峰值？实质上是由人类社会已有的技术水平决定的。举例说，现代化的楼宇建设需要钢材、水泥和其他建材，如果人类发明了效能更高、成本更低的建筑材料和技术，构成住房需求峰值的就可能不是人均住宅面积 30 多平方米，而可能是 60 多平方米以至更多。但在技术边界未变之前，在充分动员资源的前提下，人们按照需求偏好，能够分配给居住的资源只能是目前达到的水平，也就是“已有技术约束下的长期有效需求边界”。住宅需求峰值出现后，相关的工业和投资比重的峰值也会合乎逻辑地出现。当然，技术是供给侧的要素之一，在此意义上也可以说，长期有效需求边界是由供给决定的。

近年来供给侧发生的一个重要变化，是“刘易斯拐点”的出现（蔡昉等，2008）。尽管在此问题上存有争议，但农业向非农产业转移人口的下降，工资水平的快速上升等证据，均对“刘易斯拐点”的出现提供了支持。同时出现的另一个重要变化是，从 2012 年开始，中国 15—59 岁劳动人口的数量开始下降。再加上长期有效需求边界的出现，使几个拐点性变量不期而遇。它们之间存在何种逻辑关联，如何导致了增长阶段转换？显然，都是些非常有趣的问题。

对这些问题的解释，将有助于回答近期争议颇多的后发经济体的追赶路径问题。无疑，中国作为后发国家，与发达经济体的标杆国家如美国相比，还有较大差距。不论是购买力平价指标，还是现价美元指标，都可以人均收入水平对这种差距加以度量。但有差距与是否保持高速是两个不同问题。后发国家的追赶进程将会经历若干不同的增长阶段，背后是发展环境与增长动力等基本面因素的改变。历史经验和理论逻辑都不能证实有差距就可以保持高速增长的观点，把二者简单等同显然忽略了另外一些影响发展进程的关键变量。

二是“转型再平衡”。需求峰值与增长速度峰值相对应，当达到需求峰值时点后，增长的减速过程也就开始了。随着现代市场经济中专业化分工的深入，基础设施、房地产、耐用和易耗消费品等“终端产品”的生产链条加长了。技术含量越高的终端产品，其背后的中间投入品链条通常越长。终端产品和中间投入品之间的关系日趋复杂。当终端产品特别是基础设施、房地产等投资品进入快速增长期后，中间投入品会形成自我循环过程，即所谓的投资“加速效应”。而进入减速过程后，是否会出现方向相反的“加速效应”，值得关注。其次，在“后峰值”增长率与成熟经济体稳定增长率（这种增长基本上是以新换旧的替代性增长）之间，将会有一个过渡带，减速后的第一个“底”或均衡点会落在何处，需要观察分析。还有，当中间投入品的增速放缓，企业间的竞争更趋激烈，部分竞争力差的企业将会以关闭、被收购等方式出局。如果说高速增长期比的是企业的扩展能力，进入减速期后则比的是企业的生存能力，特别是企业盈亏平衡点与行业平均水平的距离。其结果，行业内企业数量减少，集中度提高，得以生存企业的市场份额增大，规模经济或专业化优势得以提升。

这样，我们就可以提出“转型再平衡”的概念，指由过去高速增长时的平衡转到中高速或中速增长时的平衡。这一平衡的达成将取决于以下三个因素：第一，在需求侧，原有终端产品减速“触底”，也就是到达一个新的稳定且可持续的增长平台上；第二，新的增长动力形成，主要是新的终端产品形成并扩展，这也属于需求侧的变化；第三，在供给侧，适应终端产品的减速增长，中间投入品行业完成相应调整。在此过程中，一种可能是新终端产品的增长可以弥补原有终端产品减速留下的缺口而有余。以往曾经出现的新“三大件”取代老“三大件”，住房取代家用电器等，就属于这种情况。然而，这次调整中已经难以找到替代住房、基础设施等的新终端产品了，这正是高速增长回落的原因所在。当需求侧的终端产品总体上得以稳定，供给侧的中间投入品也完成相应的减速调整，新的供求平衡将得以达成。

三是“转型期的宏观政策组合”。增长阶段的转换是一个过程，有的国家历时较短，有的国家则表现为较长时间内的反复。能否实现较为平稳的转换，对宏观调控的战略和策略均为大的考验。把短期问题和中长期问题既区分开来又结合起来，至为重要。从高速增长平台转到中速或中高速增长平台是规律使然，但实现平稳转换又要求在此过程中防止人为拉高和过快下滑两种倾向。为实现短期平衡，灵活的货币政策是必要的。除了保障必要的流动性外，货币政策也能起到改善预期的作用。而对稳定终端需求、防止过快下滑，财政政策则更为直接和有效。货币政策侧重短期问题，财政政策侧重中长期问题，可能是一种较好的搭配。

近期有关中国经济是否陷入通缩的议论较多。表面看，有的月份 CPI 已经低于1%，PPI 则经历了 30 多个月的负增长，似有通缩之象，但与成熟经济体由于流动性不足而出现的通缩相比，则大不相同。中国目前所出现的价格低迷，是过去 30 多年高速增长，特别是过去 10 多年重化工业高速增长所形成的庞大生产能力，与减缓了的终端需求相比而出现的严重过剩所导致的。在这些行业经由洗牌实现相对收缩，进而达到减速期供求平衡以前，价格和企业盈利能力都难恢复到可持续的水平。这个时候仅仅增大货币供给，而不力推严重过剩产能的退出，很可能陷入“水多加面、面多加水”的循环，延缓必不可少的结构调整，加大企业债务违约风险，且推迟优秀企业盈利能力的恢复。

要素生产率在中国经济增长中的贡献及其变化

生产率水平是经济发展质量的核心所在。中国以往 30 多年的高速经济增长，要素投入持续增加是首要推动因素，生产率提升也发挥了十分重要的作用。哈佛大学珀金斯教授等（Perkins 等，2008）的研究认为，1978—2005 年间中国生产率年均增长率达到 3.8%，对经济增长的贡献份额高达 40%。国务院发展研究中心课题组的最新测算表明，1978—2013 年我国生产率年均增长达到 3.6%，对经济增长的贡献份额达到 37%。

中国以往 30 多年生产率快速提升的主要原因，包括通过深化改革和对外开放，释放技术上的后发优势，实现快速技术追赶；要素从低生产率的农业部门向高生产率的非农业部门的流动等。美国布鲁金斯学会博斯沃斯等（Bosworth 等，2008）的一项研究发现，1978—2004 年间，中国劳动力再配置对生产率增长的年均贡献在 1 个百分点以上，占生产率提升总水平的 30% 左右。我们的研究也发现，过去 30 多年 1/5 的劳动生产率增长来自结构变化，主要是农业劳动力向非农产业的转移，这种结构变化对整体劳动生产率的增长年均贡献 1.6 个百分点。

虽然过去 30 多年高速增长期中国生产率提升速度较快，但不少研究发现，近些年来生产率增速有所下降。比如，我们的研究表明，金融危机以来中国的生产率年均增速比之前30年平均水平下降了1个百分点以上，而且近两年出现了降幅加大的迹象。对此可从以下几个方面加以分析。

首先，近年来生产率增速下滑，是进入新常态的规律性现象，很大程度上与国际上成功追赶型经济体增长规律相吻合。成功追赶型经济体的经验表明，随着发展阶段的提升，技术水平逐步接近发达国家，追赶型经济体的生产率提升速度将规律性地放缓。特别是接近高收入门槛、由高速增长向中速增长转换的时期，这一规律性表现得更加明显。这一规律背后的深层原因是，随着发展阶段的提升，发展中国家技术上的后发优势、要素从低生产率部门向高生产率部门转移的空间都逐步缩小，技术追赶和要素转移的步伐相应放慢。

对比其他成功追赶经济体的历史经验可以发现，近几年我国生产率提升速度趋缓，符合经济追赶的一般规律，是经济由快速追赶状态迈向成熟状态的前奏。为说明这一点，我们选用目前国际上公认程度高、跨国和跨时可比性较好的“宾州大学世界表8.0版”数据集。经过比较分析发现：（1）美国等处于技术前沿的发达国家，生产率增长相对比较稳定，一直保持在1%左右。（2）人均GDP达到11000国际元左右的发展阶段上，日韩等后发追赶国家生产率都出现由较高增速向较低增速转变。日本在1960—1973年高速增长阶段的生产率年均增长率达到5.58%，而随后开始大幅下滑，1973—1980年生产率甚至出现负增长；韩国在1980—1990年高速增长阶段的生产率增速接近3%，之后回落至1%以下。（3）我国生产率增长，与日韩等成功追赶型经济体表现出相同趋势。1980—2007年间，年均增速超过3%，2007—2011年下滑至1.6%左右。

其次，我国近几年的生产率增速放缓，除后发追赶的规律性因素之外，也有另外一些规律性因素和我国自身的特殊因素。例如，经济下行时期通常生产率增速较低，具有顺周期特点；应对金融危机而实施的大力度投资刺激政策，一定程度上加剧了部分领域的产能过剩。

再次，我国近年来生产率增速放缓与拉美国家的情形有着根本区别。从发展阶段来看，拉美国家落入“中等收入陷阱”明显早于我国目前所处的发展阶段。拉美国家大多在20世纪80年代陷入债务危机，经济社会发展长期停滞，生产率增速大幅下滑，落入了“中等收入陷阱”。那时这些国家人均GDP仅达到4000国际元左右。而目前我国的人均GDP已经达到11000国际元左右，超越了拉美国家落入“中等收入陷阱”时所处的阶段。我国目前生产率增速下降，与日韩增长阶段转换时表现出的阶段性特征相类似。其次，拉美国家落入“中等收入陷阱”的原因与我国目前生产率增速下降的原因大相径庭。长期僵化地实施进口替代发展战略是拉美国家落入“中等收入陷阱”的重要原因（刘世锦等，2011）。这一战略降低了国内产业的创新动力，加之拉美国家国内市场空间狭小，受保护的产业难以形成规模经济，工业化进程难以推进，大量劳动人口长期滞留在传统经济部门，无法分享发展成果，从而引发了一系列严重的社会矛盾。另外，进口替代战略还导致拉美国家大量对外举债，同时国内企业效益偏低，政府财政收入匮乏，最终诱发了债务危机，落入“中等收入陷阱”。与拉美国家不同的是，我国的工业化已趋于完成，生产率增速放缓主要源于结构变化潜力的规律性相对收缩。因此，不能简单地依据拉美国家落入“中等收入陷阱”时的生产率表现，推断我国经济未来的发展态势。

进一步提升要素生产率：三种增长类型

对后发经济体而言，可以识别出三种增长类型。一是“初次扩张型”（primary expansion）增长（简称P型增长），指后发经济体利用已有的某种技术，将生产活动扩展到新的领域，属于已有技术的平面扩张。这主要是指利用现代技术发展以前未曾有过的工业、服务业，但在传统的农业领域也有类似的扩展活动。二是“追赶标杆型”（after-benchmarking expansion）增长（简称A型增长），指在已经采用某种技术的领域或行业，相对落后的企业缩小与领先企业差距的活动。这里有两个重要概念。一个是“平均水平”，处在平均水平或之上的企业，持续生存和发展前景才较为明朗；另一个是“最佳实践”，也就是处在行业领先位置上的标杆企业所达到的状态，其他企业将努力缩短与最佳实践的距离，并驾齐驱抑或实现超越。三是“前沿拓展型”（frontier expansion）增长（简称 F 型增长），指“原始创新”或“源头创新”，产生人类社会未曾有过的新技术，从而向前拓展已有的增长可能性边界。

促成后发经济体高速增长的主要是“初次扩张型”增长，越是后发，高速增长的空间越大，因为有更多的已有技术可被利用。中国过去 30 多年的高速增长亦是如此。在较近的一个时期，“追赶标杆型”增长有所增多，以及些许“前沿拓展型”增长。随着中国高速增长转向中高速乃至此后的中速增长，P 型增长明显收缩，重点将转向 A 型增长，F 型增长也会增加，但有较大不确定性，尚难担当主角。通常所说的提高要素生产率，主要体现在 A 型和 P 型增长；而创新，在 A 型增长中主要是集成创新、引进吸收消化再创新等；从零到一的原始创新、源头创新等，则体现在 F 型增长之中。

中国进入新常态后的增长新动力，较近一个时期重点在 A 型增长，较长一个时期 F 型增长的比重将上升。

在 A 型增长框架下，要素生产率有多种提高方式。

第一，通过放宽准入，纠正由于体制原因而导致的行业间要素生产率差异。根据我们的研究，目前中国行业之间要素配置依然严重扭曲，通过放宽准入，进一步推动行业间的要素流动，将会显著提高要素生产率水平。重点是带有行政性垄断特点的基础产业，如石油、铁路、电信等领域的改革，通过“放大”，即允许行业外大的投资者进入，加强竞争，形成“鲶鱼效应”。

第二，在前述的行业减速过程中，通过关闭、重组等方式，挤出低效率企业，提高行业的整体效率水平。

第三，在原有技术架构之下，通过改进设备、技术、工艺和管理方法，包括所谓的“机器换人”，降低成本，提升质量和效益，缩小与“最佳实践”的差距。

F 型增长在中国已经展现令人鼓舞的前景，这主要体现在互联网对实体经济的深度融合和改造。近年来网上购物的火爆程度，大大超出了人们的预想。中国在这个领域已经成长起来一批站在前沿的创新型企业。但这仅仅是序幕，重头戏很可能出现在互联网对生产过程的改造，即产业互联网的发展上。互联网对实体经济的改造与严重过剩行业的洗牌过程不期而遇，将催生出大量新的生产流程、业态和商业模式，使中国这一轮产业重组与历史上曾经出现过的类似故事大不相同。另一个特点是，中国作为世界上最大的市场，为“互联网 +”的创新提供了独一无二的试验、推广环境。互联网与实体经济融合和改造、严重过剩行业洗牌、最大的市场规模，这三重因素叠加，将会大大提高中国“互联网 +”创新的成功机会。

绿色发展也是 F 型增长的另一个重要战场。发展目标转型和激励机制建设是其中要点，也就是说，要使“绿水青山”能够有效地变为“金山银山”。绿色发展的诸多成果，如目标设定、资产重新定价，相关的技术、工艺流程、管理方法、商业模式等，都将拓宽人类经济社会发展的边界，并且使创新活动直接伸展到生态资源丰富的欠发达地区。

“缓冲性”宏观政策与“效率导向”改革措施的协同配合

中国经济仍处在高速增长向中高速增长的转换过程之中。在中高速增长的“底”或者说均衡点触到之前，下行压力始终存在。在经济转型的上半程，主要遇到的是认识问题，相当多的人对增长阶段转换缺乏理解，或者将其看成是短期回调，“熬一熬”仍会重回高增长轨道；或者以为用行政手段能够避免调整，并未认真考虑尊重并顺应客观规律。进入下半程后，短期内下滑过快的可能性加大。一旦意识到增速放缓难以避免，很容易反过来形成过度悲观预期，加上重化工业减速过程中的自我循环特点，以及部分政府官员“乱作为”得到抑制的同时出现的“不作为”，使增速“快落”的风险增大。

进入下半程面临的主要挑战，是如何在避免增速“快落”的同时，实现平稳触底，并转入稳定且可持续的新增长平台。从前面讨论过的减速再平衡过程看，增速触底的一个关键变量是高投资触底。以往中国经济的高增长主要依托于高投资，而基础设施、房地产和制造业投资可以解释 85% 左右的总投资变动，其中的制造业投资又直接依赖于基础设施和房地产投资以及出口增长。所以，投资增速触底，可通俗地描述为基础设施、房地产和出口三只“靴子”落地。目前，基础设施投资和出口两只“靴子”已相继落地，房地产投资也开始回落。当房地产投资回落到位，加上新增长点的成长，以及严重过剩行业的退出和重组大体完成，中国经济增速有望成功触底。这时的一个显著标志，很可能是产能严重过剩行业的价格，主要是PPI指标开始回升，结束所谓的“通缩”状态，相关企业逐步达到正常的盈利水平。

在此背景下，政策应致力于“稳”、“退”、“进”。“稳”主要是稳住基础设施、房地产等已有终端需求的大头；“退”是指严重过剩行业的低效企业的退出和重组；“进”则是P型增长中尚有初次扩张空间的新行业，如部分生产性服务业的发展，A型增长中提升要素生产率的活动，以及F型增长中的创新。

在增速短期过快下滑的压力下，宏观政策应当是“缓冲性”的。不论货币政策还是财政政策，一方面可通过政策工具扩大需求，防止短期内“快落”，另一方面，这种宽松又必须是谨慎、节制的。如果宽松超过一定限度，将会推迟应有的调整，延续并在加大潜在风险。“度”的把握是关键所在，要提供一个缓冲带，但又要顺应潮流，中长期的结构调整和短期平衡均在其中。高质量的宏观调控将为结构转型提供一个好的环境，不能也不应承担直接推动结构转型的职责，而这正是深化改革所要解决的问题，也是宏观调控与深化改革协同配合的含义所在。

这一时期的改革应当坚持效率导向，为全面持续提升要素生产率扫除体制机制障碍，理顺相关重要关系。由此着眼，一批改革应当摆上优先位置。

第一，重建和完善政策性金融体系。中国的基础设施等公共产品提供还有一定空间，但有较好现金流的项目不多了。地方政府债务置换是必要的一步，在此基础上，应重建和完善以中长期融资为重点的政策性金融机构和工具。前提是清理、规范已有的地方融资平台，形成有约束、可监督、可持续的新机制。在土地收入明显减少的情况下，不动产税的推开也应加快。

第二，在金融领域打破刚性兑付，在严重过剩产业行业加快低效产能退出和转产。经济转型进入下半程后，房地产、地方融资平台、影子银行和严重产能过剩行业中累积风险集中显露的可能性增加。在大的风险可控的前提下，要打破刚性兑付预期，将风险释放于局部。一直捂住不让出小事，最后就可能出大事。与此相适应，在严重过剩行业，重点是钢铁、铁矿石、煤炭、石油、建材等行业，采用“减产配额加退出基金”等方式，促使低效产能较快平稳地退出或转产。这是加快增长动力和机制转换、实现“转型再平衡”

的重要条件，也是中国特色社会主义市场经济体制走向成熟必过的一关。

第三，基础产业领域切实“放大”。能源、铁路、电信等基础产业领域仍有一定投资潜力，是下一步稳投资、稳增长的重点。可以寻找一些改革的突破口，比如以在上海自贸区建设国际石油交易中心为契机，打通国内外石油市场，放开贸易和投资；拿出部分商业潜力大的铁路项目，以现代公司制度的投融资和运营方式吸引外部投资者；电信领域引入以民营资本为主的新基础运营商等。这类改革的一个特点是“边际竞争”，在增加投资的同时，提高整个行业包括国有资本的运营效率。近期通过合并以增加国企竞争力的做法值得斟酌。为了避免所谓的海外“无序竞争”，通过划分海外市场、集中招标等方式即可解决。必须明确行政性垄断与市场性垄断的区别，不增强市场竞争，人为地通过合并把企业“做大”，很可能导致降低而非提高国企国资竞争力的结果。

第四，加快城乡之间土地等资源的流动和优化配置。市场经济的要义是通过资源流动实现优化配置，这一原则对土地资源并不例外。毋庸置疑，保护稀缺的耕地资源、重视城市规划尤其是保护农民利益都非常重要，但这并非由计划者的主观认定，而必须受到市场信号的制约和检验。随着中国经济进入新常态，工业和城市扩展占用土地的压力减缓，城市资源下乡的动力明显增强。应顺应城乡融合发展的新特点，以提高土地资源的配置和利用效率为重点，加快土地制度改革试点，给地方和基层在体制机制创新上大一点的空间。同时，通过土地确权和合理流动，使农民在土地资源上的权益恢复到应有水平，真正把最广大农民的利益界定好、保护好、发展好。

第五，由“强政府”转变为“巧政府”。进一步理顺政府和市场之间的关系，重点是推出和实施三个“清单”。在试点的基础上，加快扩大“负面清单”的实施范围。“权力清单”与“责任清单”相对应，在改变“乱作为”的同时，也要纠正“不作为”，还要在新常态下“会作为”。随着经济结构和增长动力的转换，政府机构以往行之有效的一些工作方式可能不大“管用”，需要相应转换，比如，用过去搞基础设施和传统产业的办法推动创新和产业升级，效果将大打折扣，甚至适得其反。可以考虑不再搞设定具体目标和技术路线的产业政策，代之以发布“战略性前瞻性预期信息”，扩大企业决策时的选择空间。政府对产业发展的干预主要限于环境、节能、安全、标准等社会性监管，并将监管中的合规性作为一种政府信用加以管理。

第六，使绿色发展可操作。绿色发展是对发展方式从目标到体制机制的伟大变革，其重要性已渐成共识。当务之急是使理念转为政策，使政策能够落地。例如，测算生态资本，使之成为社会总资本的组成部分；使绿色发展收益可度量、可货币化、可市场化，并成为政府发展目标考核体系的重要内容；完善生态补偿机制，使绿色发展获得与其他经济社会活动相同或相似的激励效应；大力发展多样化的绿色金融工具，如绿色产业基金、绿色债券、绿色银行等，为绿色发展提供有效而可持续的资金支持。

有一些观点认为，中国仍具有高增长潜力，只因体制机制原因得不到发挥，如果改革到位，中国将重返高增长轨道。这种看法除了对增长阶段理解有误外，对改革与增长关系的认识也不准确。有些改革，如基础产业领域放宽准入，确实能够带来新的投资，直接带动经济增长；有些改革，如落实八项规定、反腐败，地方融资机制的改革等，将会减少浪费性消费、低效和无效投资等，对短期增长有可能产生负面影响。但这些改革有一个共性，即提升效率，对长期增长是有利的，将会带来实实在在、没有水分、高效率且体现公平正义的发展。因此，“效率导向”应当成为判定真改革还是假改革、改革是否到位的重要尺度，成为经济转型关键期改革的基本要求。

参考文献

Bosworth Barry and Susan M. Collins, 2008, “Accounting for Growth: Comparing China and India”, *Journal of Economic Perspectives*, Vol. 22.

Perkins, D., and T. Rawski, 2008, “Forecasting China's Economic Growth to 2025”, in Brandt, L., and T. Rawski (eds.), *China's Great Economic Transformation*. Cambridge and New York: Cambridge University Press.

蔡昉，《刘易斯转折点：中国经济发展新阶段》，北京：社会科学文献出版社，2008 年。

刘世锦等，《陷阱还是高墙？——中国经济面临的真实挑战和战略选择》，北京：中信出版社，2011 年。

刘世锦等，《中国经济增长十年展望（2013—2022）：寻找新的动力和平衡》，北京：中信出版社，2013 年。

刘世锦等，《中国经济增长十年展望（2014—2023）：在改革中形成增长新常态》，北京：中信出版社，2014 年。

新常态下着力提高经济增长质量与效益

陈昌盛　何建武

未来十年中国经济增长展望

对中长期经济增长和结构转型产生较大影响的新变化

回顾过去的一年，中国经济正在经历着在增长中实现转型和在转型中积蓄动力的过渡期。新常态下的中国经济，在新旧增长动力接替进程中总体延续下行态势，供给与需求都正在发生深刻变化和调整。正如中央经济工作会议中提到的“认识新常态，适应新常态，引领新常态，是当前和今后一个时期我国经济发展的大逻辑”。这意味着今后一段时期一系列发展战略、政策都将围绕“新常态”而制定。除了这一重大变化，从内外部环境以及具体政策的变化来看，以下几个方面将会对中国经济未来增长和结构转型产生较大影响。

1. 中国以购买力平价衡量的 GDP 已经超过美国

根据 IMF 公布的数据，2014 年中国按照现价购买力平价测算的 GDP 已经超过美国，相当于美国 GDP 的 101.2%。另外，依据美国大企业联合会的数据，按照 1990 G－K 国际元②测算，中国的 GDP 已于 2010 年就超过了美国。正是基于这些数据，2014 年对中国已经成为世界第一大经济体的报道③可谓

---

* 本文为《中国经济增长十年展望（2015—2024）：攀登效率高地》一书的第一章，中信出版社，2015 年 5 月。

② 相当于 1990 年不变价的购买力平价，不过这与国际货币基金组织、世界银行使用的 PPP 在测算方法上存在一定的差异。

③ 尤其是海外媒体。

是不绝于耳。同时也可以发现，如果按照现价美元来比较，2014 年中国的 GDP 总量约相当于美国的 60%。

两套数据的对比使得对于中国是否已经成为全球第一大经济体存在诸多争议。无论是采用 PPP 方法折算，还是直接采用现价美元汇率，单独的比较都存在一定缺陷。但这些比较和报道折射出，无论中国是否真实成为全球第一大经济体，国际社会都认为中国在全球的地位和影响力已经远超以前。也正是如此，中国经济未来发展面临的竞争将更加激烈，发展空间拓展的难度也将前所未有；大国逐渐成为中国难以回避的身份特征，在全球治理中中国将被期许承担越来越多和越来越重要的国际责任。

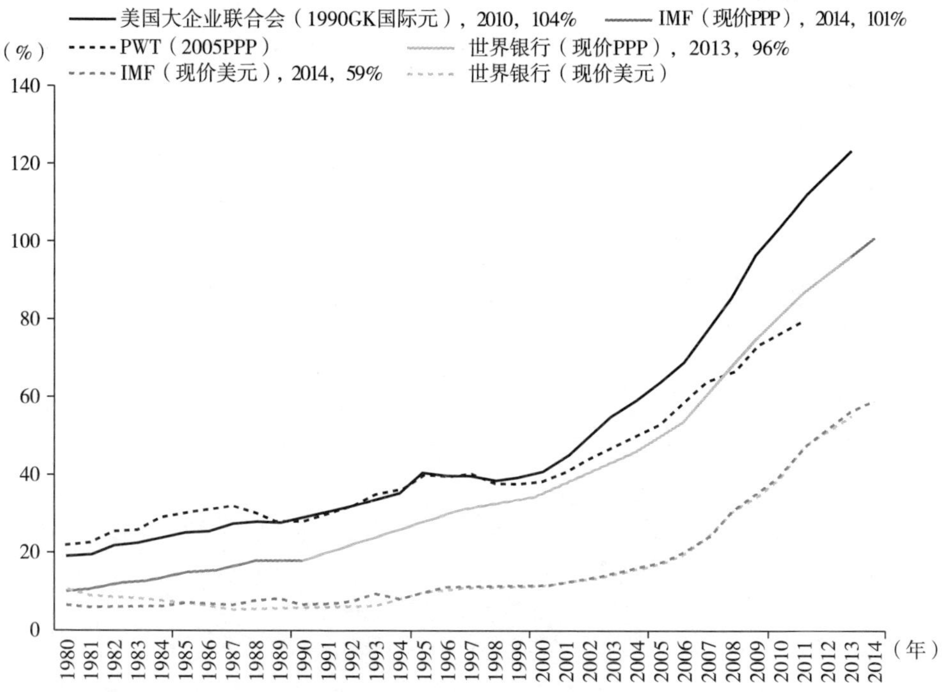

图 40 中美之间 GDP 总量的比较

资料来源：IMF，WEO，World Bank，WDI，PWT8.0，The Conference Board，TED

2. 国际原油价格大幅下跌与其背后隐含的新一轮技术革命带来的冲击

从 2014 年 6 月底开始，国际油价大幅下滑，全年跌幅约 42%；进入 2015

年，国际油价继续大跌近10%。2015年1月7日，作为国际原油标杆的布伦特原油跌破每桶50美元大关。分析此轮油价大跌，原因是多元的：石油供给格局调整削弱了欧佩克的影响力，也降低了欧佩克的减产意愿；对于石油的看空预期和国际石油市场的金融属性，加剧了油价波动；全球经济增速持续放缓导致原油需求增速疲软（许伟，2014）。此轮油价大幅下跌将直接影响全球经济未来走势以及国际金融市场的变化。传统的石油出口国可能面临国际收支和财政收入滑坡的双重挑战，货币贬值压力大，并有可能引发国际金融市场的动荡。对于包括中国在内的石油净进口国而言，油价下跌总体上利大于弊。一方面，贸易条件得到很大改善，能源价格和税收改革迎来机会窗口；另一方面对新能源发展和资源型地区的发展会造成一定冲击。

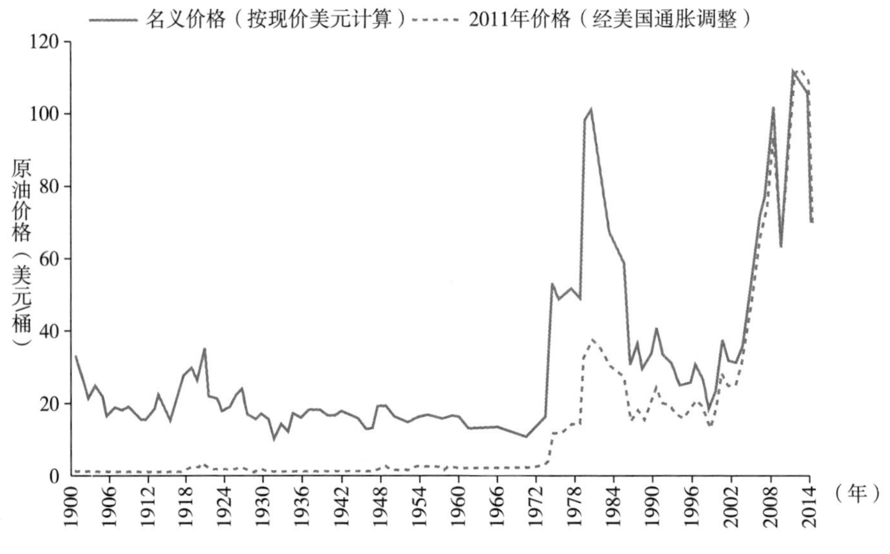

图41　原油的名义价格和实际价格

资料来源：转引自许伟（2014），“近期油价大跌原因、影响及后续走势分析”

另外，此轮国际油价的大幅下跌，抛开地缘政治原因外，还有一个十分重要的长期因素，即新旧技术碰撞，也就是以沙特为首的传统原油开采技术，与以美国为首的页岩油等新开采技术背后的利益冲突。应该说这只是近些年正在孕育的以增材制造（3D打印）、物联网、新能源等为代表的新一轮技术冲击的一个典型而已。能否在新一轮技术革命中掌握主动权，将是影响中国经济长期增长态势的一个关键因素。

3. **人口政策调整**

十八届三中全会《决定》提出，启动实施一方为独生子女的夫妇可生育两个孩子的政策。这是新时期我国生育政策的重大调整。2014 年 2 月 27 日，国务院召开全国计划生育工作电视电话会议，对贯彻落实党的十八届三中全会精神，调整完善生育政策和进一步加强计划生育工作做出部署。2014 年各地均已实施单独两孩政策，这有助于提升我国人口生育率和减缓人口老龄化，一定程度上也会影响未来的经济增长和结构转型。

但根据最新发布数据，“单独两孩”对生育率的提升效果明显低于此前预期。根据北京市卫计委对外发布的信息，截至 2014 年 12 月 30 日，北京本市共收到单独夫妇再生育申请 30305 例，审批 28778 例，每月申请量在 2000—3000 例之间，基本趋于稳定。这与 2014 年 2 月份北京市卫计委发布的政策放开后平均每年将新增加出生人口 5.42 万人的预期，存在很大差距。这也说明当初政策制定之时对政策效果的预估并不准确。复旦大学人口研究所任远教授（2014）甚至认为，“单独两孩”是一个相对保守的政策调整，从现在开始立刻“全面放开二胎”是可行的；但即使“全面放开二胎”，我国生育政策改革任务其实并没有完成，因为“全面放开二胎”仍然限制了部分人群的生育意愿①。虽然“单独两孩”政策本身对未来 10 年影响低于预期，但这一政策的出台预示着我国生育政策新的调整方向，和全社会对于人口问题的重新认识，这可能才是真正影响未来人口变化和经济发展的重要因素。

4. **各项改革措施的推进②**

2014 年可以称为新时期的“改革元年”，中央全面深化改革领导小组全年共确定的 80 项重点改革任务，已基本完成。另外中央有关部门还完成了 108 项改革任务。这些改革涉及经济、社会、文化、司法、生态文明等多个领域，既有利于提高市场经济的配置效率，也有利于规范市场经济运行秩序，

---

① 参见“即刻‘全面放开二胎’完全可行”，http：//www.thepaper.cn/newsDetail_forward_1286308。

② 前面提到的人口政策调整也属于改革的一项内容。

还有利于促进社会的公平。例如，工商登记制度的改革放宽了市场准入条件，将“先证后照”改为“先照后证”，将126项工商登记前置审批事项改为后置审批，充分激发了市场的活力。2014年1—11月，全国新登记注册市场主体1158.6万户。其中，3—11月商事制度改革以来，全国新登记注册企业286.62万户，增长53.99%，注册资本（金）增长92.61%。平均每天新登记注册企业1.04万户。回顾过去30多年的发展历程，可以发现每一轮经济繁荣都或多或少地与改革的推进相关。可以预期，目前这些已经实施和将要实施的各项改革，将成为影响中国经济未来增长潜力的又一重要因素。

预测框架的简单回顾及相关参数的最新调整

2013年出版的《中国经济增长十年展望（2013—2022）》已经系统地介绍了本研究所采用的模型细节和具体参数设定。下面简要介绍我们使用的长期预测模型框架。

1. 预测模型的基本框架

长期经济展望采用可计算一般均衡模型，该模型可用于模拟经济结构变化。与其他模型不同，本研究所采用的模型除了考虑供给侧影响因素外，还纳入了需求侧影响因素，并将供需两方面因素综合在一个完整框架之中。供给方面因素主要包括各种生产投入要素以及生产技术的变化，具体来讲即劳动力、资本和技术进步；需求方面因素既包括国内需求，也包括国际需求，具体来讲包括消费、投资和出口。模型通过将投资增长与需求侧变化建立起直接联系，来综合地反映两者对中国经济的影响。模型选取城镇居民新建住房的增速、城市居民人口增速、出口增速、汽车保有量增速以及人均GDP五个指标分别作为影响投资需求的主要因素，同时利用后发追赶国家（日本、韩国和中国）的面板数据将这些指标与相应投资的增速进行回归，寻找投资变化的定量规律。然后通过需求侧的设定来分析未来投资的变化。

具体来讲该模型是在国务院发展研究中心发展部以前开发的递推动态中国CGE模型（DRCCGE）的基础上修改更新而成的①。模型包括34个生产部

① 关于模型本身更多的描述参见有关文献，李善同、翟凡（1997），“中国经济的可计算一般均衡模型”；翟凡（1997），“结构变化与污染排放——前景与政策影响分析”。

门，城镇、农村两组居民家庭，以及四类生产要素：资本、农业劳动力、生产性工人和专业人员。34 个生产部门中包含 1 个农业部门、24 个工业部门和 9 个服务业部门。模型的基年为 2010 年，数据主要来源于根据 2010 年投入产出表编制的中国社会核算矩阵。

2. **对模型及相关参数的调整**

第一，基于第三次经济普查数据和最新的统计年鉴，对模型进行了调整。2014 年 12 月 19 日，国家统计局发布了《关于修订 2013 年国内生产总值数据的公告》，依据第三次全国经济普查对 2013 年 GDP 初步核算数据进行了修订。修订后的 2013 年 GDP 为 58. 8 万亿元，与 2013 年初步核算数据 56. 9 万亿元相比，前者比后者增加了 1. 9 万亿元，增幅为 3. 4%。除了总量的修订，统计局还对产业结构进行了修订。依据经济普查的数据，三次产业的比例由初步核算时的 10. 0∶43. 9∶46. 1，修订为 9. 4∶43. 7∶46. 9。我们根据修订后的数据以及 2014 年统计年鉴，对模型进行了调整，以便使 2013 年、2014 年模拟结果与统计数据吻合。

表 11　2013 年国内生产总值修订数据与初步核算数据对比

	现价总量（亿元）		构成（%）	
	修订数	初步核算数	修订数	初步核算数
国内生产总值	588019	568845	100	100
第一产业	55322	56957	9. 4	10
第二产业	256810	249684	43. 7	43. 9
第三产业	275887	262204	46. 9	46. 1

资料来源：转引自国家统计局（2014），《关于修订 2013 年国内生产总值数据的公告》①

第二，对预测未来增长涉及的相关参数进行了调整。包括人口和就业量、投资增速、TFP 增长率等。其中主要是根据本书中对住房、汽车以及出口等方面的预测，同时结合对短期宏观经济预测的结果，对未来十年投资的增速

① http：//www. stats. gov. cn/tjsj/zxfb/201412/t20141219_ 655915. html.

进行重新调整。整体来看，对于模型的调整主要集中在今后一两年，主要依据是本研究短期分析部分的判断；而对于更长期的经济展望，模型基本维持2013年的设定。

2015—2024年的经济展望

在2013年分析的基础，结合经济形势变化以及本书相关专题展望的研究结果，对2015—2024年的经济进行了展望。基于前面介绍的数据和参数调整，利用模型对未来十年进行模拟，同时结合未来汇率和物价的分析设定，得到了未来十年主要经济指标的展望结果（详细结果参见表12）。

1. 未来十年将继续处于经济增速转换阶段

与2013年的预期一致，2015—2024年将继续处于经济增速转换的阶段，十年平均增速预期将达到6.2%。这一增速略低于2013年的预期。增速下调主要源于我们对近两年增速的调整。

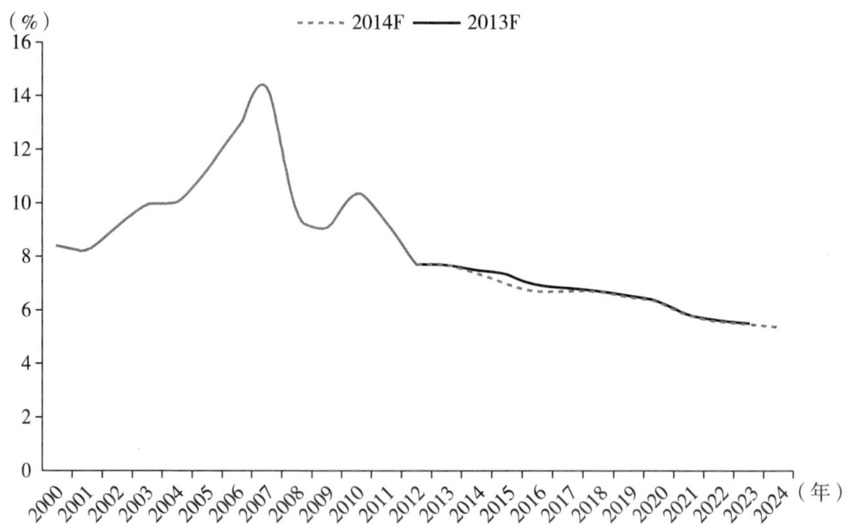

图42　GDP增长速度

资料来源：中国统计年鉴，DRCCGE模型模拟结果

到2024年人均GDP将由目前的接近5万元人民币上升至12万元人民币左右，按现价美元折算，大致从7500美元上升至2.2万美元左右，按购买

力平价折算则从1万国际元左右上升至1.7万国际元左右。从国际比较的角度来看，届时将与韩国21世纪初以及日本20世纪90年代初的发展水平相当。

2. 未来十年中国经济增长的动力结构将不断调整

模拟和分析的结果显示，未来中国经济增长的动力结构将不断调整。具体表现为以下几个方面。一是消费将扮演越来越重要的角色，未来10年消费率将继续快速上升，将由目前的50%左右上升至2024年的60%以上，相应投资率将不断下滑，到2024年将下滑至37%左右。二是服务业将扮演越来越重要的角色，未来10年服务业占比将快速提高，由目前的48%左右上升至2024年的60%左右，相应的农业和第二产业的比重将有所下滑。三是技术进步将扮演越来越重要的角色。尽管与过去相比未来10年TFP增长率将有所下滑，但TFP增长对经济增长的贡献将越来越高，将由过去平均30%左右上升至2024年40%左右。

最后需要强调的是，增长动力转变的关键是如何更大程度地促进科技创新和提升技术效率。随着中国与前沿国家的不断逼近，技术模仿和追赶的空间越来越小，未来前沿创新的作用和重要性越来越大；随着大的结构调整的空间缩小，未来配置效率的提升，将越来越依靠区域内部、部门内部和行业内部的配置结构改善。

2014年回顾和2015年展望

2014年以来，面对复杂多变的国际环境和艰巨繁重的国内改革发展稳定任务，我国坚持稳中求进工作总基调，全面深化改革，保持宏观政策的连续性和稳定性，创新宏观调控思路和方式，有针对性地进行预调微调，扎实做好各项工作，实现了经济社会持续稳步发展。展望2015年，国际经济明显分化，内需增长仍面临下行压力，为此要坚持稳中求进，将提质增效、风险化解放在突出位置，实施积极的财政政策和稳健的货币政策，为各项改革推进和2016年“十三五”开局创造良好的宏观条件。我们预计2015年经济增长率为7%左右。

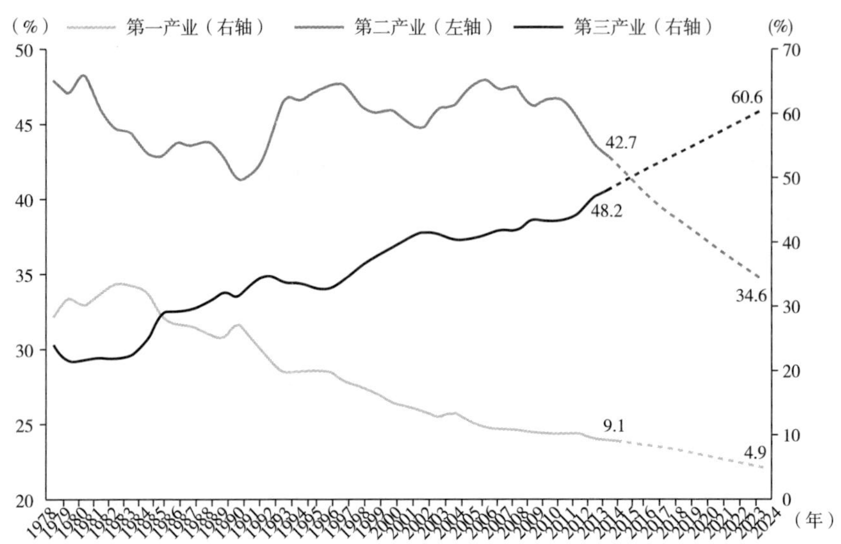

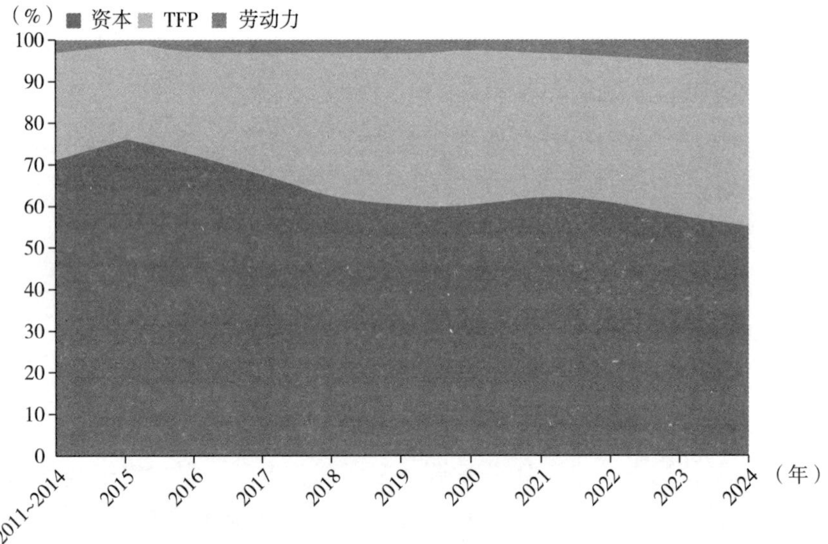

图 43　产业结构及资本、劳动力和 TFP 对经济增长的贡献

资料来源：中国统计年鉴，DRCCGE 模型模拟结果

2014 年经济运行的基本特点

第一，经济运行在下行压力下保持总体平稳。2014 年全年经济增长

7.4%，经济运行仍处在合理区间。我国经济在中高速增长的新均衡点确认之前，经济运行将持续承压。得益于中央“稳中求进”总基调下一系列宏观政策和结构改革的作用，迄今为止这一进程总体平稳。自2012年以来，经济运行在一个相对狭窄的范围内波动。在连续11个季度中，GDP当季增速最高值（7.9%）与最低值（7.3%）仅差0.6个百分点。在下行趋势中避免了大起大落，为各类市场主体有序转型创造了较好的宏观环境。

第二，改革开放深入推进并取得明显成效。一年来，各项改革积极推进，简政放权很好地发挥了突破带动作用，已经取消下放了200多项审批权限。政府的权力清单、责任清单进一步规范。财税、金融等改革稳步推进，有保有压、有扶有控的措施，推动经济进一步向协调发展迈进。努力加强经济社会发展薄弱环节，加大中西部铁路、棚户区改造和城市地下管网等建设，进一步夯实农业基础，实现粮食生产“十一”连增，增强了经济发展的后劲。同时，“一带一路”战略加快推进，中韩、中澳自贸区完成实质性谈判，成功举办APEC领导人非正式会议，达成了建立亚太自贸区的时间表。上海自贸区取得一些可复制可推广的经验，天津、福建、广东三个新的自贸区建设开始启动，对外开放正在迈上新台阶。

第三，经济下行对就业冲击不明显。随着我国人口结构的变化，新增劳动力总量压力已经明显减弱。全国城镇新增就业达到1300万人。从全国就业供求分析看，求人倍率稳定在1.1左右，总体上维持求大于供的格局。31个大中城市的调查失业率为5%左右，并未随经济下行而走高。根据国务院发展研究中心近期调查，2015年预计增加招工的企业占30.3%，持平的占57.3%，减少的占12.4%。

第四，经济下行中主要效益指标运行基本稳定。以往效益指标相对于宏观经济增速的弹性较高，即增长速度越高，效益越好；增速回落，效益指标往往降幅更大。2014年以来，在工业生产明显放缓的同时，效益指标没有明显恶化。2014年，规模以上工业企业利润总额同比增长3.3%，增速偏低但并未超出预期；全年财政收入和税收累计增速分别为8.6%和7.8%。效益指标相对于宏观经济增速的弹性减小，表明市场主体逐步适应宏观环境的变化，盈利模式开始发生转变。

第五，经济结构发生积极变化。2013 年我国第三产业增加值占 GDP 比重首次超过第二产业，2014 年以来占比进一步提高，服务业成为最大的部门和经济增长的最大来源。2014 年第三产业拉动 GDP 增长 3.8 个百分点，对经济增长贡献率为 51.6%。消费对经济增长的贡献稳步上升，超过投资成为经济增长第一动力。近两年的重化工业去产能，房地产挤泡沫，融资平台去杠杆，消费领域挤浪费等态势，总体有利于加快结构调整。

第六，风险有所累积但总体仍可控。我国债务余额占 GDP 比例达到 215% 左右。在增长放缓的背景下，综合偿债压力会明显加大。当前，因房地产调整带来的部分中小开发商资金链断裂，采掘、钢铁等重化工业深度调整，以及中小企业经营困难加大等，导致一些金融产品出现违约，小贷公司破产，加上联保互保等因素，金融风险进一步暴露。商业银行不良贷款率呈上升趋势，而且拨备覆盖率总体有所下降。但自 2013 年以来，我国明显加大了对金融、财政风险的监管和处置力度。对影子银行、非标资产的监管和地方债务管理加强，银行风险有所释放，不良资产的核销处置加快。风险虽在累积但尚在可控范围。

但同时也要看到经济运行存在的严峻问题和挑战。一是经济增长下行压力依然较大，投资总体乏力，新消费热点带动不足，外需总体偏弱，增长动力面临“青黄不接”的挑战。二是经济结构调整依然偏慢，发展方式粗放、创新动力不足，产能过剩比较严重等问题没有根本解决。三是经济运行风险有所增加，地方债、影子银行、房地产等领域的风险有所显现，财政收入增长放缓与财政支出刚性增长之间的矛盾有所突出。四是农业、外贸、社会、民生和生态环境等领域也出现了一些新的问题和挑战。五是一些促改革、稳增长的政策措施落实不到位。

2015 年国际形势展望

世界经济仍处于危机后的大调整阶段，2014 年国际经济呈现以下几个鲜明特点。第一，各主要经济体经济走势和经济政策进一步分化。发达国家中，美国经济保持稳定增长，宽松政策逐步退出；欧洲、日本则陷入衰退边缘，宽松政策进一步加码。巴西、印度、俄罗斯等发展中国家都面临通胀压力，其他发展中国家也增长乏力。第二，金融市场波动加剧。由于各国经济运行和政策出现巨大差异，国际资本流动加剧，部分国家资本估值偏高问题面临调整，金融市场波动性明显增加。第三，大宗商品价格在波动中下降。受全球需求不振、地缘政治冲突以及美国页岩气和页岩油大规模生产等因素影响，石油价格大幅下滑，带动大宗商品价格整体下行。第四，非经济因素对经济的影响和冲击加大。地缘政治冲突、乌克兰危机、埃博拉病毒、伊斯兰极端势力等，都对全球经济稳定形成巨大冲击。

展望2015年，由于内部结构差异明显，各区域发展状况更趋分化，金融市场的风险有所积累，全球经济运行的波动性和脆弱性有所增加，但总体有望维持低增长态势。

一是美国经济增长稳定。虽然劳动参与率短期不会明显改善，但失业率已稳步下降到5.6%。受能源成本下降、消费和投资增长企稳、国际资本回流等因素支撑，美国经济有望维持稳定增长态势，预计2015年达到3%左右。

二是欧盟经济降中趋稳。受通缩、地缘冲突的打击，加上高失业率和结构改革缓慢，欧盟经济仍在衰退边沿徘徊。但近期有利消息有所增加，欧央行已经做出购买资产计划，将从3月份开始每月购入600亿欧元政府和私人债券，资产负债表收缩的态势将逆转，对金融市场总体利好。目前德国、西班牙等经济景气和市场预期都有所好转。受低油价刺激1月德国消费者信心指数创13年新高。希腊左翼政府虽然反对继续实施财政紧缩，但其选择脱离欧元的可能性仍较小。2015年欧盟经济有望止跌回稳。

三是日本经济低位增长。日本在2014年10月进一步加大了货币政策刺激力度（QQE），物价水平略有上升，第四季度经济增长有望转正。但进入2015年，受国际油价、国内食品价格走低影响，CPI短期将再次出现负增长，全年涨幅在1%左右，同时受结构改革难有实质推进的影响，2015年经济增长超过1%的概率较低。

四是新兴市场国家增长小幅回升。受发达经济体需求带动，新兴市场经济增速将略有回升，但发达经济体的带动效应比较有限，加之资金外流、潜在增速下降等因素的影响，回升势头比较脆弱。大宗商品价格下降，对一些资源输出型国家的回升，也会带来不利影响。

另外，美国2015年加息对国际资本流动的影响，欧元区量化宽松的实际规模和效应，以及乌克兰等地缘政治危机的演变等，都是需要高度关注的外部不确定因素。预计2015年世界经济在分化中维持总体稳定，综合考虑我国出口结构特点和美元升值因素，我国出口增速有望达到7%左右。

投资是决定2015年我国经济走势的关键

展望2015年，预计外部需求难有起色，经济运行关键还是看内需，而内需的关键则在投资，特别是房地产投资，这是影响2015年经济波动或者降幅的关键变量。我国固定资产投资当中，制造业、房地产、基础设施和其他行业占比分别为33.5%、26%、22.5%和18%，而2015年前三项都面临下行压力。

一是房地产投资可能较快下滑。我国城镇户均住房在2013年已达到1套，市场格局已经从过去的供不应求转向供求基本平衡和局部过剩，房地产新开工面积峰值已过。这一转折性因素和高企的库存，决定了房地产投资下行态势短期不会逆转。新执行的信贷政策，对2014年第四季度和2015年地产销售增长会有一定的积极作用，有望适当改善投资预期，预计2015年房地产投资增幅降低到7%左右，相比2014年降幅达到5个百分点左右。

二是制造业投资将小幅降低。钢铁、水泥等重化工业产能整体过剩，房地产调整，汽车生产进入相对低增长期，制造业投资增速仍处下行通道。考虑加速折旧、设备更新、出口趋稳等短期积极因素，制造业投资降幅不会太大，预计2015年有望增长12%左右。

三是基础设施投资支撑不足。近两年，基础设施保持20%以上的增长，对稳定经济发挥了重要作用。虽仍有较大潜力空间，但受地方财力、项目特点等限制，增速将有所回落，公私合作（PPP）短期难担当大任。若中央财政适当加大支持力度，2015年有望达到20%左右的增长。

另外，服务业、现代农业投资仍有望保持较快增长，特别是生产性服务业的增长空间很大，有望保持20%左右的增速。综合测算，2015年固定资产投资有望增长14%左右。

消费增长稳中趋降，物价压力不明显

从消费增长看，2009年以来我国消费实际增速总体快于GDP和城乡居民收入增长，这是不可持续的，调整的压力正在积累。特别是随着经济减速和劳动生产率增长放缓，收入增长速度将有所降低，住房、汽车消费带动的增长效应也在减弱，居民消费支出呈稳中趋降态势。考虑八项规定导致挤浪费降低了上年基数，居民储蓄总水平仍较高，以及信息等新消费形态的持续较快增长等积极因素，消费短期降幅不会太明显。预计2015年消费品零售总额增速为11%左右。

从物价看，国际经济通缩风险有所增加，地缘政治影响可能持续，国际市场大宗商品价格下行，会进一步抑制我国PPI涨幅，并向CPI传递。制造业产能过剩情况仍将持续，生活资料PPI仍将保持在低位，拉低耐用和一般消费品的涨幅。房地产进入趋势性下降阶段，需求放缓、库存累积、价格下降，将影响2015年CPI居住类价格上涨。社会消费品零售总额从2010年起进入下行通道，每年降幅均超过1个百分点，消费增长对物价上涨的拉动力不足。预计2015年CPI新涨价因素略低于2014年，翘尾因素在4~8月份表现将最为明显，为当月同比带来1.4%左右的基础涨幅，全年走势将呈现前高后低态势，全年涨幅预计1.8%。

总体判断与政策取向

综合内外条件，我国2015年经济增长仍会有所下降，但降幅应该不会明显加大，全年仍有条件争取7%左右的增长。但国际经济、国内房地产市场和投资都存在较大不确定性，不排除增速略低于7%的可能。也要看到，我国目前GDP名义规模已经很大，每年的增量就相当于一个中等经济体规模。而且这个增速无论在发达经济体，还是发展中经济体，依然名列前茅，在“三期叠加”和“新常态”背景下，若能实现已经十分不易。

正确认识新常态的阶段特征，在经济增长转向中高速、经济增长动力新旧转化的关键时期，需要着力处理好速度与质量的关系，力争速度下台阶的同时质量上台阶；着力防控和化解风险，保持宏观政策的连续性和稳定性，在引导风险有序释放的同时，防止风险矛盾激化并引发系统性风险；着力将

深化改革与扩大内需有机结合，坚持以开放促改革，把有利于稳增长、促创新的改革举措放在优先位置。2015 年宏观政策思路应继续坚持稳中求进、以进促稳，以提高经济增长质量和效益为中心，以深化改革和结构调整为动力，把防范化解风险放在更加突出的位置，继续实施积极的财政政策和稳健的货币政策，保就业、稳效益、控风险、促创新，推动经济社会平稳健康可持续发展。

表 12　中国未来 10 年经济增长与结构展望(2015—2024 年)

	2013	2014	2015	2016	2017	2018	2019	2020	2021	2022	2023	2024
人口(百万)	1361	1368	1374	1378	1384	1389	1394	1399	1402	1406	1408	1410
GDP												
现价人民币(万元)	588019	636463	706311	781924	865765	958446	1059159	1168343	1282894	1406018	1539426	1683778
现价美元(万美元)	94946	103611	117718	132529	146740	165249	182614	204972	229088	251075	279896	310804
GDP 增长率	7.7	7.4	7.0	6.7	6.7	6.7	6.5	6.3	5.8	5.6	5.5	5.4
就业增长率	0.3	0.4	0.0	-0.2	-0.1	-0.2	-0.2	-0.1	-0.1	-0.2	-0.2	-0.3
劳动生产率增长率	7.3	7.0	7.0	6.9	6.9	6.9	6.7	6.4	5.9	5.8	5.7	5.7
人均 GDP												
2010 年美元	5640	6027	6420	6828	7257	7714	8187	8675	9153	9642	10153	10683
1990G - K 国际元	9827	10428	11036	11663	12318	13011	13725	14458	15170	15897	16651	17432
现价美元	6994	7595	8588	9633	10626	11919	13122	14680	16358	17881	19891	22051
现价人民币	43314	46652	51531	56834	62693	69128	76110	83674	91603	100134	109402	119464
经济结构(期末)												
GDP 支出结构												
投资率	47.8	46.8	45.8	44.3	43.3	42.4	41.6	40.6	39.4	38.4	37.4	36.6
消费率	49.8	50.7	51.7	53.2	54.3	55.2	55.9	57.0	58.1	59.2	60.1	61.0
产业结构												
第一产业	9.4	9.1	8.8	8.5	8.2	7.8	7.3	6.9	6.4	5.9	5.4	4.9

续表

	2013	2014	2015	2016	2017	2018	2019	2020	2021	2022	2023	2024
第二产业	43.7	42.7	41.7	40.6	39.7	38.9	38.2	37.4	36.7	35.9	35.2	34.6
服务业	46.9	48.2	49.4	50.8	52.1	53.3	54.4	55.7	57.0	58.2	59.4	60.6
就业结构												
农业	31.4	30.2	28.9	27.7	26.4	25.1	23.9	22.5	21.5	20.4	19.3	18.1
第二产业	30.1	30.0	29.8	29.6	29.4	29.3	29.2	29.1	28.9	28.7	28.6	28.4
服务业	38.5	39.9	41.3	42.8	44.2	45.6	46.9	48.3	49.6	50.9	52.2	53.4

表 13　2015 年短期关键宏观指标展望

主要指标	2010	2011	2012	2013	2014	2015e
GDP（%）	10.4	9.3	7.7	7.7	7.4	7.0
CPI（%）	3.3	5.4	2.6	2.6	2.0	1.8
固定资产投资（%）	24.5	23.8	20.6	19.6	15.7	14.0
财政赤字率（%）	1.7	1.1	1.7	1.9	2.1	2.4
M2（%）	19.72	13.6	13.8	13.6	12.2	12.0
新增城市就业岗位（万人）	1168	1221	1266	1310	1300	1200